大唐帝國的遺產

【대당제국과 그 유산】

胡漢統合及多民族國家的形成

호한통합과 다민족국가의 형성

朴漢濟 박한제 ◉著

目次

第二章　胡漢融合和大唐帝國的誕生

第三章　大唐帝國的經營與治術

第四章　結論

前言

本書是自二〇一三年八月三十一日起至九月二十八日止，根據由韓國國家研究基金會主辦之第六期「與大師的人文講座」、共四次主講題目為「遊牧民族進入中原及大唐帝國的出現——胡漢複合社會及其遺產」的演講內容，加以修正、補全之著作。本書是筆者為了現今仍對於中國懷有巨大關心及疑問的韓國人們，在不知是否能對讀者們有所貢獻、但仍愚昧地上台發表想法的情況下而完成的結果。

這本書的三個關鍵詞為「遊牧民族」、「大唐帝國」及「現代中國」。為什麼我要將「遊牧民族」和「大唐帝國」定為主題呢？因為這是筆者自二十幾歲便開始關心、直至花甲中後期的今日仍孜孜不倦地關注的議題；在筆者絕大部分的學術生涯中，不斷閱讀與此相關的書籍，不斷地思考、並撰寫文章。同時，會選擇「現代中國」這個關鍵字，也是因為即使歷史是由過去所構成，但若要自稱為歷史學者，就無法將「現在」與「未來」隨意丟棄。

筆者為了理解「大唐帝國」這四個字，以及尋找它的意義，在研究室裡度過了四十餘年的光陰。然而，起初，筆者並非因為此問題很有吸引力就全心投入，而是在一九六〇年代晚期至七〇年代初期，與當時的反政府示威遊行、抗議學生們投擲的石頭、鎮暴警察施放的煙硝相比，當時正就讀大學的筆者反而更苦惱大學畢業論文應該要寫些什麼，而非國家的現況與未來。提出論文題目的期限就快到了，就在此時，某個前輩對筆者隨口說出的一句話，竟然成了筆者日後的終生志業，這是當時完全始料未及的。

所謂人生，並不是照著設定好的軌道一路前進，而是起於一個微小的偶然，從此改變了人生的軌道。回顧這將近七十年的歲月，筆者又再一次地確定了這個道理。唐朝，是一個因為滅亡高句麗與百濟，而在韓國人心中難以留下良好印象的中國王朝。起初，筆者並非因為覺得有研究價值、或是有趣，更不是因為使命感而窮盡一生地專研唐朝。單純是因為糊里糊塗地「試做看看」之後產生了興趣，再加上比起其他題目，唐朝對筆者來說似乎是個更重要的主題。

筆者的大學畢業論文以唐宋八大家的韓愈所寫的《拂佛論》為主題，但交出這種「固定常態」的論文，真的讓筆者很想找個老鼠洞鑽進去。該怎麼辦呢？在已經把做學問當作職業，並且開始擔任助教的那段日子，總是擔心或許會有人特別留意筆者的研究論文，從而想把那篇論文從系上的保管箱裡抽出來，悄悄地放到筆者房間裡那小小的書桌抽屜裡；八十三張兩百字的稿紙，讓筆者又再一次地深切感受到，寫那篇論文時的無盡淺薄與無知。但無論如何，那都是年輕歲月中的一段回憶，直到今日仍被保存在書齋的文件櫃中。

以成果來說的話，對盛唐時期的漢族而言，所謂的佛教其實是蠻夷的宗教；對漢族來說，蠻夷或與蠻夷有關的事物經常會被忽視。筆者曾經深信、一個國家必須要由如「白衣」一般純潔之單一民族來構成；當筆者一邊學習，一邊開始產生疑問，也就是今日的中國並非是一個只有漢族的國家，而是漢族和過去像「動物」般被藐視的蠻夷們一起建構的混合國家；事實上，漢族也並非是繼承堯舜血脈的「華夏民族」的後代，而是由九十多個種族所混合而成的混血種。在今日的中國，仍有五十五個官方認定的少數民族、以及沒獲得官方認證的四百多個民族與漢族一起生活，這正是所謂的「多民族國家」的事實。

中國並非只是某個民族的中國，而是超越我們所能理解的程度，是一個多民族的中國。不只是筆者，許多人過於局限在單一民族的神話中；雖然民族國家有它的優點，但也有根深蒂固的弊端。對於大韓民國之於一個民族、國家之於地方、正義之於私利、妥協之於固執、和平之於鬥爭、法律之於人情的韓國人來說，也許有很多人把自己認為是最偉大的民族。事實上，在聯合國一百九十三個會員國之中，由一個民族占據全國人口總數的絕對多數（百分之九十以上），也就是所謂的單一「民族國家」（Nation State），只有埃及、韓國、日本等大約不過二十幾個國家；這在某方面來說是一種趨勢，但在某方面來說，這是否屬於正常的情況，仍有待商榷。

為了守護一座漂浮在海上的不毛之島，以及為了搶走這座島，周邊的許多國家傾注舉國之力，彼此爭得面紅耳赤。綜觀歷史，韓國的領土不斷地縮小，甚至還被分為兩半；而中國則是以等比級數的幅度不斷擴大。此外，每當收到諸如「中國會像前蘇聯一樣分裂吧？」的提問時，筆者總是認為，這只不過是韓國人毫無意義的想望罷了！另外，即使比鄰而居，韓國與中國仍存有極大的不同。

無論一個種族其繁殖能力有多麼優越，若是不斷執著與強調其同質性，就會存有界限，像這樣非常初步的、簡單的事實卻是我費盡一生學習之後所得到的結論。「帝國」雖是「皇帝之國」的縮寫，但並不是最高權力者被稱為「皇帝」、使用獨裁的年號等條件就可以建立帝國。帝國真正的意義是，對國家乃至國民的思考和行動都以「帝國主義」思維來管理。帝國的初步定義是「多民族共存的舞台」，也就是「將各種族打造成一體的熔爐」。

在中國史上，若要尋找一個最能和「舞台」、「熔爐」之名匹配的王朝，非唐朝莫屬。即使是再怎麼異質性的事物，只要回顧唐朝歷史，都可以發現這是一個走向寬容的國家，因此稱唐朝為「大唐帝國」可說是恰如其分；而要具備這樣的「包容」能力，絕非像言語那般可輕易獲得。

在唐朝以前，中國曾經歷了長達三百多年的矛盾和糾葛的歲月。在那段充滿敵意的艱辛歲月，為了讓各民族共存而煩惱、為了妥協與和解而使出渾身解數的領導者們，正是那些長久以來不被漢族重視的蠻夷領袖們。他們雖然不像漢族出身的人那樣，凡事都能老練純熟，卻也無法否認他們是讓大唐帝國得以誕生的英雄們。

本書是對那些為了建設帝國而傾注熱情並遭遇苦難的英雄們所做的初步紀錄，加上他們在建設國家時所描繪過的、他們心目中的帝國模樣，以及他們留給後世的遺產；對於今日的中國，他們在哪些方面有所貢獻、程度有多大？即是本書的研究目標。

本書得以付梓，要特別感謝許多人。首先要向作為第六期「和大師的人文講座」的演講者們，如首爾大學榮譽教授權寧珉老師、與筆者一起討論講座的金澤敏老師以及李平來老師，致上最深的謝意，因為有他們為筆者周旋，筆者才能夠站上首爾歷史博物館的大講堂。此外，還要向提供西洋史及現代中國方面諸多知識的首爾大學歷史教育學系的金德秀、劉容泰教授以及首爾大學國際研究院趙英男教授表達感謝。另一方面，閱讀本書的原稿、並毫不猶豫改正主張的翰林大學崔在英教授、協助筆者確認每一個註腳的首爾大學劉鐘秀碩士，以及替我繪製地圖與圖像的紀錄片作家尹泰玉老師，筆者要在此向他們致上謝意。另外，筆者除了要向新窗出版社的安孝熙老師，以及編輯部同仁致謝，也要向韓國國家研究基金會的諸位關係人，以及為了填滿五百多個座位、不辭千里從各地蒞臨的各位聽眾，致上筆者出於真誠而非場面話的感謝。

最後，還要再提一件個人的事情——筆者將會把這本無足輕重的書籍呈上母親的靈前。在筆者執筆寫作本書的期間，筆者的母親即使罹病，卻仍始終擔心會妨礙小兒子寫作，從而執意搬回鄉下。在去年的三月三十一日凌晨，當筆者正進行最後階段的校稿時，電話鈴聲響起，捎來了母親的噩耗。願您現在可以放寬心，帶著這本書走上平順的路，渡過「那條河」，開心地與父親相聚。

二〇一五年四月三日

冠岳山下一青書室　朴漢濟

刻劃一名坐在駱駝背上的粟特人（Sogdiana）唐三彩。唐朝時，粟特人被稱作「昭武九姓」，他們善於經商，足跡遍布歐亞大陸，往來於繁忙的絲綢之路上，運送絲綢、寶石、奴隸、馬匹等高價商品，對唐朝經濟有很大的影響力；西域舞樂如胡旋舞、胡騰舞等也透過粟特人傳入中國。

第一章

大唐帝國的本質與外國人

大唐帝國的本質

作為帝國的唐朝

我們可以將中國「魏晉南北朝」（二二〇至五八九年）這近四百年的時間視為一段「大唐帝國的形成史」。[1]大唐帝國最大的特徵，並非如過往的看法那般，只是一種新貴族制社會或是古代社會的完成期，而應將它看作是「胡漢融合」的「世界帝國」（World Empire）。

「大唐帝國」在中國歷史上扮演著重要的角色，是現今中國人最喜愛的王朝，但若是更深入地看，會發現大唐帝國其實是一個胡族色彩十分濃厚的朝代。如果我們無視或輕視那些全面滲入到唐代社會中的蠻夷與遊牧民族（也就是「胡人」），是絕對不可能徹底了解唐代的。

然而，這部分的研究依然充滿困難。在「魏晉南北朝—隋唐」時代生活的人們所留下的敘述性史料中，幾乎沒有任何跟「胡」有關的的東西，這正是使我們無法正確了解這段時期實際情況的最大難處。對於這段時期的記述，只有在人口上占據多數且掌握文字的漢族文人、史家所留下的記錄而已。相較之下，一二六〇年代忽必烈建立蒙古政權後，對於蒙古歷史的解讀就分為以漢文史料和以穆斯林史料為中心的研究，最近則湧現出許多將兩方史料左右對照後，超越一般立場的研究。[2]

但筆者所研究的這個時代，卻只能完全依賴對胡族帶有偏見和蔑視立場的漢文史料。因為無法突破二分法的界限並以宏觀的角度加以分析，近來對於這時代的研究大多無可避免地產生嚴重扭曲。筆者為了努力還原當時的實際情況，只能盡力去發掘某些稀少且突兀的的資料所代表的意義。

在史料有限的情況下，唐朝因此被許多人認為是由漢族所建立的傳統國家，而比起其他皇帝，唐太宗也被描寫成一位更偏向於漢族的皇帝。然而，當時位於西北方的遊牧民族卻稱呼唐王室為「Tabugach」，即所謂的「拓跋」，認為唐朝是由鮮卑族的其中一支、被稱為「拓跋」的部族所建立的國家。[3]如果我們翻開國、高中的世界史教科書，大多寫著「五胡十六國以後進入長城內的遊牧民族，原本都被認為是掠奪成性、毫無文化可言的野蠻人，但最後皆被漢化。」

如果我們就事實來討論的話，筆者的想法是，雖然的確有一部分的胡人漢化了，但漢人也因此胡化，最後兩者出現了「中國化」，如果再說得更正確一些，即出現了「華化」。就這一層面來說，不管是「胡人的漢化」或是「漢人的胡化」，都是真實存在的，這可以說是「雙向同體渦旋互生」的交融模式。[4]

構成本書主題「大唐帝國」的主角，不管是以血統還是文化來看，都具有濃厚的胡族色彩。雖然沒有人會否認「五胡十六國——北朝」的主導者是胡族，但一般都認為自隋代到唐代的所有皇帝，全都是漢人出身。事實上，雖然這些皇帝出於統治方便而冒稱「漢族」，但他們卻並非完全擁有漢人血統。隋朝的楊氏一族雖然成為籍貫在京兆華陰

（即現在的西安東部地區）中最高的漢族門閥，但和楊氏同族的楊素[5]，在當時卻仍遭到山東地區的門閥（如清河崔氏）的蔑視。[6]

事實上，楊氏因為曾在北周時代被賜胡姓「普六茹」，[7]再加上他們的妻族也幾乎都是胡人（圖1），因此也有學者將他們視為「異民族」。[8]楊氏以漢人姓氏自稱並假定他們的血統，是為了「形塑國家」（State Formation）而無法避免的選擇。[9]由此看來，隋皇室和唐皇室有百分之七十以上的成員都具有胡人血統。

中國文化可以看作是胡漢縱橫交錯而成的產物，若將其比重數字化，當然是華夏民族的傳統文化占有更大的比重。但若是忽視了胡族的要素，不只是中國的歷史，連「中國」本身都無法完整地了解，我們也沒有任何理由採取這樣的立場。最近在中國學術界可以看到許多跟以前比起來更進步和不同立場的見解，例如《五胡興華》[10]和《另一半中國史》[11]這兩本書。前者反對傳統史家們主張的五胡入侵中國，使中國帝國和中國文化陷入混亂的傳統史觀，即反對所謂的「五胡亂華」；[12]後者則主張胡族（即少數民族的前身）與漢族一起開展了中國的歷史，並帶來全面的影響，換句話說，胡族是為「中國歷史的形成」帶來奉獻的重要角色。

筆者針對中國的民族問題以及「魏晉南北朝－隋唐」時代所發生的種種問題進行解讀和分析後，提出了「胡漢體制」（Sino Barbarian Synthesis）學說。所謂的「胡漢體制」，在筆者的第一本著作《中國中世紀胡漢體制研究》的序言中已經提及，那就是在中國中原地區，胡與漢（即「遊牧」與「農耕」）相遇後所產生的各種相互關係。

對於「體制」這個用詞雖然可能會產生誤解，儘管它理所當然地包含了政治體制，

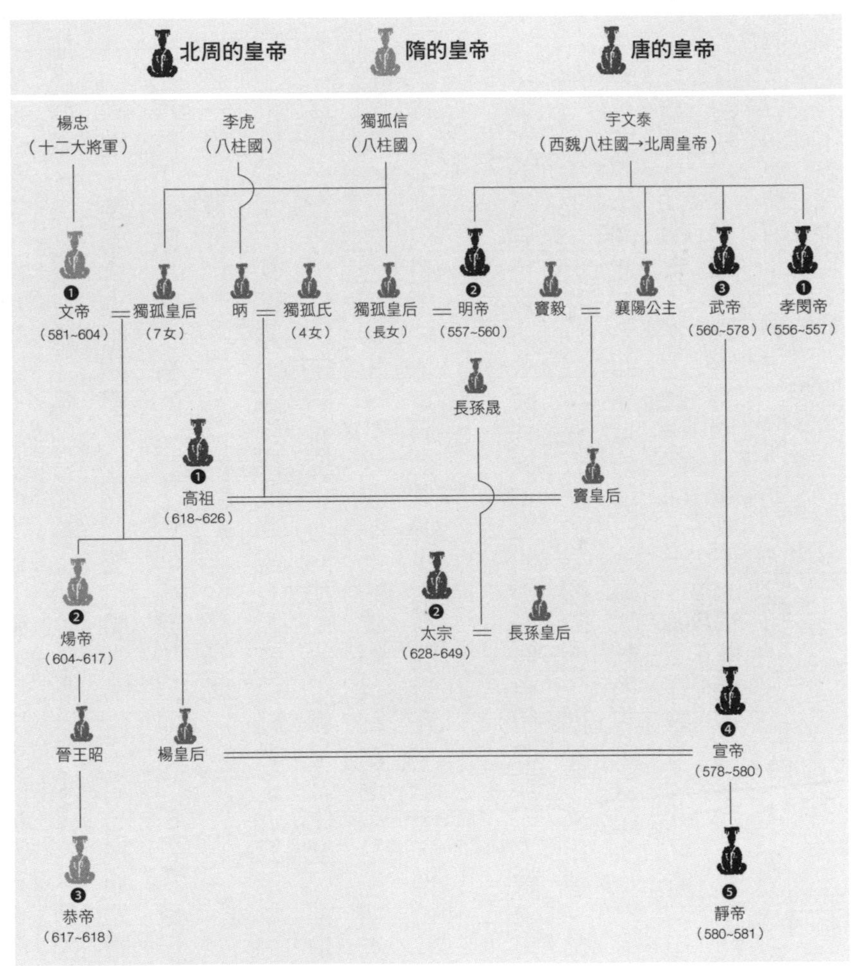

圖 1　關隴集團的家系和婚姻圖（尹泰玉 繪）

但除此之外，胡漢兩個種族在同一地區、同一統治體制內並存，且一邊逐漸形成同一文化時，又一邊產生衝突、反目；這些以胡漢問題為軸心所產生的種種社會現象，我都將之稱為「胡漢體制」。之所以用「體制」的英文「Synthesis」來書寫，是因為我研究的核心與最終的課題，是希望克服胡與漢並立之雙重體制階段，並尋找胡的體制與漢的體制融合後所出現的下一階段之面貌，[13]這不僅僅是魏復古（Karl August Wittfogel）和馮家昇所提出之「第三種文化」（Third Culture）的意義而已。[14]

筆者在一九八〇年代初期第一次提出此學說，至今已經過了近三十年。其實，究竟要如何定義「漢」，至今仍有一定的難度；而「胡」的定義又是什麼，則是更加困難的問題，所以直到現在，就連列舉出「胡漢體制」的實際狀況都還只是在初步階段而已。所謂的遊牧民族，並非只是單純地定義他們的生活空間是在草原上，他們其實擁有更多樣化的型態。

「胡」這個詞的意義也會隨著時代與地區的不同而有所改變。大致上來說，西漢時期指稱的「胡」，主要仍是指匈奴；在五胡十六國時期，則是用來指稱「匈奴、鮮卑、氐、羌、羯」等曾在中國北方─西北方的草原地區活動過的遊牧民族；自東漢時期起，則開始以胡來指稱包括粟特人在內的「西域人」。雖然在魏晉南北朝時期用來稱呼整體遊牧民族的狀況較占上風，但隋唐時期卻漸漸用來稱呼西域國家的人民；此外，突厥、回紇（回鶻）也偶爾被稱作「胡」。這種現象告訴我們，根據時代、區域的不同，「胡」的意義也隨之有了各種變化。

「胡」最主要的意義被認為是指「給予中國強烈衝擊之西北方出身的外人或是異國

人」，[15]且「胡漢」這樣的用詞並非只是像「胡漢」或是「漢胡」這樣，在字的先後順序上出現主從問題而已。[16]「胡漢」這個詞首次在《後漢書》中作為史料用詞，[17]雖然在《三國志》及《水經注》等書中也曾經被使用過，[18]但後來就比較少被使用了。[19]直到近幾年，不只是中國學者們將之作為愛用的學術用語，[20]在東亞漢字圈國家中更被廣泛地使用。

一般將唐朝（六一八至九〇七年）稱作「大唐帝國」，筆者覺得從大唐帝國這個名稱開始說明才是正確的順序。若我們估算唐朝在中國史所具有的比重或是意義，就會覺得稱其為「大唐帝國」一點也不為過，因為唐朝在中國歷史中不僅占有一定的比重，也被看作是符合「帝國」這個詞的真正意義的王朝。

唐朝是長期統一中國的王朝之一，共統治了兩百八十九年。唐這個名稱是因為大唐帝國的創立者——唐高祖李淵，他的祖父李昞作為北周（五五五至五八一年）的開國功臣，北周武帝於保定四年（五六四年）賜予他封地「唐」，即現在山西省省會太原一帶的地區，[21]於此同時，李昞還受封「唐國公」這個稱號。[22]在元朝自《周易》中借字作為國號前，[23]中國王朝的命名原則全是取自建國者或是其祖先的封地名，如同中國歷史上最古老的王朝發源地之一，山西省的堯都（現在的臨汾）一般。[24]

什麼是「帝國」？在西洋史中，「帝國」這個詞在拉丁語為「Imperium」，英語則用「Empire」表達。若用「帝國」來稱呼的話，往往會與近代的「帝國主義」聯想在一起，所以講到帝國時，常帶有下列意義，例如「直接占領他國的領土並支配之，或是運用間接的方法在政治、經濟、文化上行使統治與擴張政策，以實現自身目標的國家」，或是「透過壓倒性的力量征服周邊、擴張領土、無法容納周邊的任何一個政治體與自己處於同等地位的國家」。

然而，所謂的「帝國」，其實更意味著包容多樣性與異質性，不執著於同一性；也就是說，帝國的意義，比起「同化」，更重視「統合」；比起「同意」，更在乎「正義」。[25]這種意義下的帝國會有著只干涉周邊國的外交、而不直接干預其內政的傾向，因此帝國又可被劃定為「對於支配領域中的統治結構（如制度、組織、人力、情報等）不具有『統一秩序』的主宰國家」。[26]帝國就是這樣一個多樣的、偶爾帶有相反意義的詞彙。

東亞，特別是在漢字文化圈中，因為將「帝國」視為「皇帝之國」的簡寫，因此是「皇帝所統治的國家」，「皇帝」也成為該世界中獨一無二、絕對性的存在，所以自秦始皇的秦帝國，至最後宣統帝退位的清帝國為止，全部都是「帝國」。但在分裂王朝的情況下，即使被稱為皇帝，大部分也不會將其稱為「帝國」；而就算是統一的王朝，以對外影響力較弱的宋朝或是明朝來說，也不會稱其為「大宋帝國」或是「大明帝國」；而即使元帝國最接近「帝國」一詞的真義，也就是所謂的「世界性帝國」，但與其叫作「皇帝之國」，不如稱其為「蒙古汗國」更為恰當。若以勢力強大這部分來看，「秦帝國」、「漢帝國」、「唐帝國」以及「清帝國」被稱為帝國好像滿恰當的，雖然已經無法知道是誰先開始將「大」這個字放在字首，但比起「大秦帝國」及「大漢帝國」，我們似乎更熟悉「大唐帝國」、「大元帝國」、「大清帝國」這樣的稱呼。

在前文中雖然提到「帝國」是具有兩種意義的詞彙，但在近現代時期，將之擴張、膨脹[27]並累積成核心詞語的地方，跟漢字文化圈相比，似乎是西方更勝一籌，因為羅馬帝國是這樣，大英帝國也是如此。「帝國」這個詞雖然偶爾會被當作是與「帝國主義」

同義的負面詞語，然而將「帝國」與「帝國主義」兩者嚴格區分卻是現在學術界的走向。就像為了世界統一而提出「作為未來計畫的帝國」一般，[28]「帝國」一詞絕對不是只有負面意義，近來學界也強調帝國作為「全世界統一的中心」、「異質性與多樣性共存的舞台」或是「文明的中心」、「世界秩序的主宰者」等正面的功能及角色。若在中國歷代王朝中，尋找與此帝國意義最相符的王朝，「大唐帝國」應該是最符合上述條件、最不會有人提出異議的帝國。

這些各具不同意義的「帝國」，其興衰在地球上時常出現，包括羅馬帝國、拜占庭帝國、波斯帝國、阿拉伯帝國以及大英帝國等。在這當中若要舉出最標準的帝國，古代是羅馬帝國，近代則非大英帝國莫屬。雖然大英帝國也可以拿來進行意義上的比較，[29]但若要與大唐帝國進行對比，對象應該還是羅馬帝國較為適當。下面三個句子可以簡單呈現出羅馬帝國是一個什麼樣的帝國：一、「羅馬不是一天造成的」；二、「條條大路通羅馬」；三、「羅馬共有三次（以軍隊、宗教和法律）統一（征服）世界」。[30]（圖2）

第一句為說明羅馬帝國的形成；第二句說明了羅馬帝國作為一個帝國的實際情況；第三句則是說明了羅馬帝國的成果及其遺產。若用別種角度來整理，第一句是形容帝國（也是稱為「羅馬」的城市）乃是經過長時間所形成的；第二句是說明世界上所有的人事物都向帝國集中；第三句則說明帝國在物質與精神上征服了周邊地區，並且向後世傳承其遺產。

「羅馬不是一天造成的」。眾所周知，羅馬雖是始於拉丁地區的一個都市國家，但

羅馬帝國的最大版圖

地中海

圖 2　圖拉真時期羅馬帝國的領土（維基百科）

在歷經長久的時間，不斷向義大利半島、西西里島、東地中海、西地中海擴張後，最終成為了羅馬帝國，並將地中海稱為「我們的海」（Mare Nostrum）。與此同時，羅馬的宗教、法律，以及帝國的中心都市——羅馬的市容，都是歷經數百年時間所形成的歷史成果。羅馬人從一開始就以具一致性的擴張主義政策為目標，雖然並非不斷地追求帝國的擴張，也不是單方面地對占領地強加羅馬文化，[31]但最終仍成為後世以「帝國」通稱的強大國家。

「條條大路通羅馬」。[32]是說明在羅馬最為繁榮的時期（西元前二七年至西元四七六年；狹義而言則為五賢帝的「羅馬和平時期」〔Pax Romana，西元九六至一八〇年〕），[33]羅馬的道路（特別是軍用道路）呈現四通八達的樣貌。簡單地說，在羅馬帝國時期，所有朝向歐洲、非洲、亞洲地區放射的道路，最終都會通向羅馬。

「羅馬統治了世界（各個民族）三次」。首先是依靠武力的統一。羅馬帝國的領土擴張到最大時，包括義大利半島、北非、小亞細亞、巴爾幹半島、西班牙、高盧、不列顛、一部分的日耳曼、敘利亞地區和黑海沿岸等地都在羅馬帝國的軍事影響力之下；羅馬民族開始衰亡之後，則以教會達到統一，羅馬（西羅馬帝國）沒落後，藉著宗教（基督教）又在精神上統一了過去處於支配領域下的人民；最終則是透過羅馬法的繼承，在中世紀形成統一的法律。[34]

那麼，唐朝是一個與羅馬具有相似「普遍性」的帝國嗎？還是和羅馬完全相異的「特別」帝國？事實上，羅馬帝國與大唐帝國雖有相異的部分，但也有近似之處，我在此將可以比較、檢討的部分，簡單整理成以下四點：第一、「皇帝政治」的問題；第二、百姓與人民的權力問題；第三、羈縻州與行省的問題；第四、對於帝國境內的外國人的待遇問題。

第一，中國的「皇帝政治」與羅馬的「帝政」在根本上即有差異。中國是從王政轉變為帝政，但羅馬則是由共和政治歷經元首政治後轉變為帝政。因為轉變的階段完全不同，所以在最高統治者的存亡基礎、以及統治權的內容上，自然也無可避免地有所差異。

站在與上帝對等的位置、具有萬人之上的絕對權力的大唐帝國皇帝，延續了古代皇帝所擁有的形象以及傳統權力之「絕對神」、「主宰神」的意義，在此理念上是一種唯此一人的超然存在，因此和具備戰爭勝利者、尊嚴者或是羅馬市民守護者意義的「統帥」（Imperator）——羅馬皇帝，就有本質上的不同。

「統帥」是古代羅馬、特別是在共和時期稱呼羅馬最高司令官的稱號，此後就成為羅馬帝國的皇帝或是具有皇帝權力（王權）者所使用的稱號。換句話說，這是共和時期曾作為在對外戰爭中獲得勝利的軍事指導者的稱號。若照字面意義解讀的話，統帥／皇帝作為「維護權威者」（Imperium：最高位命令權），平時是「擁有最高命令權者」，戰時則是「最高司令官」。

另外，羅馬帝國的皇位繼承，並不像大唐帝國那樣，由單一特定的家族持續繼承、獨占帝位，而是同時存在數名「統帥」也無所謂的情況。不過，隨著時代演變，所謂的「統帥」也漸漸會固定加上「元首」（Princeps，即第一公民）的頭銜，同時也必須獲得人民大會與元老院的認同才能上升到該地位，這就是「羅馬帝國皇帝」，與「大唐帝國皇帝」完全不同。若是注意到所謂的「羅馬五賢帝」全都是出身自西班牙行省的話，就更能夠輕易理解這點。如果大唐帝國的皇帝權力是來自於「天命」，那麼羅馬的統治權就是來自於「人民」，因此兩者間的差異非常明確。

第二，大唐帝國百姓和羅馬市民所享有的權力，有著非常巨大的差異。羅馬帝國的市民受到雅典民主政治的影響，享有自由和主權（具有選舉權等），但中國的百姓在這一方面的權益卻是完全不同。

第三，大唐帝國的「羈縻州」和羅馬帝國的「行省」（Provincia），在經營方式上有著顯著差異。古羅馬所謂的行省，指的是至西元二九六年「四帝共治制」為止，義大利本土以外最大的行政單位。行省原本與領土意義無關，只是指政務官的任務或活動範圍；羅馬最早占領的海外領土——西西里島西部地區，在此意義下即為行政官的統治範圍。行省一般是由元老院出身（退職）的總督來管理，時代上隨著共和時期和帝政時期的不同而有差異；在隸屬上，又有元老院行省和皇帝行省等區別。至於羈縻州，則與那些一律直屬大唐帝國皇帝的州縣不同。

羅馬帝國對於行省地區的統治，比起軍事機能，更以民事上的機能為主，例如維持治安、徵收稅金、施行法律等，在這一點上就與以軍事任務為主的大唐帝國羈縻州不同。眾所周知，羅馬的行省乃是根據「行省法」（lex provinciae）來治理；在行省雖然有徵收歲貢，但像西西里島或是薩丁尼亞島的情況，會以作物收成的十分之一稅額、土地所有直接稅或是人頭稅的型態來課徵。為了要課徵稅收，就必須進行人口調查，徵收管理則由財務官來負責；反觀大唐帝國的羈縻州，就連貢賦和版籍都不向中央政府的戶部匯報。[35]

然而，羈縻州和行省間亦有相似處。兩者皆被視為帝國的領土，羅馬帝國的總督雖然在行省法的範圍內對行省人民具有統治權，但並非享有無限的權力，如果有人告發總督橫徵暴斂、恣意妄為的話，元老院便會實施調查並追究其責任。除此之外，羅馬也會根據被征服的行省的反抗或協助程度，而有可能保留當地既有的王室。雖然自治權的強弱會因為各個行省的不同而有所差別，但既有統治者的統治權是被保障的。關於大唐帝國的羈縻州，我們後面會再詳述；簡單來說，併入帝國以前的部落首長被允許維持原有地位，也可以擁有各自的自治權。在這個層面上，羅馬帝國的行省和大唐帝國的羈縻州是很相似的。

第四，對待外國人，特別是對於菁英的待遇，雖然在程度上有著差異，但也有相似面。外國人到了羅馬後，藉由累積政治力量而成為「羅馬市民」，並因此占有一席之地的情形很多，甚至還有人當上了皇帝，顯示羅馬在對外包容力或是吸引力方面是非常出色的。至於大唐帝國對外國人的態度，則是同時開放仕宦之路給被征服國的首領，甚至是一般的外國人民；這些人可以晉升到就連唐朝人也無法輕易獲得的高級將軍或是管理位階，唐朝是中國歷代王朝中，對外國人最為開放的王朝。

如上所述，東、西方的兩個代表性帝國同時具有相似性和相異性。世界帝國是難以用一句話來定義的，若要說共同點的話，筆者從帝國的特性來看，認為只有一個明顯的特徵，那就是它們都是「充滿機會的土地，人民能夠實現夢想的空間」。

但是最近也有人主張，大唐帝國是和羅馬帝國具有一定差異的「特別」帝國；這樣的說法，主要是著眼於大唐帝國的「出現時間」與「存續期間」較短這點上。然而，大唐帝國也不是一天就能造成的。雖然大唐帝國是接續了統一帝國——隋朝，但以遊牧民族進入中原以後，歷經五胡十六國到北朝，並一直延續到隋唐的這一系列胡族國家來看，大唐帝國的出現，其實是「抵達帝國的長遠旅程」之下的產物。

五胡所建立的十六國以及作為鮮卑國家的北朝各王朝，即使在族譜上與大唐帝國沒有直接的聯結，但在大唐帝國形成的過程中，卻是無法抹去的。比較特別的是帝國的「存續期間」，正因其引人質疑，所以也有一位日本學者認為大唐帝國是「瞬間的大帝國」。[36]韓國金澤敏教授也幾乎以相同的視角，稱其為「特別的帝國」，[37]因為就「大唐帝國曾維持著強大勢力，但其時間卻又是如此短暫」這點來說，用「瞬間」或是「特別」這樣的詞彙來形容，是將其視為「有極限的帝國」。事實上，大唐帝國在經濟上也並非長久安定，雖稱為「帝國」，但能炫耀其威勢的時間又過於短暫。儘管其存續期間有兩百八十九年，但實際上能配得上「大唐帝國」這個詞彙的時間卻又相對短暫。

那麼，我們就來具體分析一下大唐帝國的存續期間吧。唐朝的國家體制自六三〇年起大致安定，一直到發生安史之亂的七五五年為止，大唐帝國不只壓制領土外的異族，在該地設置都督府、州，並且持續實施擴大統治力的政策；在使異族無法蹂躪中原，也就是所謂安定盛世的觀點上，這一百三十年的時間，稱其為「世界帝國」是毫無異議的。[38]此外，其版圖跟現在的中國面積比起來，反而還是更加廣闊的「大疆域國家」。接著，我們就來比較一下，具有如此時間長度的大唐帝國與其他帝國之間的異同。

世界帝國是以廣大的領土、強而有力的統治力（支配力）、對後世深而廣的影響力等作為標準；也就是說，如果將透過持續性的擴張、長時間控制廣大範圍的地區、並在政治上維持安定體制的存在稱為「世界帝國」的話，大唐帝國並不屬於這種典型的分類。但是，羅馬最繁盛的時期（西元前二七年至西元四七六年），廣義而言雖有五百零三年，但狹義來說，五賢帝的「羅馬和平時期」（西元九六至一八〇年）卻也只有八十四年而已；與此同時，被稱為「蒙古和平」（Pax Mongolica）的蒙古帝國，雖然依據評論者而有不同的時間範圍，但最短是從一二〇六年至一二六〇年，最長則是到一二八七年為止，約只有五十五至八十二年左右。若考慮因拔都遠征而掌控了欽察草原和俄羅斯的時間為一二四〇年代初期、旭烈兀占領西亞為一二六〇年代初期的話，實際上蒙古帝國達到「世界帝國」的存續期間，比這之前所說的還要更短。[39]

筆者看待大唐帝國的視角，廣義來說有兩種：第一，是唐朝作為世界帝國的特殊性。

它只利用原來所擁有的財產來征服世界，與其說是達到統一，更像是將相異的事物不斷地牽引聚集，將其凝聚為一體，並加以動員和利用之，進而使帝國的力量最大化。大唐帝國是中國歷史上第一個能以最大幅度包容相異的「農耕世界」與「草原世界」這兩個要素，並形成「大勢力圈」的國度，這部分在中國歷代王朝中是最無法被忽視的特徵。

第二，所謂的帝國，就是讓相異的事物能夠共存的大舞台。在這地球上被發明出來的東西，無論是人、物品、思想還是宗教，都有足以擁抱這些事物的胸懷，這樣的國家才能稱之為帝國。超越人種和宗教、民族及語言的差異，乃至將被支配者編入自己的區域，能給予移民等同本國人民待遇的「相對性寬容」，是成為帝國最重要的條件，這樣對於世人來說，他們在祖國無法實現的夢想才能夠實現，自己所擁有的特長才能夠盡情、盡可能地發揮到極致，真正成為一片「充滿機會的土地」、「能夠實現夢想的空間」。

「帝國」雖然只是普通的名詞，但如果在它前面附上某些標題的話，就會形成略帶有不同型態的帝國面貌。羅馬帝國與阿拉伯帝國不可能一樣，大唐帝國與羅馬帝國也不會相同；在這種層面下，「唐」這個王朝其實就是和「大帝國」劃上了等號。唐的威嚴所產生的浪潮，與之前、之後的時代都不同，此外，其文化所及的範圍、對於相異文化要素的接受度、以及對於後世的影響力，不僅不亞於世界上任何一個帝國，也是中國任何一個王朝都無法比擬的。換句話說，大唐帝國在中國史上所具有的最大特徵，就是形成了將農耕世界與遊牧世界包容在一起的「大勢力圈」，這是後來的「大元帝國」或是「大清帝國」之所以能夠登場、中華人民共和國之所以能夠出現的基礎。

各國人對於大唐帝國的評價

那麼，大唐帝國是一個怎樣的國家，而後世的人對它又有怎樣的評價呢？我們先從中國人的想法開始討論吧。長久受到英國殖民統治的香港，在一九九七年回歸時，曾經以上海一千名的學生作為樣本實施問卷調查。面對「從過去到現在的許多中國王朝（政權）中，最想要生活在哪個時代？」的提問時，過半數的學生回答了作為「偉大的中國」（Great China）的「唐代」，而下一個則是出現了「中華人民共和國」這樣讓人意外的統計結果。[40]

唐代和中華人民共和國是如何互相輝映並產生這樣的結果呢？中國人具有所謂的「尚古思想」，[41]歷史隨著時間流逝，與其說是變得更好，不如說是變得更糟。若是依據這種史觀，唐代就絕對不可能是「昇平盛世」或是「太平盛世」；就算以現在的看法來看，也應該是屬於「衰亡世代」才對。而在這種層面下，出現「最想生活的時代是中華人民共和國」這件事，與一般中國人的史觀對照起來，就更讓人感到意外。但在他們的認知基礎下，對於「大唐帝國是最有價值的國家」這種看法，卻有好幾個合情合理的理由來加以支持。

一九九七年的中國，與現今富強的情況相當不同。當時教授的月薪充其量只有人民幣八百元（以當時的匯率換算，約接近韓幣八萬元左右）；一般人民的生活水準也相當低。一九九七年能讓中國人內心激動不已的，唯有「香港回歸中國」這起歷史性的事件。

香港對於中國人來說是歷史的恥辱，因為曾經執東亞世界盟主地位數千年的中國，第一次在西風東漸的波濤前，簽訂了屈辱的不平等條約；即使再不願意，也必須將屬於自己領土的香港割讓給帝國主義的「洋夷」，這恥辱歷史的遺存就是發生在這個地方，因此香港回歸那年，對於中國人來說具有相當重要的意義。

反過來說，或許也正因如此，歷史上最為「帝國主義」的「大唐帝國」，才會在他們的心目中，上升到第一名的高度。唐代在軍事力、政治統合、經濟影響力及文化改革等層面都在頂端的事實，不正是反映了這個結果嗎？或許大唐帝國就是如此被當作是中國人的「榮耀與自負心的象徵」，所以有現代魯迅之稱的文化學者余秋雨才會這樣稱頌大唐帝國：「我最想要看到的歷史是唐代的歷史……，唐代在歷史上空前絕後，直至今日仍有許多人傳達長久的思念」、「曾經讓中華民族取得最高尊嚴的唐代……。」[42]

在第一名的唐代與第二名的中華人民共和國之間，難道沒有什麼共通點嗎？筆者長年認為歷代中國人所留下的大唐帝國形象，與中華人民共和國所處的現實，以及他們所追求的方向是一致的，因為兩者似乎都能看出嚮往著「多民族國家」、「複合社會」及「複合體制」這個共同點。

大唐帝國統一了不斷進入其疆域內的各個民族，與今日的中華人民共和國所嚮往的方向和表面形式一致。大唐帝國是把所有文化上的元素，即從音樂到文學、飲食、衣服、宗教、醫學等，將外國既特殊又有功用的要素，毫不猶豫地一一接納。唐朝作為「開放性國家」這件事，是中國任何一個王朝都無法比擬的。大唐帝國最大的優點，可以用「世界主義」或是「世界性」、「開放性」這幾個詞彙來加以概括。中國人所認識的大唐帝國，不正是將各民族融合為一、以多元民族國家的身分，和多數中國人的意識結合，並將「成為強而有力的世界帝國」這點，當成其追尋的國家方針而不斷努力嗎？

在這個層面下，「中華人民共和國」與「中華民國」前進的方向，不正是該從大唐帝國當中去尋找嗎？簡單來說，所謂「大一統」，就是在整體機制下，對於個別的多樣性進行保障；更具體一點來說，中國賦予香港的「一國兩制」協議與方向，其原型不正是從大唐帝國中找到的嗎？

接下來，讓我們看看歐美人士對於大唐帝國的觀點吧。在《劍橋中國史》（*Cambridge History of China*）系列出現之前，有一本只描寫中國唐代史、名叫《唐代透視》（*Perspectives on the Tang*）的書籍，該書的序文是這樣開始的：

> 在中華帝國數千年的歷史中，唐代是其中一個偉大的時代。唐代達到了歷史上從未有過的物質富足、制度發展、思想與宗教的嶄新，以及所有藝術文化中的創造性，還有什麼足以說明它所具有的這種了不起的生動性呢？第一是唐朝的折衷主義（Eclecticism），此為唐朝從過去四百年混亂的歷史中，將各式各樣的文化一縷縷兜攬在一起。第二是唐朝的國際主義（Cosmopolitanism），接受無數種外國影響的開放性（Openness）；唐文明的這種性質，具有普遍性的號召力，比方說鄰近的周邊國家人民，便常從唐朝汲取用以改變自身傳統文化的要素。此外，還有非常多人從亞洲各處蜂擁至唐朝；自韓國及日本而來的學生和僧侶，自突厥、契丹、維吾爾而來的部落族長與戰士們，自中亞的綠洲王國而來的使臣、畫家與音樂家們，自撒馬爾罕、布哈拉、印度、波斯、敘

利亞以及阿拉伯等地而來的商人們都湧向唐。曾是唐首都的長安絕對不是單純作為一個巨大帝國首都的都市而已，長安不只曾是世界上最大的國際都市（Cosmopolis），更是全東亞耀眼的文明中心，此處不僅出現了最新的佛教教義、最新的詩句形式以及權威制度的最新典範，甚至連最新的服飾和髮型都是從這裡首先開始的。[43]

雖然不知道此文是否能正確反映出全體歐美學者的見解，但將唐代史寫進概覽的序文中，最少也可看作是反映了這本書的編輯、也就是當時最具權威的歐美學者們的意見，這是絕對不會錯的。特別引人注目的是，這篇序文評價唐代為偉大時代的原因，乃是源自於其具有折衷主義及國際主義（開放性）這件事。長安並非單純作為一個王朝的首都或是國際都市，如同當今美國的紐約是世界的中心，長安乃是當時世界最頂級的大都會（metropolis）。偉大的「大唐帝國」出現的基礎，在於近三百年間採取「折衷主義」；對於唐代，沒有比這更高的評價了。

接著是日本人的大唐帝國觀，某個日本學者如此評價它：

與其他「中華王朝」截然不同的是，對唐的好意和敬意，不可思議地跨越了世代，持續地活躍在日本列島上，這是相當奇特的一點。日本曾向唐學習的思想，以及對李白、杜甫、白居易等人的詩文世界的憧憬，箇中極其淳良的部分，自然而然地支撐起了這樣的好感。[44]

大唐帝國與其文化對日本人來說，有很長一段時間是一種「浪漫」。被稱為日本「詩經」的《萬葉集》，就受到中國南朝梁昭明太子蕭統所編纂的《文選》的影響，奈良時代的日本詩人們甚至將其當作是必讀書籍加以重視；收藏在東大寺正倉院內的大唐帝國遺物，更是如實地呈現古代日本受到中國文化的影響有多麼大，[45]因此在一九七〇年代以前，唐也是中國王朝中，受到最多日本學者所青睞的時代。在西方文化到來之前，他們所知道的唯一文明國是中國，他們所引進的、俗稱「律令」的政治制度也大多是由大唐帝國所建立，他們為了學習唐的制度和文化，還向隋朝及唐朝派遣了所謂的「遣隋使」[46]及「遣唐使」，[47]這在日本史中是無法抹滅的。正因如此，跨越了世代，持續存在對唐的「好意」與「敬意」，是日本列島相當獨特的一個現象。

最後是韓國人對於大唐帝國的觀點與評價。韓國人民對於大唐帝國的評價意外地很冷淡，這一點在孩童的韓國史教材中也能看到：

> 新羅和唐朝約定好，新羅占有百濟領土及平壤南邊的高句麗領土，而唐則占領剩下的北邊部分，然而唐朝違背了約定，唐的統治機構及軍事單位在百濟的領土上停留，甚至打算消滅新羅。[48]

此評價認為唐朝是「不遵守約定」、「沒有信義」的國家。在最近成為問題的「東北邊疆歷史與現狀系列研究工程」（簡稱「東北工程」）裡，中國人便將高句麗與渤海編寫為唐朝的地方政權，然而高句麗正是成為韓國國號（Korea）來源的國家；我們難以理解這些將高句麗的歷史視為中國史一部分的中國人，因為將高句麗滅亡的國家正是唐朝。不只如此，在中國的朝代中，除了遼、金、元、清等異族建立的王朝外，最後一個侵略朝鮮半島的國家就是唐。在這樣的觀點上，韓國就不可能對唐有什麼好感，也有相當程度的理由不把唐看作是一個了不起的國家，因為在唐太宗進行的對外戰爭中，他唯一戰敗的戰爭就是侵略高句麗。[49]

此外，還有在韓國人民中成為話題的「唐朝軍隊論」。二〇一〇年天安艦事件以及延坪島炮擊事件後，「唐朝軍隊」就成為了流行語，韓國軍人（駐紮在延坪島的海軍部隊）被稱作是「唐朝軍隊」，[50]即「沒軍紀的軍隊」、「烏合之眾」的代名詞。然而也有人提出「唐朝的軍隊真的是很強的軍隊」、「唐朝將異族的多樣性放進熔爐（Melting Pot）內熔化了」這樣的反論。[51]事實上，「唐朝軍隊」這樣的詞彙其由來也不明確，雖然不過是市井上流傳的玩笑話，但也確實是部分反映了韓國人的情感。

還有一個會產生的疑問就是，當唐朝侵略高句麗時，安市城城主楊萬春的活躍表現和韓國人對唐的感覺是否也有關聯？[52]接下來是楊萬春在安市城之戰中爽快地擊敗唐太宗的故事。

西元六四五年（高句麗寶藏王四年），唐太宗李世民進攻高句麗，攻下了蓋牟城、遼東城及白巖城，擊潰了高延壽、高惠真所組成的高句麗・靺鞨十五萬聯合大軍後，轉而攻擊安市城，楊萬春集結了軍士與百姓的力量擊退唐軍，建立了輝煌的功勳。唐朝軍隊在城市的東南方製造了一個土堆；當唐軍進攻時，安市城也在城牆上方加高木柵來應對，一天中會發生六至七次激烈的攻防戰。唐朝軍隊約花了六十多天的時間，共動員了五十萬人，建造了一個比城市還高的土山並朝城內攻擊，楊萬春在土山攻擊後，占領了頂端，擊退了唐朝軍隊連續三日的總攻勢。在冬天即將到來、天氣逐漸變冷，軍糧也即將竭盡的情況下，唐朝軍隊最終撤退了，此時楊萬春登上了城牆，給要離開的唐朝軍隊行了餞別禮，唐太宗也給了他一百足絲綢，並稱讚其防守能力以及激讚他對君王的忠誠。

這個故事源自於高麗後期學者李穡一首名叫〈貞觀吟〉的詩，以及李穀在《稼亭集》中記述的故事。在楊萬春的故事中，因為射中唐太宗的眼睛使其受傷而不得不回師的內容也是源於此處。

首先，我們來看看〈貞觀吟〉的文章。

晉陽公子結毫客
風雲壯懷滿八極
赫然一起揮天戈
隋堤楊柳無顏色
……
旌旗曉濕雞林雨
謂是囊中一物耳
那知玄花落白羽
……

回頭三叫貞觀年
天末悲風吹颯颯[53]

此外，李穀曾說：

高麗本在國外，別作一國，苟非中國有聖人，邈然不與相通。以唐太宗之威德，再舉伐之，無功而還。[54]

此文會不會就是後世扭曲成「楊萬春射中唐太宗眼睛」的故事呢？因為這樣的故事流傳，直到現在，楊萬春仍舊是以英雄的身分存於韓國人民的心中。「楊萬春號」是繼「廣開土大王號」及「乙支文德號」後的第三艘韓國型驅逐艦，特別的是三艘驅逐艦的名字全部都與高句麗有關，不只可以猜測出韓國人民對唐的憤恨程度，也可以如實地感受到他們對滅亡高句麗的唐所抱持的感受。

如上所述，各個國家的人們，對於大唐帝國的評價是非常多元的。當然，這裡面也確實有著誇飾的部分，但即使如此，仍可以理解成除了韓國之外，完全沒有人否定大唐帝國作為「帝國」存在的意義。

大唐帝國的真相

◎唐朝的軍隊

大唐帝國的真相究竟是什麼呢？既然前面提到了「唐朝軍隊」的故事，那我們就從唐朝的軍隊實際上是什麼樣子開始分析吧。對位居中原的歷代中國王朝來說，最大的敵人就是西北方的遊牧民族，因此最適合與唐朝互相比較的軍隊，莫過於與匈奴對抗的西漢軍隊，而漢武帝征伐匈奴與唐太宗征伐突厥，在這方面也成為很好的比較對象。我們就來比較一下他們的兵力與成果吧！

根據記錄，西漢時代匈奴的總兵力為「拉弓的士兵約三十餘萬」，[55]匈奴的總人口數則是「連漢的一個郡都不到」。[56]若當時匈奴的人口相當於西漢一個郡的話，以西漢當時有五十四郡來計算，其軍隊數目自然也會是匈奴軍隊的五十四倍。[57]那麼，西漢有多少人口呢？平帝元始二年進行了最早的人口調查，當時的戶數為一百二十三萬三千戶，人口數為五千九百五十九萬四千九百七十八人。[58]

為了擊敗匈奴軍隊，朝廷花了很長一段時間整備制度，並做好萬全的準備，特別是為了要籌措軍費，而在此時制定了鹽鐵酒專賣、「均輸平準」等劃時代的經濟政策，但是西漢的軍隊仍舊不能完全壓制住匈奴，反而以失敗收場。

接著我們來看看唐征服突厥的過程吧。在唐代的記錄中，對於突厥的兵力是這樣描述的：「控弦百餘萬，北狄之盛，未之有也……有輕中夏之志。」[59]如果只是單純比較數字的話，比起三十餘萬的匈奴兵士，突厥的百餘萬已超過三倍之多。相反地，唐太宗時期的人口數大約只有三百萬戶，[60]只不過是西漢戶數的四分之一而已，因此讓我產生了「只用這樣的人數就想進行戰爭，可能嗎？」的疑問。然而，以中原王朝的身分，前所未聞地將作為大遊牧帝國的突厥消滅的，正是唐朝的軍隊，因此這無疑是極不可思議的事。我們若想要弄清楚背後的原因，就需要先理解大唐帝國的力量。

對於唐朝消滅了比匈奴擁有更多軍隊的強大遊牧帝國，我們應該給予什麼樣的評價？在皇城三清殿前，因掛有二十四功臣圖而聞名的凌煙閣中，由當時退位的高祖李淵舉行慶祝戰爭勝利的宴會，在該場合中，聚集了貴臣十餘名與諸王、王妃、公主等皇親，在宴會中當然少不了酒，有酒的話自然就要有歌舞表演，所有人都微醺地邊唱歌、邊跳舞。

在這場宴會上雖然聊了許多話題，但在流傳後世的對話記錄中，就屬李淵的一段話最有意義。他的那段話主要是說，漢高祖被匈奴圍困在平城白登山，在簽了屈辱的和議後，雖然圖謀報復，但直到最後仍舊無法實現；然而他（李淵）的兒子——太宗，竟將之前向突厥可汗稱臣的屈辱痛快地奉還回去了，[61]這是一種漢朝無法做到、而唐朝做到了的自負心。特別是在唐代，可以看到藉由幾個北方遊牧民族的問題，來比較秦始皇、漢武帝及唐太宗的例子。

那麼，唐朝只有這麼少的人口，又是如何進行這麼多的戰爭並取得勝利呢？毫無疑問地，我們必須先關注大唐帝國的軍隊構成。支撐大唐帝國的兵制為「府兵制」，雖然學界公認「府兵制」是以鮮卑人為核心所形成的胡漢融合制度，但進行遠征的唐朝軍隊主力實際上不是府兵，而是蕃兵，也就是所謂的外族士兵。

中國著名的歷史學者陳寅恪就特別強調了蕃將與蕃兵在對外遠征中的角色，只是統帥這種兵力的將帥結構會隨著時代而不同；太宗時期任命的蕃將為部落酋長，到了玄宗時期任命的蕃將則變為寒族胡人，換言之，其任命對象逐漸轉變為部落民。[62]簡單來說，唐的政策在初期以酋長為主，從慰撫的角度，將之任命為蕃將，而後漸漸地放寬範圍，連有能力的部落民都能被任命。

此外，兵源範圍也擴散極廣，這一點與粟特人的比重逐漸增加有關。若是說起唐代的粟特人，一直以來都被認為是以從事商業活動為主的族群；雖然前面說到唐代「府兵制」是以鮮卑人為核心所形成的一種胡漢融合制度，但事實上，在匈奴、鮮卑等所謂「五胡」之外，也包含了不少粟特人。[63]就軍隊的構成面來看，「府兵制」即為五胡十六國之後，主要以胡族所組成的軍隊在不斷擴大範圍後，最終形成與漢族合作的型態。此種「府兵制」因為有粟特人參與，代表著原本的「府兵制」變為更廣義的多民族軍隊。

唐朝的戰鬥力可以明顯區分為（一）由蕃將、蕃兵組成的軍團；（二）府兵（唐人（胡漢合作））；但外人在軍事上扮演的角色並非只顯示在組成比例上而已，在判斷府兵無法承受激烈的攻擊與戰鬥後，[64]就形成了主要由蕃將及蕃兵組成的軍團。要將唐代活躍的異族武將（蕃將）全都列舉出來實在是太難了，若我們只就知名人物而論，先排除初唐的阿史那蘇尼失父子、阿史那社爾、契苾何力、黑齒常之等功臣，首先會想到的就是盛唐時期的高仙芝、安祿山、哥舒翰、史思明、李光弼、李懷光、僕固懷恩等人。

這些異族武官或士兵不只是對內平亂，在唐朝出兵外國或是抵禦外寇時，也做出了特別重要的貢獻。例如貞觀四年（六三〇年）投降的阿史那蘇尼失，在生擒東突厥的頡利可汗時就立了功；其子忠則在薛延陀入侵時帶領前軍擊潰薛延陀、高宗顯慶五年（六六〇年）時擊敗契丹、總章元年（六六八年）時與吐蕃對抗，並獲得經營西域的任務，為唐奮鬥了整整四十年。[65] 突厥處羅可汗的兒子阿史那社爾在貞觀九年投降後，在太宗對高句麗的侵略戰爭中建立極大的功勳，在之後征伐龜茲與突厥時也有很大的功勞。[66] 貞觀六年鐵勒別部的契苾何力隨著母親帶領六千多戶向唐投降，在侵略高句麗時隨軍從征、征伐吐蕃與突厥時也建立功動，是一位對唐鞠躬盡瘁的武官。[67]

以上所列舉的武將主要都是北方出身的武將，也就是說，他們都是蕃將；另一方面，唐朝為了管理蕃將們，在初期給予諸衛將軍的稱號，於是他們原本只是名義上的地方官，卻漸漸地轉變為握有實權的內臣。就這點來說，[68] 不只是唐朝的軍事實力，在官階上，蕃將們所占據的比重愈到後期也變得愈大了。

接下來，讓我們來看看一般的士兵。安祿山叛軍的核心也是蕃兵，[69] 事實上自唐朝前期開始，雖然徵調外族士兵已是一般現象，但就連阿史那社爾、契苾何力那樣忠心又有才幹的蕃將，也是不可能晉升到大將軍的；相反地，漢族官僚的「出將入相」卻是再尋常不過的事。然而，玄宗時期在李林甫的建議下，蕃將也能夠專任大將軍一職，因此起用了高仙芝、哥舒翰等人，[70] 安祿山也是這樣出現的。[71] 特別是河朔在安史之亂後被視為叛亂之地，其中好幾個藩鎮也明顯具有胡人習俗或是胡化性格。[72]

在唐朝軍隊中，又有多少出身自朝鮮半島的人活躍其中呢？高慈、高震、高仙芝、[73] 泉男生、泉獻誠等人具有高句麗血統是眾所周知的事情，特別是高句麗人以勇猛而聞名，這之中又以泉獻誠的「能射」最為出名。[74]六四五年，高句麗滅亡前，唐軍在安市城一役戰敗，將之前占領的遼東省、蓋牟城等地約七萬名的高句麗人移往唐境內，包括高延壽等約三千人也都移住到唐朝境內，並獲得戎秩（武人的級別），成為唐朝軍隊的一員。當時的俘虜中，作為獎賞送給唐軍的武將及士兵就有一萬四千人；此外，淵蓋蘇文的兒子泉男生因弟弟泉男建的政變而下台並流亡至唐，他懷抱謹慎的心思、成為敵軍的先鋒，最終在消滅高句麗時，起了決定性的作用；高慈則是一看到高句麗滅亡的徵兆便馬上逃亡至唐，因而獲得榮華富貴。[75]

除此之外，在唐朝中期以前，還有作為高句麗蕃將而活躍的高仙芝、安史之亂時期活躍的王思禮，以及百濟名將黑齒常之等；[76]與此同時，唐朝後期山東地區的軍閥李正己，以及建立齊國的李納父子也是朝鮮半島的子孫。[77]

蕃將、蕃兵的活躍也顯現在對國內叛亂的鎮壓上。以地域性來說，唐朝主要動員的平叛部隊，大多是與北方遊牧民族有密切關係的河北士兵，例如為了平定安史之亂而動員的朔方軍、平定淮蔡的李光顏及其部隊、以及為了平定龐勛之亂與黃巢之亂而動員的沙陀部等，全部都是胡兵（蕃兵）；此外，五代的義兒軍也主要是以深染胡俗的孩子們所組成。[78]

自北朝時期開始，「西北方的胡族成為中原政權重要的兵力供給來源」已經有非常久的一段時間，正所謂「河北之地，人多壯勇」，[79]北魏時期，冀、定、瀛、相等許多州的營戶、屯兵等，主要也都是由充滿胡族氣息的塞外胡族的後裔們所構成。再者，南北朝末期以後，粟特人自西域大舉向中原遷徙，他們因為各方面的特長而成為主要兵力的供給來源，特別是他們在唐末以「沙陀部」之名登場，最終在五代時期成為重要的政治勢力，建立了後唐（莊宗：李存勖）、後晉（高祖：石敬塘）、後漢（高祖：劉知遠）、北漢（劉崇，即後漢高祖劉知遠的弟弟）四個王朝；[80]若將這段歷史再往下，與遼、金、元等外族王朝相連，則我們可以看出，五胡十六國以後，西北方的胡族們便與塞內中原一直有著密切的關連。

在這裡，我們稍微來看一下唐在侵略高句麗時，活躍的蕃將及蕃兵吧。[81]參與這種戰爭的侵略軍並非唐的府兵，而是以東突厥的蕃將、蕃兵所組成，在當時動員的蕃兵中，可看出營州都督張儉帶領的契丹與奚的兵力，[82]除了有當時以契丹蕃將身分參與的於句折及奚蕃將蘇支等人，[83]北狄、西戎和奚、霫、契丹部眾們也都參與了這場戰事；[84]此外，我們若是觀察遼東道行軍大總管李（世）勣帶領的蕃兵、蕃將們的名字：江夏王道宗、張士貴、張儉、執失思力、契苾何力、阿史那彌射、姜德本、麴智盛、吳黑闥等，[85]從他們的名字就能感受到強烈的胡族氣息。

安史之亂的主角安祿山（七〇三至七五七年）[86]與史思明（七〇三至七六一年）[87]也是出身西域，具有說六種蕃語的能力，並以此為專長，在邊境擔任互市牙郎的工作。[88]像安祿山一樣身為外國人卻快速升職的情況是很少見的，安祿山在三十歲時進入軍隊，不到四年的時間就成為平盧將軍，四十歲時一躍成為邊境藩鎮的平盧軍節度使，和平時期成為邊境節度使神話的他，在天寶十年、四十九歲時，同時擔任三鎮節度使以及「領平盧・河北轉運使」、「管內度支、營田、採訪處置使」等多項要職。[89]

換句話說，自四十歲到四十九歲之間，安祿山用超凡的速度，從一個地區的節度使升職到兼任三鎮的節度使，這樣快速上升的背景就算是與楊貴妃或是玄宗有什麼特殊的關係，如果不是在唐朝，就絕對不可能發生。也就是說，在當時不管是不是胡人，只要有能力就能夠受到重用，因此才有可能像這樣快速上升到足以引起叛亂的地位。安祿山這樣的人物不管再怎麼了不起，若不是有唐朝這樣的環境，外族出身的他是不可能成為任意擺弄一個地區行政、財政、軍事三權的節度使。

如上所述，唐朝一視同仁地對待外國人，並根據其能力來加以重用。平定高昌時，契苾何力所帶領的軍隊有「數萬騎」；[90]而征討突厥默啜可汗引起的叛亂時，隸屬北庭都護府下的好幾個藩鎮所派出的兵力則有二十五萬騎；[91]可以這麼說，大唐帝國的兵力幾乎都是倚賴胡族。對於唐太宗或武則天，我們往往以「用人無私」來形容，若不是唐代這樣的時代背景，是絕對不可能像上述這樣任用胡人的。如此任用胡人是因為他們所具有的勇猛與能力，我們也因此能夠輕易推測主要兵力由異族構成的唐朝軍隊之所以如此強大的原因。

◎唐朝官僚組織中的胡人

那麼，在大唐帝國內部到底有多少外國人呢？東突厥汗國滅亡時，降唐的突厥人約有十餘萬人，[92]當時自塞外移動至塞內的中國人與四夷的降服者，總數上就有一百二十餘萬人。[93]貞觀年間總人口數約有三百餘萬戶（一千五百萬人），一百二十萬就占了其中的百分之八；又自貞觀到天寶年間，進入唐朝的外國人總數推測約有一百七十萬左右。[94]某位學者認為玄宗開元年間的人口數上升，是因為外國人的比率約達到了百分之二點五左右。[95]現今西歐境內的外國人雖然超過了百分之十以上，但若是考慮韓國國內的外國人比率僅為百分之二點五的話，[96]就可以了解到這是非常高的比重。

問題是外國人在進入唐朝後，沒有離開而是留下來定居的人也不在少數，這之中也包含了自西域而來的朝貢使節，這些人就算沒有上萬，至少也有「數千人」。[97]雖然也有因為戰爭等關係而導致歸路被阻斷的情形，但照著自己的意願選擇留下來的可能性也很大。在這些「胡客」中，有約四千名左右的人在長安停留四十餘年，從政府那裡獲得補助且擁有了妻小，並持有田宅或是從事貸款業；雖然唐朝想要對作為來使、卻在首都停留數十年的他們斷絕補助以促使其歸國，但並不是所有人都想回去，因此出現的對策就是將他們轉換為唐的臣子，例如編入神策軍後，原本是王子、使臣的人便成為兵馬使，其餘的就成為兵卒。透過這樣的措施，大唐帝國的兵力變得更強，[98]而將外國人轉變為唐人則是使國力增強最有效的方法。

雖然外國人分散在各個區域居住，但都城理所當然是最重要的集結地。突厥滅亡後，貞觀四年（六三一年）進入長安居住的人接近「萬家」，[99]自行登錄戶籍者也有數千戶。[100]在《唐兩京城坊考》中，描寫了長安與洛陽兩京的都市結構及人口組成，其中記錄著唐境內約有四十名左右蕃人居住的區域，[101]因為這個數字代表的大多是知名人士，所以在統計上其實沒有太大的意義，但在初唐時期，在長安登記的蕃人人口就已經有八萬餘戶左右。[102]就此數據來看，光是突厥一個民族所占有的比率就是長安人口的八分之一，這絕對不是一個小數字。

一千三百多年前的唐朝境內竟然居住了這麼多的外國人，真是一件令人驚訝的事，那麼他們又是如何活躍於唐朝，並獲得了什麼樣的待遇呢？根據記錄，「其餘酋長至（長安）者，皆拜將軍中郎將，布列朝廷，五品以上百餘人，殆與朝士相半」。[103]他們雖然被統稱為「蕃官」，卻與漢族官僚有所區別；這些蕃官的比例和活躍，可說是如實展現大唐帝國開放性的指標，這個過程所實現的「華夷一家」，用「前所未有」來形容絕不為過。[104]

唐朝為了外族而特別設立的「武散官」，在歷史上可說是空前絕後，那就是在高宗顯慶三年（六五八年），設置了正三品的懷化大將軍與從三品的歸德將軍。[105]當然，這種散官在當時既不是正式人員，也還未有固定月俸，[106]但位居高品擔當宮衛絕對是一種特別的待遇。在德宗貞元十一年（七九五年）時，已井然有序地清楚制定從三品到九品，共十四階的武散官職，也規定了每個月要拿多少的月俸。[107]在整頓好官品及月俸後，向唐投降歸化的蕃人數字也因此上升。在唐代官職中，特別是武官組織裡有許多蕃人參與其中，他們忠實地完成其作為官僚的功能。大部分的蕃官在職場上雖享有優待，但在制度上與漢人官僚沒有什麼差別。[108]

另一方面，唐朝也提供胡人一展抱負的機會，例如增設了許多胡族可以發揮個人能力、屬於胡系的官職，其中特別值得注目的官職就是「直官」。根據某位中國學者的研究，《唐六典》卷二中有記錄的有品直官就有四百六十五名定額，這個數字占據了內官兩千六百二十一名[109]中，高達五分之一的比例；[110]在京官裡，五名職事官中就有一名分配好的直官；在京師的許多官衙中，直官的占有率也高得令人驚訝。

直官是源自於北魏時期出現的近侍官，如同直真、內行羽真[111]或是北部折紇真、南部折紇真、主客折紇真、中都坐折紇真、外都坐折紇真等，[112]叫作「〇〇真」名稱的官職即為胡族特有的官職；與此同時，在唐朝初期的軍職中也能看到直官，例如：秦王（李世民）、齊王（李元吉）的親事府、帳內府裡有各自設置好的庫直、驅咥直等官職。[113]我們可以推測出，唐朝初期以後，雖然從北魏時期的名稱樣式「〇〇真」轉變為「〇〇直」，但「〇〇真」這樣的詞彙其實是從蒙古語、突厥語的「負責特定事物」、「執行某種特定任務」的官職名稱後面所附上的後綴，這就是《元史》〈兵志〉中出現的「〇〇赤」，即和「達魯花赤」之類的詞彙是相同的意思。[114]

這樣的官職可以說是（一）將遊牧民族的遺風按照原樣維持下來；（二）在組織性的官僚體制尚未完備之前，根據遊牧民族的通商需求，自由設定官僚體制而形成的。北魏和元代不一樣的地方在於，前者以包含拓跋氏在內的鮮卑人或是各種胡人來擔任此官職，後者則是以受壓榨的漢人為主要的編排對象。無論如何，唐代的直官主要是挑選並任命在文化、藝術、科學技術等三十種領域中，擁有胡人血統的高級人才；[115]也因此在唐朝內部，這種官職的存在，毫無疑問地使胡族活動的舞台變得更加寬廣。

另一個廣受關注的重點，則是外族的技術官員特別多：他們活躍在與歌舞相關的演藝部門，以及天文、占卜、醫藥相關的科學技術，或是譯經、修法等宗教相關的部門中，但與此同時，在建國之初就任用他們也成為問題，高祖武德元年（六一八年）十月產生的爭端，就是因為任命了粟特舞者安叱老作為三品高官的散騎常侍所導致的。朝野主張樂工舞者不可並列於官僚之中，然而，直到最後高祖都沒有採納諫言。[116]

在更早之前，北齊時期的後主（高緯）也曾將曹妙達封「王」、鞍馬駒封「開府」，對樂人極其重用，而隋朝時營建都城大興城時，宇文愷也相當活躍，這些都是優待具有特殊才能者的例子。不過，在唐憲宗元和年間，也有新羅人金忠義因其機械技術而成為小府監（從三品），其子也因父蔭而成為兩館（崇文館、弘文館）的學生，但最終被迫離開的事例。[117]此例是因為唐朝官員們忌諱與樂工、商人們一起並列於官僚之中，[118]而非因其為新羅人的問題，也並非針對外族的刻意迴避。當時的外族們就是在這樣的開放環境下擔任高官和重要職位。

不空三藏就是作為外族又因其本身具有特長而飛黃騰達的代表例子。他出身於印度，翻譯了密教經典並成為中國密教的大聖人，在憲宗、肅宗、代宗三代擔任帝師，並獲得了開府儀同三司、肅國公等破例的待遇；[119]此外，瞿曇氏（Gautama）一族出身印度又歷經四個朝代，在唐朝一邊仕宦、一邊從事司天臺一職將近百年左右，[120]其活躍是只有在唐代這種具有胡族血統的王朝中才能看見的特殊現象，特別是瞿曇悉達在他的著作《開元占經》中，留下了印度九執曆的記錄，使他的名字永存於曆法史和中國的緯書、占候書、天文書之中。[121]

包含鮮卑人在內，各式各樣的胡人在歷經與漢人的融合後成為高官，並在某些方面升上最高位，這樣的情況不算少數，其代表例子為唐代中晚期的著名詩人元稹（七七九至八三一年）。元稹是北魏宗室的後裔，是什翼犍的十四世孫，隨著北魏宗室拓跋氏孝文帝的遷都政策搬到洛陽後，將籍貫定為「河南洛陽」，並以漢族的姓氏「元」氏來自稱。元稹曾被拔升到浙東觀察使、尚書左丞、武昌軍節度使等官職，死後甚至追封到尚書右僕射這樣的高官，[122]特別是他與白居易一起提倡了「新樂府運動」，得到了「元白」這樣的別稱，[123]並稱為唐代最頂尖的文人、高官以及知識分子。

在太宗提倡所謂「華夷一家」以後，唐皇室便一直維持這樣的政策。例如在高宗、武后時期，外族的活躍跟太宗年間相比絕非少數，這種現象在之後更加盛行，到了玄宗天寶年間，可以看到全權交付外族出身者的「方面之任」現象，甚至出現十個節度使全部都是胡人出身的情況。這是在科舉制度正式施行之後，正好連結上文官文弱化的過程，於是李林甫便主張讓外族出身者擔任地方長官；[124]雖然這是為維持自身權力以及獨占君王寵愛的李林甫因私欲所提出來的主張，但最終卻到了「諸道節度盡用胡人」的地步。[125]

像這樣，當外國人進入唐朝成為唐人後，擠下既存的漢族、上升到高官者的數量極多，並非只是一、兩個事例而已。之所以如此，究其原因是由於漢將的武技無法達到蕃將那樣的程度；高級軍官就不用說了，就算是下級兵士，也是同樣的結果。在唐朝，被稱為能射、工射、善射的人大部分都是外族出身，[126]他們一方面對於該職務有著自負心，另一方面也對漢人帶有輕蔑感。[127]

不只是武職，唐帝國宰相一職的情況也是如此，在總數三百六十九人中，共來自九十八個不同的族群。認為他們的祖先大多有著「蕃人漢化」或是「漢化蕃人」的主張雖然稍微誇張了些，但也並非完全都是編造的。這樣的風氣自初唐起，直至晚唐都沒有什麼太大的變化。例如，高祖任用的十六位宰相中，最少也有九個人與蕃人有血緣上的姻親關係，崔慎猷認為「自宣宗大中年間（八四七至八六〇年），至懿宗咸通年間（八六

○至八七三年）為止，所任用之宰相『盡是蕃人』」，[128]這絕對不是誇張的說法。

◎大唐帝國內外國人的活動

依據描述大唐帝國官僚組織的《唐六典》的記載，至此書編寫完成之前，曾來朝貢的民族或是國家共有三百個，他們彼此之間互相征戰，到了編纂時，剩下的國家約有七十餘國，他們有著各自的領土，並成為唐的四蕃；[129]此外，玄宗天寶年間，在高句麗出身的高仙芝將軍經歷連雲堡戰役的一番苦戰後，也有拂林（大秦／東羅馬）、大食（阿拉伯）等七十二個國家的人自西域向唐朝臣服而來。[130]

即使這些國家未必都有完善的國家體制，但光是數量就多到非常驚人；且無論「朝貢」這個詞是不是中國王朝的普遍用語，也不會改變交流國家數量很多的事實。不只是官方的朝貢使節來到中國，也有非常多外國人帶著各種動機與目的前來；因為他們，唐的首都長安流淌著一種所謂的「異國風情」。大唐帝國是來自世界各地的人們互相交流的場所，不同膚色的人們在此闊步而行；此處不但是人種的博覽會場，也堪稱是某種展示場所。

不只是從西域而來的波斯人、粟特人，甚至連黑皮膚的崑崙奴也來了；[131]呈現出當時黑人存在的，就屬張籍一首名為〈崑崙兒〉的詩最為有名。[132]此外，如同唐代出土、為數甚多的「黑人俑」一般，黑人在唐代社會中並不是什麼稀奇的存在，只是唐代的崑崙奴並不是非洲人，而是來自東南亞或南亞國家，且有很大的可能性是以貢品的方式流入

圖3　黑人俑—崑崙奴像—胡俑頭像

中國。[133]（圖3）如果只看臉的膚色，長安大街就跟美國紐約曼哈頓的大街一樣，沒有什麼不同。

就像這樣，大唐帝國充滿了外國使者、留學生、留學僧、商人、奴隸、旅行的觀光客等，對於到四十幾歲才出國的筆者來說，只能用「驚奇」來形容唐代的這種景象。在這些外國人之中，以來自朝鮮半島及日本的眾多求法僧最為人熟知。特別值得注意的是新羅僧的活躍；新羅僧侶來到唐朝留學後，有法號記錄者就有一百三十位，[134]大唐帝國史書（《舊唐書》及《新唐書》）中留下姓名的人數雖然只有兩千六百二十四人，[135]但這已是相當高的記錄。

記錄在義淨《大唐西域求法高僧傳》內的五十八名僧徒中，有八名新羅人、一名高句麗人，他們是進入唐之後又再次向西域出發的人，然而新羅僧的比例有六分之一，可以看到這樣的數字是多麼的龐大；又，《景德傳燈錄》中記載的一千六百名禪門僧徒中，非唐人者有四十三人，其中四十二人為新羅人。[136]在武宗時發生的會昌廢佛期間，停留在長安左街（即萬年縣）的許多寺廟中、被神策軍叫去審問的外國僧侶就有二十一人，其中新羅僧有十名，幾乎占了一半。[137]此外，像日本僧侶圓仁一樣，在作為外國僧侶卻因拿不到祠部的牒而還俗，或是被驅逐回本國的人之中，也有非常多的新羅僧侶。[138]

還有一件特別值得關注的事，那就是滯留在唐的人之中，有新羅出身的奴隸（新羅奴）。[139]新羅奴在當時又以被稱為「崑崙奴」、「新羅婢」而聞名，與此相關的是唐朝後期中國的海盜船出沒在朝鮮半島沿海掠劫新羅人，並將其賣到山東地方為奴，[140]還有這樣的事件難以根絕的記述。[141]此後這類的劫掠因為海上之王張保皋防備海盜船的努力，以及新羅和唐的官方取締而漸漸地根絕。[142]當時因為海盜們與山東地區的藩鎮有所聯結的關係，唐以允許新羅請求的名義，要求新羅派兵，於是新羅方面便派了三萬甲兵前來。[143]雖然這種外國奴隸存在的現象並非唐朝獨有，但跟前代相比，在數量上特別顯著卻是事實；究其原因，與當時的時代潮流「異國情趣」或是「異國趣味」不無相關，而透過這樣的情況，我們也能一窺唐代社會人種構成的多樣性。

在進入大唐帝國的人之中，雖然一定有亡國、俘虜等身不由己的人，但也有相當多的人，乃是出自個人想法而來到這個國度。大唐帝國就是這麼一個「開放的帝國」、「開放的社會」。成為開放社會的必要條件是「機會均等」，而基本條件則是「不靠關係」，讓人民依據實力、技能獲得評價。不管是國家有需要或是個人的成就動機，在踏上國土後都不應受到差別待遇，像高句麗人高仙芝、波斯人阿羅喊，都是因其特殊身分或特殊才能而在唐朝廷中活躍的典型人物。[144]在洛陽附近大量發現了當時移民者的墓誌銘，正如這些銘文所顯現的痕跡一般，他們在異國的土地上都各自獲得了成功。

外國人透過「賓貢及第」的科舉，各自開啟了飛黃騰達的為官之路；在這當中，有四名新羅人特別值得注目。[145]首先是金雲卿，他在穆宗長慶年間（八二一至八二四年）及第，並就任兗州都督府司馬一職，直到武宗會昌元年（八四一年）歸國為止，二十餘年間都在唐朝廷中擔任公職，甚至到了難以分辨他是新羅人還是唐人的程度。崔致遠在僖宗乾符元年（八七四年）及第後擔任宣州溧水縣尉，並在高駢的手下服侍他，十年間擔任淮南入本國兼送詔書等使、前都統巡官、承務郎、侍御史、內供奉賜紫金魚袋等職務，僖宗中和四年（八八四年）時回國。金紹渤於乾符末（八七九年）及第並擔任太學博士，至僖宗文德元年（八八八年）回國為止，共任職十年。金文蔚在昭宗乾寧年間（八九四至八九七年）及第，前後擔任工部員外郎、沂王府諮議參軍、允冊命使等職，至昭宗天祐三年（九〇六年）回國為止，任職九年。就像這樣，在唐的外國人們透過「賓貢及第」獲得官職，並度過官僚生活。

如果閱讀《東史綱目》，我們就可以知道，[146]自長慶初年金雲卿賓貢科及第後，到唐朝末年為止，新羅留學生及第者共有五十八人。[147]賓貢科及第的外國人被稱作「登仙籍」，新羅出身的合格者有朴仁範、崔致遠、朴充、金夷魚、崔承祐、金可紀、崔彥撝（崔慎之）等，[148]在他們之中，崔致遠在唐時間有十八年，崔彥撝有二十四年，金可紀則在唐待到生命的最後一刻。在當時，這些留學生們比起結束留學生活後回到本國擔任官僚工作，更傾向於留在唐朝，唐詩中有著「少年離本國，今去已成翁」[149]或是「天涯離二紀，闕下歷三朝」的詩句，[150]雖然這些詩句都是年輕時在外國度過充滿活力的日子後，老年時再回顧這段年輕歲月的內容，但他們既然沒有無法回歸故國的特別理由，那這自然也是一種出於自我意志的生涯選擇與規畫。

除此之外，日本的阿倍仲麻呂、大食的李彥升、康國（Samarkand）的康謙等外國人也都特別活躍。七一七年（玄宗開元五年），阿倍仲麻呂十七歲時為了到唐留學而離開了祖國，[151]在唐進入太學就讀，進士科合格後升至左補闕，在那之後獲得「晁衡」（朝衡）這個中國名字。他歷經玄宗、肅宗、代宗三朝，在唐朝廷中任職五十餘年，天寶十二年（七五三年）暫時回國後又重新回到唐朝，最後在代宗大曆五年（七七〇年）於長安去世。[152]

活躍於肅宗時期的康謙通過賓貢科入朝後升至鴻臚卿；[153]李彥升在宣宗大中元年（八四七年）獲得汴州刺史暨宣武節度使盧鈞推薦而被提拔，[154]隔年在進士科以優秀的成績合格，這部分與一般外國人所經歷的賓貢科路線不同。[155]除了上述介紹的人之外，在唐活動的還有高句麗、新羅、百濟、日本、大食、波斯、安、康、天竺等各種國籍的人，他們大致上都透過賓貢科活躍於唐朝廷，世界史上還有哪一個國家能讓外國人考國家考試，並正式成為公務員呢？

因此，大唐帝國中充滿著自外國以公費或自費而來的留學生們，他們主要在國子學中學習，太宗貞觀年間擴大了文教的大門，增建了一千兩百間學舍，並有八千餘名來自新羅、高昌、百濟、吐蕃、高句麗等地的外國學生在此寄宿。[156]但並不是只有京城才有留學生，地方州、縣學也有很多留學生，特別是來自日本、新羅的留學生數目是最多的。韓國國人的教育熱潮自三國時代開始便自豪為世界最高水準，[157]不只是貴族世家出身的子弟們以個人名義來留學，國家也將這種留學視為一種獎勵，敬宗寶曆元年（八二五年）五月，甚至有新羅王上奏要求太學生崔利貞、金叔貞、朴質業等四人歸國，再將金允夫、金立之、朴亮之等十二人編為宿衛，並安排他們在國子監好好學習。[158] 文宗開成二年（八三七年），在唐的新羅留學生有兩百一十六人；[159] 開成五年（八四〇年）四月，第一批因新羅國滅亡而回國的留學生也有一百零五人。[160] 一般來說，這些留學生有著十年限滿還國的規定，他們的人數時常維持在一百至兩百人之間，[161] 學費與生活費是由新羅和唐政府共同分擔，即書籍購買費用是由新羅政府負責，衣食等生活費用則是由唐政府來負擔。[162]

為什麼新羅學生會這麼多呢？是因為獨特的教育熱潮嗎？關於這個問題，特別引人注目的是，在賓貢科及格的多數新羅留學生中，他們大多是出身自六頭品。[163] 雖然他們原本是在新羅建國的過程中，加盟的族長或是過程中被合併的高層大族長，卻因為六頭品嚴格的骨品制使其出路受到限制，逐漸被主流排擠出去，[164] 到了新羅後期甚至被截斷出路。對於這類新羅人，到大唐帝國留學成為讓其身分產生巨大改變的機會，在這個地方可以實現他們在祖國無法實踐的夢想。

接下來是「宿衛」以及「宿衛學生」的問題。所謂的「宿衛」是指保衛宮殿的任務，唐代擔任宿衛的武官（宿衛官）範圍非常廣，折衝府的衛士在系統上又可以被分成三衛北衙禁軍，他們會輪流上番，[165] 然而唐代所謂的「宿衛學生」，是指臣屬於唐的國家將其王子作為質子，也就是作為人質派到大唐帝國的都城、長期滯留在此，並且擔任宮殿宮衛這種具親衛性的宮中守備軍。[166]

在唐與新羅的交流中，因為宿衛或是宿衛學生擁有重要的聯結性，也因此很早就成為韓國學界注目的論題。[167] 唐朝對他們採取開放性的態度，並提供了許多便利之處，[168] 這也可以看作是大唐帝國「帝國般的包容性」的特徵之一。[169]宿衛學生就如同字面上的意思，是宿衛跟學生的合成，所以並非只是單純限定在軍事上的角色而已，而是來到唐朝學習、具備綜合概念的外國人。[170]

對唐來說，如果宿衛具有誇耀大唐帝國威望的意義，那麼透過學生吸取先進文化的派遣國，自然也有其目的。雖然這類肩負多重意義的學生可以說是一種人質，但從另一個角度來看，也可將其視為朝貢使，是一種進行國家間政治、經濟、社會、文化等全盤性又多樣性交流的外交使節。[171]宿衛學生並不是在唐朝才突然出現，而是早自古代中國就有的一種由國家之間交換質子的形式；可區分為中國內部各勢力之間彼此交換的內部人質，以及在對外戰爭之後，與外國交換的外部人質，[172]而在唐代交換的理所當然是外部人質。

外部人質最具代表性的，要屬東漢光武帝建武年間，西域十八國的國王將其子送入中國當作人質，並自請成為都護這件事，[173]然而，東漢時代看到的外部人質儘管在名稱上有些相似，但與唐代的「宿衛學生」相比，還是有很多不同的地方，特別是從七世紀中葉開始，在新羅武烈王系成立王權後，新羅的宿衛學生便成為一種夾在大唐帝國和新羅之間的外交使節。[174]

唐代質子的特徵是，雖然大部分的周邊民族幾乎都向唐派出了質子，[175]但與古代中國質子的不同之處，在於他們大多必須負責宿衛的任務；在新羅和渤海，則是以一種定期化的制度來進行運作。[176]其他國家則是在和唐朝締結關係的過程中派遣質子，但當此關係發展到某種程度時，就不須再派遣；正因如此，從派遣國的想法，就可以看出其各自不同的特徵。[177]此外，這些蕃人、蕃客出身的武士又與一般宿衛不同，異族（蕃人、蕃客）出身的武官全都可以免除宿衛一職，[178]當然，預期的情況是在稍微確認之後就進行任用，[179]但宿衛並非義務。然而，對於宿衛學生來說，宿衛是很重要的義務。

在宿衛學生中，我們可以發現兩種特徵：

第一，唐代的宿衛學生幾乎都是周邊王國要求唐朝提供名額、從而派遣過來的人；第二，他們的主要任務就是負責皇帝的宿衛任務。第一點的部分，雖然在唐朝學習先進文化是公費留學生存在的意義，但實質上也是一種為了切合自身國民利益的固定間諜活動。因此就像前述所說，新羅和渤海透過這樣的要求，將它當成是一種定期化的機制來加以運作，因此有人提出「質子外交」這樣的看法，即質子的意義並非止於人質本身，而是對於接受其入國的唐朝或派遣質子的國家兩者而言，都有著重要的機能與角色。

唐朝當然是希望一邊統治派遣國，一邊又因為這些質子擔任皇帝儀仗隊的角色而為中國皇帝增添聲威。[180]筆者的想像是下述唐太宗昭陵的十四君長像，或是唐高宗乾陵的六十一蕃臣像。雖然唐曾一度要將宿衛質子送還本國，並將此制度廢止，[181]但唐與外族為了能夠炫耀威望，以及持續獲得情報等攸關自身利益的緣故，這個制度直到唐末都無法被廢止。據統計，共有二十三國派遣宿衛學生至唐。

第二，是唐代宿衛學生的管理出現了極為「遊牧性」的特質，這可以在成吉思汗親衛部隊中看到，[182]成吉思汗親衛隊的士兵是將千戶長、百戶長、十戶長派出的一名兒子，以「人質」（turqaq）的身分加以分類和安排；他們有的是在夜間時分守在君主的帳篷附近，進行護衛任務的宿衛（kebte'ul），有的則是進行平常安排好的護衛任務的散班

（turuq'ud），也有的是將君主的箭筒裝滿，進行護衛任務的箭筒士（qorchi），大致上可以分成這三個種類，成為日後被稱為「怯薛」（keshig）的親衛組織的起源。怯薛的蒙古語有著「恩寵」、「賜予」、「序號」、「值勤」的意思，總而言之，具有「蒙受恩寵的值勤」之意。[183]

在比蒙古更早以前的北魏「序紀」時期，就有這種將透過合作或聯合支配而來的部落首長之子作為質子的做法，[184]另一方面，這種質子在「東晉—南朝」是看不到的，因為在南朝使用外國人出身的禁軍是完全無法想像的事。然而到了唐代，外國人，特別是由胡人擔任宮廷宿衛、儀仗的例子層出不窮。這種現象並非始自於唐，而是自北朝時期就有的事情。[185]北魏初年就已有了先例，前期時有粟特安氏一門，即安同、安原、安頡祖孫的前例，[186]後期則有史寧等事例。[187]

雖然北魏前期的禁衛武官主要是出身自拓跋鮮卑或是其他附從的部族，[188]但北魏並不是挑選在政權建立時就合作過的主導勢力的成員，反而是只以容貌或是能力為主，選擇那些毫無任何關係的人。比起出身叛亂家門者，選拔沒有特別背景、只對皇帝竭盡忠誠的人反倒會更加有利，[189]也更容易確保他們的忠誠。[190]當然這也跟帝王自身的個人取向是有關聯的，比如隋煬帝或唐太宗[191]就很常任用胡人宿衛；[192]隨伺在諸多衛府中。左衛的地位是最高的，[193]而這些人就是負責擔任宿衛。[194]

與唐朝敵對的勢力派遣質子來唐的例子極少，例如東突厥汗國從來都沒有派過，回紇只在安史之亂時有過，在那之後就再也沒有了；也就是說，作為對立關係存在的兩股勢力，與作為信物而交換的質子是不一樣的。從這方面來說，唐代的宿衛學生與古代中國在敵國之間以作為「人質」交換的質子是截然不同的，反而可以將宿衛學生看作是增添了北方遊牧要素，並在唐代出現的一種特有制度；同時，仔細思考與宿衛學生相通的「質子外交」衰退後，到了宋代便轉變為「歲幣外交」這一點，[195]唐代的宿衛學生有著與大唐帝國的時代性合而為一的意義。

大唐帝國的外國人政策

大唐帝國的外來宗教政策

大唐帝國的都城長安，總是充滿著來自四面八方、因各種緣由而來的人和文物，因此不論是風景還是人，都給人一種非比尋常的感受。自北朝晚期，西方的宗教已開始傳入中國，在長安城內，「波斯胡寺」、「波斯邸」、「胡祆祠」、「祆祠」等建築，櫛比鱗次地聳立在街頭。「波斯」這個詞是從「Persia」音譯而來的，即現在我們所說的伊朗。由於被稱為「胡」的西北方遊牧民族的活動範圍過於廣大，因此這個詞在狹義上，也可以專門用來指稱粟特人（Sogdia）或是伊朗人。[196]

從西方而來的外族，帶著宗教進入中國。在「信教」這件事上，他們並未受到任何限制或障礙。雖然在北朝的北魏太武帝時期和北周武帝時期，對於佛教有過兩次鎮壓（稱為「法難」），但原因其實是局限在政治、經濟問題上，而非起於種族上的偏見。在佛教流行的同時，西方的宗教也一併傳入。提出光明和黑暗、善與惡對立等二元性教義的瑣羅亞斯德教（Zoroastrianism，又稱拜火教、祆教）自南北朝晚期傳入中國後，就以伊朗人的居住地「波斯邸」為中心開始向民間傳播。[197]祆教的神殿從長安西市一帶開始建立，[198]同時也設立了掌管神殿和祭祀、只有外族才能擔任的官職——薩寶府。[199]

薩寶是視正五品（相當於正五品）的官員，[200]除此之外，還有薩寶府祆正、薩寶府祆祝、薩寶府率及薩寶府史等好幾種官職。[201]這些官職不只出現在唐代，還可以追溯到隋、甚至是北齊時代。[202]不過，相較於之前的朝代，這些官職的官品在唐代不但更高、且所屬官員更加完備，表示外族在唐代更受到重視。

在中國歷史上，很難找到像這樣由外國人專門負責、或是由外國人擔任首長的先例。從這方面來看，我們對於被稱作薩寶的官職、或是薩寶府這類官衙的出現，應該給予相當高的評價。

薩寶原來的意思是商主或是商隊的隊長。[203]唐代的薩寶不只是單純的神官，也就是說，薩寶不只是單純與宗教相關的官職，而是信仰祆教的胡人集團的統率者，同時也可以看到他兼具民事及刑事掌權者的角色，這樣的特色可以說是薩珊王朝的遺風。[204]自北朝起，直至盛唐為止，政府為了管理粟特人，不管是在都城還是在居住者眾多的各州，都特別設置了薩寶這樣的官職，此事甚至還登錄到了官品令上；在眾多與中國往來的外族當中，這樣的情況確實值得關注。

開元二十五年，若登記為「視品」，就意味著擔任與薩寶有關的職位。所謂的視品，和皇帝直屬的流內、流外品官有所區別，本來是指王公以下的上級勳官所屬官府的職員，即進入「陪臣」範疇之官吏的品階。唐初雖然有很多這類的視品，但如《舊唐書》〈職官志〉所記載，漢人陪臣在開元前期已全部廢止，只留下了胡人薩寶。[205]這雖然是皇帝直屬的官制機構「一元化」下所產生的現象，但在過程中，卻只有外族的薩寶府作為例外而特別保留了下來。這個史無前例的「薩寶府」，其持續存在正呼應了粟特人自北朝橫跨至隋唐，對東西貿易產生的極大貢獻。

正因如此，這個機構才會在大唐帝國的官僚體制中占據了穩固的位置。到了唐朝後期，隨著海上伊斯蘭商人的來來往往，廣州等地也出現了專門管理外商居留區域的「蕃長」以及「薩寶」。這些和外國或附屬國緊密相連的官職，[206]在中國官僚機構「大唐官品」中占有正式的一席之地；[207]這種特殊官職的出現，正是唐王朝呈現世界帝國特色的典範。

另外，還有一派屬於基督教分支、被稱為聶斯脫留教（Nestorianism，又稱景教）的外來宗教。根據記載，這個宗教是在太宗貞觀九年（六三五年），由大秦國的阿羅本率領傳教團傳入唐朝的。[208]聶斯脫留教傳入後，又被稱為波斯教或是彌施訶教，玄宗時期確定以中國式的名稱「景教」來稱呼，[209]意思為「如同巨大太陽般的宗教」。[210]自玄宗天寶四年（七四五年）開始，將過去稱為「波斯寺」的教堂改名為「大秦寺」；德宗建中二年（七八一年），在長安義寧坊豎立了「大秦景教流行中國碑」。[211]（圖4）義寧坊近似於西域物產的集結地，是中亞與西亞人聚集居住的區域。自六三五年聶斯脫留教傳入後，至七八一年銘刻碑文為止，這個石碑幾乎是唯一能夠告訴我們基督教在中國的活動狀況的資料，[212]碑文上記載著高宗治世時是景教最為流行的時候，每週都有景教寺院設立，並在朝廷的保護下向全國擴散，甚至到每個城市都設有教會的程度（寺滿百城）。[213]

武后時期，在政治目的下，景教雖然隨著官方提倡佛教而漸漸地萎縮，但玄宗時期又再次達到中興，肅宗、代宗時期也受到了朝廷的保護。景教將中國傳統的兩個宗教（儒教、道教）與佛教的教理結合在一起，並透過和唐皇室的密切關係來擴張自己的勢力。

由於會昌五年（八四五年）武宗對佛教的鎮壓（會昌毀佛），以及隨之而來對所謂「三夷教」（景教、摩尼教、祆教）的打壓，使得景教開始衰退。[214]也有人主張在打壓當時，大唐帝國至少已有超過四萬名的景教徒。[215]至八世紀末為止留下許多足跡的景教，若不是以大唐帝國為前提，根本就不可能流行起來。

此外，三世紀初由波斯人摩尼（Mani）所創立的摩尼教（Manichaeism），也是經過了吐火羅，至武后時期才傳入中國。[216]若是從「妄稱佛教」或是「誑惑黎元」的記錄來猜測的話，[217]可以看到摩尼教在傳入中國以後，透過對既存佛教的利用，得到了相當多的信徒，並以獨特的教理和勢力擴張，帶給唐王朝及當時社會很大程度的衝擊，結果傳入後僅三十八年就被禁止。唐政府對外來宗教展現出如此強烈的反彈態度算是很少見的，有人主張之所以明文禁止摩尼教，乃是因其發展太過快速又過於明目張膽的緣故。[218]

圖4　大秦景教流行中國碑（碑林博物館 收藏）

無論如何，開元年間開始的打壓摩尼教措施雖然實施很久，卻也並非那麼的殘酷，且西胡們信仰摩尼教這件事似乎也沒有遭受太大的壓制。[219]摩尼教在大唐帝國中後期的國際關係中，與在唐王朝內部興起且占有巨大比重的回紇勢力有著密切的關聯，換句話說，甚至能用「回紇的盛衰就等於唐朝摩尼教的盛衰」來形容。[220]

唐代宗大曆三年（七六八年），在回紇的請求下，長安城內建立了摩尼教大雲光明寺；[221]憲宗元和二年（八〇七年），又在長江流域一帶的荊州、洪州、揚州、越州及河南府、太原府等地興建了摩尼寺。[222]我們可以從摩尼教與可汗之間的結合中，找到摩尼教在七六二年如同國教般獲得回紇人崇信的記錄，[223]摩尼教徒（特別是粟特人）與包含中國在內的周邊國家進行貿易，其所獲取的利益又為可汗的經濟基礎起了特別重要的作用。[224]

此外，和八四五年唐朝官方堅決進行的「會昌毀佛」也是在回紇崩潰後發生的一樣，摩尼教遭受鎮壓，也和回紇的衰亡有很深的關聯。[225]另外，在唐朝鎮壓摩尼教的背後因素中，也有部分是始於摩尼教徒在與唐的絹馬貿易中恣意搜刮的負面行為；[226]然而會昌五年（八四五年）的宗教鎮壓，並不是只針對摩尼教而來，[227]因此摩尼教的衰退不能看成一定與回紇衰退有關，而是當時因為佛教等外來宗教所帶來的經濟性弊端，才出現了排外政策。佛教傳入中國不是忽然發生的事情，也不能被特別當作外族的宗教，韓愈〈佛骨表〉等論說的出現，也是因為宮中投入佛教活動所產生的龐大經濟負擔，導致後續的問題。

如上所述，雖然有些波折，但當時已創立的宗教幾乎全都經由世界各地傳入了大唐帝國。「會昌毀佛」之前，不只是外國人，就連唐人都可以選擇並信仰任何一種宗教；不只是長安市內，就連地方都市也出現好幾種宗教設施共存的情況。根據帝王的喜好，大唐帝國的宗教政策雖然略有「先道後佛」或是「先佛後道」等變動，但並沒有過度干涉百姓要選擇信仰哪一種宗教，因為他們保障了信教自由，特別是對於外國人信仰其固有宗教一事，在打壓「三夷教」以前都沒有加以干涉。

大唐帝國在當時被世界各地的人們視為「充滿機會的土地」，如同新羅的六頭品為了要實現他們在故國無法實踐的夢想而來到唐朝，所謂的「亡命宗教」如景教、摩尼教等受到迫害而被趕出原來的國家後，在大唐帝國的都城長安受到了貴賓級的待遇。眾所周知，四三一年大公會議時被判決為「異端」的景教徒逃亡到了波斯，在歷經兩百餘年漫長的流浪後，終於安全抵達長安；反觀在大唐帝國外的土地上，宗教紛爭卻是不斷地出現。在波斯，瑣羅亞斯德教驅逐了景教徒，後來伊斯蘭教又驅逐了瑣羅亞斯德教；但是在長安，這些宗教卻各自相安無事、和平共存，這些「亡命宗教」與佛教、伊斯蘭教一起，和固有的儒教、道教並駕齊驅，這樣的事情若不是在大唐帝國的話，是絕不可能發生的。

商業交易的保障與外國商人

不管是以前還是現在，身分低的百姓要到國外並不容易。為了能夠到國外生活，除了經營「商業」，沒有別的答案。雖然今日最善於經商的民族是猶太人，而且他們多數人聚集的地方，乃是資本主義最蓬勃發展的紐約。但在大唐帝國時期，甚至是之後的宋、元時代，世界上最會做生意的民族正是粟特人。

粟特人在中國的史書中又常被稱呼為昭武九姓、九姓胡、雜種胡、粟特胡等；他們在人種上是屬於伊朗血統裡中亞古族的一支，語言上使用「印歐－伊朗」語族中，屬於東伊朗語其中一個支系的粟特語（Sogdian），文字則是阿拉伯文字（Aramaic Script）的一種變體，通稱為「粟特文」。

粟特人的故鄉在中亞阿姆河（Oxus）及錫爾河（Syrdarya）間的扎拉夫尚河（Zarafshan）流域，被稱為河中地區（Transoxiana），在西洋古典文獻中被叫作「索格底亞那」（Sogdiana），其主要範圍是現今的烏茲別克，一部分則屬於塔吉克和吉爾吉斯。這些粟特區域的國家在中國史籍中以各種名稱出現，北魏以前稱為康居，北魏時稱為粟特、悉萬斤、迷密等，隋唐時期則被叫作昭武諸國。由於這些粟特人沒有在歷史上形成統一的帝國，又因為周邊勢力強大而被他族長時間統治，因此這些粟特人政權經常會分分合合，並非一定是指稱九個國家。

正因如此，雖然經常稱其為昭武九姓，但九姓的內容也會有些微的差異，[228]在《新唐書》中說他們像商業民族一樣，有著「生兒以石蜜啖之，置膠於掌，欲長而甘言，持寶若黏云。習旁行書，善商賈，好利，丈夫年二十，去傍國，利所在無不至」的說法。[229]多數的粟特人都能夠運用好幾種外語，就跟安祿山、[230]史思明能運用六國語（六蕃語）一樣。[231]最近學界也接連發現他們在唐生活過的痕跡。[232]（圖5）

西漢時期「張騫通西域」之後，中西間的交通主要以陸路，即透過絲路來完成。然

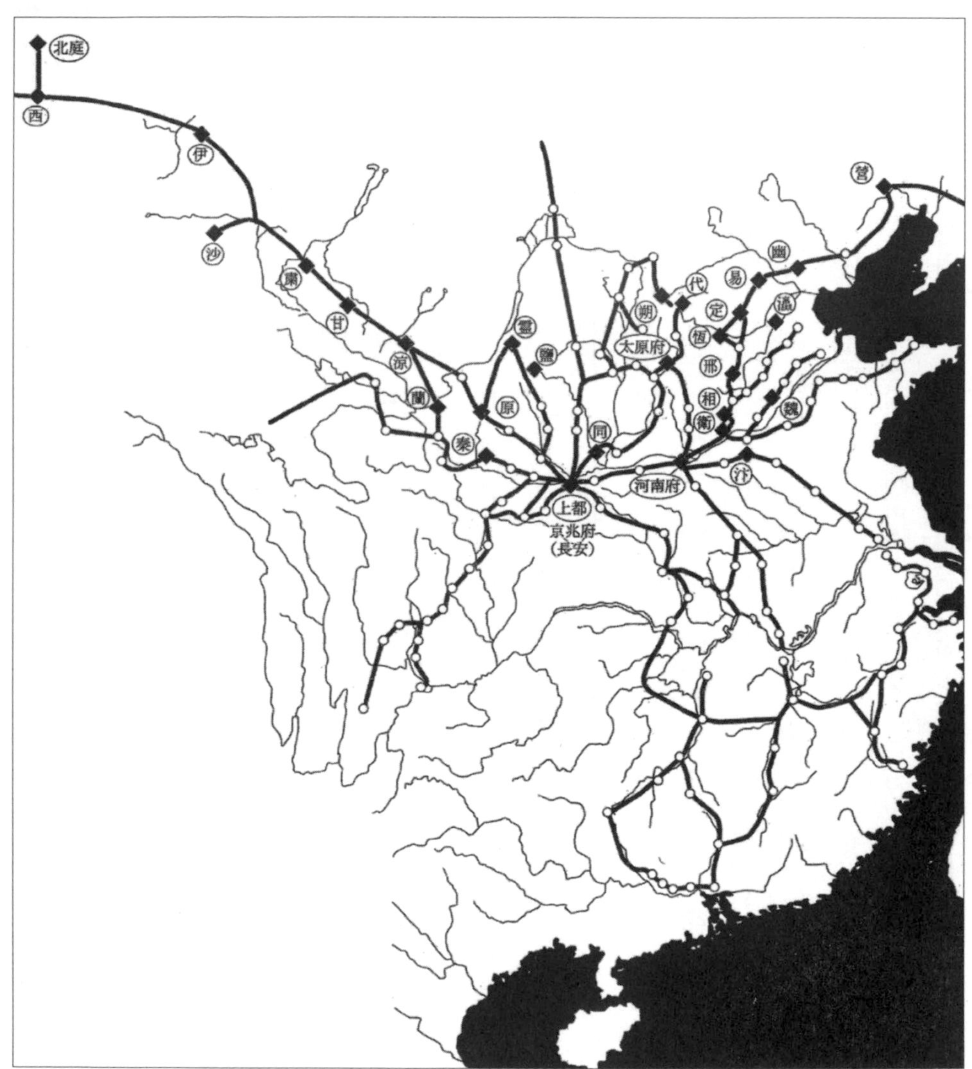

圖 5 唐代粟特人的村落與驛道圖（荒川正晴，《歐亞的交通．貿易與唐帝國》，名古屋大學出版會，2010）

而，在北方遊牧民族入侵中原、以及江南王朝成立之後，利用海上交通路線進行的人與物種的交流也變得興盛起來。當時的交流幾乎都是以通商為主，所謂人的交流絕大部分都是商人的往來，做生意最成功的地方就是最多人聚集的地方，這個地方不管是以前還是現在幾乎都是都城，也就是該國的首都，其次就是作為交通重地、物品集中進出的港口都市。

商人的活動舞台集中在長安（特別是西市）及東南沿海的港口都市（例如明州〔寧波〕、溫州、泉州、福州、廣州等地）。外國商人則有「商胡、胡商、胡賈、蕃商、海商、海胡、西域賈、外國商販、賈胡、舶胡、蕃旅、波斯大商人」等各式各樣的稱呼。特別是長安的西市，作為絲路的起點，不只是大唐帝國、更是東亞最大的商業中心；西域的昭武九姓們在這座商業中心投入商業資本，發揮了相當大的力量，[233]尤其是在西市販賣珠寶的胡商特別值得注目。[234]唐中期以後，回紇與阿拉伯出身的商人，在貿易與金融業表現得特別出色。捐贈鉅款建造長安的大寺廟、或是洛陽主要建築物等大型土木工程的人，絕大部分都是蕃商出身。[235]眾所周知，有數萬名外國人居住在長安且來往西域，特別是來自中亞的人們，有很多人後來都採用了中國的姓氏。

如上所述，在外國人積極的入唐潮流中，理所當然地在大唐帝國內，會形成外國人群聚的居住地。都城長安當然不用說，在敦煌和東南海岸的港口也出現了大規模的外國人居住地，例如在長安南郊就有著被稱為「高麗曲」的高句麗流民集團居住地。[236]在長安等大都市的區域單位中，最大的單位是坊，坊之下是巷和曲，從外國人集團居住地的形成過程中，可以看到好幾種不同的類型。

首先是因為移民自由選擇移居大唐帝國而出現的居住地，這種類型是在通往母國的路途中形成的集團居住地，像是絲路邊緣的河西走廊區域，特別是在敦煌，自然而然地形成粟特人等西域系住民的集團居住地；[237]因為要將絲綢等優良的江南特產品轉運至長安的緣故，內陸的襄陽（湖北省襄樊）也有粟特商人的聚落。[238]雖然之前曾經有人提出敦煌有新羅人居住地的主張，[239]但並沒有可信的證據。

第二，根據唐朝政府的政策所製造出的集團居住地，最具代表性的就是收容東突厥流民、以養馬為目的而創造的六胡州。[240]此外，由於西域人主要與商業或養馬等方面有很深的連結，所以他們也在絲路周圍建立了集團居住地。集團居住地的形成不管是自由發展還是有計畫地建造，都可以預想成是在唐政府的嚴格統治下所產生的。雖然絲路周圍的外國人村落也是這樣，不過在新羅人的居住地「新羅坊」也掛著「坊」這樣的詞彙。坊是一個管理居民生活居住空間的名稱，有關坊的部分後面還會詳細說明。

接著一起來看看與貿易相關的蕃商（胡商）們的分布狀況。首先，（一）江淮地區是當時最具代表性的富庶地區，[241]其中又以眾人都想在此終其一生的揚州為中心。[242]波斯人等西亞地區出身商人的店舖在此林立，[243]如果發生動亂，錢最多的外國商人理所當然會成為被掠奪的對象，甚至連官員都成為掠奪者。肅宗至德二年（七五七年），在揚州長史暨淮南節度使鄧景山的號召下，為了平定叛亂而來到揚州的田神功一抵達此處，就馬上大規模地掠奪住民們的財產，當時來自大食（阿拉伯）、波斯的胡商的死亡人數就達數千名。[244]

再者，（二）東南海岸，特別是在廣州，有來自印度、波斯、馬來西亞等不計其數的船舶，又有自獅子國、大石國（大食）、骨唐國、白蠻國（歐洲）、赤蠻國（非洲）等地區而來的人們定居於此。[245]十世紀時，出身尸羅夫（Siraf）的穆斯林作家阿布賽特（Abu-Zaid）結合了有著往來中國經驗的蘇萊曼（Sulaiman）在八五一年的記錄，以及之後自己獲得的情報，為黃巢之亂（八七五至八八四年）爆發時廣州的狀況留下了記錄。據他所言，「黃巢在進攻廣州後，就將在這座城市生活、做生意的十二萬名穆斯林、猶太人、基督教徒及瑣羅亞斯德教徒屠殺殆盡。」[246]根據八二五年所編纂的資料，當時有七萬四千戶居住在廣州，估計約有三分之一的居民是外地人。[247]

（三）商賈在繁榮的泉州港聚集，可以用「市井十洲人」來形容其混雜的程度，[248]尤其泉州是海上絲路的終點，比馬可波羅早一年來到這個地方的德安科納就以「光之城」來命名這座滿城盡是刺桐的夢想城市，並且被當時的西洋人所熟知。[249]

但唐代海上交通最繁盛的城市還是廣州，因此商胡們的船舶大多蜂擁來到廣州。泉州、明州、澉浦是唐末及北宋時期的重鎮，華亭、太倉則是元、明以後的要地。[250]東漢末期以後，中國的政治中心分為南、北兩個部分，由於海上經營的比重逐漸變得龐大，廣州漸漸地成為海上交通的重鎮，六朝時期甚至有廣州刺史每通過一次城門，就能獲得三千萬的趣聞出現，[251]從這裡就可以看出廣州透過海外貿易而成為代表性的富庶地區。

唐中期以後，阿拉伯商人也透過海路抵達廣州並在此活動，他們偶爾也藉著水道搬運貴重物品到長安，以謀求利益。[252]當時要從廣州到中原，大致上來說是通過梅嶺（大庾嶺）後進入江西，並且再一次於洪州（現在的江西南昌市，在唐朝時期屬於江南西道，後改稱為豫章郡或是洪州）聚集，這也是為什麼《太平廣記》裡多次提到洪州波斯胡人

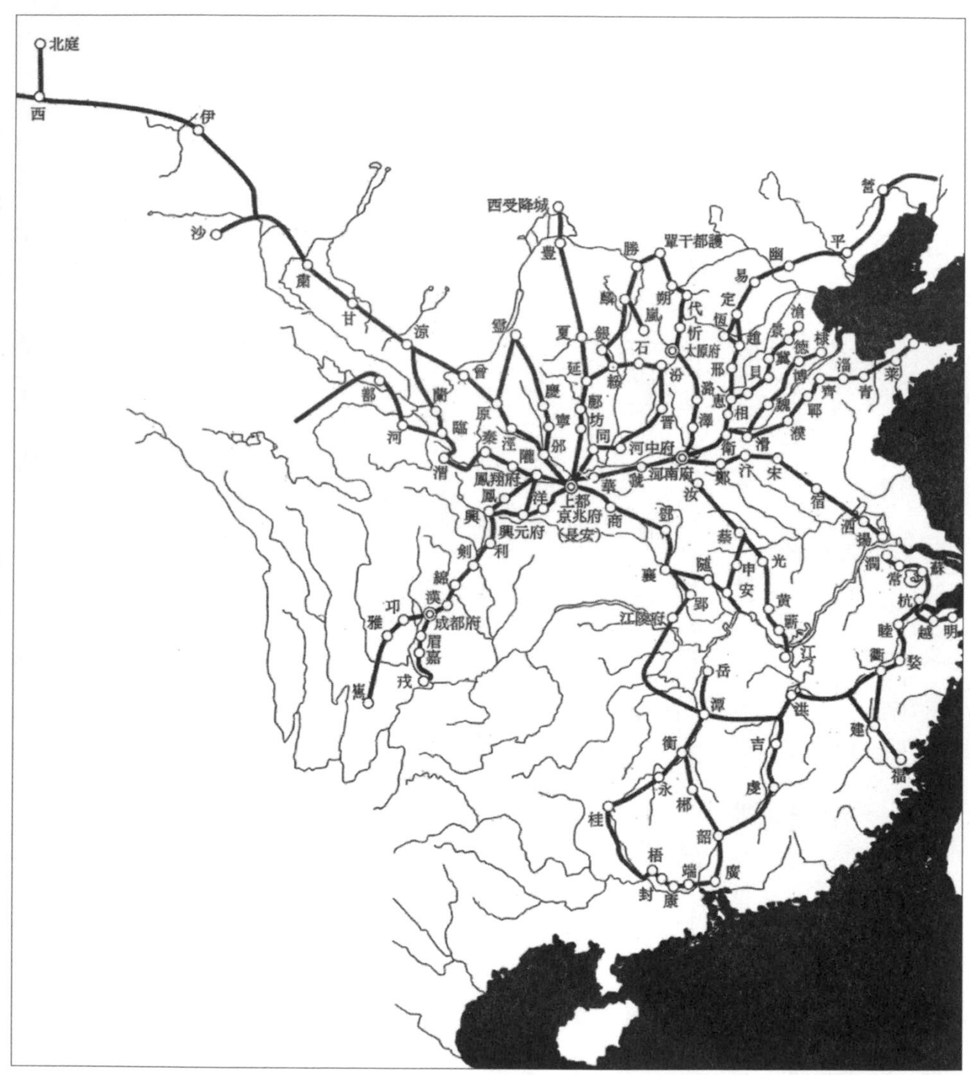

圖 6　唐代 驛道圖（荒川正晴，《歐亞的交通．貿易與唐帝國》，名古屋大學出版會，2010）

的緣故。[253]

再從洪州沿著長江不斷往下走，便能從大江（長江）進入江蘇；或是向東邊仙霞方向過去，過了關口繞過錢塘江，就能從東邊進入現在的江蘇。從長江過去不但路途遙遠，風浪還非常凶險，因此要南下或是要北上的人大部分都選擇通過錢塘江這條水路。抵達江蘇後，人們就會在揚州聚集，在此處藉著大運河繼續朝洛陽前進。因此，在揚州居住的商胡相對來說就比較多。田神功掠奪揚州時，死去的大食、波斯胡商人數達到數千名。

因為揚州剛好座落在從南海通往內地都城的交通路線上，也就是要前往長安或洛陽的道路上，自然而然成為外國胡商集中的區域，同樣在這條交通道路上的城市還有廣州、洪州等。[254]（圖6）

筆者也特別關注為了監督南海貿易的實際狀況，以及監視當時活躍的阿拉伯商人而設置的「市舶司」。市舶司是由玄宗開元二年前後創設於廣州的「市舶使」所發展而來，一般來說，當時的市舶使都是由宦官擔任。設立在唐、宋、元、明初的各地海港，是負責管理海上對外貿易的政府機構，相當於現今的「海關」。宋元時期西域的蒲壽庚就是一個身為市舶使而特別突出活躍的人物，[255]他被定調為「回回蕃客」，即阿拉伯人出身且已漢化的蕃客，但也有他是西域人（色目人）、即粟特人出身的論點。蒲家因為在泉州從事香料貿易而成為首富，雖然他是官吏，但基本上還是商人，利用其權力，壟斷了宋代晚期泉州的香料海外貿易近三十年。以當時政府允許的各種「合法」手段獲取利益並擴大財富的蒲壽庚，是個具有數千名家僮，乃至大量船舶的巨富，也可視為操縱元代經濟的色目人的始祖。

在這裡，似乎必須要針對隋唐時期的東亞海上貿易，也就是常被稱為遣隋使和遣唐使的日本朝貢貿易船做點說明。此類型的船並不是單純地以「朝貢」為目的而建，更是為了搭載前往學習先進制度、並整備古代日本統一國家的體制（律令制度）而派遣的官吏；不只如此，留學生、留學僧也搭上這些船來到中國。

在遣隋使中，若是包含了開皇二十年派遣過來的外國使節，[256]則總共經歷了四次派遣，[257]這樣的風俗或是稱呼得到了「無義理」或是「無禮」的批評，乃是眾所周知的事實。[258]在唐代，日本又派遣了正式的遣使船過來，從八三八年藤原常嗣（七九六至八四〇年）作為大使出訪，一直到最後停止派遣為止，大化時代有八次（若是包含之前的遣隋使則共有十一

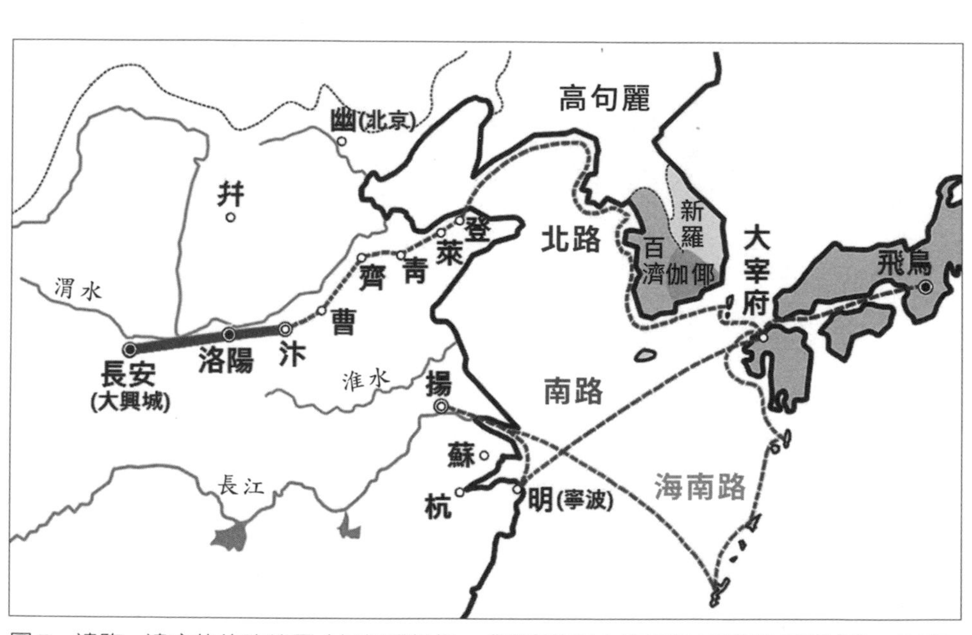

圖7　遣隋、遣唐使的路線圖（氣賀澤保規，《遣唐使眼中的風景：亞洲的新視角》，東京：八木書店，以二〇一二年時收錄之〈遣隋使的路線圖〉作為基礎，尹泰玉製圖）

次）、奈良時代六次、平安時代兩次，合計共經歷十九（或是二十）次的出使。[259]遣唐使的派遣在九世紀中葉時中斷，雖然這反映了作為世界帝國的唐朝正在衰退，但也意味日本的律令制度已經確立並開始起作用了。（圖7）

除了正式的使臣外，也有許多人員的交流。在唐朝的外國求法僧中，來自日本的人最多，史籍中有明確留下記載的僧侶就有六十到七十人左右，估計總共超過一百人；短期的三到五年，長期的也有停留達二十八年之久。[260]特別是慈覺大師圓仁（七九四至八六四年）搭乘最後的遣唐使船抵達唐朝後，在會昌毀佛時於長安被強迫還俗，僅十年就回國了，然而其記錄卻能與馬可波羅的《東方見聞錄》、玄奘法師的《大唐西域記》並稱為世界三大遊記。圓仁對於日本佛教的發展有著極大的影響，不只成為天台宗山門派的開山祖（日本第三代天台座主），直至今日，他自中國引進的誦經方式仍延續了下來。新羅出身的慧超法師的《往五天竺國傳》也是在此時撰寫。

目前推測許多滯留於唐的新羅人主要居住在現今的蘇北（江蘇省北部）地區及山東半島一帶，圓仁的《入唐求法巡禮行記》為這些新羅人的活動，留下了主要的資料。（圖8）

在圓仁造訪過的地方中，遇見新羅人的地方主要是楚州、密州、登州、青州、淄州、長安、泗州等，[261]更不用說還有許多新羅人在其他地區活動，例如張保皐活躍的區域遍及現今的浙江、福建、廣東省等海岸地區，這也是為什麼會在這些地區發現新羅人足跡的原因。《入唐求法巡禮行記》中具體記錄姓名的新羅人有四十七名，[262]另外還有水手、商人等從事各種職業的人被記錄下來。[263]日本的貢使們經常搭乘新羅船，[264]證實了這些船

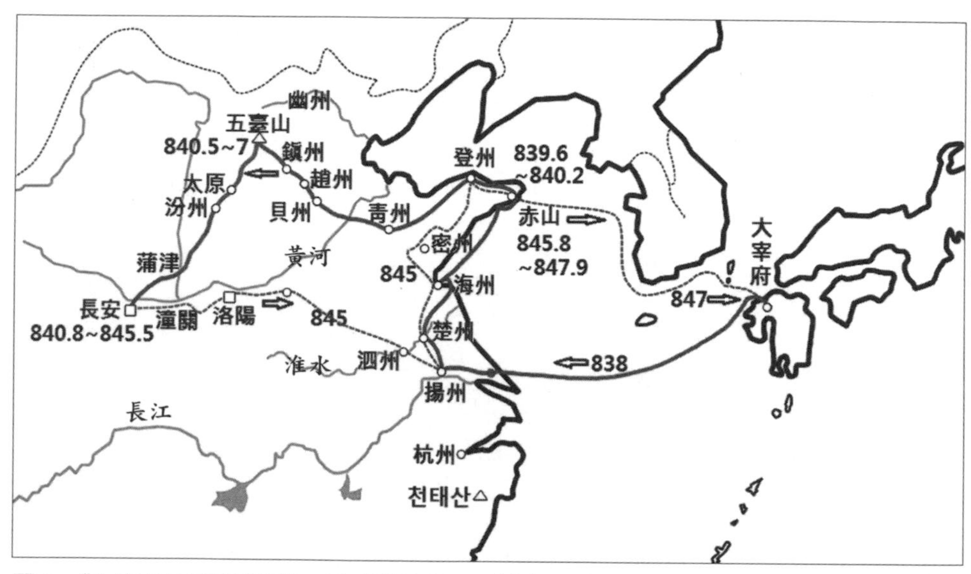

圖 8 《入唐求法巡禮行記》（氣賀澤保規，《絢爛的世界帝國：隋唐時代》，講談社，以二〇〇五年收錄之〈圓仁行程圖〉作為基礎，尹泰玉製圖）

舶並非單單作為新羅的貿易船，而是擁有國際貿易船的角色。八至九世紀，新羅人的海上活動區域不只限於黃海，還包含東海、南海在內，以及日本近海、中國的運河地區等，當時有許多新羅人主導著東亞的海上貿易。在這當中，新羅譯官劉慎言也相當活躍，圓仁能夠一邊停留在唐、一邊進行與修行相關的求法活動，也是因為有劉慎言的大力協助才能夠完成。[265]

此外，與新羅人有關的新羅坊、新羅所、新羅館、新羅院等，全部都是新羅人在唐活動時與其相關的建築物。大唐帝國晚期可說是東亞貿易在本質上產生轉變的時期，也就是從原本以中國王朝為中心的朝貢貿易，改為由民間主導之貿易體制，而其主角就是新羅貿易商人，這一點是不容忽視的。在當時東亞的海上貿易，新羅人張保皋的活躍也值得一提，[266]在某種層面上，宋元時期的蒲壽庚說不定也是因為有張保皋這樣傑出的人物先登場的關係，才能如此活躍。不管是張保皋或是蒲壽庚，雖然他們的確有獨特的經商手腕，但若不是具開放性的大唐帝國提供了特殊的貿易環境作為前提，他們是絕對不可能會成功的。

一九七〇年十月，在西安何家村倉庫出土的東羅馬金幣、波斯銀幣以及五枚「和同開珎」（日本的銀貨），顯示出唐代國際貿易的地域範圍，因為這是在日本也很稀少的貨幣，很有可能是透過遣唐使獻上的貢物。

外國人的法律待遇

依法而治的統治政權比單純依賴武力者更為強大。如同德國的法律學者耶林在其著作《羅馬法的精神》的開頭所提及，比起軍隊和宗教，羅馬的法律是「最和平且最出色的事物」，因為帝國若要穩固統治與經營，其前提就是法律的整飭；唐代的法律也是如此。法律確保了統治的經濟秩序，對由多元人口所組成的帝國來說更是如此。因為法律與秩序互為表裡關係，所以若無法建立法律，就無法保障秩序。

即使大唐帝國對外國人再怎麼地開放，外國人也不能隨心所欲地出入唐朝的領土，而是必須按照程序規定。外國朝貢使節的部分，其通關業務由禮部主客郎中負責；外國人若是抵達邊境，則由該州行政官員審查，並給予對方「牒」；[267]萬一是使節團（例如朝賀進貢），則根據陸路與海路的不同，而有些微的差異，但整體來說，若有隨行人員，則有一半的人員必須在邊境停留等待，只有覲獻貢物的人員可以向內地移動。[268]若是官方使節團，在入國手續或是移動上都不會有特別的阻礙。

驛傳制度是將州縣與都城連結在一起的交通系統的基石。[269]唐政府以長安的都亭驛為中心，建立起能夠抵達東西南北各地方州縣的全國性道路，通過此路的驛傳系統也非常完備，只要利用此系統就能夠供給並收到路途上需要的物資。[270]

然而，若是一般外國人，在律令規定上是不可以私自出入邊境的。《唐律》中規定，私自通過關門者須判處一年徒刑，[271]沒有經過關門而越過關塞者罪加一等，[272]也就是說，水、陸路的關卡是有門禁的，行人想要往來關門的話，必須要備齊所有的文件。舉例來說，沒有通行時所需的通行證「過所」、或是在沒有公文的情況下私自通過關門的話，須處徒刑一年；沒通過關門（或是津、濟）但是越界的話，須處一年半徒刑。[273]要通過沿邊的關塞，也就是通過國境，必須要有發給的過所。過所頒發的原則是在都城的尚書省及地方的州；[274]比起內地的關卡，違法越過國境關塞者，會被處更重的兩年徒刑。

另一方面，外國人私自貿易的話也會被處以更嚴厲的懲罰。舉例來說，買賣絲綢一尺的話處徒刑兩年半，每三疋就會加重一等，若到了十五疋，就要處以流刑三千里的規定。[275]重要的是，我們從此處可以看到本國人與外國人之間的私下交流似乎被嚴格地限制，因為跟外國人私自越過關門比起來，對本國人的罰則更為嚴格，特別是如果私自給予外國人禁止私有的兵器，則會被處以絞刑，使臣出使時私自交易武器則會按照盜賊的罪刑來論定。[276]

同時，唐朝對非法滯留的外國人的婚姻也有規範，與其結婚者處流刑兩千里；外國人迎娶中國婦女並將其視為妻或妾的話，是無法將其帶回母國的。[277]這是禁止他們不能在沒有獲得官員的允許下就私自結婚，而不是去禁止中國人與外國人結婚。[278]事實上，外國人和中國人通婚的例子很多，但若沒有國家的允許，個人自發性的行動是徹底受限的。

在大唐帝國的法律中，可以發現有兩個比較特別的部分：第一，流刑成為主要的刑罰。中國刑法史上有被稱為笞、杖、徒、流、死的「五刑」制度，此制度自隋唐時期確立並完備。秦、漢、魏、晉的流刑只不過是對官吏的減免性懲罰，是作為替代死刑的刑罰來進行，或是在律文中找不到依據的特殊情況時，所執行的臨時性處罰。[279]

然而，從北魏開始，流刑被規定成主刑的一種；到了北周時期，甚至設定了到達流配地距離的等級。《唐律》中規定的流刑，其源頭是漢、魏、南朝有期勞役刑的「徙遷刑」、與其他型態的強制移動，以及終身服役的「徙邊刑」，[280]在這個層面上，可以看到流刑的主刑化過程受到了北朝的影響。[281]有一種流刑是「驅逐出境」，因為對於遊牧民族來說，從集團或是共同體中被隔離而導致獨自一人，就如同死亡一般；在鮮卑法體系下，若是在部落中犯下重罪，會有將成員放逐到荒僻之地至死的慣例。[282]

所謂流刑，就是自皇帝的居所將罪人向外、向遠處流放的形式。[283]比較漢及唐之間的刑罰，較顯著的差異是以前在主要刑罰體系外的流刑，因為受到北魏、北齊、北周等北朝的刑罰體制的影響，在七世紀以後成為了隋唐刑法體制中的五刑之一（笞、杖、徒、流、死）。[284]此外，在五刑中，自由刑的徒刑以及流刑又占據了中心的地位，[285]雖然在漢代也有與唐代流刑相似的徙遷刑，但卻是作為本刑死刑的特赦代刑，[286]和北魏以後設立的流刑性質與由來都不太相同。第二，如同前述所說，法律不只是極為嚴密地被制定，針對外國人的規定又特別多。

無論如何，儘管以貿易為目標的胡商們在進出唐境時受到了嚴密的法律規範，但要穿越邊境似乎也不是什麼難事，若是分析在絲路邊緣挖掘到的吐魯番文書等，就可以輕易知道這一點。舉例來說，想要帶著家屬、奴婢、差役以及馬等一起來到長安做生意的胡商，必須要到西州的官府接受年齡、同行者及貨物明細、行李的調查，並在獲得保證人的確認後，才能夠取得作為通行證的「過所」。唐的通行證有兩種，一是「過所」，二是「公驗」。[287]一般來說，在邊關接受個人調查後如果收到過所，之後經過內地關所時，只要提交過所就可以通過；[288]如同《唐律》的規定，蕃客的往來雖然也與上述一樣需要接受行李調查，但只要在進入關所時提交過所，在經過剩下的關所時就可以不用受到稽查，[289]能夠輕易地通過。

如果不是使臣或商人，而是一般人的話，要得到過所便是相當困難的一件事。看看自八三八年七月開始，至八四七年九月為止，一共九年兩個月的時間，在唐朝進行求法旅行的日本僧人圓仁的情況就可以知道，正因為他並非官方的朝貢使，所以無法被發予通行證，因而經歷了許多困難。圓仁為了留在唐朝，在歷經了十一個月的驗證及苦難後，最後終於獲得通行證。此外，在歸國的路上，他也是得到了新羅人的幫助，好不容易才拿到通行證。不是官方使節團身分者，必須要有保障其身分的所屬單位，為了擁有所屬單位，就需要能夠給予其身份保障的保證人，在圓仁獲得通行證的過程中，就是得到了新羅坊居民的幫助，在他們的斡旋與保證下，最後才得到通行證。[290]

儘管如此地辛苦，但實際上還是有無數的外國人在唐朝滯留，從這一方面看來，這樣的入國手續無法只用排他性來解釋，今天我們在進入有「世界帝國」之稱的美國時，也是必須費盡一番工夫，而且實際上在美國，也有很多非法滯留者。

唐代是允許外國人「歸化」的。歸化雖然在之前的朝代中也有被實施，但唐代不只是在建國之初就開始實施，而且還相當獎勵外國人歸化，這又被稱為「投化」[291]或是「歸朝」，[292]對於歸化的人，也有著免除十年公課的規定。[293]從這一方面來看，大唐帝國並非阻擋外國人入國，只是要求須先辦理行政手續而已。

同樣地，唐朝對於境內外國人的管理也傾注了相當程度的關心，其中令人關注的即是所謂的「蕃坊」體系，最具代表性的是位在山東新羅人居住地的新羅坊，以及位在廣州的阿拉伯人坊。黃巢之亂時期，在廣州的蕃坊有五萬名阿拉伯人死傷的記錄，由此可以估算出坊的規模，以及在當時有多少阿拉伯人進入大唐帝國。前面我們雖然稍微提及了坊、巷以及曲，但在這之中筆者要特別針對「坊」的構造在此稍做說明。我認為坊所具有的最大特徵，是對包圍坊內居民的坊壁（坊牆）和控制進出坊內外的坊門進行嚴格控管，因為這兩樣設施規範了坊內的居民生活。

雖然目前還無從得知被稱為外國人集團居住地的「蕃坊」這個詞彙，[294]是從什麼時候開始被官方所使用，但蕃人的集團居住地以「坊」命名時，附帶有與此名稱相呼應的管理系統卻是可以確定的。事實上，對於這種蕃坊究竟是如何被管理的，並沒有詳細的記錄，只是從包含都城長安及洛陽在內，縣級以上的城市都是為了控制居民，而以有形的「坊」來防治，那麼從這裡也可以對當時在外國人管制上的嚴格程度，做出某種程度的推測。既然如此，那就用「新羅坊」管制的實際記錄，來猜測唐代的外國人居住地、特別是附有「〇〇坊」之稱的外國人居住地的管制情況吧。

儘管無法確定「新羅坊」是否和縣級以上的都市所設置的坊有一樣的規模，但能告訴我們「新羅坊」的管制及管理狀況的，就屬圓仁的《入唐求法巡禮行記》了。為了回國，圓仁從長安出發，至武宗會昌五年（八四五年）六月十三日抵達汴州（開封），六月二十二日抵達泗州，六月二十三日抵達盱眙縣，六月二十八日抵達揚州，七月三日抵達楚州後，七月八日又從楚州出發，七月九日抵達漣水縣，七月十三日又向海州出發，七月十五日抵達海州。

首先，針對新羅坊是一個怎麼樣的居住空間，我們就先從它的構造及管理人（役人）來看看。對於新羅坊的記述出現在《入唐求法巡禮行記》卷四會昌五年七月三日、七月九日條及會昌七年（大中元年八四七年）六月五日條等，如果看七月三日的條目，可以看到寫著「先入新羅坊，見惣官當州同十將薛、新羅譯與劉慎言。」[295]這個「惣官」薛某其實是新羅人薛詮，薛詮除了惣官，還負責了「同十將」的職責，又帶有「大使」的稱呼，[296]除此之外還看到有「十二郎」等職務的名稱。[297]除了通譯官，並不能明確知道其他職稱具體擔任什麼樣的角色，只是稱為惣官的負責人似乎是施行「自治」的樣子，因此所謂的蕃坊其實和邊疆的都護府一樣，可說是唐朝間接支配區域的單位。

既然如此，那對於坊內出入和生活的控制管理，又是怎樣進行的呢？圓仁原本短暫停留在新羅坊，想直接從那裡回國，但因為無法從作為上級機關的山陽縣那裡獲得居留和出港的許可，無可奈何之下，只能從官方的出港場所登州回國。[298]對圓仁來說，在新羅坊的停留是不被允許，當圓仁要回去屬於泗州漣水縣的新羅坊時，有著「到達漣水縣時先入新羅坊」的敘述；[299]或是使用「坊內」、[300]「坊裏」等說法時，可以猜測新羅坊必定存在著與外部隔離的物理性防禦牆。

那麼出入的情況又是怎麼樣呢？新羅坊的出入如同都城長安的坊一樣，是有固定時間的。身為坊外人的圓仁在抵達新羅坊時，就有「便共使同到坊內，惣官等擬領，別有專知官不肯，所以不作領狀[301]」的敘述，[302]也就是說，（新羅）坊內的進出入有專門負責的官吏（專知官），[303]再加上圓仁無法獲得能夠幫他保證的人，因此惣官也不知該拿他如何是好。要取得這個領狀的話，首先必須要有能夠保證他的人，[304]要不然就像圓仁一樣「准勑『遞過之人，兩日停留，便是違勑之罪』云云……薛大使、劉譯語意欲得鉤留在新羅坊裏，[305]從此發送歸國，緣州縣不肯，遂苦勾留不得也。」[306]

像圓仁這樣路過的外國人，若是沒有州縣允許，就算是只停留在坊內兩天，也是不被允許的。然而，針對這種外國人停留的問題，縣的官吏們也無法隨意地下任何決定，只能向使君（刺史）提交書狀等待指示，對於提交的書狀，刺史最後下的決定是「准勑遞過，州司不敢停留。告知者。」[307]和新羅坊類似的應該是廣州的蕃坊，在那裡也設有蕃長，總管蕃坊內的官方業務及蕃商的入貢等，由蕃官負責已是允許某種程度上的自治，只是當蕃人犯了罪，還是必須移送至廣州州府並審問事實與否後，再次送去給蕃長執行實際的處罰。[308]

如上所述，透過觀察圓仁的行蹤，可以知道蕃坊這個外國人的集團居住地雖然被允許自治，但像是外部人的滯留問題仍受到嚴格的限制；也就是說，不只是負責新羅坊自治業務的惣官，就連縣司、州司也無法隨意裁決。像這樣嚴格管制蕃坊內外國人滯留的事情，似乎與大唐帝國的特質相違背。事實上，圓仁自汴州到海州花了超過一個月的時間，這段時間他肯定是在某處停留過，但可以確定的是，其停留的地方絕不在新羅坊內，大概是像邸這種官方允許旅客停留的住宿設施，或是類似的場所吧！

此外，雖然外國人在白天進入蕃坊並不會受到太大的限制，但夜間活動會被特別管制是可以確定的，也就是說，圓仁進入坊內是白天的事情，而非在夜間發生的。至於規定上無法停留「兩天」，是因為兩天之中，有一天晚上會在那個地方度過的緣故，這代表晚上不可以在坊內停留的意思。不只是蕃坊，就連一般的坊也是同樣的規定，因此在大唐帝國內，外國人集團居住地的活動也和唐朝的其他事務一樣，共存著自由與限制、開放與封閉。

在大唐帝國內的外國人，又受到了什麼樣的待遇呢？《唐律疏議》名例篇的律文寫到：「諸化外人，同類（同國）自相犯者，各依本屬法，異類（不同國）相犯者，以（中國的）法律論。」其律文的「疏議」則寫到：「『化外人』，謂蕃夷之國，別立君長者，各有風俗，法制不同。其有同類自相犯者，須問本國之制，依其俗法斷之。異類相犯者，若高麗之與百濟相犯之類，皆以國家（中國）法律，論定刑名。」[309]此條目中所謂的「屬人主義」及「屬地主義」，在近代德國法中才開始採用，然而早在《唐律》（例如開元二十五年〔七三三年〕的刑律）中就已經先被採用了。[310]屬人主義及屬地主義的規定第一次出現在中國歷代王朝的律令中，就是在七至八世紀的《唐律》裡，這比世界上任何一個國家都還要早。

運用以上兩種原則的例子，可以在活動於廣州的阿拉伯商人所寫的《蘇萊曼遊記》中看到。在這本書中記錄著伊斯蘭教徒之間的訴訟，是由教徒擔任審判官的特別裁判所來進行，並且以該教徒的本國法律來裁判，[311]因此可以確定這是完全遵行了屬人主義。與此同時，這兩大原則也被《宋刑統》、《遼制》、《金律》、《高麗律》、《安南黎律》以及《日本律》原封不動地繼承了下來，只有《大明律》與《清律》是例外。[312]

此外，雖然《唐律》中禁止以火葬或是水葬的方式進行喪禮，蕃客們卻可以根據母國的風俗習慣，進行火葬等儀式；若是外交使節或是質子，官員甚至要提供舉行家鄉式葬禮所需的物品，[313]說明了唐非常尊重外國人原本既有的習俗。

對於「化外人」的概念，有必要在此處說明一下。《唐律疏議》中稱高句麗人及百濟人為「化外人」，其來有自，然而現在的中國卻正在進行將高句麗視為唐朝地方政權的「東北工程」。由於唐代的化外人具有特殊地位，所以和下述的明代不同。在前面也可以看到，《唐律疏議》中規定化外人是「蕃夷之國，別立君長者，各有風俗，法制不同」，也就是說，要成為化外人的標準就是「別立君長」，在那裡「不存聲教」且「不接受冊命」，這樣的國家或是人民就是「化外」以及「化外人」。「化外人」的相反概念則是「化內人」，[314]但根據武則天聖曆三年（七〇〇年）的敕令來看，本來是「化外人」的高句麗人與百濟人，以及當時在高句麗領土上生活的一部分人轉變成了「化內人」，[315]這是因為在高句麗滅亡後，其部分地區與人民成為了唐「八蕃」一部分的緣故。[316]

也就是說，化外人其實是指生活在與唐朝完全無關的地區的外國人。然而，《明律》

所規定的化外人卻與《唐律》所規定的截然不同，身處在對於外國人非常不寬容的明代的化外人，指的是「作為外夷而降服的人」、「作為侵略後成為俘虜的人」、「分散在許許多地方生活的人」，[317]因此「高句麗是唐的地方政權」這個理論完全不成立。

對於標榜屬地主義的外國人而言，所謂的寬容，就是容納異族的語言或文字、原封不動地維持其風俗習慣、宗教上的信仰自由、允許改革的自由、並在婚姻法上尊重民族的習慣等。[318]當然，也不能否認這種寬容是一種為了要達到控制而施行的巧妙手段，不管在哪個時代、哪個國家，都不可能有無限制地施予善意的情況，差別只在於是露骨還是隱晦，是先進還是落後。大唐帝國當然也絕對不是真正意義上的「善良政權」，善良政權就像「善良企業」一樣，最終只是幻想；但即使說是幻想，因為能夠給人們夢想，至少也比沒有來得好，能確定的是這在當時具有相當的前瞻性。為了確認《唐律》在一定程度上確保了前瞻性，我們就先來看一下身為西洋法律之母的羅馬法吧。

在古羅馬法中，外國人沒有任何的權利，對於身體及財產也沒有任何法律上的保護和規範；即使到了中世紀，國王或是領主也具有將外國人強制變為農奴（serfs）的權力，[319]即外國人無法具有「物品」或是「動物」以上的權利，「廢除因民族或是國籍而有的差別待遇，廢止對外國人不利的古法（取得土地所有權或是遺產繼承的國庫歸屬），全部人類都是平等的」這樣的宣言要在近代才會出現。

古代中國的法律也和古代西洋及中世紀法律一樣，對於化外之夷有嚴格的差別待遇，[320]特別是《爾雅》中對於「九夷、八狄、七戎、六蠻」的規定，就是最好的例子。[321]但唐代法與宋代法及歐洲中世紀法不同，比較特別的部分是，沒有君主強制將外國人視為農奴的規定，也沒有將因船難而漂流來的人抓起來當成奴隸的規定，甚至還有高麗或是日本的漂流船及漂流者受保護且享有特惠的事例。此外，唐朝還保障外國商人，給予其自由通商貿易以及保護生命財產的權利，[322]這些都是無法忽視的法律條款。

同時，由於唐代法的特殊性，只要不是禁止的項目，外國人都可以在互市過程中，和中國政府或是一般中國人進行社交活動，具有互相簽訂交易契約的權利（Commercium）；且在非私人而是獲得「公許」的情況下，就可以和中國人有婚姻關係（Connubium）。[323]換句話說，唐朝並沒有特別用法令去禁止外國人，原則上他們是享有「契約與婚姻權利」（commercium et connubium）的，只是如同前述，外國人是禁止將中國妻子帶回母國的。

外國人雖然被禁止購入土地以及取得奴隸，但是在與唐相同時代的社會中，就保障財產權這件事而言可說是非常奇特的，即在外國人死亡的情況下，其財產繼承仍受保障；已故外國商人的遺產和已故中國商人的遺產一樣，在有近親隨行的情況下，該對象可以任意地領取，不管要拿去哪裡都是被允許的；若不是近親隨行的話，會由官方先沒收，等繼承者從母國拿到能充分證明親族關係的文書後，再引導其進行財產歸還。

文宗太和八年（八三四年）以後，這個規定稍微有點改變，可以請求遺產歸還的親族範圍為父母、妻子、兒子及兄弟，而且還限定必須是隨著死者在中國內部停留的人。[324]一開始雖然設定時限是三個月，但若是有身為繼承人的證據的話，就不會有任何限制且會馬上支付，[325]這個條款到了五代（後周，顯德五年〔九五八年〕七月七日敕）就被廢止，如果不是在中國居住的人就無法獲得遺產返還，[326]由此可見唐代對外國人的寬宏大量。

這些規定雖然能看出《唐律》的前瞻性，但也不能只稱讚其優點。如同前述，大唐帝國在堅持法律適用的層面上，堪稱是一種巧妙的統治術，以及為他人著想的態度，但他們之所以實施這樣的法律，更大的動機是為了在透過陸上、海上絲路與西方世界進行貿易時獲得巨大利益，也就是得到經濟上的實惠。

換句話說，將其看作是為了要維持外交關係而堅持屬地主義及屬人主義，會是更加正確的解釋。屬人主義是在中國慣用的名義下，計算利益得失後所提出的高明的控制方法，但儘管具有這種策略性的層面存在，仍舊無法小看大唐帝國採取這種開放性的民族政策的遠見，因為它和唐太宗提倡「華夷一家」前的華夷觀有著天壤之別。大家都知道，在四夷之中，夷是蠻夷的意思，戎是指稱戰爭工具或是沒有文明的士兵，蠻是蟲或蛇，狄則是狗；也就是說，四夷全部都只是蟲、狗、或是物品的詞彙，遊牧民族在中原建立國家之前，對於漢族來說，他們只不過是夷、戎、蠻、狄罷了。

那麼唐代的法律在現代是如何被傳承下來的呢？孫文的「五族共和論」是從認同漢、滿、蒙、回、藏五族平等的立場上出發的，然而，此主張只不過是立足在漢族中心主義下的大男人式一心同體論，被評價為某種「夷狄懷柔論」，因此在孫文晚年時就顛覆了這個主張。

一九三一年，國民政府在針對國內少數民族問題的決議中，標榜蒙、回、藏、苗等民族和漢族各自擁有真正平等的權利；中華人民共和國成立後，在中國共產黨的領土上也廢止了民族壓制制度，以實現民族平等的名義開始實施了好幾個少數民族優待政策。

從這種角度來看，一九五一年五月，中央人民政府政務院下達了指示，禁止使用「陳舊社會」遺留下來、歧視與汙辱少數民族的族名、地名、碑碣、匾聯等，並指示修正相關文字。

根據這個指示，一些少數民族的名字中，凡是有「虫」或是「犭」字邊的，或是與其它具有歧視及汙辱意義的民族名稱，全部都被修正了。再加上《玉篇》中，在夷狄出現時用的「犭」字邊也改成用「亻」字邊來表示；舉例來說，「猺族」就修正為「傜族」，宣示著好幾個少數民族已不是「蕃人」或是「夷狄」，而是和漢族一樣的「人類」了。[327]如果看中國發行的書籍的話，他們是這樣說明的：「這是黨（共產黨）的民族政策偉大的勝利，也是少數民族其民族意識的表現，根據統計，解放初期提出的民族族名就足足有三百多個，光是雲南一個省就有兩百六十多個族，在經過長時間的打壓與歧視後，許多少數民族各自拿出了自己民族的名字，公開自己的民族身分。」[328]

要找出大唐帝國和中華人民共和國在民族政策一致的部分並非難事。眾所周知，中華人民共和國在以漢族中心為主的同時，一邊將周邊各個外族定義為「少數民族」，一邊以「將全部少數民族統合成『大家族』」理念為基礎，促進建設一個多民族國家。他們將長久以來漢族稱之為「夷狄」的「外族」，統稱為與漢族平等的「少數民族」，並看作是「中華民族」的一員。

然而，就外族的立場來看，可以解讀成這不過是中國自以為是的想法。以保護少數民族的名義從漢族中心的華夷秩序中脫離，自然會因為中國不允許其從「大家族」中獨立而感到不滿。只是我們仍需要注意，這種多少可以稱為單方面的統一方式，在唐代其實就已經實施過了。比起傳統上的「華夷之變」，大唐帝國這種有目的的政策，更是在「華夷兄弟」或是「華夷一家」的名義下，將內部所有人統合在一起，這和以「中華民族」之名規範居住在中國境內的民族，為完成國家統一及國民統合，以建設強盛的統一國家、近代「民族國家」為目標的中國政策相似。在國家內部的居民可以擁有民族自決權，並得到法律上相對平等的待遇，這都是在被稱為「帝國性」的國家中所能看到的現象。329

大唐帝國和胡流

長久以來，傳統中國文化固守在東亞文化的中心地帶，也是世界四大古文明發源地之一。事實上，中國文化的先進性是因為身為黃河文明發源地的中原，占有能夠接受吸收、綜合統一周邊各種文明的地緣政治位置。正因為屬於中國文化的一部分，唐文化所具有的特徵才更能夠發揮長處，展現出特有的「開放性」和「折衷性」。

沒人能否定大唐帝國的文化是深具「國際色彩」的文化，這種特徵也絕不是某一天才突然出現的。在這背後除了中國具有的地緣政治優點之外，還有外族大張旗鼓地進入中原的歷史事件。文化不只是特定地區固有的各種文化的累積，更是將各種文化多方面吸收綜合後，通過創造與革新的共享，從而能夠期待孕育出更高層次的發展；大唐帝國的文化特徵正是由優秀的固有文化，再加上將其他文化統一歸納而構成的。

前面雖然就外族占唐朝人口的比重做了說明，但由於和外族頻繁接觸，唐人也很大程度地被「胡化」了。憲宗元和年間，在陳鴻祖所撰寫的《東城老父傳》中，就有「今北胡與京師雜處，娶妻生子，長安中少年有胡心矣」的記述；[330]這裡的「北胡」推測是突厥和營州地區的雜胡，[331]也就是說，當時就連都城居民的心理，也都傾向於胡俗胡風。在這種情況下，唐太宗的太子承乾使用突厥語、穿著突厥服裝等行為就不太讓人感到意外了。[332]

此外，針對服飾的變化，太宗貞觀初年就有描寫在長安的漢人們戴著胡帽、胡人們戴著漢人帽子的景象，[333]也就是說，胡人和漢人在外型上並沒有什麼特別的差異。中國學者用「唐韻胡音」（Tang's Rhyme & Hu's Melody）來形容大唐帝國的文化[334]——即大唐帝國的實際情況是胡（族）唱歌、唐（漢族）伴奏。唐代的胡族／外族雖然像這樣以大唐帝國的一員堂堂正正地生活於其中，但實際上要達到這種地步，需要很長的時間、以及許多過程才能辦到；這所謂的時間和過程，就是五胡十六國至北朝這段不算短的時間、以及錯綜複雜的反目與紛爭歷史。正因唐朝是經歷這種過程後所建立的國度，才會孕育出外國人不會感到生活不便的環境。

大唐帝國境內有從外國蜂擁而至的使者、留學生、留學僧、商人及亡命之徒，當時世界上的所有道路都通到作為大唐帝國心臟的長安，這種現象與之前的朝代，特別是西晉末期永嘉之亂以前的時代非常不同。外國人當然不是孑然一身地來到中國，他們同時也帶來了域外的物品、音樂、舞蹈、技術等，將這些東西傳給唐人的同時，唐人們也因為這些獨特的異國風潮而狂熱，這就像是現在世界上，特別在中國流行的「韓流」熱潮一樣。不只如此，和外國的頻繁接觸也使唐的文化能向外國傳遞，包含使臣在內的唐人們也越過亞洲，最遠到非洲地區傳播唐的文化。

唐代是胡風、胡俗最為流行的時代，所以筆者將其稱為「胡流」，特別是透過陸上及海上絲路，大量傳來了在唐之前的朝代中所無法看到的稀奇物品和習俗。美國學者薛愛華就在他的著作中對於人、家畜、野獸、鳥、毛皮、羽毛、植物、木材、食物、香料、藥品、紡織物、顏料、工業用礦石、寶石、金屬製品、世俗器皿、宗教器皿、書籍等有清楚的整理。[335]此外，日本學者石田幹之助在其名著《長安之春》中也真實地描寫了長安的胡風。[336]因為已經有了許多卓越的研究，在本書中，筆者只會介紹稍具特徵的部分，但我們仍需思索其意義。

首先映入眼簾的是人們的日常生活風貌。不只是胡服、胡帽這樣的日常服裝，胡食、胡藥、胡妝等也受到朝野人士的歡迎，在《舊唐書》卷四十五〈輿服志〉中有著如此簡要的說明：「（宮中演奏的）太常樂尚胡曲，貴人御饌，盡供胡食，士女皆競衣胡服。」[337]特別是關於胡服，在《安祿山事跡》中寫著「天寶（七四二至七五六年）初，貴游士庶好衣胡服，為豹皮帽，婦人則簪步搖（一邊走動會一邊晃動的頭飾），衩衣之制度，衿袖窄小，識者竊怪之，知其兆（戎）矣（這些東西的流行是亂事發生的）。」[338]也就是說，不只是一般百姓，就連社會上層的富人、士人也都穿著深具胡族色彩的服飾，作者因此擔憂不久後，整個唐朝將會成為蠻夷的世界。[339]

九世紀前半的知名政治家兼詩人元稹，在名為〈法曲〉的樂府詩中寫道：「女為胡婦學胡妝，伎進胡音務胡樂，……胡音胡騎與胡妝，五十年來競紛泊。」[340]並對此嗟嘆不已。作為中國傳統音樂基礎的法曲，[341]開始出現與玄宗天寶年間傳入的胡音雜混演奏的情況，他認為這正顯示出這個世界傾向胡族的事物。[342]如同前述，元稹出身於鮮卑拓跋一族，他卻針對胡流寫下這種詩句，這真不是一般的諷刺；不過這其實也展現了胡族出身的士人，在學習中國文化的同時，本身也產生了轉型的典型面貌。

筆者在前面已整理過，所謂的胡，對中國而言，其意義乃是指帶來強烈衝擊的外人或異國人；[343]這種衝擊並非只在軍事上，還包含了文物、藝術等方面，以下將具體觀察所謂的「從胡傳來的事物」。大唐帝國時期，前綴語中有「胡」的詞彙，例如胡桃、胡瓜、胡麻等，大多是西域綠洲農業地帶的產物，而不是我們一般所想像的、來自北方遊牧地帶所生產的食物。再深入舉例的話，「胡麻」是從西方農業地帶傳來的一種麻，這種麻在北方草原地帶是絕不可能生產的；雖然還無法區別「胡坐」是北方還是西方的事物，不過胡床、胡瓶、胡粉、胡椒則確定是從西方傳來的。

傳說早在西漢時期，張騫就已經帶回這些異國的作物，但這些傳說主要都是在宋代時被創造出來的，與事實並不相符，因為這些東西大部分是在魏晉南北朝至隋唐時期才傳入的。

「胡食」是用酵母菌發酵的麵包，也就是烘焙過的麵食，胡餅、油餅、爐餅、胡麻餅等都包含在內，這些全部都是從西亞、中亞那裡傳進來的食物。直到三世紀為止，東亞的麵食文化還尚未出現，當時仍是以將穀物的顆粒煮來吃或是蒸來吃的「粒食」文化為主，在這之後才開始自西方引進將麥磨成粉後做成麵包或是麵的「麵食」文化。原本漢字的「麵」指的並不是包含烏龍麵等的「麵條」，而是「麥粉」的意思；「餅」也是將麥粉烤過後所製成的食品，也就是指非米製的麵包之類的食物。「爐餅」是「在爐子上烤的麵包」；「煎餅」是「用油煎的麵包」，[344]麵食是自西亞開始，經過綠洲農業地帶傳播而來的事物，因此胡食的「胡」大致上來說指的是西域。

除此之外，大部分的「胡樂」指的也是西域音樂，其中多數是從龜茲等東突厥斯坦地區所傳來的。胡樂對大唐帝國的音樂文化產生非常巨大的影響，唐代若沒有胡笳、羌笛、羯鼓、龜茲、琵琶等樂器的話，大唐帝國雄壯的交響樂規模大概會減少一大半。

「胡服」同樣也是騎馬的遊牧民在乘馬與騎射時，所設計出來、最方便的服裝，將其改良後就成為現在的「西裝」（洋服）。它的特徵是使用氈作為材料，將其緊套在腿上，這種胡服在戰國時期趙武靈王採用遊牧民「胡服騎射」的風俗，並和北方遊牧民作戰時就已出現。[345]這裡所說的「胡」，指的是北方的匈奴，所以其實在很早之前，胡族對服飾的影響就已經開始了。[346]經過兩漢、進入北朝之後，胡服開始被改編為朝服以及日常生活的服裝；再經過北朝、到了隋唐之後，胡服就失去了自身「胡」的源頭，特別是北齊以後流行的胡服，對之後唐宋的衣冠也帶來了極大的影響。[347]

北朝時期雖然流行了好幾種胡服，但最具代表性的胡服還是袴褶服。袴褶服是廣袖左衽的短袍樣式，[348]是為了在馬上活動時能更便利，這在北方的柔然是很普遍的服裝。[349]若查看在通溝發現的高句麗舞踊塚壁畫，觀察上面所描繪的乘著馬、兩手抓著弓，擺出準備狩獵姿勢的人，就會發現其上衣是左衽單衣，下半身則穿著袴，這個種類的服裝就是袴褶服。這種衣服因為是由皮革製成，所以會帶有紅色色澤，因此又被叫作「紅袴褶」。[350]

北魏時期從在上位的帝王，到下位的一般百姓，全都穿著這種衣服，甚至還被規定為「朝見之服」。[351]與服裝有著密切關聯的就是鞋子了，在北朝流行的鞋子是皮鞋，也就是「靴」，因為被稱為「胡履」的關係，當然就被視為胡服的一種，同時主要也是戰士們所穿著的服裝；[352]至於在南朝，則大多是穿著木屐。[353]後來中國流行用獸皮做成的靴子，可說是深受北方的影響。南朝的服色與服飾（袍、禪衣）和北朝不同，大致上與漢代的服飾較為相似。[354]舉例來說，南朝百官的官服是黃、青、皂、白等顏色，根據季節去做變化，衣服也是右衽長衣的樣式。[355]魏晉南北朝以後，北方漢族的官庶們大致上都穿著胡服，受到帝王乃至庶民百姓的青睞，唐代甚至把袴褶作為朝見之服來使用，特別是玄宗開元以後，百官若是沒有穿這種衣服的話就會受到處罰。[356]

相較於北方的遊牧民族，看得出來唐代流行的胡服反而受到西方綠洲居民更大的影響。《大唐西域記》卷一中，對於粟特人的服裝曾用「服氈褐，衣皮氈，裳服褊急」來描寫，[357]這正是唐代中國流行的服裝。因此，所謂唐代的胡服並不是指從過去就開始採用的遊牧民族服裝，反而可說成是新式的、「西方傳來的服飾」或是「西洋風的服飾」。[358]在唐代服飾中，便能看出胡漢混雜的風貌。[359]

除了服飾，唐代在宗教、語言、美術等方面也都進行了胡漢融合。唐代雖然積極接受來自四面八方的文化，但反過來說，它也帶給周邊許多影響。舉例來說，西域的人們因為受到唐的影響而穿起漢人服裝一事，可以在慧超的《往五天竺國傳》中，提及安西、于闐、焉耆等西域地區「依漢法裹頭著裙」的記錄中看到。[360]

另一方面，在唐代經常以「異國趣味」而被提起的「異國」，指的則是包含伊朗、印度、吐火羅等在內的西域國家，其附屬的文化及文物相當令人感興趣。挾著西域文化而來，在唐代社會中體現異國面孔的「外人」們，雖然有商人、士兵、樂師、舞蹈家等各種職業，但在唐代社會中特別成為矚目焦點的，則是被稱為胡姬、胡兒的少女、少年

圖9　胡旋舞：敦煌莫高窟215窟（左）及220窟（右）的壁畫中描繪的圖畫（羅豐《胡漢之間》，文物出版社：2004）

們；他們跳著被稱為胡旋舞、胡騰舞的舞蹈，在唐代社會中掀起很大的風潮，尤其是在酒肆中吸引男性客人的胡姬，雖然多是伊朗系或粟特人出身的女性，但她們大多也只是具有藍眼珠的柔弱女人而已。（圖9）

胡旋舞的特徵就是高速旋轉，而且必須要在被稱為「舞筵」的一小塊圓形絨毯（用毛織物做成的毯子）上一邊跳躍、一邊保持平衡且不能脫離該範圍。[361]關於跳胡旋舞的女人的樣貌，可以在敦煌千佛洞莫高窟二一五號及二二〇號洞窟的壁畫中看到。一九八五年，在寧夏回族自治區鹽池縣發現的六個何國出身的粟特人家族墓中，於第六號墓（七世紀末葉）入口處兩扇一組的石製門扉上，有跳胡旋舞的男人浮雕像，其圖案特別栩栩如生。

白居易的「胡旋女，胡旋女，心應

紘，手應鼓。紘鼓一聲雙袖舉，迴雪飄颻轉蓬舞。左旋右轉不知疲，千匝萬周無已時。人間物類無可比，奔車輪緩旋風遲。」正是描寫跳胡旋舞時，胡姬兩手拿著長彩帶旋轉的躍動感。[362]當然，胡旋舞並不是只有胡姬才能跳，歷史上也有著在後突厥汗國度過俘虜生活的武延秀（武則天的姪子）、以及安祿山胡旋舞跳得很好的記錄；[363]安祿山在玄宗面前跳胡旋舞，從而獲得恩寵一事也很有名。[364]特別的是，雖然不是裸體，但穿著薄紗跳著胡旋舞的女性，經常讓男性看得忘我。

胡騰舞並非像胡旋舞一樣以高速旋轉為主，而是利用整個身體去迴轉跳躍，一邊像是蜷曲著卻又一邊急速地踢向地板，如飛翔一般向上伸展，進行身體倒立等變化，是很激烈的舞蹈，因此和胡旋舞一起被歸類成「健舞」。雖然兩者都非常消耗體力，但比起較為優雅的胡旋舞，胡騰舞更偏向馬戲團或戰鬥的形式，中唐李端名為〈胡騰兒〉的詩作，就將這部分清楚地表現出來。[365]

大唐帝國內由無數胡人所形成的「人流」與無數胡物所形成的「物流」，其所引起的巨大波濤，與中國的傳統合併，不論在品質或數量上都萌生出高水準的文化，使唐代在中國數千年的歷史之中，成為一個無庸置疑的偉大時代。唐朝派遣使節前往七十幾國，[366]另外也有記錄說，在玄宗天寶年間歸附的國家和地區有「七十二國」之多。[367]借用唐朝皇帝的話來說，這種情況就是被稱為「萬國來庭」、[368]「華夷大同」的形勢。[369]儘管或許有些誇張，但此話絕非毫無根據，其根基在於「自古貴中華、賤夷狄」這種民族歧視觀念的淡化；[370]大唐帝國的開放性及包容性政策，使得外國人的活動愈來愈蓬勃發展，這是無庸置疑的。[371]

與現代版世界帝國——美國的比較

雖然不該過度美化唐朝的帝國性，但也不能只突顯其局限處。舉例來說，因為高仙芝或黑齒常之是從高句麗或百濟等地過來的外國人，就說他們遭到誣陷而死一事和種族有關，這樣的講法是絕對不正確的。如果和其他朝代比較的話，就能輕易知道這是錯誤的說法。

為了更清楚地理解大唐帝國的真實面貌，將它與前述的羅馬帝國以及現代版的世界帝國美國做比較，應該是最簡單且有效的方法了；特別是美國，其本身不僅是「帝國」，而且還和中國相似，曾有一段時間維持著「少數族群優待政策」（Affirmative Action）。與羅馬帝國的比較在前面已提到，這節會以比較美國的現實狀況為主。由於筆者喜歡美國職業棒球大聯盟（MLB），所以這裡就用大聯盟中發生過的種族問題來抽絲剝繭吧。

因膚色差異而產生的種族矛盾與歧視行為，直至今日仍是留存於美國社會中的一個陰影。與出身國家及膚色無關，像「統一為美國人」這種「種族大熔爐」（Melting Pot）的精神，不分何時都受到挑戰，但多數美國人對於種族問題也逐漸開始進行理性的判斷，這些人正是引領美國前進的力量。

到一九四〇年代為止，黑人依舊不能作為選手參加美國的國民運動——美國職業棒球大聯盟。在那個時候，具有輕蔑黑人意思的單字「Nigger」，是理所當然地被使用的詞彙。一九四七年四月十五日，二十八歲的傑克．羅賓森（Jackie Roosevelt

Robinson），成為首位以黑人身分在大聯盟登場的選手。他以布魯克林道奇（洛杉磯道奇的前身）一壘手身分出道這件事，不只是大聯盟棒球史、更是美國歷史上一個重要的里程碑，但他卻在客場的辛辛那提球場（大美利堅棒球場）收到威脅信件，信裡寫著「當你的腳踏進我們運動場的瞬間，你就要做好死亡的覺悟」（ROBINSON WE ARE GOING TO KILL YOU IF YOU ATTEMPT TO ENTER A BALL GAME AT CROSLEY FIELD – THE *** TRAVELLERS）。（圖10）

羅賓森作為一軍選手出道，如果去客場比賽的話，就無法跟同事們使用同一間飯店，甚至大部分的時間都沒辦法在餐廳吃飯，[372] 這樣的場面和一千多年前的大唐帝國相比較，反而會有大唐帝國更加先進的感覺。

現在（二〇一五年）的美國，是由混血黑人巴拉克・歐巴馬（Barack Obama）擔任總統的國家。然而，直至今日，要解決美國社會的黑白問題，似乎仍需要更多的時間。在美國這塊大陸上，要達到黑白共存其實還有很長的路要走，事實上，全體國民也正在努力地朝著這個方向一步步向前邁進。就這個問題跨出最大一步的，就是一八六三年由林肯總統所主導的《解放奴隸宣言》（The Emancipation Proclamation）。

然而，美國在《解放奴隸宣言》發表後，仍舊有很長一段時間維持著被稱為「隔離但平等」的種族歧視政

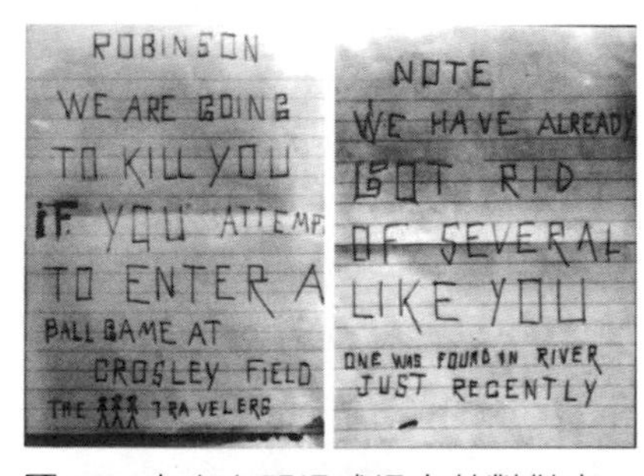

圖10　在辛辛那堤球場中針對傑克・羅斯福・羅賓森所貼上的威脅文（閔訓基記者提供）

策。也就是說，雖然認同平等的精神，但對於黑白共處這件事仍感到厭惡，並將心理上的歧視透過法律來加以界定。一八九六年混血男性荷馬・普萊西（Homer A. Plessy）因搭乘列車上的白人車廂而被美國法院宣判有罪，即所謂的「普萊西訴弗格森案」（Plessy v. Ferguson），其結果是將列車、公車、理髮廳，甚至是水龍頭和買春場所等黑人與白人使用的空間全部進行制度化的隔離，在那之後，黑人小孩就只能讀教育品質及教育設施都很惡劣的學校，長大之後，也難以逃離惡劣的生活。

打破美國根深蒂固的「隔離但平等」慣行，並給予其決定性一擊的，就是由黑人學生家長舉起反對的旗幟，並且發起的「布朗訴托皮卡教育局案」（Brown v. Board of Education of Topeka）。[373] 一九五五年，在阿拉巴馬州蒙哥馬利發生了「羅莎・帕克斯事件」（Rosa Lee Louise McCauley Parks），民眾以此為契機開始了長達超過十一個月的長期抗爭；從聯合抵制蒙哥馬利公車運動、美國大法官對於黑白隔離政策的違憲判決、到馬丁・路德・金恩的犧牲等，美國其實是以緩慢的步調走在黑白共存的道路上。

一般來說，種族歧視在被稱作「帝國」的複合社會中是無法避免且經常會發生的事情；畢竟在這樣的國度裡，人們來自不同的國家、有著不同的膚色、並且懷抱著因為在自己的祖國無法實現的夢想而來到帝國。

帝國的氣度顯現在其努力減少、調和形形色色的種族和國籍的人之間所產生的仇恨和矛盾上。美國大聯盟每年都會擬定並公開《種族與性別報告書》（*RGRC: Racial and Gender Report Card*）。正如同多元種族共存的國情般，專家為求在職業棒球中給予公正公平的機會，並且防止性別或種族歧視，組成了機構進行各種調查和研究，以選手、球團經理、辦公職員、球團老闆、教練等為其調查對象。最重要的當然是選手的種族分布，以二〇一三年的統計來看，最多的是白人選手，占了百分之六十二點一，其次是中南美洲血統的選手，占百分之二十八點二；亞裔血統的選手有百分之二點一，與前年的百分之一點九比起來有稍微上升。在二〇一三年球季開幕戰上場的選手中，黑人的比率為百分之八點三，雖然可以感受到黑人選手的確是變多了，但中南美洲的黑人選手在美國的種族報告中卻是被分類為拉丁血統的選手。

令人振奮的是，在二〇一二年選秀第一輪裡被選進的三十一名選手中，黑人選手就有七名，占百分之二十二點六，這是自一九九二年以來最多的一次。雖然大聯盟將每年的四月十五日指定為「傑克・羅賓森日」，全部的選手都會穿著四十二號的球衣來激勵黑人青少年投入棒球，但黑人選手的比例仍難以上升。

以選手的出生地來區分，美國以外的國家（或領土）出身的選手有兩百四十一名，占百分之二十八點二，是歷屆第四高；包含美國在內的十六國選手們在大聯盟中打拚，韓國出身的秋信守和柳賢振也是這百分之二十八點二當中的一員。[374] 根據二〇一二年的普查，在美國生活的猶太人約有五百四十萬到六百八十萬人左右，用人口比率來計算的話，約略超過百分之二，但是他們卻支配了美國、引導了世界。在運動上也是一樣，提拔秋信守和柳賢振的人也是猶太人；在大聯盟的三十個隊伍之中，有八個球團的所有者（或是合夥人）具有猶太血統，棒球反而還只是少數，在美國的其他職業運動如NBA（籃球）、NFL（足球）、NHL（曲棍球）中，其比例則近乎一半。[375]

在美國小聯盟（MiLB）超過兩百個隊伍中，有超過七千名的選手在裡面努力比賽；

在這當中，每一百人就有九十七人會因為無法脫離「這個地方」，最後只能默默無名地隱退。這就是所謂「小聯盟」的現實，也就是說，在小聯盟中，只有百分之三的人能實現進入大聯盟的夢想。大聯盟有三十個隊伍、七百五十名選手，選手在大聯盟的壽命平均只有三年，美國運動記者約翰・費恩斯坦（John Feinstein）在最近出版的《你的名字在無人知曉的那個地方》（*Where nobody knows your name*）裡提到：「他們小時候全部都是在各地區中揚名的希望之星，這當中沒有一個人是以小聯盟為目標。」[376]比起大聯盟，小聯盟更像是現實生活，但能夠保障財富與名譽的舞台仍是大聯盟，為了出人頭地而在激烈競爭之中拚命，以獲得平等的機會，就是這個社會公正性的象徵。

如今，強調血統純正的主義不只是在棒球，在其他運動中也已無立足之地。二〇一四年的世界盃足球賽（FIFA World Cup），德國最終拿下冠軍。媒體們忙著找尋讓德國國家代表隊獲勝的原動力，最後他們得出一個共同結論，那就是「混血主義的勝利」。現在德國已經不是納粹領導下、標榜著日耳曼民族單一性及優越性的「日耳曼民族主義」國家了；換句話說，他們已經脫離純血主義，擁抱著各種不同血統的選手。這樣的精神，除了讓足球隊獲得一九九〇年德國統一以來第一座世界盃優勝獎盃，也為轉型成多文化社會的德國做出了貢獻。[377]

原本在歐洲的多國籍足球隊中，最成功的是法國，席內丁・席丹（Zinedine Zidane，阿爾及利亞籍）、尤里・德約卡夫（Youri Djorkaeff，亞美尼亞籍）、利利安・圖拉姆（Lilian Thuram，加勒比海法屬瓜德羅普島出生）等移民出身的選手們，被編入法國代表隊後，讓法國踢出了變化的訊號，在一九九〇年代晚期到二〇〇〇年初期高踞世界足球的王者；一九九八年法國就得到了世界盃的優勝。

過去的德國強調「日耳曼血統」的純血主義，不開放其門戶。然而，二〇〇〇年擔任教練的魯迪・佛勒（Rudi Voller），以及承繼其後成為戰車軍團領導的尤爾根・克林斯曼（Jurgen Klinsmann），果敢地打破原有的框架；特別是標榜著脫離純血主義的約阿西姆・勒夫（Joachim Low）在二〇〇六年就任德國代表隊教練時，觀眾們能看到代表隊產生很大的變化。從迦納出身的移民者傑拉德・阿薩莫阿（Gerald Asamoah）開始，到大衛・奧東科爾（David Odonkor）、熱羅・博阿滕（Jerome Boateng，迦納混血）、卡卡奧（Cacau，巴西歸化）、梅蘇特・厄齊爾（Mesut Ozil，土耳其裔）、薩米・赫迪拉（Sami Khedira，突尼西亞血統）等選手接連不斷地穿上代表德國國家隊的白色制服；二〇一四年巴西世界盃優勝，是由移民家庭出身的選手們與德國出身的選手們，一起努力達到的成果。

與此相反，身為冠軍對手的阿根廷國家隊卻是只以自己國家出身的純白人選手所組成隊伍。希特勒只強調日耳曼民族的純粹性並試圖躍升成強國，但最終卻導致滅亡。也許我們可以說自一九九〇年十月統一以後，德國社會走向脫離純血主義的結果，反映在世界盃的成績上。

混血主義的優點是什麼呢？為什麼非得要走向混血主義呢？不管擁有多好的選手與戰術，如果無法團結在一起的話，就不過只是一盤散沙而已。德國在與阿根廷一戰中所展現出的樣貌，是一個團結的「Team」，[378]每次隊友因對方犯規而被絆倒時，坐在板凳上的選手全都會站起來；在延長賽後半場時，右眼眼皮受到撕裂傷的巴斯蒂安・施魏因斯泰格（Bastian Schweinsteiger）直到最後仍在球場上奔跑，並在板凳上縫補傷口時不斷激勵場上的隊友；即使是梅西華麗的個人特技和阿根廷的鐵壁防守，也遠遠無法阻擋團結為一體的戰車軍團。主張「德國不管有沒有最棒的選手都不成問題，因為我們擁有最棒的隊伍」的菲利普．拉姆，讓我們重新思索「跟隊伍比起來，我們沒有偉大的選手」這樣平凡的真理。[379] 這就跟混凝土的特性一樣，不是只有水泥就好，還需要沙子跟礫石才能成為混凝土。

大唐帝國的科舉制度打破了純血主義。如果在州、縣等地方舉辦的科舉和賓貢科是進入小聯盟最後階段的話，那麼讓大食國李彥升合格的進士科，就是外國人要進入大聯盟的最後一關。從地理位置比較近的新羅，到遙遠的中亞綠洲國家，以及炙熱的阿拉伯半島，為數眾多的年輕人們，為了要進入大聯盟而不斷地蜂擁而至。長安因為容納了來自世界各國的人而變得擁擠，在這些人之中，獲得金錢與名譽並且實現自己夢想的人不過只是少數。這些人雖然咸認比其他在自己祖國及特定領域的人還要更加傑出，且大部分的人都是違法前來，但當他們發現自己無法成為大唐帝國這個舞台的「Inner Circle」時，也難免會感到挫折。然而在千年前，就已經有提供他們作夢、可以去實現夢想的空間，就像《你的名字在無人知曉的那個地方》的朴贊浩或是秋信守一樣，在大聯盟不斷提升自己的名氣，賺取超乎想像的大錢。

那麼，美國為什麼每年都進行這樣的統計並加以公布呢？這是為了照顧少數族群，為了美國社會統一所做的努力之一。一九六三年八月二十三日，離林肯總統發表《解放奴隸宣言》後的一百週年，馬丁．路德．金恩牧師在位於華盛頓的白色林肯銅像面前發表了著名的演說：「我夢想有一天，我的四個孩子將在一個不是以他們的膚色，而是以他們的品格優劣來評價他們的國度裡生活。」（I have a dream that my four little children will one day live in a nation where they will not be judged by the color of their skin but by the content of their character.）

在這之後的人權問題似乎得到了解決，卻又在某一天突然像被打回原點，這就是美國。進一步說明的話，製作與發表這種報告書的本意是要提高與維持「帝國的健全性」，因為這是將帝國變得更加強大的方法；從這點來看，大唐帝國對外國人的寬容程度，絲毫不遜於現代版帝國美國的水準。

接下來要稍微針對帝國法律的適用，也就是大唐帝國和美國的法律適用問題來比較一下。韓國在美僑胞金昌準曾經擔任美國加利福尼亞州鑽石吧（Diamond Bar）地區的聯邦眾議員，他就將美國定義為「制度的社會」；在制度內雖然可以盡情地謳歌自由，但美國社會對於違背制度（也就是制度外）的行為也是極為冷酷無情。

英國也是這樣，英國的歷史可以簡單概括成異姓聯姻，即使只看王室，也摻有德國、丹麥、法國、荷蘭的血統；「日不落帝國」代表的意義，正是將不同種族、語言及歷史的人們放進一個巨大的熔爐中，加以混合後所製作出來的產物。既然如此，那要如何克服統一這些異質要素時，必然會伴隨而來的無秩序呢？那就是周全的法治。對於公權力的挑戰，如違反道路交通、非法集會等，這些在英國全部可以換算成用錢來求償，可以想像的是，一開始雖然有反對的聲音，但沒多久就會發現這樣的反抗一點用也沒有。[380]

我們將這點代入唐朝來看看吧。《唐律》是總結了自中國古代以來的所有法律，不管在哪一個層面都近乎完美，幾乎達到不需要再修正的程度，並且密切吻合法制社會的根本，但同時也是一部相當嚴格的法律。最簡單的例子，就是所謂的宵禁制度，所有百姓都要根據皇帝事先規定好的時間移動，唐朝縣級以上的都市會用牆壁將整個都市圍繞起來，有像鐵網一樣交織而成的都市構造，每天傍晚必須要在規定的時間內進入坊內，隔天清晨打鼓之前都不能出來。

金昌準針對世界帝國美國的法律進行評價，認為在「法律面前人人平等」的原則下，一邊變成違反法律者毫無例外都要受處罰的「法律萬能主義」，一邊又變成「情感枯竭的法治國家」，因此反抗執法警察的人就被看作是反抗法律本身一樣，直接遭到槍擊的例子也不計其數。

韓國則與此相反，在即使不遵守惡法也行的理論下，可以看到韓國朝向「法律中有眼淚也有人情」，富含自身獨特傳統的法治國家發展，因此也不斷發生濫用這種傳統，反而去毆打警察的荒謬事件，就連制定法律的國會內部，也有人試圖加以破壞，將韓國轉變為無法治的社會。[381]美國和韓國的法律差異在哪裡呢？難道這不正是「帝國」與「非帝國」的差異嗎？如果考慮這個事實的話，就可以輕易理解大唐帝國是一個怎麼樣的國家了。

大唐帝國的遺產

中華人民共和國的真相

如果要檢驗中華人民共和國是否繼承了大唐帝國的遺產，首先，要從中華人民共和國具有的特徵開始掌握。中華人民共和國的特徵之一是國土非常廣大，幾乎蘊含了所有的資源，用「地大物博」四個字來形容絲毫不為過。根據官方統計，中國現在的人口雖然只有十三億，但實際上應該是十七億；全世界大約有七十億左右的人口，換句話說，中國人占世界總人口的四分之一，每四個人就有一位是中國人，這是非常令人難以置信的事。

中國的人口是如何增長到這麼多的呢？是自然增加的結果嗎？不，絕對不只是如此而已。那麼，跟其他在食物、疫病治療等生長環境不同的國家比起來，中國有比較出色嗎？倒也未必。畢竟，中國歷代都存在著日益擴張的貧富差距，以及豐收與歉收等極端差異，換句話說，中國的環境條件並非只有好的一面。

中國的領土雖然廣大，但還有比中國更大的國家，第一是俄羅斯，第二是加拿大，再來才是位居第三的中國。但即便是第三名，中國也絕對是一個大國，總面積達九百六十三萬平方公里，[382]南北緯度從 3°58'延伸到 53°10'，緯度差了 49° 以上，換算成距離是五千五百公里；[383]另一方面，東、西經度從東經73°58'30"到東經135°2'為止，經度差為61°，換算成距離是五千兩百公里左右。

中國不只土地面積很大，像中國這樣具有許多相異地形和生產資源等自然條件的國家也很稀少。它的土地從亞熱帶南、北延伸至寒帶，東、西部分則是從東邊的北京到西邊的新疆烏魯木齊，約有四小時的時差，但又不像美國一樣分為東部、中部、西部三個時間帶，而是統一使用北京時間。[384]除此之外，說中國擁有這地球上存在的所有地形與氣候也不為過，中國具有高山、草原、沙漠及平原，還有從湖面海拔負一百五十四公尺的艾丁湖，到世界最高記錄、海拔八千公尺以上的喜馬拉雅山。[385]中國真的是一個應有盡有的國家。

從歷史上來看，中國是個持續擴張的國家，中間或許有稍微變小過，但那都只是為了更加擴大而做的倒退。雖然今日的中國領土範圍是在清朝康熙皇帝時所確立的，但若是回顧更早之前的朝代，西周的領土是宋的五分之一，[386]宋的領土則是現在的二分之一。宋代以後，中國的領土不斷擴大至蒙古南部、西藏、新疆、滿洲。[387]那麼，今日這個巨大的中國是歷經怎樣的過程才完成的呢？對中華人民共和國來說，又是哪個朝代最具決定性的貢獻？雖然有人說是清代，不過為了對這個問題提出最正確的答案，首先，我們必須先了解中華人民共和國的人口構成。簡單來說，我們要先審視帶著一半以上的土地被併入、或被征服的少數民族之來源及結構，才能做出最具說服力的回答。

中華人民共和國的領土是由二十三個省、五個自治區（西藏、新疆、廣西、寧夏、內蒙古）、三十個自治州及九十五個自治縣所構成。要特別注意的是，所謂「自治」這個詞彙，指的是當地主要居民並不屬於漢族、而是其他民族的集團居住單位。我們往往會將中國二分成裡中國（Inner-China）跟外中國（Outer-China）；[388]還有另一條所謂的「胡煥庸線」（Hu Line），指的是將中國西南的雲南省騰衝和東北的黑龍江省黑河（瑷琿）連起來後的對角線「騰衝－黑河線」來區分的方法，這是依據一九三〇年代歷史地理學者胡煥庸教授所提出、將中國領土二分的區分線，是以中國領土內人口密度的差異、降水量的差異、地形上的差異來做區分。[389]

換句話說，人口的分界線、地理上的分界線、氣候上的分界線、歷史上的分界線等都依據胡煥庸線，將中國分為西北的少數民族地區（即自治區地區）[390]，與東南以漢族為主要居民的省分。因此，我們可以清楚地看出，中國現在保有的領土，並不是在少數民族沒有向內遷徙下，單純地開疆拓土而已。有趣的是，以這兩種對立的特徵將中國領土分為兩半的對角線，就是因為胡族進入並影響而逐漸形成的。

魏晉南北朝以前的時代，以函谷關（河南省靈寶）為起點，以關東及關西（或是山東及山西）之名，分成東、西兩個部分；[391]當西晉因為遊牧民族入侵而滅亡後，透過將秦嶺與淮河連結而成的東西線，又將中國分成南、北兩個部分。最後將民族（也就是漢族和少數民族）的居住區域一分為二的胡煥庸線就這樣出現並且固定了下來。[392]（圖11）

中國人的發源地稱為「中原」，這塊華夏民族生活的區域是以黃河的中、下游地區（也就是現在的河南省）為中心，包含河北省南部、山西省東南部、山東省西部、安徽省北部及江蘇省的徐州地區；狹義來說則是單指河南省。[393]這塊土地的面積和現在

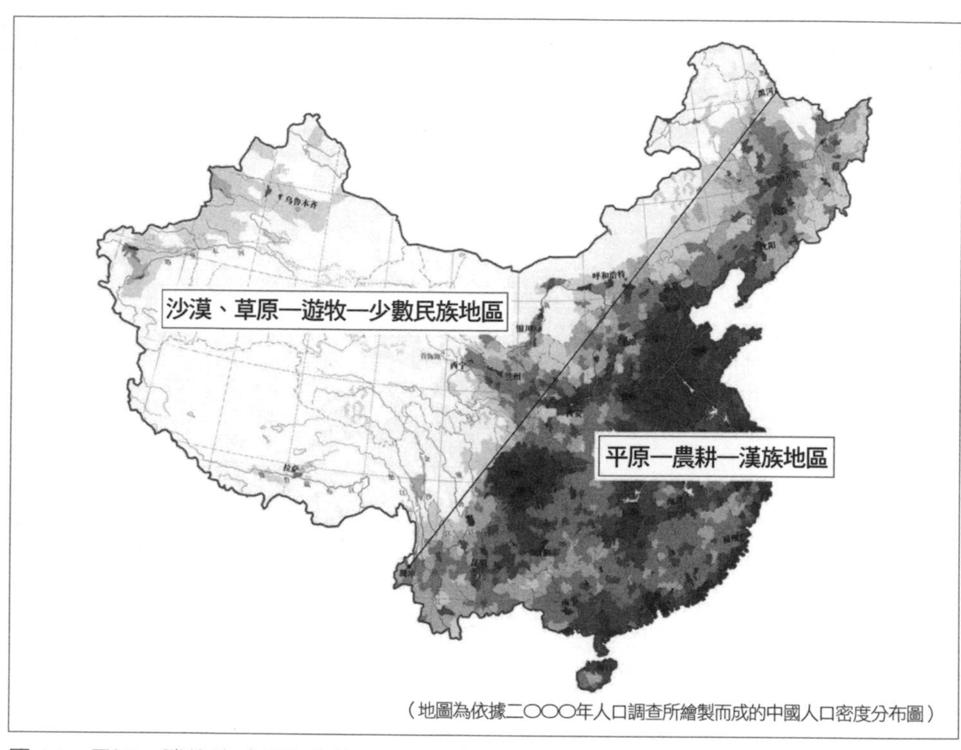

（地圖為依據二〇〇〇年人口調查所繪製而成的中國人口密度分布圖）

圖 11　黑河—騰衝線（胡煥庸線：Hu Line）（以中國人口密度圖為基礎，尹泰玉繪圖）

的中國疆域相比，有著很大的差異；也就是說，中國領土之所以會擴大，與異族進入中原地區有著密不可分的關係。當然，現在的「少數民族」人口比率只有百分之八到百分之九，但這並不代表占有百分之九十一到百分之九十二的漢族，就完完全全是由華夏民族繁衍而來的。若看現在的中國疆域，可以發現有一半以上都是過去「異族」生活的區域；雖然也有一部分漢族征服的地區，但大部分的疆域還是由異族進入中國時一起納入、或是異族政權征伐而來的領土。

如果觀察現在少數民族

地區的漢族人口數，可以發現：（一）西藏藏族自治區有百分之八點一七；（二）新疆維吾爾族自治區有百分之四十點一；（三）廣西壯族自治區有百分之六十二點八二；（四）寧夏回族自治區有百分之六十四點五八；（五）內蒙古自治區則有百分之七十九點五四。漢族占當地人口的比率大概會一直增加，民族間的融合運動也會在產生各種副作用的同時，繼續持續下去。這種融合運動才是將世界上各個民族包容其中的做法，雖然中國是世界上貧富差距最嚴重的國家之一，但對於國家的尊敬心乃至團結、統一，都不亞於任何一個國家，這也是形成特殊人口集團國家的原動力。

那麼，讓我們來仔細看看現在中國的民族區分以及分布狀態吧。他們被合稱為「中華民族」，是由占據全國人口百分之九十以上、作為世界最多人口數的單一「民族」——漢族[394]，以及另外五十五個少數民族，再加上四百多個尚未獲得官方承認的「群小民族」所構成。在這之中，漢族雖然被稱為華夏民族的後裔，但實際上，他們卻是由歷史上出現過但已消失的九十幾個民族合體後所形成的「民族集團」。五十五個「少數民族」也是原本居住在中國邊境，後來逐漸進入中國，直至今日也沒忘記其民族整體性的民族集團的後裔。

「漢（民）族」或是「少數民族」的稱呼雖然全部都是中國式的表現，但使用「民族」[395]這個詞彙是否恰當仍是個問題。[396]「中華民族」當然不是人類學、社會學概念上的民族，它是一種政治概念，雖然只不過是一種政治宣傳，但作為全世界以漢族為中心的華人們來說，以「中華民族」的象徵「五星旗」作為旗幟並加以團結也是事實。漢族是將許多民族放進熔爐（Melting Pot）後而創造出來的巨大種族集團，今日中國境內的少數民族也正與漢族合體，正在融為全新的「中華民族」，而這些少數民族與漢族的差異也逐漸消失，未來很有可能會成為一個全新的種族集團。

中華人民共和國成立後，中國進行了許多關於民族形成過程的研究。整體來說，可以大致分為兩個階段：漢（民）族的形成、以及中華民族的成立。首先，他們雖然針對「漢民族」是如何形成的問題展開研究，並且在討論中產生許多分歧與爭議，[397]但大致上對於統一的起點沒有太大的意見。另一方面，「中華民族」正式形成的時間雖為一九一二年，但其形成的過程卻很長；就筆者來看，筆者認為「中華民族」形成的起點可追溯至北方異族進入中原。

那麼，「中華民族」又具有什麼樣的意義呢？在中華人民共和國受到統治的人民不被叫作「國民」，而是被稱作「民族」；此外，中國也是少數會在戶籍上標示「民族籍」的國家之一。知名社會學者費孝通針對中華民族提出了理論性的學說，即中華人民共和國官方所採用的《中華民族多元一體格局論》。[398]根據這個理論，中華人民共和國雖然「多元性」地存在著五十六個民族，但其正在實現「不可分割的一體」，因此，這類的多民族可總稱為「中華民族」。

從二十世紀初期開始出現「中華民族」這樣的用語，與以此為基礎而登場的國名——「中華民國」。[399]一九一二年一月一日，孫文將漢、滿、蒙、回、藏民族居住的許多地區定為「一國」，將許多民族稱為「一人」，從而發表所謂的「五族共和」論。此外，《宣統帝退位詔書》中也有「合五族完全領土為一大中華民國」的內容。[400]孫文的政治思想可以被稱作「大中華思想」，其核心可以概括為「（五族）共和」、「共同發展」、「共同繁榮」，像這樣將「中華」這個詞附在國名前雖是在二十世紀初期才出現的，但形成「中華」這個概念的歷史卻很悠久，形成的過程也很複雜。

「中華」這個詞彙因為孫文而以正式國名登場，但並非只有唯一的成員華夏／漢族；雖然以五族稱呼漢、滿、蒙、回、藏，但也不是僅以單一的文字來界定整個族群。中華民國、中華人民共和國皆是以「多民族的共和及共存」為基本理念所建立的國家。但即使如此，當以「中華主義」稱呼之時，卻還是會被認為是只有華夏／漢族的傳統理念的國家。舉例來說，現任中國國家主席習近平在就任時宣稱說，若要實現「中國夢」，就必須要走中國的路（中國式的社會主義）；他的政策又被稱為「中華民族復興」，但他指的並不是只有華夏／漢族榮耀時代的復興，在這一點上，異族對於「中華主義」也沒有太大的反感。因此可以清楚知道，「中華主義」並不一定會是排除異族的政治理念。

華夏／漢族雖然是「中華民族」、「中華主義」重要的組成成分，但並非是封閉性的概念，而是明確地具有多元性的概念。以下我們就來確認「中華民族」的多元性，同時也來追蹤這種多元性的起源吧。

無數蠻夷出身的姓，也就是「胡姓」，雖然經歷了「漢姓化」的過程，但在用以辨別現在的中國人（即中華民族）的種族成分時，其姓氏分布和比例仍然可以派得上用場，因為這在某種程度上，可以成為猜測中國人從哪裡起源、如何起源並發展的指標。中國自古以來就將姓和氏嚴格區分開來，[401]原本，姓作為母系社會的痕跡，指的是「母親的出身地」；[402]氏則是指「出生後與父親一起生活的地方」。在中國人全都相信自己的祖先是「黃帝」的情況下，姓就是「姬」，氏則是「軒轅」。後來性質稍微改變，皇帝，即天子所賜予的稱為姓，諸侯或是國王程度的王族所賜予的則稱為氏。無論何時，姓都是比氏高一個位階的概念，一般來說，很多時候姓只是一個字，而氏則是兩個字。漢朝時開始編寫族譜，這是天子為了要特別管理各諸侯或功臣們的子孫的緣故。

大約在九百年前，即西元一千一百年左右時，北宋出版了《百家姓》，成為最早的姓氏調查記錄；其後明朝的《千家姓》、清朝的《百家姓》等接連出版，但這些書並非全部都是以姓氏的人口數作為基準來決定順序的。若參考最新版《中華姓氏大辭典》所收錄的內容，現在中國總共有一萬一千九百六十九個姓，在這之中，單姓為五千三百二十七個、複姓為四千三百二十九個、三字姓為一千六百一十五個、四字姓為五百六十九個、五字姓為九十六個、六字姓為二十二個、七字姓七個、八字姓三個、九字姓一個、十字姓一個。單姓為漢（族）姓，而在二字以上的姓裡，絕大多數是少數民族的姓，也就是所謂的胡姓。

當然，儘管也有和司馬氏或諸葛氏一樣，自唐初開始就具備兩字姓的漢族，但大致上來說，兩個字以上的複姓還是以胡姓為主，可以將此看作是外來姓。不過，單姓中也有一部分的胡姓，例如匈奴系的金氏、由鮮卑拓跋氏變成的元氏，這代表在單姓中胡族的姓也不算少數。

中國姓氏的成立與開展有兩個劃時代的時期，一是所有人民都獲得姓，出現所謂「齊民」或是「百姓」的西漢高祖時期；另一個則是胡族與漢族皆自由地稱呼其固有姓氏的「北朝－隋唐」時期，特別是如同現在的姓氏分布，「西魏－北周」時期的改胡姓政策實施以後，胡漢兩系的姓開始並存，[403]經過此過程，隋唐以後就確立了胡漢兩姓並存之

「胡漢雜揉姓氏體制」的基礎。唐代是最盛行姓氏學的朝代，[404]這與無數的外地人到來、皇室血脈的由來不明確、貴族制衰敗等時代特色有關。

各種不同姓的人們大舉進入中國，是在東漢末期到魏晉南北朝時期所謂「民族遷徙」以後的事，而由官方大力標榜胡族和漢族共存的國家則是大唐帝國。如果將大唐帝國的統治理念簡單化，其繼承了北魏孝文帝提倡之「胡越兄弟」的精神，可以用唐太宗提倡的「胡越一家」來說明，特別是「胡越一家」是在突厥可汗頡利以及南蠻酋長馮智戴面前所做的宣言，[405]而這與中華人民共和國民族政策的基本方針可謂相當類似。

前面提到過，以「中華大家族」為目標之中華人民共和國的民族政策路線，是費孝通的《中華民族多元一體格局論》，而這方針其實就是將「胡越一家」用學術粉飾而成的理論。如果參考中華人民共和國的憲法，可以看到序言中出現反對大民族主義（特別是大漢族主義）的敘述；[406]會出現這樣的憲法宣言，是在二十世紀初期以後，經歷了各種路線而成的結果，[407]只是其基本原則與唐代的民族政策脈絡一致。

當然，「大漢族主義」與美國和澳洲一樣，相當程度上具有與白人優越主義相同的血統民族主義要素，在歷代的中原王朝裡，只有宋朝與明朝仍維持此民族政策，國民黨的蔣介石（1887-1975）也在一段時間裡採用此政策。[408]然而，這種政策在唐代以後的朝代中已非主流，尤其與中華人民共和國的民族政策相行漸遠。

中國的領土和統治方法

◎漢代與唐代的羈縻政策及國境

中國是用什麼方法來統治它那廣大的領土呢？其統治狀況又是如何？以歐洲的情況來說，它是分割成五十五個國家的地區。[409] 中國和歐洲的面積相似，[410] 即使人口數更多，但仍統一成一個國家。因為人口數很多，領土也非常的大，對西方人而言有併吞後會成為「難以消化的國家」（Indigestable Land）一說。不只如此，歐洲的南斯拉夫也因民族問題而一分為六（或七）個國家，但中國卻是由數百個民族聚集起來，生活在同一個國度裡。

中國具有「省」和「自治區」，也就是二分成漢族與少數民族的區域。自治區與實際人口數無關，出身少數民族的代表就是當地首長，並且採取形式上自治的方式，這可以被視作現在的中國仍有胡、漢並存的事實，並以此為基礎維持兩大體制，但兩者又不是明確呈現出分裂的狀態。

就筆者看來，對於作為少數民族集居地的自治區，必須從唐代去尋找其區分和經營方式的起源，因為現在以省、區（自治區）兩種單位區分而成的體制，與唐代的「羈縻州」和「道」的形式非常相似。[411] 例如在吉林省的朝鮮族自治州，就和唐代關內道中的異族州（如突厥州）頗為相似；漢代首次採用以羈縻州或羈縻政策而成的外族政策，不過漢代的制度雖和唐代的制度有類似之處，但就實際內容來看，仍有許多不同的面相，可說在「質」上有所不同。

既然如此，那就針對「漢代和唐代的羈縻州在實際上是何種形式」這點，再多加說明吧！西周初期出現的封建制度到了戰國時代末期已經瓦解，取而代之的是郡縣制；郡縣制出現以後，中國的地方行政單位從「郡、縣」（西漢、東漢）→「州、縣、郡」（東漢、魏晉南北朝）→「州、縣」（隋、唐）制度而有所變化，然而自西漢起，在異族經常出現的邊郡地區設立了特殊的統治機構，例如「部都尉」和「屬國都尉」等官制，各自實施了不同的管理辦法。

從這個層面上來看，似乎可將漢代的邊郡看成是今日自治區的起源，但邊郡必須要在國境外設立；西漢時代設置的邊郡有二十五個，在半數的邊郡中，有十二個郡設有部都尉。也就是說，在邊郡地區居住的外族們，被編入專主蠻夷的特殊機關「部都尉」底下，與內郡的郡縣受到不同的統治。[412]和內地的郡縣制不同，在邊境地區，中原王朝的郡縣制無法徹底貫徹其統治力量；正因為有此缺點，維持承認外族自律性的政策是很普遍的，而這種統治體制，也可以理解成是帝國得以長期持續下去的原因之一。

然而，隨著外族的反抗，出現了採取折衷與二元性的統治方式（例如羈縻支配）的帝國，但有人主張這並不適用於秦漢帝國。也就是說，所謂部都尉的「部」，並不是以外族固定單位之姿出現的前綴語，而是在編入郡縣的過程中，出現的一個階段性名稱而已；因此，這種編制並非要維持在「部都尉」下外族們的獨立性，而是企圖實施更強而有力的郡縣統治。[413]

與此問題相關的秦漢帝國，其邊境分為外境和內境，而當時的異族大致上可以分成三個種類：在外境外側居住的民族（例如匈奴、鮮卑）、在內境外側居住的民族（西南夷、南蠻），以及帝國領域內被編入郡縣制度的內夷等。[414] 另外，因為外境內外的嚴格區別，使得外境之外並不能被視為帝國的支配領域。在這樣的構圖下，可以明確了解秦漢帝國的國境；它們西邊的國境起自敦煌陽關，經過甘肅省，直到黃河西側為止，北邊則將起自居延澤、由長城和烽燧連結起來的線作為邊界，依據這樣的國境線，秦漢帝國和外部夷狄的土地被完全地分割開來。

此國境線受到國家嚴格控制，擁有官方發行的通行證才可以從這些地方出入，張家山漢墓竹簡裡的津關令就將邊境嚴格的出入控管情形如實地呈現出來。[415] 因此，對於進入境內的異族，漢帝國實施了與一般百姓無異的郡縣制度加以管理，但境外的異族並不在漢帝國的統治之下，國境線外的土地也不是漢帝國的領土。

眾所周知，《漢書》〈地理志〉及《後漢書》〈郡國志〉中曾詳細記述了西、東兩漢帝國的全部領土，例如《漢書》〈地理志〉就顯示了西漢末期漢帝國的國土面積，區分並記錄了可耕作、不可耕作、以及雖然可以耕作但目前仍未開墾等土地的面積。《漢書》中記載了有郡、國一百零三，縣、邑一千三百一十四，道三十二，侯國兩百四十一，[416] 這些是秦漢帝國領土內的行政單位；另一方面，《後漢書》〈郡國志〉中則記有郡國一百零五，縣、邑、道、侯國一千一百八十。[417] 這裡的西域都護府負責號令西域，使匈奴中郎將、將護羌校尉、護烏桓校尉掌管的是南匈奴、西羌、烏桓地區等，並沒有包含郡國在內，即現實上的邊境成為界限，存在於外邊的獨立異族國家及其內部的異族們並不被視為統治對象。

秦漢帝國支配異族的方法是所謂的「羈縻政策」，羈縻政策下的行政單位「羈縻州」是為了已降服或是內部的少數民族，而在邊疆地區設立的行政機構。「羈」是馬絡頭（馬籠頭），「縻」則是牛轡（牛韁繩）的意思，[418]雖然是很簡單的含意，但「只抓著轡頭或是韁繩」，即意味著「一邊警戒但不斷絕關係，也不採取更積極的處理方式（羈縻勿〔不〕絕而已）」。[419]比起「綁緊」，更像是維持「鬆散」連結程度的羈縻州，也可以解釋成「古代的民族自治區域」。[420]然而，實際的統治方式在漢、唐之間仍有所差異。自西漢開始已有這種羈縻府、羈縻州，例如西漢時，西域的五十幾個小國，有著三百七十六名譯長、城長等接受漢朝印綬的記錄；[421]東漢時也有率眾王、歸義侯、邑君、邑長等，[422]中國藉由冊封儀式與周邊人民建立關係，將他們納入管理或是和親，也將胡市開放交流。但是這種政策只出現在有「解兵息民」的益處與有「開疆拓土」的機會當中，[423]實際上並不會將這些地區視為自己的國土。

在這種範圍內，所屬的有（一）像匈奴一樣的敵國；（二）烏桓及鮮卑等不斷反覆歸屬及反叛的國家；（三）屬於西域都護府的西域國家；（四）像大月氏或安息等不屬於西域都護府的國家。雖然記錄上因為稱作「都護」、「使匈奴中郎將」、「護羌校尉」等，感覺像是受到帝國支配一樣，實際上卻是獨立的國家。即使如此，一直以來把它們當作被統治的對象、地區，其實是中國皇帝設定的天下秩序；也就是說，將異族全體劃進夷狄的範疇中將世界一體化，並將對世界的統治一元化，這種觀念早已定型在中國史書的記述形式之中。這樣的天下觀只是一種理想的觀念，與秦漢帝國的真實面貌截然不同。[424]就結論看來，透過「羈縻政策」在形式上與漢帝國綁在一起的地區，並非是漢帝國的領土，而漢帝國對這些地區也沒有其他實際的想法，就只是觀念上的統治而已。

相形之下，大唐帝國又是打算如何統治異族，而其邊境線又應該推算到何處呢？唐代地方制度的特徵有二，一為羈縻州非常多，二為出現了「藩鎮」這種既獨立又特別的地方制度。跟漢代一樣，羈縻州與異族有關，而藩鎮這種具有強大自治權力的強悍地方勢力，則是直到今天都還找不到確切的由來。眾所周知，唐代的地方制度是以「道－州－縣」的構造作為基礎，透過征服或是降服，將新編入的地區及異族納入都督府、都護府等羈縻府、州底下管轄。然而，對於使用「羈縻」這個名稱進行書寫這點來說，其形式雖與漢代類似，但實質上卻嚴格不同。以下就從唐代羈縻府、州的狀況開始，做更仔細的檢討。

首先，讓我們從唐代的地方制度看起。太宗貞觀十三年，全國設有三百五十八個州、一千五百五十一個縣；隔年征服高昌後，又追加西、庭兩州和六縣，變為三百六十個州，一千五百五十七個縣。[425]唐太宗貞觀四年，開始針對周邊民族進行征伐後，自貞觀起至開元年間為止（六二六至七四一年）的一百多年間，唐朝的軍隊將周邊異族地區平定後，便在那些土地上設置了羈縻府及州。

唐朝征服邊境後，就馬上在那塊地上建立新的州（帶有羈縻州的形式），也就是將其編入自身的疆域。在《新唐書》中，羈縻州有八百五十六個，[426]在《舊唐書》中則有八百個；[427]開元二十七年（七三九年）完成的《唐六典》中，敘述全天下的州、府有三百一十五個，羈縻府州則有八百個左右，[428]或是說有八百四十九個府及州。[429]數字之所以會有所差異，當然也有政府對被征服地區的統治不夠穩固的意涵，但無論如何，這個數字在開元末年時，比在內地設置的三百二十八個府、州加起來，還要多上二點六倍。[430]雖然沒有關於面積的詳細記錄，但跟內地比起來可是一點都不小。這大概就是大唐帝國自貞觀年間開始，一直到開元為止的面貌。然而，重點是大唐帝國的羈縻府、州，跟漢代的西域都護府，在對不同地區實施羈縻政策時，對其人口都有一定的掌握。

唐代的州有許多種形式，主要可略分為輔州、望州、雄州、緊州，其等級會依據距離京城的遠近、以及對國家的重要程度來劃分。[431]羈縻府、州也可以用「邊州」來稱呼，[432]和「正州」（直隸州或是經制州）當然有所不同，[433]因此輔州、望州、雄州等應包含在正州內；但在邊州之外還有所謂的「要州」。有的地方單位即使帶有「州」這個名稱，也不代表和其他單位一樣受到相同的控制。依據《唐會要》中所記錄之開元十八年的敕令，出現了靈、勝等五十九州改為邊州，揚、益、幽、潞等十二州改為要州的情形，在這之中的北庭、單于、安西等都護府也設為「邊州」，其地區內的都督及刺史全都不再被視為「朝集之禮」（中央的例行會議）的對象，[434]簡而言之，就是在邊軍的都督或是在要州的刺史，其義務或待遇都是一樣的意思。

若是看《唐六典》中所記錄的邊州，在東北、北方、西北、西南邊境設置了許多對周邊民族（異族）的警戒區域。此外，陸路以及和周邊民族連結（交通）的沿邊，也設置了一部分的正州區域，因此，即使邊州這個名稱已存在史書之中許久，但卻是為了安撫異族、屏障在內地的正州、以及方便與異族交流等各種目的才設置的。與漢代的情況一樣，邊州並不是指在國境外的地方，而是在國境之內，只是邊州不設刺史，而是改設總管、都督、經略使、領殿事或防禦使等外官，與正州有所不同。[435]

唐代並不是只在邊境才設有羈縻州，如同漢代內境中內夷的居住地，河北、關內、隴右、劍南、江南、嶺南等六道也設置了羈縻州來管理異族。[436]舉例來說，河北道有兩個突厥州、[437]奚州有九個州一個府、契丹州有十七個州一個府、靺鞨州有三個州三個府、高麗州有十四個州九個府等，共有四十六個州及十四個府；[438]只看突厥的話，在關內道有十九個突厥州，（突厥）府也有五個，[439]隴右道有三個突厥州、二十七個府，[440]像這樣在內地有許多羈縻州存在的情況下，「薄海內外無不（屬於唐朝皇帝的）州縣」，[441]形成大唐皇帝自評其「坐秘殿，陳十部樂」的格局。[442]這明確表示出異族在中國境內各個地方，以「唐的百姓」身分存在並活動的事實。

那麼，唐朝對於羈縻州的統治又是如何進行的呢？雖然還不確定它們是否像漢代的羈縻州一樣受到徹底的支配，但若是從六世紀中葉的西域都護府，在于闐西側、波斯東側十六國（大部分是昭武九姓的粟特人居住的區域）的王都設置都護府，並將其屬部作為州、縣加以統治來看的話，[443]可以知道他們和內地居民一樣，也被政府視為統治對象。

如上所述，包含羈縻州的邊州就像現在的自治州一樣，不被視為正州，「開元二十八年，戶部計帳，凡郡府三百二十有八，縣千五百七十有三，羈縻州郡，不在此數」就是例證；[444]此外，李吉甫在憲宗年間完成的《元和郡縣圖志》被認為是以太宗貞觀十三年（六三九年）規劃的十道為根本，此書又因為是以在當時以戶、賦、兵籍為主所做的《元和國計簿》為基礎，因此並未將羈縻州放入其所描寫的對象之中。

羈縻州被形容成「皇帝聲教所被地區八百」；[445]所謂的「聲教」，指的是像漢時一樣使用話語，使皇帝的恩澤到達地方；羈縻州作為唐太宗開疆拓土以後的成果，將其所獲得的地區領土化，不只是獲得了不毛之地，且跟秦漢時無法守住領土的情形不同，所以才會出現狄仁傑的主張。[446] 總之，因為這種大唐帝國「拓土—統治」的結果，就出現了「聲教所及，惟唐為大」的評價。[447]

在唐代，羈縻府、州的設置是從太宗貞觀二十年（六四六年）開始。當時有許多回紇的部落歸附大唐帝國，最初設置了六個（都督）府及七個州，例如回紇以瀚海府、拔野古（拔也古）以幽陵府，以及比他們還要小的集團如渾以皋蘭府等，後來才又漸漸地設置其他羈縻府、州。在府設都督、在州設刺史，府、州內全部都任命長史、司馬以下的官吏，託付他們統治的責任；[448] 都督和刺史是由遊牧民族的族長擔任，長史、司馬以下的屬官也是以當地遊牧民族中的有權者來擔任。如果看當時的記錄，羈縻州下的異族稱唐的皇帝為「可汗」，[449] 他們則說了自己要設置漢官（唐官）來統治。[450] 針對這樣的事情，太宗相當地感激，並以「五言詩」將這份感激記錄下來。[451]

從貞觀二十一年（六四七年）在鄂爾多斯西北豐州地區設置燕然都護府開始，唐朝便持續設置都護府，作為統轄羈縻州、府的機關；他們以唐人擔任都護府的最高負責人，並將進入戈壁沙漠的鸊鵜泉以北的六十八個驛站連結成「參天至尊道」（參天可汗道），也就是開通了參謁天可汗的道路。各驛站中也準備了馬、糧食以便利往來者，這樣讓燕然都護府每年在監督來自北方的部族、保護攜帶包含貂皮等貴重貢物的朝貢者們，以及各種信件的運送上都能更加完善。[452]

就這樣，「羈縻」被編入中國王朝的地方官制裡，是種一邊維持異族固有風俗，一邊進行統治的形式。雖然比起直轄化（內地化），羈縻制在統治力度上較弱，且在給予異族君長官爵、使其被編入中國王朝官爵制的同時亦承認其獨立性，但比起「冊封」這種背負朝貢義務的臣屬關係，又顯得更嚴格且實際。唐代羈縻府、州配置官員的方法與內地相似，都督、刺史、縣令等成為各級軍政的首腦，但不同的是長官全部由各族的首領擔任，且其職位「皆得世襲」。[453]無論如何，編為羈縻府、州的情況，就是根據唐朝的「國法」來規範部落首長統治其部眾，這可在突厥突利被任命為順州都督的例子中看到。[454]當然，設置在邊境的羈縻府、州與京師相隔甚遠，其統治極為困難，只能保持形式上的狀態。因此，一般在劃分和設置制度時，就只能根據各個地區的狀況來決定。[455]總而言之，唐代的羈縻府、州根據遠近及地區狀況而有不同的落差，但基本上還是被認定為唐朝皇帝直接統治的對象或地區。

◎唐代的羈縻州統治

那麼，羈縻政策下的部族是如何被運用的呢？大唐皇帝作為統治遊牧世界的「可汗」、「天可汗」，既是宗主也是軍事同盟的盟主。自太宗貞觀四年（六三〇年）起至高宗顯慶二年（六五七年）平定西突厥為止，唐朝與獻上天可汗尊號的君長們，在天可汗關係下形成一種為避免突厥東山再起而結合的軍事聯盟；高宗龍朔元年（六六一年）以後，則是在西域十六國及昭武九姓的許多國家內設置都護府、州，一起共同應對大食和吐蕃的侵略。

此外，唐朝也會發起遠征，例如在西突厥阿史那賀魯和高句麗侵略時動員鐵勒諸部

（主要為九姓鐵勒）。[456]後來鐵勒諸部在對唐的不滿升到最高點時舉起了反叛的旗幟，於是唐朝在六六二年時，讓鄭仁泰等人率領一支由一萬四千騎所組成的軍隊，越過關口進攻鐵勒諸部。雖然一度面臨苦戰，但在蕃長契苾何力勇敢的戰鬥下，最後帶領軍隊迎向勝利，唐軍也第一次在蒙古地區的鐵勒諸部面前炫耀了兵威。[457]在這場戰鬥中最活躍的正是蕃長及蕃兵們；此外，玄宗天寶十一年（七五二年），活躍在高仙芝所指揮的怛羅斯（Talas）之役中的也是蕃長與蕃兵。在大唐帝國的皇帝獲得「天可汗」這個稱號的百餘年間，[458]如同「……奉天可汗，願同唐人受調發，佐天子征討」的記錄一樣，[459]參與征伐軍是他們最重要的義務，大唐帝國的軍事能力能夠如此強大，就是因為駕馭了異族的緣故。

六八三年，單于都護府因調露元年（六七九年）以漠南為中心再次掀起獨立運動的突厥而陷落，六八六年被廢止；永淳元年（六八二年），復興突厥的阿史那骨咄祿稱可汗，兩年後的六八四年，豐州陷落。突厥及鐵勒諸部於六四七年開始，在唐都護府體制下度過的時間不到四十年；根據突厥碑文的記載，突厥本身是用「屈辱」來形容這段時期。

那麼羈縻府、州的民眾，在和唐朝一般百姓的待遇上又有什麼樣的差別呢？北朝以來內遷的外國人們，大部分都是生活在獨立的村落裡，特別是粟特人的聚落多半集中在敦煌一帶；但是在唐代，粟特人的聚落一定會被編入地方州縣，舉例來說，敦煌的粟特人，其籍貫就屬於沙州敦煌縣下的從化鄉。粟特人被分類為唐朝的「百姓」，被記載進戶籍文書中並且加以掌控，這就是已經成為中國王朝正當百姓的意思。像這樣將粟特人等周邊民族編入羈縻府、州，並使其接受統治時，就會以大唐帝國的百姓為準，發給過所及其他相同的文書，也就是在行政程序上，完全以「百姓」的身分來加以統治；[460]因此，跟漢代比起來，唐代的羈縻府、州民是完全不同的。

眾所周知，唐代也像漢代一樣設有稱作「都護」的官職，然而即使用相同的用語，其機能或角色也不盡相同。都護最早出現在西漢宣帝時期（西元前六八年），元帝時期一度將名稱換成「戊己校尉」；[461]「都」是「總」的意思，「護」則是「保護」或「監護」之意，也含有「鎮撫」的意義。[462]所謂的「都護」，是漢代統轄通往西域南道及北道時出現的詞語，[463]換句話說，漢代都護最基本也最主要的任務就是確保道路的安全。透過張騫在西域的活動，從而擁有對西域知識的情況下，因為匈奴日逐王歸順漢朝，在當時只需要保護南道的漢朝第一次任命鄭吉為西域都護，負責了「同時保護北道」的任務。[464]

因匈奴日逐王降漢而設立的西域都護府，主要的任務是都護西域南、北道，同時針對西域地區「鎮撫諸國」、「督察諸國」，「有變以聞，可安輯，安輯之；可擊，擊之。」[465]這和之前匈奴設置僮僕都尉，命令官員使喚被統治的部族，實行「賦稅諸國，取富給焉」的統治方式並不相同，[466]即雖然征服了外夷，但也不是像唐代一樣給予自治，只是交代了查看動靜的任務。

都護這個名稱存在了很久，漢代以後直至明代都還有這個名稱，東漢時除了西域都護外，還有鮮卑大都護、都護將軍、漢安都護、尚書都護等；三國時代也是在各政權下有都護將軍、左都護、右都護、中都護等；兩晉時代有都護大將軍、征討都護等；五胡十六國時期有西域都護、西域大都護、赤水都護、易北都護等；南朝宋、齊有西江都護、兩江都護等；五代時期都護府也持續存在，宋朝有隴右都護；元代有北庭都護府；明朝也有金吾侍衛親軍都護府等。[467]從歷代王朝都設有「都護」或「都護府」這類名稱的官職，可以看出各王朝其實都有相似的部分，但不能因此就將其看作是具有相同職責的官署。

如果我們查看唐代都護的職場記錄，便可以發現其中有著「掌所統諸蕃，慰撫、征討、斥候、安輯蕃人及諸賞罰，敘錄勳功，總判府事」的敘述；[468]都護是都護府中的最高軍政長官，「掌撫慰諸蕃，輯寧外寇」。[469]都護府也有大都護府及上都護府之類的等級差異，大都護府中配置有中二品的「大都護」至正八品下的官員，上都護府中則配有正三品的都護至中八品的參軍使。[470]

此外，雖然羈縻州大部分的貢賦與版籍不用向中央政府的戶部報告，但只有皇帝聲教所及之處是由邊州的都督或都護來統治，這在令與式之中有所記錄。[471]唐以前的中國王朝雖然也採用冊封周邊民族首領的方法，但他們並不被視為王朝的「地方官」；然而唐代設立的羈縻府、州，隨著其首領成為中央的「命官」，底下的百姓同樣也變成皇帝的「臣民」，因此羈縻府、州的居民們可說是正式成為了大唐帝國的一分子。

簡單地說，唐代的羈縻府、州民與漢代的羈縻州不同，不用說正州，就連邊州也不算是境外，而是被視為境內統治的對象來掌控戶口；相較之下，漢代雖然對境內的異族徹底執行郡縣制度，但境外異族的羈縻地區，既不是被統治的人民，也不是被掌控的對象。

◎唐代羈縻政策的源頭

筆者在唐代羈縻府、州的統治形式中，看到了胡漢合作的樣貌。在唐代的羈縻府、州，配置官員的方法與內地相似，都督、刺史、縣令等成為各級軍政的首腦，不同的地方在於他們的長官全是由各族的首領擔任，他們的職位是「皆得世襲」。這樣的形式在太宗貞觀二十年回紇諸部歸附時設置六府七州，所謂「府置都督、州置刺史」時就已經開始了。[472]絕大多數的羈縻府、州，上自長官、下至僚佐，全部的職責都是由本族人擔任，這樣的形式又可以稱作「本官自治制」，[473]但具有「監領」任務的長史，[474]仍是由唐朝中央政府派遣漢人來擔任，因此漢官和少數民族首領共同統治的情形，又可稱為「華官參治制」。[475]事實上，將這樣的形式稱為「胡漢參治制」或是「胡華參治制」或許更為貼切。

允許世襲參治之類的形式，反映出在現實情況下，要對這些地區施行徹底的統治，基本上是不太可能的事；但也可以說，這是立足於「全其部落，順其土俗」的原則，也就是原封不動地維持其原本的社會組織，即「不變其俗」的意思。雖然這些地區照舊維持著原本的生產方式和風俗習慣，也繼續使用他們的最高統治者稱號「可汗」，但當都督或刺史死亡或因意外而無法工作時，「必詔冊立其後嗣」，[476]因此無法說是完全獨立的國家；但唐朝對他們的規範，只不過是規定保有軍隊數量的上限，所以也可說是半獨立國家。不過，在這種許可下的自治對在唐的外國人來說，在法律適用層面上和採用屬人主義及屬地主義原則是相同的道理，因此，可以說是大唐帝國開放及包容政策的一環。

總而言之，唐代羈縻府、州的設立，與現代通過「徙民實邊」的政策進而達到「擴張領土」，有實質意義上的不同，[477]也跟歷代統治者們將少數民族遷移到內地進行「分而治之」的方法不同。另一方面，唐朝這種統治異族的方法，大致上被宋、明、清三代延續了下來，與明、清交替時期進行的「改土歸流」政策有關，也與中華人民共和國的「自治州」政策相關。換句話說，就像為了今日在中國邊境的少數民族，而在建省之前先設立所謂自治區一樣，主要成員由異族組成的羈縻州，也可以說是在成為「正州」之前的「過渡階段」；就這一點來說，當時的羈縻府、州，就是唐代版的「自治州」了。

像唐代這樣，透過羈縻府、州大規模擴張異族自治區域的情況，在從前是絕無僅有的。「前王不辟之土，悉請衣冠，前史不載之鄉，并為州縣」，[478]太宗的遺詔中，標榜著與大唐帝國以前截然不同、包容胡漢的領土意識。雖然這種羈縻府、州大部分是唐朝征服戰爭的成果，不過也有一部分是邊境民族自願前來投效而獲得的；舉例來說，在天寶初期，西域昭武九姓之一的曹國國王就曾上表自陳「將奴國土，同為唐國小州，為國征討」；[479]從曹國「至荒區君長，待唐璽纛乃能國」的程度，[480]可見唐朝的威嚴是如何影響到各地區。當然，這些敘述一般都是從唐朝的視角出發，因此無法說是全然客觀，但從中還是可窺一斑，得知這樣的事情並非空穴來風，而是真實存在過。

這種唐朝的領土意識帶給後世的影響並不小，以所謂的《中華民族多元一體格局論》為根據的話，今天中國領土內的所有民族，在過去基本上也都是中華民族；[481]中國歷史上發生的無數民族矛盾、民族戰爭等，都是多民族形成過程中不可避免的國內民族問題，不可將其脫離中國的歷史範圍。[482]此外，歷史上曾在今日的中國領土內居住過的許多民族，因為是中華民族的一部分，因此可以主張「現在」的中國領土，在「過去」也是中國的領土。[483]說得更清楚一點，今日在「中華人民共和國」的旗幟下所聚集的各民族，他們的祖先全部都是「中國人」，他們形成的歷史就是「中國史」。現在中國的疆域範圍即使在過去也是中國的，也就是說，可以看成是「中華人民共和國＝歷史上的中國」。當然，儘管我們絕對無法同意中國人這樣的論調，但有必要去考察他們提出這種主張的歷史背景，因為這在唐代領土的統治方式上占有一席之地。

另一方面，唐代的羈縻統治，也明顯地屬於「遊牧式」的統治方式，若是從西突厥統葉護可汗的統治方式來看的話就很明顯。《舊唐書》〈突厥傳〉中寫道：

> 統葉護可汗，勇而有謀，善攻戰。遂北并鐵勒，西拒波斯，南接罽賓，悉歸之，控弦數十萬，霸有西域，據舊烏孫之地。又移庭於石國（Tashikent）北之千泉。其西域諸國王悉授頡利發（給予間接統治下的國家內地中民族首長的稱號），并遣吐屯一人監統之，督其征賦（徵稅）。西戎（西突厥）之盛，未之有也。[484]

統葉護可汗就是三藏法師玄奘在為了求法而前往印度的途中，拿著高昌國王麴文泰的介紹信，於西元六二八年至位在西部天山北麓的碎葉拜見的西突厥可汗；他保障了玄奘法師日後旅途上的安全。統葉護任命在他支配下的西域首長為「頡利發」，並實施間接統治；頡利發是突厥高官中的一種，屬於「屈律啜—阿波—頡利發（俟利發）—吐屯—俟斤」這個統領官階的其中一種。[485]之後的回紇可汗不只在九姓鐵勒等部中全都置入了都督，藉此管理各部事務，也在西域諸國設置了相當多的官職，派遣監使督責貢賦並監察政事。因此，與其說唐的羈縻統治政策是起源於漢代異族政策中的羈縻政策，倒不如說是近似於遊牧民族對於附屬於他們的周邊民族所採取的統御方法。

至於唐的藩鎮，也有必要稍作說明，因為有一部分的藩鎮也和羈縻州一樣，和中央政府維持著上下的關係。如上所述，羈縻州不向中央政府的戶部報告其賦稅與版籍，那麼藩鎮，若是以和中央朝廷處於獨立乃至半獨立狀況、與河北三鎮一樣的「反側之地」的情況來看，就可以發現許多與羈縻州相似的特徵。

例如田承嗣培養了十萬兵力，為了自衛，不只設置了獨立的「衙兵」，又私自任命旗下郡邑的管理者，「完全不向中央政府繳納賦稅」；雖然被稱為藩臣，實際上卻沒有盡到臣下應有的義務。[486]就某種層面來說，比起羈縻州，他們確實保有更強的獨立性。和田承嗣的藩鎮一樣，雖然地方勢力的出現是中國史上發生分裂局面時經常可看到的一種型態，但安史之亂後的一百四十年間，即使出現這樣的局面，仍舊沒有學者可以完全否定大唐帝國在名義上的統一。[487]藩鎮雖也稱為「方鎮」，但這是魏晉南北朝以後通稱地方最高行政單位長官的用語。[488]此外，藩鎮也具有作為王室藩屏的意義。藩鎮的起源，是唐朝為了統御異族，而在沿邊設置了六個都護府（安西、北庭、燕然、單于、安東、安南）；睿宗以後，因為東、北、西三個方向的防禦過於吃緊，所以又新設立了八個節度使（關內朔方、河東、河北、河西、隴右、劍南、嶺南）。[489]因為都是出於中央對國防方面的期待，所以都護府和藩鎮兩者之間的關係，可以看成有眾多相似之處。

以上就是筆者在魏晉南北朝至隋唐時期，尋找中華人民共和國地方行政區域由來的結果。事實上，將異族另外分開、設定為地方的一個單位，最早是從南朝時代的左郡、左縣制度開始的，這是容許蠻族自治的制度。唐代的羈縻州繼承此制度所具有的傾向和意圖，明、清時代則是土司制（所謂土司，是明朝將一定地區種族集團的首領任命為地方官的制度），清代時則為藩部，在現在的中國又以自治區的形式延續。此外，學界雖認為今日省的起源是來自於元代的行省，但我們還是可以清楚看到北朝的「行臺」轉變為唐代的「道」（「貞觀十道」或是「開元十五道」），再演進到宋代的「路」、元代的「行省」，乃至中華人民共和國的「省」這樣的發展過程。

我們無法摒除異族，單獨說明中國的歷史發展過程；中國人在如何處理異族、作為非單純支配與共存的對象、將其視為本國人的認知問題、以及針對這點所採取的統治方式差異等，依據各王朝的不同而有相當大的落差。然而，至少在遊牧民族進入中原後，他們在歷史發展過程中所扮演的角色，明顯與前代有所不同。

當然，由中國首創並傳向異族地區的制度也不算少數。包含特定制度在內的文化帶給其他地區的影響，並不一定只局限於文化優越性或是國家之間的關係問題而已；舉例來說，「都督」這個制度就是如此。所謂唐代都護府體制的經營，其實就是突厥強調自身痛悔的時期（自六三〇年開始的五十年間），這在「突厥碑文」中可以清楚地看到。[490]突厥語、回紇語中稱為「totoq」、「cigsi」、「cangsi」之類的高官稱號，很明顯地就是與漢語的「都督、刺史、長史」的中古音對應的關係，因此外來語進入突厥語是這時代所發生、不容置疑的事實；從語言上來看，唐帝國的律令在異族統治上也留下了明顯的痕跡。[491]從太宗和高宗時期的對外關係面來看，屬於大唐帝國的鼎盛期；而在對內方面，這個時期又與確立並實施了將人民分類為良（民）和賤（民）、稱為良賤制的身分制，並以均田制、租庸調制以及府兵制等國家直接統治百姓的體制作為基礎，進而經營的唐代中央集權律令體制完成的時期重疊在一起。

關於大唐帝國的包容政策究竟是「一成不變」的政策？還是「逼不得已之下妥協」的產物？顯然有必要對此加以仔細衡量，但筆者認為應該不會是後者，因為這是具有強烈遊牧民族色彩的唐朝統治者自己選擇的帝國統治方針、政策以及體制。

此外，「帝國」是能在領土內提供包容居民多樣性及異質性的空間，帝國的中心傾向於只干涉周邊勢力的外交，而不直接干涉其內政；就這個層面來說，現在的中國確實不具有統合異質性民族集團的原則，也就是並非是「政治性單位」與「民族性單位」一致的西歐型「民族國家」。大唐帝國以後的中國超越民族性統一的歷史發展，與羅馬帝國以後出現的「分裂的歐洲」發展，兩者完全不同。在中國，帝國性系統持續運轉所產生的結果，讓今日的中國成為「內化的帝國」[492]，或者是「帝國性民族國家」[493]。

唐太宗李世民，唐朝第二任皇帝，六三〇年消滅東突厥後，唐太宗被四夷君長齊稱為「天可汗」。從唐太宗開始，多位唐朝皇帝擁有「皇帝－天可汗」的稱號。皇帝，是南方農耕民（漢人）對於天子的尊稱；可汗，則是北方遊牧民（胡人）對於君主的尊稱，由此看來，被稱作「皇帝－天可汗」的唐朝君主，其統治的大唐帝國毫無疑問是一個胡漢統合帝國——君主既是農耕民的皇帝，也是遊牧民的可汗。

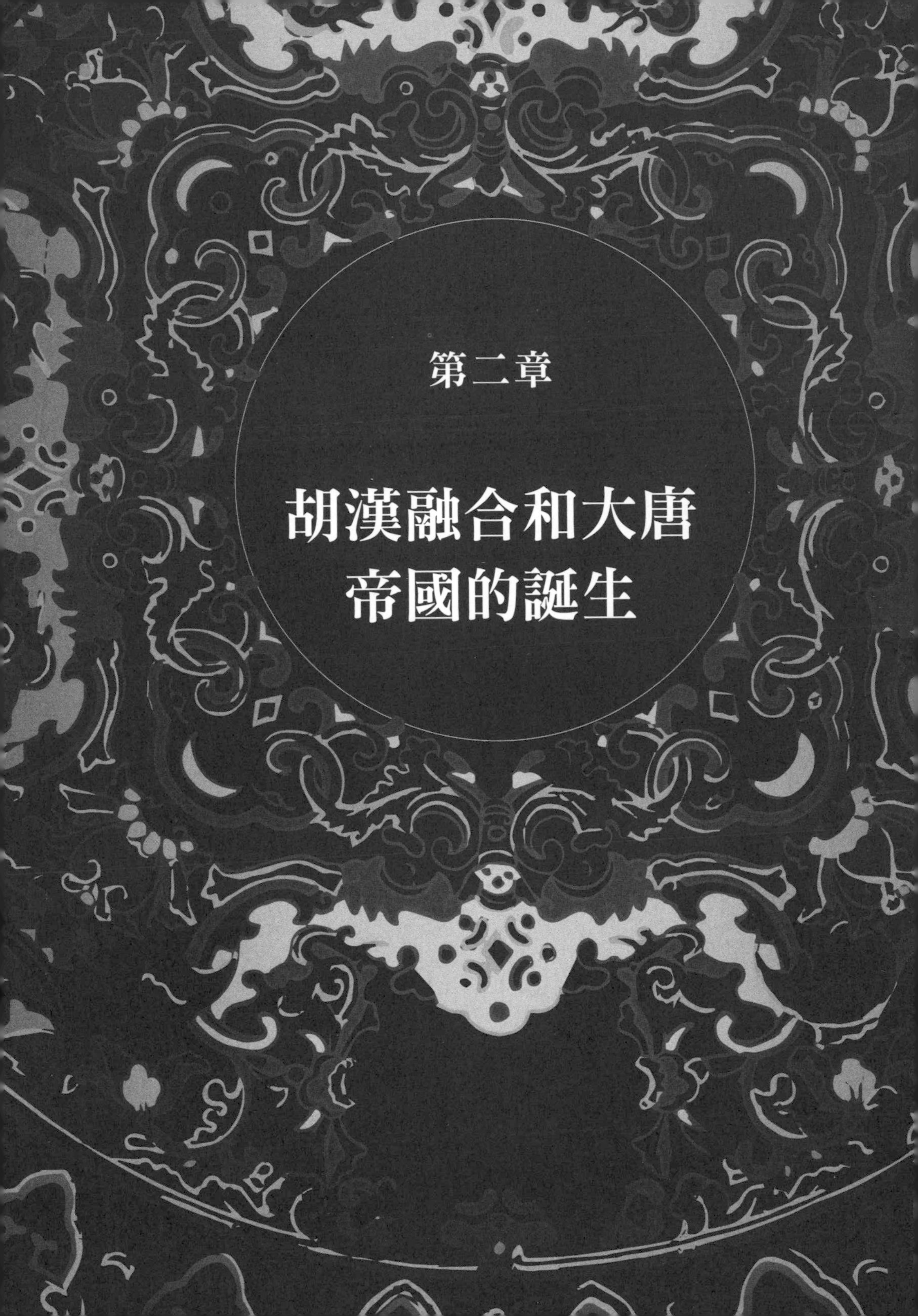

第二章

胡漢融合和大唐帝國的誕生

大唐帝國的出現過程

帝國的誕生、存續和滅亡的關鍵

唐朝的國家運作機制，跟中國其他的王朝相比更具有「帝國性」。唐朝為來自世界各地的民族提供了一個自由活動的環境，經由「開放↓矛盾↓折衷↓共享」的過程，不僅為這個社會帶來革新，其帝國性也對打造出地大物博的中華人民共和國具有相當大的貢獻。

本章提到的內容，主要包含以下幾點：第一，大唐帝國是因為怎樣的人、經由怎樣的方式誕生和成長，特別是它將多元族群團結在一起的方法和因素，究竟是什麼？其次，大唐帝國的誕生，又帶給中國史什麼樣的意義？一個帝國的誕生、成長、茁壯到衰亡，有很多要素同時在起作用；大唐帝國和中國的其他帝國不同，是經歷了獨特的過程而成為帝國，但如此強大的大唐帝國，又是因為什麼原因而衰亡，這個問題是個不亞於分析羅馬帝國衰亡的有趣課題。

若是用一句話來總結大唐帝國，那就是胡漢民族融合（統合）的結果，其帝國所呈現的特徵，則是將遊牧和農耕這兩個異質世界合而為一。在大唐帝國誕生、存續到衰亡的過程中，出現的要素為何？關於這個問題，首先就要從最近學界針對「帝國」的研究傾向開始著手。

幾年前，有三本著作在美國出版後受到廣大關注，隨後也在韓國被翻譯成韓文版，這三本書分別是彼得・圖爾欽（Peter Turchin）的《帝國的誕生》（*War and Peace and War*）、蔡美兒（Amy Chua）的《帝國的未來》（*Day of Empire*）以及戴倫・艾塞默魯（Daren Acemoglu）、詹姆斯・羅賓森（James Robinson）共同著作的《國家為什麼會失敗》（*Why Nations Fail*）。[1]

首先，彼得・圖爾欽提出「國土遼闊且具有複雜權力結構的多民族國家」，其帝國胎動和發展「並非出於民族性或是軍事能力的內在因素，而是在通商民族的『集團間關係』中所形成」；也就是說，「在異質性強的集團間經常發生摩擦的邊疆地區，正是帝國的種子發芽、生根並且成長的地方」。

圖爾欽的「帝國胎動和發展」是以羅馬帝國為模板，並高舉其精神「阿下比亞」（Asabiyya，集體團結、團結意識）[2]。屬於地中海文明的羅馬，是在和凱爾特族（被視為「野蠻人」）社會切割的斷層中發源而成的[3]；而成長為強大帝國原動力的「阿下比亞」，乃是集團行動的社會資本，也就是所謂「團結的力量」。

「阿下比亞」較高的集團，會在邊境地區形成超越民族性的共同體，因為這樣的地方需要對抗外來的威脅，並思考必須從外部獲得什麼樣的資源才得以生存下去；在這種情況下，擁有解決這些問題能力的領導者將其底下各式各樣的人們聚集、統合起來，這種強大的力量，就是所謂的「阿下比亞」。

既然如此，那帝國又是怎麼沒落的呢？彼得・圖爾欽提出了以下的說明：若我們將帝國誕生的時期稱為「（集團成員間）統合的時代」，那麼沒落的時期就是「分裂的時代」。如果社會的富裕不斷增加，菁英階級就會更加追求財富，同時也更加腐敗；不只如此，下層階級也會努力累積財富來改善社會地位，從而導致社會金字塔上層的財富愈來愈沉重，最終因為腐敗和嚴重的分配不均而使得階級間的矛盾加劇，社會信賴也隨之崩塌，因此導致「阿下比亞」消失。「阿下比亞」消失的同時，危機也會隨之擴大，而當集團成員間的信賴瓦解時，就是國家沒落的開端。

如果彼得．圖爾欽的《帝國的誕生》其重點是提出「阿下比亞」，那麼蔡美兒的《帝國的未來》就是用具體的事例來說明帝國的持續和消亡。自古代波斯阿契美尼德王朝到現代的美國為止，若是仔細洞察這兩千五百年的「帝國的歷史」，答案馬上就出現了；[4]也就是在以古代軍人的時代作為起點，經歷了中世紀的商人時代，最後達到現代科學時代的東、西方歷代帝國之中，若是觀察較為成功的帝國，可以發現它們和同時期的其他國家相比，都更加具備「多元主義」且更有「包容性」；換句話說，帝國的誕生、維持、成長和保障，關鍵就在於「寬容」（Tolerance）。這裡所謂的寬容，是指透過「相對性的寬容」，使帝國的統治者、支配者能超脫人種、宗教、民族及語言的差異，在政治及文化上給予被支配者較為平等的待遇。一言以蔽之，寬容就是克服種族歧視及宗教迫害所造成的困難。當帝國走向衰退，大多是伴隨著對族群與宗教的不寬容而來。

舉例來說，中世紀的荷蘭雖然只是歐洲的一個小國，卻因為對於不同族群和宗教展現高度的包容力，所以吸引許多擁有技術及資本的人聚集於此，進而能夠朝歐洲最強的富國之路邁進。在一四九二到一七一五年間，殘忍的宗教迫害曾橫行全歐，但荷蘭反而包容這些具有技術和資本的移民，從而建立一個強大的資本主義國家。

反之，羅馬帝國開始衰落的起點正是採用了基督教為國教，從而進入致命的「宗教不寬容」時代。這樣的宗教不寬容，摧毀了帝國成功統一不同民族的同化戰略。另外，大英帝國誕生的過程也是如此，當法國的路易十四（Louis XIV）開始對國內的新教徒進行殘忍的宗教迫害時，他撤回了認可宗教自由的《南特詔令》（Édit de Nantes）[5]，新教的神職人員遭受絞刑，教會被破壞，其財產也被沒收；同時，成千上萬的胡格諾（Huguenot）教徒也遭受入監、嚴刑拷打及處刑，當時許多尋求宗教自由的人便投奔英國。大英帝國的誕生以對於宗教、族群的寬容為開端，到了十九世紀，英國已具有啟蒙主義的寬容政策，並以萬民平等的思想為基礎，賦予不同的族群和英國人近乎同樣的權利，最終造就了輝煌的日不落帝國。

蔡美兒認為，所有的超強大國都是因為擁有寬容的特質，才能掌握霸權；而帝國的衰退都是從不寬容、對外國人感到厭惡，以及追求與強調族群、宗教的「純粹性」開始的。

第三本書《國家為什麼會失敗》雖然不是直接描寫帝國的出現和滅亡過程，但描寫國家本身興亡成衰的部分相當有趣，結論也十分簡要。與認為氣候、地理位置、文化對國家的貧富差距至關重要的既有學說不同，本書認為「包容性」（inclusive）政治、經濟制度的有無，是對國家的興亡成衰具有決定性影響的關鍵。

這裡所提到的「包容性制度」，指的是對私有財產的保障、法律公正無私地被施行、保障合約簽訂及交換的自由。如果以此為後盾來進行施政，社會上整體的權力便會被均勻分配，同時也會限制權力遭到濫用，並達到一定水準以上的中央集權化。也就是說，對一切都能擁進懷裡的包容性政治和經濟制度，會帶來發展和繁榮，而只為了支配階層掠奪和剝削型的制度，則會產生停滯和貧困。因此，不是只給少數菁英機會，而是賦予任何人都能展現其能力的包容性制度，才是國家成功的前提條件。反之，國家失敗的種子，正是由具有扼殺這些因素的掠奪性制度所種下，例如同樣曾是殖民地的南美洲和北美洲，今日的經濟差距會如此天差地遠，就是在制度上有所不同。

具有豐富金、銀礦和勞動力的南美洲，在西班牙王室過度的掠奪中受盡苦頭；反觀北美洲，則是因為可供剝削的資源和勞動力都不足，所以當時的英國殖民者選擇用獎勵工資的方式，出售土地給移民開拓；北美洲的成功是因為其在決定性階段開啟了包容移民之路。《國家為什麼會失敗》也談到了美國和墨西哥、比較了朝鮮與韓國，並且主張答案必須從制度的優劣中尋找。[6]

總結上述三本書，就是透過成員的「集團性團結」，在「統合」中尋找世界帝國得以出現的中心思想；為了實現這樣的團結，其成員必須要有（一）對外部威脅的防禦和保護，並以「從外部創造出利益」的目標為前提；（二）為了與被統合的集團達到永續性的團結和成長，需要實施「寬容」政策，而且必須提供成員共存的空間。

再添加兩個相關的論點，首先是西歐近代創造出的「普遍合理性」。依據馬克斯・韋伯（Max Weber）[7]的理論，孕育出西歐資本主義的背景，不單單只是因為西歐近代科學的卓越發展、法學的系統化、相較其他文化圈的多元性及具差異性的混合文化、專門且科學性的高等教育機關的出現而已；它不是單單依附於某個特定領域，而是立基於西歐文明的「合理性」上。也就是說，資本主義的種子，在名為「西歐近代合理主義」的土地上開始發芽，而這種萌芽的資本主義在與「新教倫理」的土壤相遇後，便開始開花結果。例如新教之一的喀爾文宗，便認為因為人們的職業是神的旨意，所以無法不努力工作，追求富裕並儲蓄被視為神的祝福，即正直的利潤機會是神的禮物，同時也相信白手起家正是神的祝福。

今日的世界帝國——美國，其誕生、成長以及衰亡的原因也是如此。這一帝國出現、成長的背景，是以「自由」（Freedom）、「和平」（Peace）、「正義」（Justice）這三項要素作為美國的精神（The Spirit of America）。將由多元民族組成的美國人團結成一體的美國精神，就是發揮了「阿下比亞」；星條旗背後隱含了許多炙熱的眼淚，而馬克斯・韋伯所謂的「合理性」，不也是現在所流行的「正義」？另一方面，在最近逐漸呈現衰亡徵兆的美國背後，由於種族歧視的加劇，導致喪失「熔爐」精神的可能。帝國的世界主義（Cosmopolitanism）指的是無關膚色或理念，所有人若是為了和平與繁榮，都應該要齊心協力的概念。但最近在美國發生了白人警官殺害非武裝黑人的事件，而聯邦大陪審團竟對此事做出不起訴處分；此舉顯露出刑事制度的缺陷，如同前國務卿希拉蕊・柯林頓所指出，是一種失衡（out of balance）。法律若不公正，是無法引領成員們合力前進的。

由以上的觀察可以得知，帝國的誕生、持續以及滅亡，取決於成員的團結，而促成團結的關鍵，可以簡單歸納為（一）對外部威脅的防禦和保護；（二）從外部創造出利益；（三）相對的寬容；（四）普遍的合理性等四個部分。這些因素，正好也是大唐帝國的誕生、持續以及滅亡的關鍵。

民族遷徙和胡（遊牧民族）、漢（農耕民族）的相遇與融合

◎「民族大遷徙」和遊牧民族進入中原

當我們在世界史提到「民族大遷徙」（Völkerwanderung）時，一般來說都是指四到六世紀在歐洲發生的日耳曼民族遷徙。[8]這段顛覆東、西方歷史的民族遷徙史，與在中國西北方活動的匈奴有高度的關係。雖然無法完全將匈族（Huns）和匈奴等同看待，但兩者之間也不是毫無關聯；[9]匈奴的南北分裂是從他們激烈的繼承紛爭中開始的，其中一派的西進對西洋史來說有著相當重要的影響。

四世紀末受到匈族西進刺激的幾個日耳曼部族，開始大規模地移入羅馬帝國境內；從西羅馬帝國滅亡（四七六年）一直到六世紀末為止，他們在帝國各地定居，同時又建立許多部族王國，在這兩百多年間，歐洲世界因為他們而動盪。簡單來說，西元三七五年在巴蘭比爾（Balamir）的指揮下，匈族向西邊遷徙，結果壓迫到了東哥德王國（The Ostrogothic Kingdom），這樣的餘波在三七六年時，又讓住在黑海沿岸的西哥德族（Visigoths）向多瑙河北岸移動[10]；此餘波又連帶影響到在北歐狩獵、畜牧的日耳曼人，他們自三百年左右起就已經開始進入羅馬帝國的境內，主要擔任羅馬帝國的傭兵。同時，日耳曼人對疏忽國境守衛的羅馬帝國也展開集團性的入侵；自從壓制西哥德族叛亂的羅

馬皇帝瓦倫斯（Valens）於三七八年戰死之後，西歐便走上了與東亞不同的分裂時代。

首先，西元三九五年西哥德族穿越希臘、義大利後，在法國和西班牙北邊落腳；接著，東哥德族定居在義大利，而法蘭克族則占據了萊茵河中下游；盎格魯薩克遜人向不列顛移動並建立國家，「西歐」因此而成形。西羅馬的滅亡，宣告了古代西方的結束，羅馬帝國的後裔則往東進，在君士坦丁堡建立了東羅馬帝國。西羅馬帝國滅亡後，法蘭克王國加洛林王朝的查理曼（Charlemagne）成為統一西歐的新統治者。上述便是民族大遷徙帶給西方的影響及結果。*

在中國西北方活動的匈奴族，因為蒙古高原寒化[11]、旱災、蝗害、臣屬的烏桓族起義以及隨之而來的繼承紛爭等問題，最終在西元四八年分裂成南匈奴和北匈奴。同年，日逐王降服於東漢之後，雖仍以南單于自稱[12]，但在西元五〇年時，南匈奴部族被歸入東漢的使匈奴中郎將的掌控之下，從此他們便擔任屏障東漢的角色，和北匈奴同胞持續爭鬥。在戰鬥過程中，南匈奴接連取得勝利，從而讓北匈奴部族成群地向南匈奴投降。

繼承遊牧國家傳統的北匈奴，一面和東漢戰鬥與維持通商關係，同時也與東漢在西域經營上展開競爭；特別是在這過程中，東漢在班超作為西域都護的三十一年間，不只從匈奴手中守住西域，也打造了支配西域的黃金期。就在班超對經營西域投注精力的期

*編注：另一個觀點是，西元二八六年羅馬皇帝戴克里先建立「四帝共治制」，將羅馬帝國分為東、西兩個部分；三三〇年，皇帝君士坦丁在古希臘城市拜占庭建立新都「君士坦丁堡」，被視為東羅馬帝國的開端。由此可見，早在西羅馬帝國滅亡（四七六年）之前，東羅馬帝國就已經存在了。

間，蒙古高原上也產生了變化。西元八七年，東方的鮮卑族對北匈奴發動攻擊，殺了優留單于，北匈奴滅亡只是遲早之事。[13]九一年，在東漢和南匈奴的聯軍攻擊下，北單于軍在金微山被擊破，閼氏及名王等五千人被斬首。[14]乘隙而入的鮮卑更從東方進入北匈奴的故地，將當地留下來的十餘萬人納入旗下，並統治蒙古高原。[15]結果，北單于放棄了蒙古高原的草地，改至烏孫的土地伊犁地區定居；被鮮卑奪走蒙古高原的北匈奴能夠活下去的唯一生路，除了統一西域的幾個國家，特別是烏孫等周邊的幾個部族，並在這個區域中確立自己的領導權外，別無他法。然而，在一五一年，當時作為北匈奴核心人物而存在的呼衍王已消失無蹤了。[16]一五八年，在鮮卑英雄檀石槐的壓迫之下，北匈奴開始向西方遷徙，當時北匈奴的勢力似乎達到吉爾吉斯草原至錫爾河北岸的土地，也就是說，往西方移動的北匈奴利用了從前的威勢，確立了在該區域的領導權，但他們也從此在中國的史料中消失。[17]（圖12）

一七五〇年代法國的德金（Joseph de Guignes）提出了關於北匈奴後續動態的看法；他將北匈奴與四到五世紀席捲了東歐、對於西羅馬帝國滅亡有著巨大影響的匈族相結合，此後兩百餘年間，關於匈奴與匈是否為同族，便在東、西方眾多學者之間，圍繞著考古學、語言學等學科，產生了形形色色的討論。當然，雖然我們至今仍缺少足以斷言匈奴和匈是同族的決定性證據，但若考慮最近從鄂爾多斯（Ordos）地區大量出土的匈奴式銅鍑（祭祀、禮儀用的祭器），廣泛地分布在橫跨中歐和東南歐的潘諾尼亞平原上的話，[18]兩者確實有相當充分的可能性為同族。

如前所述，雖然在史學界，針對匈奴的西進及其影響已進行了許多討論，但卻常

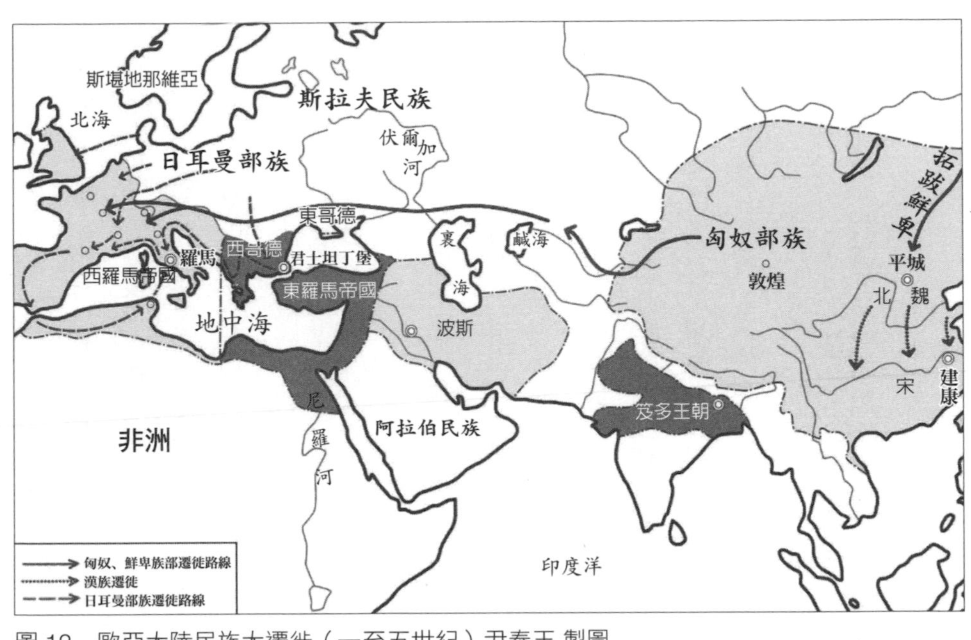

圖 12　歐亞大陸民族大遷徙（一至五世紀）尹泰玉 製圖

常忽略匈奴南進的事實；大致整理的話，可以分為以下幾點：（一）北匈奴的西遷（西元九一年），帶動日耳曼民族的遷徙；（二）南匈奴南遷，成為這段期間漢帝國的傭兵和奴隸，這些人在日後也成了東漢西進的推手。西元三一一年，肆無忌憚的匈奴在洛陽引發「永嘉之亂」，進入中原，開始了被稱為「五胡十六國—北朝」、以遊牧國家為主導的分裂時代。至於漢帝國的後裔則進駐東南，即移向所謂的「江南」地區，並建立了「東晉—南朝」；首都建康位在離原來的中心地帶相當遙遠的地方，為了讓過去漢帝國的傳統得以保存、命脈得以延續，他們盡全力地維持著力量微薄的政權；這與在西羅馬帝國滅亡後，羅馬帝國的後裔東進到君士坦丁堡、建立東羅馬帝國的狀況相似；因為民族遷徙，東、西方同時走向了分裂的時代。

然而，東、西方在歷史發展上雖有其相似性，但以結果來看的話，相異點其實更多。[19]西羅馬帝國滅亡後，日耳曼民族建立了數個政權，法蘭克王國的查理曼在征服法蘭西、德意志、義大利一帶後，雖然從羅馬教皇那得到了「羅馬人的皇帝」的稱號，從而使得西羅馬帝國因此復活，但它已不再是世界帝國（World Empire），朝世界帝國發展的意志也不是很明確。另一方面，西羅馬帝國的後繼者往希臘遷徙，並建立東羅馬帝國，其命脈一直延續到十五世紀（一四五三年），而歐洲的分裂在固定下來之後，一直持續至今日。

反觀延續漢王朝傳統的「東晉—南朝」政權，則是被由「夷狄五胡」的後裔所建立的隋唐王朝給吸收、統一。隋唐王朝是實現遊牧與農耕、胡與漢民族大融合的世界帝國。現在世界上的國家數約為兩百四十餘國，其中歐洲就占了四十三國，亞洲的國家數則有五十三國，但比歐洲整體面積還大的中國僅算是一個國家，這種狀況和匈奴南進以及遊牧民族進入中原後的歷史開展有著密切關係。總而言之，如果匈族的向西遷徙是動搖羅馬帝國、形成現在分裂歐洲世界的主要原因，那麼匈奴的南遷便是使得漢帝國鬆動、同時誕生出現今這種「大中國」的主要成因，這也算是另一種性質的民族遷徙。

◎胡漢艱難的融合過程及關隴集團的誕生

中國的著名文化學者余秋雨曾說過：「很多學者認為，順著中國文化的原路走下去，就成，遲早能到。我不同意這種看法，因為事實並不是這樣。」[20]那麼，作為中國人心中最偉大且崇尚的大唐帝國，其威容和豪放的氣質，以及文化上的開放，到底又是從哪裡、在什麼樣的緣由下產生的呢？余秋雨講到：「（這種曠野之力）是從大興安嶺北部東麓的洞窟（嘎仙洞）開始的，曠野之力和文化改革都是託偉大的皇帝孝文帝拓跋宏的福，天佑鮮卑，天佑北魏，天佑中華的結果。」[21]在現今中國學界和知識社會中澎湃的大中華主義和大中原主義風潮裡，也可以看到人們對孝文帝改革帶來的真正意涵有所誤解；[22]然而，若以事實來衡量，那麼鮮卑族進入塞內、或是改革君主孝文帝的出現，都不是無緣無故的事，而是人稱「五胡」的遊牧民族入侵後所帶來的結果。既然如此，那我們就一起來看看這段遊牧民族進入中原的過程吧。

「五胡」指的是匈奴、鮮卑、氐、羌、羯。匈奴人內部之間的紛爭，並不因匈奴臣服於東漢王朝而中斷。更重要的是，曾是草原最高統治者的單于，因為喪失其統治能力，甚至威信掃地，導致他的部民失去了倚靠的中心。單于有時也被漢人殺害，導致位子空了出來，即所謂的「單于空位期」。匈奴的部民逐漸淪為奴隸，後趙的開國君王明帝石勒便曾經在洛陽做過生意，他還曾是「兩胡一枷」（將兩個胡人綁在一起）市場中，準備被拍賣的其中一位奴隸。[23]

匈奴以外的種族，特別是西戎（氐、羌），乃是遵照漢帝國的征服政策而遷徙至關中地區，他們困苦的奴隸生活成了叛亂的主因。發動「西羌之亂」（一〇七至一一七年）的叛亂群眾侵吞了甘肅、陝西、四川、河東地區，使得河內、洛陽陷入動盪。[24]三國時代，魏國和蜀國為了保有「傭兵」或豪族的「奴隸」而展開爭奪，使得中原地區的外族人口有顯著的增加。

只要中原內部一發生和叛亂有關的外族問題，就會有人提出要將「戎狄」驅逐回他們原先居住地的主張，這樣的主張和美國白人將黑人驅使為奴、造成黑白矛盾問題後，要求黑人回到原居地非洲的說法毫無差別；包括曹魏時期的鄧艾；[25]西晉時期的郭欽、[26]江統等人，都在提倡這種「徙戎論」。[27]根據這些論述中最具代表性的江統的主張來看，當時戎狄的數量，已經占據了關中百餘萬人口的一半。

當時的「戎狄」們被當作奴隸對待，而對奴隸生活的終極反彈，就是名為「永嘉之亂」的中國版「奴隸解放戰爭」。他們叛亂的目的有兩個，一個是解放奴隸生活，另一個則是復興匈奴和漢王朝間友好關係的「呼韓邪之業」，[28]也就是再建匈奴國家。

因為王子們爭奪權力而形成的「八王之亂」，使得西晉王朝陷入極度的混亂之中，這段時間像奴隸般被呼來喚去、咬牙切齒的胡族們也紛紛崛起，各自展開行動。最初，匈奴的領導者劉淵在西晉懷帝永嘉二年（三〇八年）建立國家（漢），並定都在山西省西南地區的平陽（現在的臨汾）。[29]永嘉五年（三一一年）四月，他的將軍石勒攻陷洛陽城，殺害了西晉王公以下的十餘萬人，宰相王衍和西晉的宗室四十八王全都被石勒俘虜；六月，劉曜和王彌的軍隊最終占領了洛陽城，西晉懷帝和皇后羊獻容也被俘。此時，百官、士庶的死亡人數將近三萬人，洛陽的宮城也被燒毀，懷帝也以俘虜的身分被押往敵國的首都平陽。[30]永嘉七年（三一三年）正月元旦，在平陽的光極前殿舉辦宴會時，曾是西晉皇帝的懷帝被迫穿著青色的衣服並且遞送酒杯（也就是所謂的「青衣行酒」）。[31]匈奴族對中國的天子施以如此痛快的復仇，而被抓來的西晉臣子們的哭聲則是響徹了整個宮城。二月一日，懷帝因鴆毒而死，皇后羊獻容因為還年輕，進而成為了敵國皇帝劉曜的皇后。[32]

另一方面，懷帝的姪子愍帝不久後也在長安投降，像父親一樣被押送到平陽。劉聰任命愍帝為車騎將軍後，有時會在狩獵大會讓他穿著軍服、拿著長戟站在前頭的位置；如果開宴會的話就讓他倒酒和洗酒杯，或是叫他駕車，徹底地以奴隸的方式對待中國的皇帝，等他到了十八歲時再加以殺害。[33]

皇帝成為敵國的奴隸，就連皇后也成為敵國君主的妻子，這些都是史無前例的事。中國學者雖然以「中原陸沉」、「神州陸沉」以及「中原淪陷」等詞彙來形容此事件，但正式記錄仍以「永嘉之亂」稱之，[34]或是所謂的「五胡亂華」。亂象出現的時代背景，固然和西晉時期士大夫們在道德上的過度脫序有關，[35]但更重要的是遊牧民族入侵中原的事實。

「五胡十六國」分別是成漢、前趙、後趙、前燕、前涼、前秦、後秦、西秦、後燕、南燕、北燕、北夏、後涼、南涼、北涼、西涼等十六個主要國家。「五胡」也好，「十六國」也罷，對照當時的實際狀況來看，雖然不是那麼合適的用語，[36]但無論如何，直到現在學界都還是這麼稱呼。五胡十六國時期是自三〇四年起，至北魏統一華北為止（四三九年），在這不算短的一百三十五年間，有超過二十個國家接連興起與滅亡。

五胡十六國依照王朝的特徵可以分為初期（漢（前趙）和後趙）、中期（前秦的統一）、後期（後秦和後燕）等三期。儘管五胡在中原建立了國家，但要解決的問題可謂堆積如山。胡與胡之間的問題雖然也很嚴重，但最大的問題還是在於如何消除胡漢間的衝突及統合。最先建立國家的劉淵，其國號以常用的「漢」來命名，可說是對在百姓中占有絕對多數的漢族展現友好、誘引的策略；而後趙明帝石勒也設立了「君子營」，特別延攬漢族的文人、士族們並給予優待，[37]可惜效果並不顯著。另外，劉聰則是為了避免胡漢之間的衝突，分別設置並運作了部落制度（胡＝單于左右輔）和郡縣制度（漢＝左右司隸）的二重統治體制。[38]此外，許多漢族流民聚集在鮮卑慕容氏創立的前燕，為了得到人心，朝廷也曾使用類似江南東晉政權的勤王政策，可惜只帶來一時的效果。因胡漢衝突使得王朝無法保持安定、戰爭頻仍，許多王朝的壽命甚至不到十年。漢族找不到可以依靠的王朝；而為了保存宗族，也有親人無奈地各自分屬不同國家[39]的悲劇。[40]既然如此，倒不如在強大外族王朝的統治下苟延殘喘地生活；自尊心已經像碎布般遭磨損丟棄的漢族，和沒有什麼統治經驗就占據中原的胡族，兩邊同樣難以心安。

不過，當時也出現了主張「胡漢融合」的胡族帝王，這個人正是將佛教傳入韓國的前秦王苻堅。他認真地思考胡漢融合，並且試圖提出解答，苻堅率先使用人事政策「隨才擢授」，這是不問種族只問能力的人事政策。此外，他為了解決胡族之間的衝突而採用「和戎政策」，這是春秋時期魏絳所用的政策，以「澆瓜之惠，梁宋息兵」的故事為依據，可以說是把自己的肉（利益）撕下來給對方吃。舉例來說，苻堅在前燕的首都鄴淪陷後，對君主慕容暐和燕后以及王公以下的全部百官都予以赦免，並且在首都遷到長安後還提供他們較高的爵位，適才適所且有差別地分配；相反地，他反而把自己的宗親們派到危險的邊境區域打頭陣，藉此消除如亂麻般糾結的胡族間的衝突。

然而，對苻堅來說，最大的難題還是漢族的動向：西晉滅亡後在江南建立亡命政府的東晉政權仍舊健在。苻堅知道若不消滅東晉，將無法徹底解決漢族的問題。表面上來看，他像是已經充分完成戰爭的準備，畢竟他已經統一了華北，也保有百萬大軍，可是他對前線的軍士過於信任，而忽略了養成「阿下比亞」的重要性，他的執政時間也實在太短，結果就是東晉的十萬軍隊擋住了他匆忙組成的百萬大軍；身為強者的他，被自己的疏忽所擊倒。

苻堅的嘗試雖然以悲慘的失敗收場，但他追求的解決方式被日後北魏等王朝的許多皇帝，特別是被唐太宗所接受而實現。克服乾旱最有效的方法，就是為別人的田灑水，這也是佛教或基督教經常提及的「放下」自我。苻堅克服了種族主義而標榜道義主義，並且立基於具有普世精神的胡漢統合之上，試圖實現中國的統一。即使在人事政策上，他也沒有把征服的前燕鮮卑視為敵人，而是「一視同仁」地當作兄弟。不過，雖然他所採取的這種「利他」態度，在促進華北的統一時得到短暫的成效，但這種成果只是表面性的，[41]在「阿下比亞」的凝聚上也算不上是成功。

◎北魏的角色

苻堅政權崩潰後，華北地區又再次陷入一片混亂。後來，以鮮卑部族中的一支——「拓跋族」為中心的遊牧新血勢力，開始注入華北地區。因為他們是最晚越過長城到達中原的部族，所以和其他離開草原許久、遺忘遊牧民族特有的「阿下比亞」的其他胡族不同，對中原發生的事情有事先研究，這就是他們最大的優勢。當他們從興安嶺山脈的東麓狩獵地帶，往西麓的呼倫貝爾草原遷徙，最終到達匈奴曾居住的故地為止，其間必須經過層層難關（九難八阻），[42]這種充滿苦難的遷徙過程，激發了他們的「阿下比亞」。在到達匈奴故地的過程中，他們和其他遊牧民族匯合在一起，到了拓跋力微（北魏始祖）時期便有了「控弦上馬二十餘萬」的程度，成為君臨北亞遊牧世界的新強者，並且和中原的魏國有所往來，同時也相當關心中原地區的政治和社會。[43]到了西晉時期，拓跋氏又受封為代公、代王，[44]也就是北魏的前身、所謂「代國時期」（三三八至三七六年）的開始，這也算是建構大唐帝國的漫長旅程中一個微小的起點。

帝國的前身——北魏，是一個邁出胡漢融合腳步的胡族王朝。「阿下比亞」的發揮，起始於「不執著自己的東西，並放下一切」的概念；進入北魏後，最先實施的政策是太祖道武帝的「部落解散」，他將部族民全部直屬於皇帝，剝奪君長擁有的部落統管權，將被稱作「部族[45]、氏族」的既存單位變更為「地區」的組織單位，也就是將既存的部族解散後，重新分配土地並使被編入戶籍的編民可以得到一定的土地安居，亦即所謂的「分土定居」。[46]

託此政策的福，到了第三代的太武帝時期，總算完成了這段期間如亂麻般糾結的華北統一問題。此外，北魏在四三一年發表了大規模的「徵士」令，招募了三十四名漢族高層人士；[47]當太武帝滅佛的同時，也堅決進行新道教（天師道）的國教化，[48]這也是拓跋族「放下自我」的一環，是一種為了吸引漢族的策略，[49]這和五胡王朝（特別是後趙的石虎）認為佛教是「胡族的宗教」、具有親切感，且致力於宣揚佛法的政策截然不同。

北魏以後，胡族政權一貫的政策是與原本「五胡」的意象決裂，其表徵便是採用「魏」這樣中國式的國號。[50]這並不是要否定自己身為「鮮卑」的族群特質，而是要宣告自己與三代時期至秦漢為止，殘害中國的五胡匈奴等族有所差別。正因為鮮卑拓跋氏並非直接參與讓漢族蒙受傷害的「永嘉之亂」，所以這樣的論調才能成立，而其努力的結果，便是讓華北再次統一。

然而，並不是這幾項措施就能一舉消弭胡漢之間的衝突。北魏太武帝時期就發生了「國史之獄」，造成漢人士族大規模的死傷。在「徵士」措施實行後，稍微帶著自滿心的漢人士族試圖要揭露北魏皇族黑暗的過去，在都城十字路口處豎立碑石，結果引發了史禍；自出身漢族最高門閥、以擔任北魏高官的崔浩為領袖的清河崔氏以下，包括范陽盧氏等當時頂層的漢人門閥，都因為這起事件慘遭屠戮，[51]這是胡漢間的大衝突，也反映了當時胡漢間的矛盾對立情況。

不過，胡漢融合的進程並沒有因為這起事件而中斷，文明太后和孝文帝的漢化改革就是個例子，特別是孝文帝為了緩和太武帝時期的胡漢衝突，選擇否定五胡政權的正統性，並明確地宣告自身和晉（西晉→東晉）之間的王朝繼承關係。原本就五德終始的觀念來看，北魏應該是承繼西晉（金德）→後趙（水德）→燕（木德）→前秦（火德）→北魏（土德）這樣的順序才對；因此，漢人高官高閭主張採用土德，但孝文帝決定採取水德，也就是讓北魏王朝確實繼承西晉的金德。[52]這就是向天下標榜，北魏並非是繼承五胡十六國的國家，並且否定了南朝宋、齊等王朝，而是以「漢→魏→西晉→東晉→北魏」接續的正統王朝自居，企圖確立其正統性。

此外，孝文帝也對採用漢族固有制度方面有很大的讓步。他一方面模仿漢族的土地及村落制度創造了均田制，又實施三長制；特別在漢化政策上，更是要將國家性質做整體改變，也就是從遊牧民族中心的國家，轉變為農耕漢族中心的國家。他以漢風代替胡風，對胡漢通婚提供獎勵，甚至下令將自己的姓氏從胡姓（拓跋）改成漢姓（元），並獨斷地將都城從平城（半農半牧地帶）遷到千年古城洛陽（完全農耕地帶）。

孝文帝將太祖道武帝以來，功勳特別卓著、在鮮卑族當中無論官爵或家世都最高的八姓（穆、陸、賀、劉、樓、于、嵇、尉）與漢族四姓（崔、盧、王、李或是鄭）並列同等，實施所謂「姓族分定策」，[53]將部族制（以血緣框架為基礎的國家體制）轉變為漢族的貴族制（以身分制度為基礎的官僚組織，無視地方出身及宗族區分，所有家族一致地排序）。雖然孝文帝的這些政策在某種層面上可說是偏向「普遍性制度」，不過更可說是「自我否定」的表現。通過這些政策，胡漢兩族成為一體，並以此力將南朝平定，完成了中國統一的目標。這種政策對於胡族皇帝來說，可謂其心志相當堅決。

胡漢混合讓北魏得以誕生，余秋雨曾說過：「大唐盛世之所以被稱為『大唐』，正在於他的不純淨，雖然歷來很多學者們企圖追求中國文化的純粹，但可稱得上『絕對純淨』的沒有……只有北魏是為了『不純淨的大唐』而用心準備，正因為既不乾淨也不純粹，而能夠逐漸創造出更遼闊的路。」[54]這段話正是緣由於此。另外，如同魯迅所說：「古代的人們告訴我們唐朝為什麼這麼強盛，是因為唐皇室的胡人氣息濃厚。」[55]因此，若是忽略胡族致力推動的胡漢融合，就無法理解大唐帝國的力量所在。

◎六鎮之亂和胡漢合體關隴集團的誕生

然而，孝文帝果斷地推行一連串的漢化政策，卻也意外地加深了胡漢之間的衝突，因為這些政策不可能完全消滅胡族系統，而其改革最大的絆腳石就是軍隊的態度，因為北魏軍隊的主力依然是由胡族所構成。北魏的士兵是以鮮卑為核心，並包含了丁寧（敕勒）、氐、羌[56]等其他民族；孝文帝死後，中央政治在貴族（漢族）和軍隊（胡族）之間的反目和衝突達到高峰，軍人的介入成為了北魏滅亡的主因。

偏向貴族主義的政策自然會惹起士兵們的不滿，孝文帝時期作為漢人貴族後盾的靈太后（宣武帝的妃子），跟胡族將領間的抗爭也益發激烈，近衛軍士兵們也開始產生動搖。五九一年，中央近衛軍的羽林、虎賁士兵們放火燒了高官張仲瑀的家，造成張氏一族的死傷；這是因為張仲瑀打破了原本士兵們得以根據其功勳而被任命為官僚的慣例，擠壓了他們升遷為官的機會。[57]

遷都洛陽是孝文帝漢化政策的核心。這不只是北魏國家的中心，也可說是政治重心從北方移往南方，由此可見，北方六鎮已喪失其重要性。隨著北方柔然的問題幾乎已被解決，國家的政策方向也自然地轉向南朝，亦即從以胡族為中心的部族制國家轉變為以漢族為中心的貴族制國家。北魏朝貴族制國家的發展不只引起了中央近衛軍的不滿，對駐守在北方前線抵禦柔然、飽受寒冷所苦的北方士兵來說也更加痛苦。

他們是幫助北魏建國的光榮戰士的後裔，原本應該根據功勳出人頭地、進入中央，逐漸邁向立身揚名之路，卻因為孝文帝投入貴族制的緣故，不但出頭之路被阻擋，還面

圖 13　武川鎮風景（筆者拍攝）

臨以罪犯來填補兵力的情況。漢族出身的鎮民們離開北境後，北方只留下胡族出身的人和囚犯，過去光榮的士兵、鎮民，如今跟罪犯無異。

孝明帝正光五年，[58]曾為六鎮之一的沃野鎮民破落汗拔陵，殺害沃野鎮的鎮將並揭竿而起，建立獨立的年號（真王元年），並否認北魏王朝；[59]之後他們攻掠了武川鎮（圖13）、懷朔鎮兩個軍鎮，叛亂向六鎮全域擴大。[60]五二五年初，自東往遼西，自西到甘肅東部為止，整個長城一帶都在叛軍的掌控之下。

最後以武川鎮為中心的軍事勢力成為了領導叛軍的中心，並且朝南方開始活動，北魏全區立刻陷入叛亂的漩渦之中，瀕臨崩潰邊緣。這些在北方六鎮引發叛亂的群眾開始往都城洛陽前進，在這過程中，叛軍的兩個領導者將華北一分為二，東側關東（現在的河北省、山東省）由高歡、西側關隴（現在的陝西省和甘肅省）地區則由宇文泰的勢力來主導；他們分裂了北魏王朝並建立東魏、西魏，而其後代又各自相繼創立北齊和北周王朝。

宇文泰與胡族士兵、北鎮武將、關西漢人豪族合作，組織了名為「關隴集團」的政治勢力，這個集團正是大唐帝國得以建立的政治、軍事實力之核心。關隴集團是胡人與漢人、軍人與士人、知識分子與庶民們一體化之後所形成的政治勢力集團。[61]宇文泰勢力和當時位於東方的東魏、南方的梁王朝相比，其政權的正統性或軍事、經濟等力量都處於劣勢，為求突破，解決內、外部難題，所以才成立了關隴集團。[62]關隴集團是經由哪種途徑而誕生的呢？以從北方六鎮出身的宇文泰為核心的軍閥們，在叛亂中輾轉流離，最後因為各種因素而進入關隴地區；在此同時，逐漸走向毀滅的北魏王朝，也遭到了西邊掌握叛亂群眾的宇文泰和關東地區的高歡這兩股勢力的瓜分。

起初，在軍隊數量或資源方面，宇文泰都不是高歡的對手；宇文泰最終能成為勝者的原因，正是關隴集團的合作精神。關隴集團不是以血緣立足的集團，超越血緣的成員們被放到名為「關隴」的熔爐中並合而為一。比起衝突，這個集團更以團結為優先；隋朝之所以如此迅速地滅亡，就是因為楊氏破壞了關隴集團的團結。[63]清代學者趙翼認為破壞團結的隋煬帝，正巧被關隴集團的中心——宇文氏的子孫（宇文化及）所殺害，不就是所謂的「天道」嗎？[64]

關隴集團原本不過只是一個小小的政治集團。和成吉思汗一樣，以宇文泰為首的最高成員們也只是北鎮地區的中、小軍閥，而關西地區的漢人、胡族的社會地位也不算高。但是，成功往往是從不起眼的地方開始，口渴的人本來就有自己動手挖水井的本能；社會上的弱者，往往也是更加團結的一群。

宇文泰之後的政治集團傾向結合與共存，在這樣的精神之下訂定並推進政策。胡族出身的宇文泰和關隴地區的漢族們為了聯合而提出了幾個特別的政策，其中一項就是「胡姓再行」政策。[65]這個政策使得因為孝文帝漢化政策而遺忘了自己原本姓氏的胡族士兵們重新燃起了士氣；不只拓跋氏，大部分的胡族都恢復了固有的姓氏，曾改成元氏的族人重新改回拓跋氏，可說是回到稱作「三十六國九十九姓」的黃金時代。

這是以遊牧民族的想法為出發點的特殊慣例。遊牧民族在遠征的時候，為了軍隊團結，會把所有士兵的姓一律改成指揮官的姓，成為形式上的兄弟和親戚。今日在青海省和甘肅省邊境過著遊牧生活的遊牧民——土族（Monguor），依然維持著這樣的習慣。[66]這是遊牧民創造、提高「阿下比亞」的特有方法。針對漢族，西魏在賜予胡姓的同時，還給予爵位及廣闊的封地，誘使他們積極參予「胡姓再行」政策，如此一來，胡族和漢族在形式上成為了「親族」。[67]另外，朝廷也採用了漢族傳統的本籍制度，將關隴各地重新編制，使各個鄉里成為胡漢並存的狀態，胡漢人民超越原本的地域和宗族概念、成為「同鄉民」的同時，也帶來所謂「親族」的意識。

本籍制度是漢族傳統的繼承體制，在「胡姓再行」以及建立胡族威信時，相對地採用漢族固有的本籍制度，更能夠拉攏漢族。通過「胡姓再行」，軍隊組織也改編為胡漢合作的體制，這正是所謂的「府兵制」。名為關隴集團的政治勢力所引領出的「西魏—北周—隋—初唐」等共計一百五十餘年間的國家體制，正是所謂的「府兵制國家」。[68]這府兵制不單是對統一具有貢獻，也是維持隋唐等世界帝國的軍事力量。這四個王朝的軍事國家性格都很強烈，事實上，這個時期的王朝交替不過只是關隴集團內部權力鬥爭的結果。

作為府兵制根源的是「二十四軍制度」，已有許多學者提出此制度具有遊牧民族的特性。也就是說，不只是烏古斯（Oguz）可汗的傳說，[69]匈奴的二十四長制度以及「萬騎」[70]的組織型態，在檀石槐的鮮卑帝國，還有吐谷渾、柔然、突厥跟吐蕃等遊牧型國家的軍事、政治制度當中，都可以看見。[71]關隴集團是將「六柱國將軍」以下，稱為「十二大將軍」以及「二十四開府儀同三司」的組織視為根幹；由宇文泰所領軍的二十四軍，是當權者們所引領的四軍（柱國大將軍）或是一軍（開府儀同三司）的聯合體。[72]在這樣的府兵制當中，胡人跟漢人的組成各為一半，並且得以成為皇帝的侍官。六鎮之亂以後，胡族士兵們重新取得光榮戰士的威望，[73]如果說，在孝文帝以文官為主的南朝式貴族主義下的士兵屬於以漢族為主的軍制，那麼關隴集團的士兵就屬於胡漢合作的軍制。

宇文泰採用《周禮》的官制，強調作為黃帝後裔的這點，宣布確保「（伏）羲（神）農的政治」，使漢族的威信也跟著被提高。宇文泰採取的這種政策是胡漢巧妙的折衷，也對南朝繼承漢朝與曹魏王朝正朔的理論給予思想上的反擊，因為採用《周禮》的官制，是比被南朝視為正統的「漢魏之制」還更早、更具有傳統的西周時代的制度。不只如此，西周王朝正是「夷夏」，也就是所謂胡漢還沒被分離的時代，若將這點也考慮進去，便是藉由適當地滿足胡與漢來促進統合。[74]

此外，二十四軍是透過胡族叛亂勢力（北鎮軍長）和關西的鄉兵集團（鄉里的豪族和民眾）的合作，進而產生「西魏—北周」王朝的原動力。[75]北周建國並擊破「東魏—

北齊」的高氏政權，使華北得以統一；而關隴集團也成為「西魏－北周－隋再到唐的武則天（或是玄宗）時期」為止，一百五十年間持續統治帝國的主體勢力。反觀東魏、北齊前進的路線仍是胡漢的反目和衝突，[76]以他們的話來說，就是在數千、數百年間，作為都城的鄴城只剩下了玉米田。

胡人的自我改變和大唐帝國的誕生

◎擺脫「戎狄異類」的路

「關隴集團」的成立，首先是從上層階級的合作開始。對三百多年間支配中國北方的胡族統治者來說，胡漢統合雖然是最重要的課題，卻也是個無止盡的挑戰，因為比起少數的上位者，得到基層民眾的支持更為重要；也就是說，不僅是上層，下層的胡漢統合也是必要的，為了達到這樣的目標，必須獲得基層漢族的支持。

這種政策已經在前秦的苻堅和北魏的孝文帝時推進了一部分；[77]說得更精確一點，當時的統治者展現了其源頭並不是所謂的「胡族」，可算是為了胡漢統一而打出的一張好牌。然而，胡族統治者身處的環境絕不輕鬆，依舊十分嚴峻，事實上，要否認自己不是「胡族」，並不是那麼輕易就能達成的。自五胡十六國以來，北方遊牧民族出身的王朝為了將自身從「五胡」的框架中脫離出來，花了很長的一段時間，過程中也不乏有某些帝王中途放棄。其實，當時的胡族皇帝也有點看輕自己，認為最理想的狀態是，自己要比漢族士人更加了解古典中國文化，但這並非易事，畢竟，讀書本來就是一件相當困難的事，需要得到他人的鼓勵，但有時周邊的人不關心或許會更好，例如祖父苻洪就斥責想讀書的苻堅：「汝戎狄異類，世知飲酒，今乃求學耶！」[78]儘管這也可解讀為不是譴責而是激勵，但更重要的是當時的社會氛圍。然而，「誠無戎人而為帝王者，至於名臣建功業者，則有之矣」[79]的狀況，其實是漢族與胡族共同的思想。

讓胡族出身的君主感到安慰的是，《孟子》主張舜、文王等中國古代聖人們的出身地是異族的土地，[80]或是當時有人主張應該不計較地方，單憑能力來拔擢優秀人才。[81]憑藉這類主張，統治者的出生地是胡地還是漢地並不重要，有德與否才是更重要的。[82]

為了擺脫拮据的局面，胡族只能盡全力地學習，來獲得與漢族一樣的自負和優點。胡族知道，「求學」幾乎是唯一擺脫「戎狄異類」汙名的方法，所以如同清代大學者趙翼在《僭偽諸君有文學》這篇名文中所述，[83]有很多五胡十六國的君主熟習中國經典的程度並不亞於漢人學者，苻堅和石勒就是如此。

在草原奔跑的遊牧民坐在書桌前拚命學習的效果逐漸浮現，石勒自他請來的謀士張賓那邊聽到「吾歷觀諸將多矣，獨胡將軍可與共成大事」的評價，[84]也就是曾一度被商人賣到奴隸市場去交易的石勒，被認同為可以一起圖謀大事的將軍；苻堅從漢人王猛那裡獲得完全的信賴，也是因為胡族出身的君主拚命努力而換來的。孝文帝被漢人望族出身的高級官僚李彪認可為「四三皇而六五帝」的聖主；[85]出身渤海郡名門士族的高閭勸孝文帝進行只有皇帝中的皇帝才可以施行的封禪，同時也說出了江南政權現在已非「中國」。[86]這種認知變化的背景，正是因為這些胡族出身的皇帝們，被認可為比漢族士人更加理解傳統漢學。

另外一個方法是系譜的編造。北周武帝（宇文邕）將其祖上與炎帝神農氏相連結，在廢止佛教的同時，指出：「自五胡進入中國開始，信仰此教（佛教）者不斷增加而極盛，『朕非五胡』，因此沒有崇仰佛教的理由，這就是我廢止（佛教）的原因」。[87]他帶著稱為宇文的胡姓，又使用鮮卑語，卻說自己不是五胡，這看起來沒什麼道理，可這已經是自北魏初期開始就出現的「與五胡訣別」的理論，而這也和後世唐太宗透過編纂《晉書》等史書，完成「系譜編造」的路線相同。

◎大唐帝國的誕生和唐皇室李氏的血統問題

西魏的「胡姓再行」，不只讓唐室始祖李氏被賜以胡姓大野氏，[88]隋室始祖楊氏也被賜姓普六茹[89]。雖然多數的中國學者稱呼他們為漢族或是沒落的漢族，但這是他們本姓的可能性很高；就算並非如此，他們是漢族的可能性也非常低。[90]

如中國學者陳寅格所述，自北朝時代開始，相較於作為血統基礎的姓氏，是否獲得漢族文化更為重要，也就是說，被漢化的人就是漢人，被胡化的人就被視為胡人，[91]這是當時人們辨別胡漢的標準。中國人對於「唐室是胡族出身」這件事大多無法輕易地認同，也就是承認最偉大的大唐帝國，其建立者其實是外族的事實，這對中國人來說是相當傷害自尊心的事。

但無論如何，唐朝開國初期，僧人法琳很早就在太宗面前說了李唐的姓氏是從鮮卑拓跋達闍（達闍以漢語來說就是李姓）中出來的，諷刺其為「陰山貴種」[92]，也就是「李」不過只是被看作諧音而已；再加上考量唐代初期君主的情況，高祖的母親是獨孤氏，太祖的母親是竇氏（也就是紇豆陵氏），而太宗的皇后是長孫氏，她們全都是胡族而非漢族；而隋末叛亂時期，作為敵對勢力的單雄信早就將太宗的弟弟李元吉稱作「胡兒」，[93]因此，講究只有男系繼承的氏族血統，其實也不再是那麼有意義的工作。

然而，如果唐朝皇室像中國學者們的見解般，將自己視為所謂「漢人（李氏）的胡化者」，那他們理所當然地會推崇西涼的李暠、以及隴西李氏作為他們的祖先。[94]但貞觀年間朝廷大臣們為了要建立唐室的七廟而討論「始祖」應該要放誰的時候，于志寧卻主張李暠不能被稱為始祖。[95]李暠如果真是唐室始祖的話，區區一個臣子是無法做出這種主張的。不只如此，唐初時期還有很多皇帝不想讓李暠真正的後裔——隴西的李寶一家進入宗室屬籍，高宗甚至將李寶的門第下放，這又是為何呢？[96]整個過程可謂疑點重重。

在某種程度上，陳寅恪支持所謂的「漢族說」，認為「李唐的先世如果不是趙郡李氏的『沒落門第』的話，就是『冒稱』了趙郡李氏」，[97]連以縝密聞名的陳寅恪也認為血統無法被隱藏。雖然陳寅恪的主張已被學界接受，但仍有不通之處；事實上，不管如何爭論唐朝皇室究竟是出自隴西李氏還是趙郡李氏，都不是很有意義，特別是高宗貶抑李寶時，並沒有提升趙郡李氏的地位，這件事就明確證實了唐室的漢姓與實際血統並不吻合。

此外，從他們的行為來看，有很多方面都與漢族不同。唐朝大臣孫伏伽曾說過高宗李淵小的時候，周圍的人全都是「編髮友朋」，[98]因為他的家庭是浸潤在胡族的習俗之中；太宗或是太子李承乾的行為，跟胡人（突厥）們的生活沒有什麼差異，例如太宗在「玄武門之變」時將弟弟元吉殺掉後，把他的妃子楊妃重新當作自己的妃子，針對這種行為，朱熹在《朱子語類》中有「唐源流出於夷狄，故閨門失禮之事，不以為異。」這樣的分析。[99]太子承乾的行為也一樣，他盜取百姓的牛馬，宰殺後和侍衛們一起分著吃；他說突厥話又穿著突厥的衣服，如同突厥可汗般行動；[100]預定要成為皇帝的太子竟偷取別人的物品，再偷偷地跟周圍的人一起分來吃，在中原漢人眼中，這是只有盜賊才有的行為。

再更仔細地看看唐皇室李氏的姻親吧。李淵的母親是大司馬獨孤信的女兒，和隋文帝的獨孤皇后是姐妹關係，因此李淵是隋文帝楊堅的外甥，和煬帝是同宗的表兄弟關係。李淵和鮮卑出身、隋朝的州總管竇毅之女（竇皇后）結婚，她的母親是北周武帝的姊姊襄陽長公主。[101]有些中國歷史學家甚至認為在唐高宗李治的血統中，有四分之三是鮮卑族，只有四分之一是漢族。[102]

自西魏至隋唐初期，官僚集團帶有軍閥政權的特性，在隋文帝超過一百名的總管之中，屬於「關隴集團」者有八十六人；而北齊滅亡後，歸附北周政權的人有五名，無法確認出身者不過九人；南朝自晉王朝開始，就沒有人來歸附。[103]雖然可以從這裡稍微看出在隋唐初期的政權中，北齊系和南朝系官僚的發展，但並不能因此斷定當時集團內部勢力發生了變化，而應該將之視為「關隴寡頭政治」，因此，唐在名義上雖以漢族統治稱之，但實際上卻是由胡漢各族共同參與的複合政權。

對歐亞遊牧民或是西域的人來說，隋唐王朝依然是鮮卑國家，他們對唐用有「拓跋」意義的「Taugas」、「Tamhaj」、「Tabagac」等詞彙來加以稱呼；[104]至少到唐玄宗時期為止，李唐宗室和拓跋鮮卑還是有很高的關聯性[105]。從代國時期經過北魏，一直到唐形成為止的歷代王朝（五至九世紀），雖然是以中華風的名稱替王朝命名，但它們其實大多是胡族國家，總括稱作「拓跋國家」或許更適合。唐皇室李氏編造漢族系譜是為了廣泛地取得民眾支持所做的努力，這點是不容置疑的。

◎歷史操作和中華君主

關於唐皇室的由來，不是只有當時的人被騙，就連後世的人也都被欺騙了；這並不是善惡層次的問題，而是為了胡漢融合、建設帝國而必須運用的策略。那麼，唐皇室李氏為何要像這樣以漢族名門來編造他們的系譜呢？我們就從當時的狀況來看看吧。

首先，在中國歷史上，與外族相關的事物（不管是人、物質或文化）在進入中國後，為了確保自己的地位，在一定程度上必須披著中國式的外皮。眾所周知，能將中國這樣的「天下」不斷綿延下來並加以守護的王朝非常少，王朝滅亡而外族政權屢屢建立，只有文化傳統沒有中斷過；不過嚴格說來，所謂的傳統也已不純粹，「漢」這個字其實只是一種名分。

因此，當異質性文化進入時，必定得經歷中國化的洗禮，佛教、景教皆是如此，但也不能說它們就此成為了和佛教或景教不同的宗教；利瑪竇、湯若望就是這樣，和立足於基本教義派而引起教案的清末正統「基督教」的傳教事跡相比，就可以輕易地發現它們與原宗教之間的差異。

大唐帝國之前的魏晉南北朝時代，是重視門閥的「貴族制社會」，唐太宗重修《晉書》時，選擇將五胡十六國中的前涼跟西涼王朝排除在外，[106]且費心敕撰《貞觀氏族志》，[107]這都是為了讓唐皇室李氏的根源不再是胡族，並且要讓人看到源遠流長的族志。特別是《晉書》的依據乃是由北魏崔鴻所著的《十六國春秋》，但《十六國春秋》中其實仍記載著前涼和西涼這兩個王朝。前涼因為是漢族建立的王朝，所以有刪掉它的道理，但排除西涼則明顯是唐室的作為，是為了達到操弄系譜的目的。當然，五胡所建立的王朝，不必全部都要放進十六國中，但也不能將「十六國」和「胡族」兩者看作毫無相關，[108]所以，後世仍以「五胡十六國」稱之。

唐太宗在撰寫歷史方面有其貢獻，但也有添加解讀的層面；當時私撰個人史書的傳統逐漸轉為官修傳述，雖然隨著論者的不同而有了不同的評價，不過仍有其貢獻在。[109]然而，皇帝若是閱覽了史草「起居注」，[110]那就違反了「統治者不能干涉歷史記述」的傳統。對於他在殺掉兄弟並將父親加以幽禁的「玄武門之變」中留下更改指示一事，[111]就可以對唐太宗加以批判。

太宗時期撰述的正史非常多，幾乎是把《三國志》以後的諸多王朝的正史，全都重新書寫了一遍；換言之，就是用唐朝的史官，將《晉書》以後的正史重新官修。首先是《晉書》，其相對應的時代是「西晉－東晉」，也就是所謂的兩晉時代，但這個時代正是中原土地上出現外族王朝的起始點，也是和唐皇室李氏的血統有著緊密連結的時代。

於是，為了建立唐朝存立的正當性，他們著手重新定義這個時代；為了減少自己乃是出身「胡族」鮮卑拓跋部的疑惑，他們編纂了《晉書》。如同唐太宗在命令重修《晉書》的詔令中所說：「大哉矣，蓋史籍之為用也」，[112]唐太宗自己也認為編纂了包括《晉書》在內的正史，造成了極大的效果。太宗努力的結果，再加上唐代史家劉知幾和杜佑等人的分析，[113]使得唐王朝名符其實地重生為漢族國家。

除《晉書》以外，唐朝初期還編纂了很多史書（特別是正史）。太宗時期首先編纂了《梁書》、《陳書》、《北齊書》、《周書》、《隋書》等所謂的「五代史」，[114]最後則是六四六年的《晉書》（以上總稱為六史）；接著，在受到太宗許多影響的高宗時期，完成了《南史》和《北史》。在被看作中國正史的二十四史中，以上八本是在這個時期被撰述、出版的，這些史書都具有證明唐室正當性的意圖，唐代版的《龍飛御天歌》也是如此。太宗不只是在撰寫中國史的過程中留下了重要的記錄，中國人會對大唐帝國如此自負，也是太宗的功勞。

《貞觀氏族志》意圖重新將自南北朝時代以來，獨霸一方的地方貴族勢力編進唐朝的官僚體制。不僅是貴族制發達的南朝，在北朝也可以看到社會門閥觀念凌駕於官僚體系之上；為了要消除每個區域的四大姓盤踞地方的弊端，太宗以官階為依據，製作了《氏族志》，並把兩百九十三姓、一千六百五十一家編排成九個等級；[115]高宗時期則將其改編為《姓氏錄》，進而打破貴族制士庶分別的慣例，並轉換成以官位為主的形式。

貞觀十四年（六四〇年），依照太宗的命令，孔穎達等人以統一儒學經典的名義編纂了《五經正義》共一百八十卷；[116]高宗永徽四年（六五三年）三月，《五經正義》被定為學校的通用教材，每年明經科考試都是以此為根據來進行。[117]唐太宗透過「六史」的撰述改變了歷史，經由《貞觀氏族志》的編撰改變社會觀念中所謂「天下門閥」的順序，他又通過《五經正義》的編撰，使中國人的經典解釋方向就此定型。

可汗概念圈向中原擴大，與「皇帝天可汗」之概念

中華的多重化與可汗概念圈的西南進

◎可汗概念圈的西南進，與「天可汗」的出現及維持

大唐帝國是胡漢合作的帝國，更具體來說，是「皇帝（天）可汗國」。唐太宗是中國歷史上第一位同時擁有農耕地區最高首長稱號「皇帝」、以及遊牧世界最高首長稱號「可汗」的人，雖然並不是所有的大唐皇帝都被如此稱呼，但將這兩個稱號一起併用的意義仍然很大。那麼「天可汗」究竟是什麼？又有什麼涵義呢？

眾所周知，「可汗」和匈奴最高統治者所使用的「單于」具有相同地位，在單于權威衰落時，可汗便取而代之。一直以來，學界的通說認為，[118]首次自稱可汗的人是柔然之主社崙，他在三九四年到四〇二年之間，以「丘豆伐可汗」[119]的稱號自稱；但這項學說的真實性仍然受到質疑，因為更早之前的鮮卑拓跋族，就有這樣使用的可能，例如在一九八〇年代發現的鮮卑廢墟嘎仙洞碑文上，就有看到「可汗」的稱呼。[120]此外，不只

是柔然，在北魏王朝中也出現了使用過此稱號的證據，在北魏拓跋族的民歌《木蘭詩》中也出現了這個用語，[121]特別是《木蘭詩》對於同一個君主，同時以「天子」和「可汗」來稱呼，因此，北魏君主既是（農耕）天子，同時也是（遊牧）可汗，可說是農牧型的君主。[122]

遊牧民族進入中原後，使得以往中原皇帝主導的東亞世界秩序崩潰，各國的首長開始使用皇帝稱號，並以此來標榜自己是中華帝國，也就是建立起「多重的中華世界」；同時，可汗企圖統治的區域也擴大到西南方的農耕地區。首先，南朝跟北朝各自聲稱自己是「中華」的代表，並且藐視對方為「島夷」[123]或是「索虜」，[124]也拒絕友好互通的關係，最終在國書中以「彼」和「此」[125]的鄰接關係來相互稱呼。[126]

他們是以王朝身分獲得認可的敵對勢力，具有對等的國際關係，這樣的事在中國歷史上是前所未有的事情。例如北魏叫作「皇魏」，[127]劉宋也自稱「皇宋」，[128]各自標榜是一國之君，而非「一君萬民」或「煌煌上帝」的大一統帝國的皇帝。後來的高句麗、百濟等東亞各國的君主也隨之建立起各自的獨立年號，並標榜自己為「中華」，開啟了農耕地區「各帝一方」的局面；[129]同時，遊牧世界的動向也產生了變化，就連以前沒有打算支配的中原農耕地區，也被納入了所謂「可汗概念圈」的主張當中，而在這個概念圈裡的君主後來也的確使用了可汗的稱號。

中華世界之外的純遊牧帝國——「柔然」（蠕蠕），一邊自稱「皇芮」，一邊打起了「光復中華」的旗幟；換句話說，柔然可汗的概念圈也擴大到了中原。在柔然遞送給南齊皇帝蕭道成的國書中，傳達了他們要發兵占據北魏的并、代、秦、趙地區（也就是由北魏支配的華北地區），並且在達到「光復中華」的目的後，與南齊永敦鄰好。柔然跟南朝是樹立了所謂的「兩儀關係」，不只是遊牧世界，他們也要干涉中華世界。[130]柔然的態度與匈奴截然不同，這和他們所謂的大北方觀有所關聯，他們成為了進入華北的、遊牧出身的王朝。如前所述，因為他們的概念圈不只局限在農耕區域，所以當遊牧民族進入中原後，改變了漢代以前一貫認為的那種「既非遊牧亦非農耕」的世界觀。

另外，由定居在西藏地區的鮮卑族分支所建立的遊牧國家——吐谷渾，也進入了可汗概念圈。吐谷渾的建國者吐谷渾（？至三一七年）和他的後代樹洛干（四〇五至四一七年）也短暫使用過「可汗」這個稱號；[131]到了北魏末期伏連籌的兒子夸呂（五三五至五九一年）又重新使用了「可汗」。[132]他們不是因為個人之意而中斷可汗的稱號，而是因為和北魏的外交摩擦之故；這可說是原本只在西北方被使用的「可汗」，逐漸地「西南進」了。

另一方面，隋朝皇帝和隋末的叛亂首領們幾乎都以可汗自稱，或是從突厥那裡取得可汗的稱號，這也可看作是可汗稱號的「南進」。例如突厥啟民可汗以「大隋聖人莫緣可汗」稱呼隋文帝；[133]隋朝末期叛亂勢力的薛舉、竇建德、王世充、劉武周、梁師都、李軌、高開道等人不只自立為王，同時也對突厥稱臣，又從突厥可汗那裡得到可汗的稱呼，[134]可汗的概念圈不再像以前一樣局限在西北方的遊牧世界，反而擴大到中原地區的農耕世界。

如上所述，中原地區與西藏地區都被納入了「可汗概念圈」。[135]可汗雖然是遊牧地區首領的稱號，但連農耕地方的首領也以可汗自稱，這表示當時的情況和以前東亞世界遊牧與農耕分離的狀態不同，胡漢走上了統合之路，因此唐朝的皇帝兼稱（天）可汗一事，可以歸結為歷史潮流的產物。

◎天可汗稱號之意義與功能

唐太宗正式成為皇帝兼天可汗，是在東突厥滅亡後的貞觀四年（六三〇年）；當時，四夷君長們聚集在長安宮闕，齊呼太宗為「天可汗」。[136]那時候，太宗雖表示「我為大唐天子，又下行可汗事乎」而辭讓，但這不過是一種故意的謙讓，總之，臣下和四夷君長們確定太宗接受可汗的稱號，並且高呼萬歲。後來太宗給予西北君長璽書時，也使用了刻著「皇帝天可汗」的印章。[137]於是，太宗遂成為農耕地帶和乾燥遊牧地帶兩地共同的首長。「天可汗」稱號的出現有其特別的意義，在可汗前面加上「天」，代表著「可汗中的可汗」，[138]也可以解釋成隱含唐朝皇帝的地位比遊牧民族的可汗更高、更「至尊至大」的意思。[139]萬一匈奴稱呼漢帝國的皇帝為「單于」或是「天單于」的話，漢帝國的皇帝可以接受嗎？漢帝國的皇帝當然不能接受，這就是漢帝國跟唐帝國的皇帝的差異。

那麼在整個大唐帝國時期，「天可汗」這樣的稱呼維持了多久？成為天可汗國後，又產生了怎樣的變化？首先是有關時間的問題。貞觀二十年（六四六年），隨著薛延陀的滅亡，北方幾個遊牧政權全被平定，太宗再次從鐵勒、回紇、拔野古等十一個部落中，得到（天）可汗的尊號。[140]另外，玄宗也有得到天可汗的尊號，以及最晚於代宗永泰元年（七六五年）僕固懷恩誘引回紇、吐蕃等去攻打唐時，回紇便稱唐皇帝為「天可汗」。[141]唐朝和遊牧政權之間這樣的關係，持續了多久呢？至少在稱為「大唐帝國」的一百三十年間，歷代皇帝都是以「皇帝兼可汗」的稱號被稱呼。[142]

得到「天可汗」的尊號以後，從唐朝皇帝的言行中，可以看出他們以天可汗的姿態自居。例如高宗在阿史那賀魯之亂平定後，在泰山舉行封禪儀式時，帶領狼山都督葛邏祿社利等三十餘名首領一同前去；[143]以及太宗在貞觀十三年（六三九年）讓沒有類似意識的蕃人君長出席高祖的安陵儀式。[144]西北遊牧君長們對唐太宗高舉「天可汗」稱號之後，唐朝皇帝也認定自己就是西北方的首長。

但是天可汗對遊牧民族究竟進行著怎樣的統治，又具有什麼樣的意義呢？《通典》說到：「諸蕃渠帥死亡者，必詔冊立其後嗣焉，臨統四夷，自此始也。」[145]此外，《新唐書》〈北狄傳〉的贊曰中也有「際天所覆，悉臣而屬之；薄海內外，無不州縣」或是「至荒區君長，待唐璽纛乃能國，一為不賓」的說明。[146]

天可汗對外是諸蕃的宗主，也是軍事同盟的盟主。貞觀四年至高宗顯慶二年（六五七年）平定西突厥為止，提出天可汗尊號的各個蕃國君長們和大唐帝國的天可汗，為了阻擋突厥再起而形成軍事聯合。此外，高宗龍朔元年（六六一年）以後，朝廷在西域十六國以及昭武九姓各個國家中設置都督府、州，以共同應對大食跟吐蕃的侵略；天寶十一年（七五二年）高仙芝的怛羅斯之役便是如此。[147]其他國家以「想要和唐人一起被徵召，幫助天子征討」來表現自己對身為「天可汗」的唐朝皇帝的愛戴，[148]參加征伐軍是他們最重要的義務。

同時，唐太宗提倡「胡漢兄弟」的口號，和天可汗一起合併理解的話，大唐帝國的皇帝是包容「吳—漢—漠」的支配者，意即「皇帝—天可汗」統治的要點是包含「無不州縣」和「一為不賓」，駕馭中原王朝的邊疆民族是「三王以來，未有以過之」的關係。[149]以「皇帝—天可汗」兩個稱號來稱呼，是中國歷史上第一次出現的情形，皇帝的支配範圍涵蓋農耕跟遊牧兩個地區，具有非常大的意義，這和漢帝國是完全不同的情形。

我們暫時先放下天可汗稱號的問題，試著檢視大唐帝國的特徵。當唐高祖李淵身為隋末群雄之一時，曾在無可奈何的情況下向突厥始畢可汗稱臣，雖然得到了可汗的稱號，但後來卻想盡辦法掩飾這段過去。[150]可是在隋唐王朝之際，皇帝冊封西北方遊牧君主為可汗的情形其實更多，隋文帝封染干為意利珍豆啟民可汗，[151]煬帝賜處羅為曷薩那可汗，[152]唐高宗封西突厥阿史那彌射為興昔亡可汗，[153]武則天則是冊封步真的兒子斛瑟羅世襲為繼往絕可汗，[154]還有武則天封突厥默啜為遷善可汗．立功報國可汗，[155]玄宗冊立突騎施的蘇祿為忠順可汗。[156]除此之外，唐朝對回紇等部族賜予可汗稱號的情況更是多到不勝枚舉。

隋唐王朝的皇帝和遊牧民酋長們互相授受可汗的稱號，若隋唐皇帝不認為自己是可汗的話，是不可能賜予遊牧君長可汗稱號的。這種現象也有南方中原世界和西北遊牧世界不再是分離個體的意義。從漢朝皇帝從來沒有冊封西北方的遊牧君主為「單于」來看，這點就是隋唐時代的特徵。

和名號有關而受到矚目的，是大唐皇帝的尊號形式跟西北方遊牧傳統的相似之處。例如在柔然，君主跟大臣以功績和能力為基礎，在即位為可汗的時候，會在諸如可汗這樣的官名前面，添加裝飾性的稱號：「官號」（appellation）。這雖然和中國的諡號類似，但和死後才加上的諡號不同，這是在世時就安上的，[157]例如柔然君主社崙在可汗前面的稱呼是「丘豆伐」（具「駕馭開張」之意的官號），[158]斛律稱為「藹苦蓋」（具「資質美好」之意的官號），大檀則是「牟汗紇升蓋」（具「制勝」之意的官號）。[159]內陸亞洲遊牧世界的這種習慣，對中國產生了影響。唐代出現的皇帝「徽號」就是如此，所謂的徽號並非中國的古制，[160]中國古代的君主稱號是皇、帝、王等其中一個字，[161]直到秦始皇才將其合併為「皇帝」；然而像唐玄宗取名「開元神武皇帝」的形式，[162]在唐代以前是極少的例子。[163]唐代皇帝像這樣加長徽號，是盛行於高宗時期到武則天時期，到了玄宗時期才被制度化，[164]不過也有人認為是玄宗時期才正式開始。[165]就像這樣，遊牧民族的傳統對唐代皇權產生了影響，因此，有學者認為不僅五胡十六國，就連隋唐帝國也是所謂的「二元性帝國」。[166]

中華的問題

◎「漢人」概念的確立與「蕃人」、「唐人」、「華人」的出現

中國的國名是「中華人民共和國」，台灣則是沿用國民黨時期的國號「中華民國」，在兩者都使用「中華」這個發語詞；現在中華人民共和國的國民就稱為「中華民族」，在海外的中國人民則叫作「華僑」，即「中華僑胞」之意。然而，所謂的「中華」到底具

有什麼樣的意義呢？中華民族內的漢族當然是占了多數，但少數民族也包含在其中，因此，中華民族是由「多民族」所組成的。

作為中國人起源的種族是「華夏」，華夏族因為有在「地的中央」（土中）居住的自我意識，因而將他們居住的國家稱為中國。[167]華夏之外的東、西、南、北四方，各自居住著夷、戎、蠻、狄，他們和中國的關係不單單在衣、食、住上，在語言、文化方面也被視為不同的種族。[168]因此，歷代中原政權或是生活於該政權下的人們，自然會對這些民族施行差別待遇，就算在春秋時代，秦、吳、越也不過是夷狄；但是，漢代以後對夷狄的認識已經改變了許多。

另外，隨著中原文化向四面八方傳播，雖然華和夷之間的文化同質性稍微被提高了，[169]但差別意識仍然存在。然而，現在中華民族雖是以民族來做區分，但不論在形式或實質上，都堅持著否定民族差別的政策。理解中國史的重要問題之一，就是了解族群身分的認同變化是從什麼時候開始的。

今日，占中國人組成極大比例的的民族是「漢族」或「漢人」，「漢族」這個詞雖然是在近代才形成，[170]但「漢人」一詞卻是很早以前就出現了。[171]「漢人」雖然也曾在漢代被使用，[172]但只具有「漢朝人」的意義，而不是種族的名稱。

「漢」或是「漢人」被用在種族議題上做理解，始於被外族統治的魏晉南北朝時代；[173]「漢（人）」以種族名稱登場的契機，是胡漢間的衝突變得尖銳化，當時「漢」其實是被當作鄙稱。[174]北魏末年「六鎮之亂」時期，鮮卑稱自身為「鮮卑」或是「北人」，他們的語言叫作「鮮卑語」或是「國語」，以便與「漢」、「漢人」、「漢語」做區分；

北齊文宣帝因為太子學得「漢家性質」而與自己不像，就想要將其廢掉，[175]從這點來看，胡族們當時樹立了鮮卑特質，面對漢人也不會感到自卑感，[176]甚至還帶著藐視的意味。

對立過程中，也有胡族責罵漢族，稱其為「漢兒」、「漢狗」的情況，[177]匈奴出身並鮮卑化的劉貴，得知在黃河工作的漢人役夫們溺死的事情後，說出了「頭錢價漢」（頭只有一錢價值的傢伙）這樣的話。[178]鮮卑人以「頭錢價漢」、「無官職漢」（沒有官職的傢伙）、「漢兒」、[179]「何物漢子」（這俗氣的傢伙算什麼東西！）[180]等帶有嫌棄的鄙語稱呼漢人，和北周戰爭時經常趕漢人當「肉籬」，也就是把人當作肉盾，[181]從這就可以知道當時鮮卑人有多麼輕視漢人了。

這種「漢」的意識，也成為後來所謂「好色漢」、「無賴漢」之類用語的根源。北齊還提出了漢族不能當皇后的主張，文宣帝想立漢人的李氏為中宮，當時的官僚們都以「漢婦人不能成為天下的母親」為由反對，並請求升格鮮卑出身的段昭儀為皇后。[182]雖然不知道提問者的種族為何，是否又是一起利害得失的政治事件，[183]但反對漢族女性當皇后有不小的含意，證明當時「漢」、「漢人」、「漢家」的用語是帶有貶義的。

為了代替「胡人」和「漢人」這種互相輕蔑的稱號而產生的，是所謂的「蕃人」和「華人」。首先談談「蕃人」。從西魏到北周，特別是到了隋唐，當「蕃」取代「胡」的同時，「漢」也逐漸脫離了貶義。首先，「蕃」這個詞表示「漢人」以外的族群，也就是「漢」跟「蕃」的對立概念；「蕃」有柵欄「藩」的含意，和以前的「胡」不同，帶有「鄰居」的概念，[184]因此「漢」也慢慢轉變為中立性的名稱。

「漢人」在北朝末期特別帶有輕蔑的意思，但「華人」並非如此，「華人」最早是出現在江統的〈徙戎論〉中：

> 討叛羌，徙其餘種於關中，居馮翊、河東空地，而與華人雜處。數歲之後，族類蕃息，既恃其肥強，且苦漢人侵之。[185]

文中的「華人」跟「漢人」被區分地很清楚，也就是說，「華人」及「漢人」並不相同，是不同的實體。

那麼，所謂「華人」又有什麼意義呢？從〈徙戎論〉的文脈來看，它帶有「（中）華土地上的人民們」的意思，因此可看成是在「中華界線內居住的人們」。再深入一點的話，指的則是不論以前是哪個種族，如今進入中華的土地、習得中華文化的人們。仔細查看史料的話，此用語常指生活在中華邊境區域的人，例如北魏時期居住在高昌地區八城的族群就被稱為「華人」。[186] 當然，除了漢族之外，這些人也包含了已歸化的外族，同時也曾作為蠻的代稱使用。史書在區分匈奴與別種的稽胡之際，也曾使用「有異華人」這樣的說法；[187] 此外，「東魏－北齊」時期也曾使用過「華人」一詞以作為鮮卑的對立語；[188] 還有華語也作為夷語的相反概念，[189] 以及具有「華人」所使用的「中國語」的意義。因此，華人是外夷的相反概念。在這樣的觀點下，要說內夷屬於華人範疇，並沒有不合理之處。

唐代也是如此。因為吐蕃侵略導致家園失落的唐人被稱作「華人」，[190] 進入突厥領地的唐人也被稱作「華人」，[191] 這些已經學習到中華文化的人，或是為了學習中華文化而進入中國的人都被稱為「華人」。這裡的「華」並不是根據血統的種族名稱，而是逐漸成為領域上和文化上的概念；即使原本居住在邊境之外的人，只要進入中國、吸收中國文化、遵守中國秩序的人，都可以稱得上是華人。這樣的變化具有重要的意義，因為這關係到「中華」的含意。

另外，也出現了「唐人」的稱呼。所謂的「唐人」是由「唐朝人」的意思而來，而且「唐人」這個稱呼更常被用在「國際人」的這層意義上做理解。[192]我們不該小看「唐人」出現的意義，畢竟，其他所謂的「宋人」、「元人」、「清人」等名稱並不常用；此外，有些人認為唐人的概念為「非胡非漢之人」也是緣由於此。[193]宋代以後，外國仍將中國稱為「唐」、稱中國人為「唐人」，[194]將「中國城」稱作「唐人街」的緣由也是由此開始。[195]可是，對於具有國際性的中國人來說，為什麼會被貼上「唐人」的名稱呢？這和當時有許多外國人進入中國，但也有很多人離開的事實是不是有關係呢？因為大唐帝國本身是個「流動社會」，而且如果去美國或加拿大的唐人街的話，大多可看見立有「天下為公」的牌坊。這個詞句首次出現在《禮記》〈禮運篇〉，後來成為孫文愛用的名言，是一句能顯現中國文化精髓的話；另外，我們又稱唐人為「華僑」或是「海外華人」，也是表示擁有中國文化之人的意思。

另外要提出來討論的問題，是「中華」與「華人」的用法。所謂的「中華」，不只是地區名稱，[196]也是種族名稱；[197]「中華」這個詞在魏晉時代首次出現，[198]唐初被使用在天文方面，之後大多用來表示「宮廷中間之門」的意思；[199]從地域性來說則有「中原地區」的意思，[200]指的是「內地郡縣」、「郡縣地區」或是「中原」；在統一時期指「全國」，分裂時期則單指「中原」。

也就是說，所謂的「中華」，原來是在「華夏」之上附加中國（中原、中間）這個地域性的概念；可是，隨著胡族占領中原的時間變長，「中華」不只被用來指稱中國，還成為文明開化、以及保存「文化」的種族的代名詞，所謂「中原衣冠」就是這個意思。「（西）晉是自己放棄自己的文化，並不是因為我的叛亂。」從苻堅的言詞中[201]，可以了解到以前的「中華之士」若是成為東晉所屬，成為「吳越斷髮文身」的話，就會喪失他的身分。[202]中華是衡量中原區域的重要尺度，蘊含了傳統文化實地的意義。[203]進入中原的外族們也以「土中」為根據，成為了傳統文化的保持者，進而強調自己為「中華」，並排斥南朝王朝，稱其為「南偽」。[204]到了北朝末年，包含鮮卑在內，出身烏桓、匈奴的人士在習得傳統文化與知識後，也被當作「中華朝廷的使臣」。[205]現在所謂的「中華」，不再被漢族所獨占，「中華」成為了與漢族共存的各民族之間的共用語。[206]

所以，在元代王元亮重編的《唐律釋文》卷二十二中，提出了「所謂中華，就是中國，因為直接受到王的教化而自己對中國服順，衣冠嚴肅而隆重，風俗因此變得具有孝悌、舉止禮儀端正就叫作『中華』，與夷狄的習俗，意即被髮左衽，以及身上刻著紋身是完全不同」[207]的解析。[208]雍正、乾隆以後，就邏輯上來說，如果在清朝的華夷觀裡，「夷」代表野蠻的話，那清代的皇室就不是「夷」而是「華」；如果「夷」是外族的意思，清代皇室就不是「華」而是「夷」。[209]

也就是說，漢人士大夫們的「華夷差異」是以人和物（禽獸）的角度來看，對於這個差異的根源，隨著與中原的距離而有所區分。在雍正帝開始的清室反駁論述中，認為華和夷的根源應該是文化（仁義、德、五倫）的有無，以出生地來區分華夷是錯誤的觀念。[210]中原統治的正當性應該是以仁或虐來討論，出生地並不能成為基準。這跟漢人所崇尚的舜或文王雖也是出生在夷地，但並不被稱為夷狄是相同的道理，應該將其看作國內的籍貫差異。從夷狄轉換為中華是由於文化的有無，是和努力有關的，所以應該要反對漢人那種孤陋的論述，也就是認為「外族成為中華就跟禽獸變成人一樣不可能」的華夷論。

這種清廷對漢人士大夫抱持的傳統華夷論所提出的反駁論述，其實早在五胡十六國以來就已經被多次討論，大唐帝國時期的氛圍也幾乎與此相同。九世紀中葉，在大食國出身的李彥昇被大梁節度使盧鈞推薦的過程中，這個道理就已經被提出討論了，這可以從陳黯所做的《華心》一文看出：

> 宣宗大中（八四七到八六〇年）初年時，大梁（開封）的連帥（節度使）范陽公（盧鈞）向闕下推薦大食國人李彥昇，天子對春司（禮部的考試官）下諭，要測試其才能，兩年後他獲得進士科及第，名聲顯揚，跟一般賓貢科的合格者完全不能比擬。有人表示：「梁是很大的都邑，節度使作為大賢者，自華君獲得名聲，仰賴華民提供俸祿，結果要推薦人才時，卻從蠻夷中去尋找，難道中華的人才不足嗎？只有蠻夷的人值得任用嗎？」
>
> 我對節度使的行動有所感觸，於是回覆，節度使是真的要推薦有才幹者，而不是因為和這個人私下有親近的關係。事實上，以地區來說的話，雖然華和夷必

定是有所區分的，但從教導的立場來說，華夷之間豈有差異呢！華和夷的差異，一言以蔽之，其實就在於心。從心來判別，便能察覺出這人究竟是傾向華或是夷；即使在中州誕生，但卻違反禮儀，那麼這樣的人雖然外貌是華，但內心卻是夷；相反地，就算在夷城中誕生，但他的行動若是合乎禮儀，這樣的人雖然外貌是夷（蠻夷），但內心卻是華。

舉例來說，即使盧綰擔任了少卿一職，卻仍然製造叛亂，這樣的人難道不是夷狄嗎？匈奴人金日磾盡忠赤誠，難道不能算是漢人嗎？這樣看來，所謂「華夷之辨」，其實全都是「心之所向」罷了。現在李彥昇從海外而來，以他的道為節度使所知，節度使大感驚異，是故拔擢了他，以作為所有戎狄的榜樣；這正是讓日月所照耀之處，都歸於文明開化的行為啊！所謂的華就是看其心，而不是以土地來分別是否為夷狄；我因為有所感，所以寫下了這一篇《華心》。[211]

陳黯的意思是，所謂華夷的標準，取決於心之所向，而不是地域歸屬。將西漢時引發叛亂而逃向匈奴的漢人盧綰，[212]與對西漢王朝盡忠之匈奴出身的金日磾[213]相比，可以看到他們依據文明的教化而具有多少華心。大食國的李彥昇參加的不是一般外國人應試的賓貢科，而是通過了對中國人來說也很難的進士科。他學習了傳統中國文化，可謂真正具備「華心」的華人，由此可以看出，被稱為華人的條件並不是根據「土地」，而是根據「心」來界定。

根據此脈絡，丙子胡亂[214]後，朝鮮的知識分子們認為朝鮮才是文明的中華，清朝以及侵略朝鮮的清軍都是文明的破壞者、敵對的他者；對朝鮮的知識分子來說，所謂的「中華」並非只是民族觀念的問題，因為「中華就是文明」。[215]

另一方面，民國初期的章太炎表示「中華云者，以華夷別文化之高下也」；[216]梁啟超也說：「凡遇一他族，而立刻有『我中國人』之一觀念浮於其腦際者，此人即中華民族，……故凡滿洲人今皆為中華民族之一員也。」[217]

與這種概念性變化並進的，是中華的地域性範圍被擴大了；從「北魏孝文帝與唐太宗均提及中華」這點就可以察覺出來。孝文帝說過：「胡越之人亦可親如兄弟。」[218]經由這樣的意識，他在用人時採用「兼容並蓄」的政策；唐太宗在位時，說出：「胡越一家，自古未有也」[219]的名言；於是，中華跨出了中原，持續向中國全境擴大。

接著，我們就針對所謂的「中華」、「中華帝國」，或是像「中國」之類的用語，探究其所具備的範圍問題。「中華」不只單純是歷代王朝或今日的中國正在支配的空間性範圍，也就是說，它不只表現在領土上，更是中國人獨有的民族性概念和文化性概念互相重疊的複合性概念。[220]

漢族與胡族建立的中華王朝可能共同存在過，以「中華圈」來看，今日的香港，台灣、新加坡都被包含在內。所謂的「中華」，雖有歷史性的膨脹和縮減，但很明顯地其組成並不是只有漢族，而是包含了其他民族。

中國國家主席習近平雖然高喊中華復興，但他所說的「中華」，並不是只有漢族的中華，而是傳統的由華、夷共同創造出來的特別概念。儘管這樣的概念和強調族群平等的民族主義相較起來，不過是比較差的「正常化體制」，[221]但即便如此，也仍是打造出一個巨大中國所需要的重要理念。因此，作為對外性的思想，也有人主張應該要區分「普遍性」的中華思想[222]以及「排他性」的華夷思想。[223]同時，用「中華化」一詞，取代形容「外族中國化」的「漢化」一詞。[224]

有「現代版中國魯迅」之稱的余秋雨，多次強調文化性混血所賦予的生命力；這是由非漢族的唐朝皇帝所擁有的鮮卑族傳統，以及唐朝街道上散發出的多元文明，再加上超越文化性混血的自信感，以及寬容精神等元素所互相形塑出來的歷史，成為中國史上文化最為燦爛的根基。[225]因此，「中華」與排他主義、霸權主義，照理來說是完全沾不上邊的。

◎從「徙戎論」到「悉為吾民論」

前述的中華觀念，並不是當外族在中國成為問題時驅逐他們、讓他們搬離中國，而是透過教化，讓他們轉變成本國人。為了樹立這樣的觀念，其實花了很長一段時間。從秦漢到西晉為止，對中國人來說，外族是像奴隸一樣被使喚的對象，而非共存的對象；正因如此，才會出現像是江統所提出的〈徙戎論〉這類的理論。

唐朝時的社會氛圍改變了很多，朝廷劃時代地施行了和遊牧民族同居共存的政策。當突厥滅亡時，向唐朝降服的人達到十萬之多，[226]唐太宗和朝廷官員們議論此事的處理方式，中書侍郎顏師古、禮部侍郎李百藥、夏州都督竇靜、魏徵等人都提及西晉時期郭欽和江統等人主張的〈徙戎論〉，並警告可能發生像「永嘉之亂」的危險。[227]然而，溫彥博以孔子所謂的「有教無類」作為基礎，提出「數年以後他們會成為我們的百姓」的主張，太宗因此拒絕魏徵等忠臣的意見，轉而接受溫彥博的建議，[228]從此處可看出唐太宗看待外族的心態，和西晉武帝有極大的不同。

唐太宗接受溫彥博的建議後，第一個被影響的對象是突厥啟民可汗的孫子、始畢可汗的兒子——突利。隋朝時，啟民可汗來到中國後被視為大可汗，朝廷將北方的統治權交付給他；到了始畢可汗時，卻高舉著反叛隋朝的叛旗。唐太宗沒有立突利為可汗，而是任命他為順州都督的唐官，確保大唐平安的同時，也發掘了能使突厥族存續下去的方法，吩咐其作為都督並遵守中國法律。[229]唐太宗的做法不同於隋代，並非將被降服的外族首長按照原例任命為可汗，而是依據中國法律，任命其為統屬既有部落的都督，具備唐官的身分。

在唐朝諸君中，主導這種變化的人正是唐太宗。唐太宗的這種想法和政策的變化具有什麼意義呢？雖然是唐朝時做出的評價，但在對唐太宗與秦始皇、漢武帝的比較評價中，可以看出漢唐之間的差異。

貞觀十三年（六三九年），唐太宗從疏勒那裡開始得到朝貢，並要房玄齡等人評價自身的業績：「以前天下一統，克服四夷的只有秦始皇跟漢武帝，朕拿著三尺長劍平定四海，遠方的四夷前來臣服，並不落後於這兩位君主，而且他們的末路是不能自蠻夷們的手中守護自己……」[230]他認為以攻擊為主的政策，是魯莽盲目又沒有什麼效果的。另一方面，《唐會要》中指出：「秦始皇、漢武帝廣事四夷引發人力耗損、戶口減半，太宗則是致力於節省人力以及讓百姓休養」[231]相較起來，太宗更處於優勢。

關於漢武帝和唐太宗的差異，太宗說漢武帝對匈奴的策略是下策，秦始皇則是束手無策，李百藥則附和：「以武力安定四海之後，再以文德使得四海歸服，怎麼能夠與前面兩個失策相比呢？」[232]也就是說，跟只消費人力及物力之征服為主的政策相比，一次性征服後以文德（宥和）對待，確實更為上策。[233]這種政策的基礎不是因為國力微薄，而是立基於「胡越一家」的民族意識之上。

雖然很早以前就已出現「胡越」這樣的用語，但到了魏晉南北朝至隋唐時代，才開始強調「胡越」。所謂「胡越」，指的是秦漢時代居住在北方長城以外的「胡」，以及南方五嶺[234]之外的「越」。[235]長城和五嶺在秦漢時代既是國境線，也是人與物（禽獸）的警戒線。

「胡越一家」和「天可汗」稱號的天命有著緊密的關聯。在唐高祖李淵著名的言論中，可以找到評價唐太宗的功績為：「胡越一家，自古未有也」[236]有趣的是，太宗將向突厥稱臣的李淵尊奉為上皇，且兩人歡聚的場所，正好就是西漢主宮未央宮。就漢唐對於外族，特別是對北方遊牧民族的統御差異以及成果來說，可以感受到唐高祖李淵與唐太宗李世民這對父子之間的差異。

那麼，太宗對自己採用的異族政策有什麼樣的評價呢？我認為太宗在翠微殿與侍臣們的問答中已經有所表達。前面雖然稍有提到，但這裡就從太宗的言談來詳細探討吧。

「自古帝王雖平定中夏，不能服戎狄，朕才不逮古人，而成功過之，自不諭其故，諸公各率意以實言之。」一群臣皆稱陛下功德，如天地萬物，不得而名言，上曰：「不然，朕所以能及此者，只有五事耳，（一）自古帝王多疾勝己者，朕見人之善，若己有之；

（二）人之行能，不能兼備，朕常棄其所短，取其所長；（三）人主往往進賢則欲寘諸懷，退不肖則欲推諸壑，……；（四）人主多惡正直，陰誅顯戮，無代無之；朕踐祚以來，正直之士，比肩於朝，未嘗黜責一人，（五）自古皆貴中華，賤夷、狄，朕獨愛之如一，故其種落皆依朕如父母，此五者，朕所以成今日之功也。」[237]

唐太宗的「胡越一家」是在這樣的背景下出現的。當然，他也不是沒有自誇的意味，但和以前的帝王不同的是，他明確堅持了其獨特的民族政策。在太宗所提出的五項政策之中，最後一項和以前諸多帝王所提出的有著明顯區別；他強調在自古以來的諸位帝王之中，成為中夏主人者雖多，但卻沒有能讓戎狄打從心裡服從的帝王。太宗相信自己得以建立和先前諸位帝王不同的功績，是因為無差別的民族政策，所謂「胡－漢－越」，也就是遊牧民族加上漢族與蠻族，就像家裡的父母、兄弟一樣相處在一起，這正是大唐帝國的理念，也就是建立一個「胡、漢、越」之間沒有差別的新王朝，這正是他們致力的目標。擁有長久文化傳統與歷史、作為世界中心的大唐帝國，其主人不再只是漢民族；帝國的經營方針朝向「胡漢共治」、「胡漢共存」的方向前進。

◎包容政策以及人口構成的多樣性

遊牧民族進入中原並建立政權以後，最先開始實施的政策是什麼呢？對於登上政治第一線的遊牧民族來說，沒有比養成自身勢力還要更重要的事。其次，便是將旗下的成員統合、團結起來。正因如此，他們為了擴大規模而採用的政策，就是「兼容並蓄」（對一切都接受）的政策。[238]

大唐帝國之前的「五胡十六國—北朝」時代，有很多的外族進入中原；不只是北方的遊牧民族，就連西域綠洲的人們也陸續前來，甚至有許多人來自敵對的南朝國家，這可說是中國版的「民族大遷徙」。在呈現北魏後期都城——洛陽情況的《洛陽伽藍記》中，從西方的大秦國（東羅馬帝國）而來的異國沙門有三千多名，用作接待的僧房達到一千多間；從蔥嶺以西到東羅馬帝國為止，百國千城出身、依附北魏的人達到「萬餘家」，[239]特別是像來自南方「歌營國」這種國家的人們，在東、西漢以及曹魏時期，是絕對沒有出現過這種外族接連出現的現象。在《洛陽伽藍記》中，這樣的情況被拿來與兩漢、曹魏等漢族中原王朝的情況相比較。[240]

隨著這種空前的人口流入情形增加，新舊移民與本國人之間的衝突也愈加劇烈，特別是在「五胡十六國—北朝」時期的許多王朝中，除了對外的「南—北」（南朝和北朝）衝突外，也有對內的「胡—漢」、「胡—胡」間的反目與衝突發生，不只難以輕易解決，甚至日漸嚴重。由於國力的強弱決定於人口數和團結與否，因此，將進入國土內的異國人做適當的安置、並使其得以安居樂業，便是朝廷的當務之急。

所以北魏設置了名為「金陵」、「燕然」、「扶桑」、「崦嵫」的四夷館，又在歸正、歸德、慕化、慕義設置了名為「四館里」的外國人居住地，加以安置並統治外國人。南朝人（吳人）、北夷、東夷、西夷分別被安置於金陵館、燕然館、扶桑館、崦嵫館，經過一段時間後，再安排到一般人居住的區域加以安置。另外，也會依照被安置對象在母國的地位來冊封為公或王，也會贈送房子，甚至將公主許配給對方作為妻子。[241]雖然是外國人，卻沒有受到差別待遇，反而被給予優待，證明他們的移入符合國家的利益。另外，比起沒有生產力的人們，擁有特殊生產技藝的人更受到朝廷歡迎。

因此，北朝時代在中國的外國人，包含了具備各種技藝的人，特別是所謂的「西域商號」或是「富胡」[242]，廣義來說就是粟特（Sogd）商人；他們不只活躍在工、商界，就連在音樂、政治界也能展露頭角，被稱作北齊時代最高權力者的「三貴」（穆提婆、高阿那肱、韓鳳〔長鸞〕）[243]，正是這類的西域人。[244]此外，在組成北齊軍隊先鋒的精銳部隊中，也有號稱「西域兵」的神射手。[245]當然，他們並非都會對國家有所貢獻，有時反而還會造成國家衰亡，[246]但說到底，他們的存在與活躍，仍是跨入多元文化社會的表徵，顯現出了當時多元人才活躍的社會氛圍。

接納外國人的程度也會表現在國力上。南北朝的形勢常被稱作「北強南弱」，[247]也就是南朝的「宋—齊—梁—陳」王朝，隨著時間流逝而逐漸衰弱，到了最後的陳朝，已經相當弱小。[248]「北強南弱」出現的理由，正是源於「五胡十六國—北朝」的許多王朝採取積極的「兼容並蓄」政策之故，而這樣的包容政策並非「漢魏—南朝」的政策方向。[249]

◎漢唐的支配概念圈論和昭、乾陵的君長蕃臣像

大唐帝國是「兼容並蓄」政策推動下的成果，也是漢唐之間「夷狄觀」差異所帶來的結果。如何看待「華跟夷」，就跟悠久的中國史一樣曲折複雜；事實上，在唐代之前，

也可以看見「華夷不分」的立論，例如在西漢昭帝時期的《鹽鐵論》中，便有著「四海之內皆兄弟」這種華夷不分的想法，除了對匈奴歸順表示樂觀，也對武帝的征伐戰爭做出批判。[250]同時，司馬相如在稱讚武帝的征伐戰爭之餘，也表示「有生命的物體無法浸潤於他的恩澤，對賢君來說是很羞恥的」，其主張的正是所謂的「禮義一體」。[251]《春秋》公羊學的「華夷觀」也主張，根據禮義的有無，華可以成為夷，夷也可能成為華；在這樣的前提下，夷狄可以參與王子爵制的時代，正是社會通往太平的時代。[252]

但這類的討論，和外族成為中原統治者之後的夷狄論仍有所差異，因為從「夷不亂華」[253]的時代，轉變到所謂的「五胡亂華」時代，兩者的夷狄觀早已不盡相同。也就是說，當漢族擁有統治外族力量時的理想論，以及漢族被外族支配後的現實論，這兩者之間存有很大的落差。

來看看秦漢帝國的人們對於外族有何看法。首先，(一)李斯的「地人不用論」可以作為代表，李斯在秦始皇打算攻擊匈奴時，以「得其地不足以為利也，遇其民不可役而守也。」[254]加以反對；(二)漢代時以長城為基準，區分匈奴與漢族的政治領域，也就是說，長城以北為引弓之民(使用弓箭的遊牧民)／匈奴居住的地方，屬於單于的領域，長城以南則為冠帶之室(戴冠且綁腰帶的農耕民)／漢族居住的地區，屬於皇帝的統治區域，兩者之間有嚴格的區分。[255]不只如此，雙方對於土地的想法也有所不同，漢朝認為匈奴的土地「地固鹽鹵，不生五穀」，[256]匈奴則認為漢朝的土地：「今得漢地，而單于終非能居之也。」[257]根據當時的夷狄觀，外族並非共生共存的對象，這就是漢、唐之間明顯的差異。

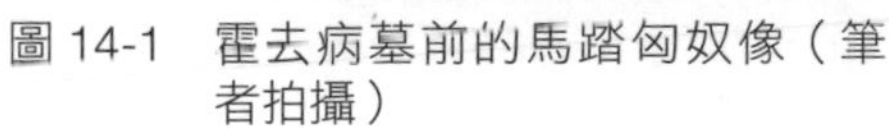

圖 14-1　霍去病墓前的馬踏匈奴像（筆者拍攝）

圖 14-2　乾陵六十一蕃臣像（筆者拍攝）

那麼，大唐帝國是如何改變的呢？將大唐帝國看作類似西漢帝國或是其翻版，並不妥當。大唐帝國當然承繼了西漢帝國的制度與文物，但是繼承歸繼承，大唐帝國仍有許多新穎且相異的部分。大唐帝國與西漢帝國在世界觀方面有很大的差異；兩個帝國相差少則四百年、長則八百年的時間，若還主張兩者相同的話，實屬完全錯誤的理解。不管中國的前近代社會如何停滯，仍要考慮到此時期有所謂「民族遷徙」的巨大衝擊。

代表漢、唐世界觀差異的象徵物，就是漢跟唐分別留下的遺跡。例如西漢武帝茂陵的陪葬墓——霍去病墓前設立的「馬踏匈奴」像，以及唐太宗的昭陵前豎立的「十四國酋長像」，以及唐高宗、武則天合葬墓乾陵前的「六十一國蕃臣像」。（圖14-1、14-2）觀察這兩個時代的石像群，就能了解漢、唐對於外族的認識存在多大的差異。對西漢帝國而言，匈奴並不是可以共存的對象，相較之下，大唐帝國對待遊牧民族的態度和西漢帝國完全不同。

先從唐太宗的昭陵開始說起吧。豎立在昭陵北闕司馬門前的十四國酋長像，是在永徽年間（六五〇至六五五年）雕刻而成，是將唐朝擒伏、同化，或歸順唐朝的十一個族群、十四個國家的酋長們形象化之物。[258]關於他們的形象有著「全部深目大鼻，一起帶著弓和刀且精壯，實際看起來有點奇怪的模樣」的說法，[259]這是因為他們大多是西北遊牧、綠洲民族。東、西兩邊各有七座石像排列，在總共十四國的酋長中，西北遊牧民族領袖有七人，西域綠洲都市國家的王族有四人；從名單來看，在東側有突厥的可汗，其中最有力者為頡利可汗（阿史那咄苾，東突厥最後的大可汗，於六三四年死亡）、突利可汗（阿史那什鉢苾，六三一年死亡）、阿史那思摩（六四七年死亡）、阿史那社爾四人和新羅的真德女王（金真德）、越南的林邑王范頭黎（范頭利）、印度王阿那順等總共七人一排，西側則是夷男（薛延陀的真珠毗伽可汗，六四五年死亡）、吐谷渾的烏地也拔勒可汗（慕容諾曷鉢）、吐蕃第一代贊府（贊普，王的意思）松贊干布（文成公主的丈夫）、高昌王鞠智勇（漢籍作鞠智盛）、焉耆王龍突騎支、龜茲王訶黎布失畢、于闐王伏闍信等七人，兩邊一共十四人的石像。[260]

這些石像之所以大多是西北方的遊牧民族，乃是與唐太宗時期的對外關係有所關聯。當時外交戰略的焦點是針對西北方的遊牧民族，唐太宗被稱為「天可汗」的當下，唐朝便與西北方的遊牧民族產生了關係。如前所述，太宗貞觀四年四月，西部各族稱太宗為他們的共同首長——「天可汗」，然後在貞觀二十一年正月，大漠以北各部族的酋長們，將回紇以南、突厥以北（漠北）連接成一條路，即打開所謂的「參天可汗道」，並且請求沿路設置六十八個驛站。[261]

雕刻這些石像具有誇大唐朝威勢的意味，特別是十四國酋長中的松贊干布、新羅真德女王、范頭黎、夷男等是一生未曾到過長安的人，而製作石像時，松贊干布、阿史那社爾、慕容諾曷鉢、訶黎布失畢、伏闍信、龍突騎支等人當時都還健在，其他的人物也仍然居住在長安。[262]他們與唐朝的關係雖不全然相同，但儘管如此，唐帝國的皇帝仍意志堅定地引領周邊王朝的首長。

接下來，讓我們來看看乾陵前排列的六十一酋長蕃臣像。乾陵的南門闕內東西兩側二目、以每目南北向四行、東西向八排排列的石像，大部分是以西北方人的模樣塑造的。[263]到現在為止，這些石像的官銜與姓名經考察者，共有三十六人。在這三十六人之中，吐谷渾、吐蕃、突厥首領各兩人，其餘是安北、北庭、安西等都護府和少數民族的首領們。關於他們是因為什麼理由而被豎立起來，眾說紛紜，舉例來說，有人說是乾陵建造時期來幫忙工程的人，[264]或是看起來像章懷太子墓中壁畫〈客使圖〉裡的謁陵吊唁客使（謁見、主喪的使臣）。[265]

在唐朝，對蕃國君主的石像有各自表現禮儀的手法[266]；而當國外君主去世時，也有一定的喪禮機制。[267]總之，這是大唐帝國初期，唐朝「四夷統御」的一種形式，也是顯現出唐朝標榜「四海同歸」和「蕃漢一家」思想的一個實證。[268]

這些蕃臣像就算被誇大，仍不能否認的是，它們呈現了當時的形勢；而關於這些石像，還可以做出很多解釋。六十餘人的石像中，地域分布往北到大漠，向西到蔥嶺以西，也就是中亞出身的蕃酋；他們進入唐朝，成為宿衛宮城的最高位蕃長，不然就是在安北、北庭、安西等地，以都護府大將軍的身分活躍。他們可以算是在天可汗的指揮下，以大唐帝國的成員身分，扮演了支撐大唐帝國的角色。

大唐帝國的外族並不像漢朝一樣，被看作討伐的對象，而是被視為與中原的漢族一起打拚、共存的對象。光是跟唐朝締結關係的國家就有三百餘國，[269]蕃人在大唐朝廷內當官的人數是以「萬」為單位來計算，[270]光是外使管理機構就可以細分為四方館、鴻臚寺、禮賓院、互市監、市舶司、蕃長司等，負責承擔招待、貿易管理、僑民接待的業務；[271]同時，作為五禮之一的賓禮，也和所有蕃國有關，[272]可以這麼說，大唐帝國對全世界打開了大門。

漢、唐之間對於外族政策的差異是明顯存在的，如果漢帝國追求的是強力區分胡漢（強漢），那麼大唐帝國就是透過包容而成為盛世（盛唐）。

「胡漢之別」的再生與大唐帝國的衰亡

如果帝國出現的關鍵字是「共存」、「寬容」的話，那麼帝國滅亡的徵兆，就是王朝、社會的主流勢力過於強勢，產生對異質者的「歧視」以及「不寬容」，從而造成反目跟衝突，導致成員之間「阿下比亞」的消失。也就是說，帝國的衰退都是從「不寬容」跟「對外國人的厭惡」，以及主流群體對人種、宗教、民族「純粹性」的追求開始的。

帝國出現的第一個條件是，引導帝國誕生的支配階層必須團結一致。大唐帝國的出現也是如此，「阿下比亞」最為活躍、發揮最淋漓盡致的時候，正是宇文泰領導的「關隴集團」建立「西魏—北周」的時期。關隴集團扮演中樞性角色，創設、引領隋、唐帝國約一百五十多年；然而，若是從細部來看，關隴集團的「阿下比亞」因強弱而有了很大的變化。

關隴集團的第一次弱化、分裂始於隋王朝的誕生，隋朝的開國者楊堅（文帝）自北周奪取政權時，關隴集團就已經出現龜裂的徵兆。隋文帝是北周皇室的外戚，為年幼皇帝（靜帝）的外祖父，因此爭取皇權的過程算是相當容易；[273]但他也擔憂日後自己會遭到外戚篡位，於是將關隴集團的核心家族——北周皇族宇文氏的子孫們趕盡殺絕。[274]這麼做是為了消除北周勢力再起的可能性，但也成為隋朝被關隴集團排斥的理由。[275]

在隋朝的開國過程中，顯現龜裂的阿下比亞，雖然在南下滅陳的戰爭中稍微高漲了回來，但很快地就再次分裂。在歷代王朝末年發生的眾多叛亂中，隋朝末年叛亂的主要特徵之一，就是叛亂的罪魁禍首大多是原本在朝廷擔任高官的人。[276]那時候，關隴集團的向心力尚未消失殆盡，唐朝開國後，他們又再次展現了團結。

對關隴集團產生最大打擊的人是武則天，她並非出身自關隴集團，而關隴集團本身也隨著歲月流逝而逐漸虛弱；隨著其政治力量式微，大唐帝國開始被陰影所籠罩。眾所周知，武則天是中國唯一的女皇帝，在女性難以出頭的社會裡，為了以女子身分當上皇帝，她需要強力無比的支援，因此，當務之急就是破壞既存的關隴集團。武則天破壞關隴集團和確保新勢力的計畫，就從人事政策開始。她大舉提拔通過進士科的新進人員，還透過所謂「濫官」這種「開特例」的用人政策，來打壓既存的關隴集團。[277]到了唐玄宗時期，關隴集團的勢力已經弱化到難以恢復，安史之亂後，遂進入了新的局面。[278]

舊勢力的瓦解崩潰，欲取而代之的新勢力仍尚未穩固，再加上玄宗自身的腐敗和好逸惡勞等問題，造成國勢衰退。分裂是從連結較弱的部分開始的，與中國社會尚未充分融合的外族便成了問題。由擁有粟特血統的外族安祿山發起的「安史之亂」，事發原因並不是他和楊貴妃之間的兒女情長，而是因為至今讓胡漢統合的「阿下比亞」已經毀損的關係。

雖然對於以「開放性」為特色的大唐帝國來說是件矛盾的事，但大唐的沒落正是始於賦予過多權力給外國人（安祿山），導致其舉兵叛亂。也因為缺少確認和預防的機制，使得玄宗或楊貴妃當時把極重要的權力交付給一個外國人。胡漢間的反目、衝突再次高漲，是以安史之亂為契機，使得八世紀後半的漢人們開始懷疑其他民族，以及他們主導的外來思潮；同時，漢人社會中「不寬容」的風氣也逐漸變得高漲，所有問題又開始歸咎到外國人身上。

如前所述，七六〇年，中國人在揚州殺害了數千名「阿拉伯—波斯」商人；七七九年，德宗趕走外國使節，也禁止外族身穿中國衣服，[279]特別是隋代以來作為官服的袴褶也被廢止。[280]

西元八三六年，唐朝對中國人下達了不能與有色人種，特別是阿拉伯、波斯、印度、馬來、蘇門答臘人交流的禁令。[281]衣、食、行等方面都曾蓬勃發展的外來風潮（胡風）開始消失，反覆叛亂的河朔地區也被視為夷狄的領土，[282]成為化外之地，[283]這塊土地一直到唐朝滅亡的一百餘年間，都已不再是王土；[284]由此可見，大唐帝國的衰亡只是時間的問題。

安史之亂是興盛一時的大唐帝國走向衰亡的轉捩點，可是我們只能單純地將它固定在這種視角上嗎？事實上，這並不是單純的一場叛亂，而是可將其看成中國社會的重大「轉換期」。[285]也就是說，安史之亂前後，其實中國社會有了明顯不同的差異。變得不同的是，安史之亂以前一度風靡社會的胡風蕩然無存，但又並非只是重新恢復到以前的社會狀態而已；[286]所謂的「歷史性轉折」，指的乃是社會主體創新和變化趨勢在根本上有了重大的改變。[287]

自古以來，以日本學界為中心，透過社會經濟指標，界定唐和宋之間的變化就叫作「唐宋變革」。[288]當然，那時產生了和「變革」這個詞彙相應的社會性轉折的確是事實，可是從政治、經濟、文化、學術等層面來看，就不是單純的變革，而是融合起來、作為創新基礎的一種強大改變，這是不可否認的。

例如韓愈的「古文運動」和「排佛論」，韓愈是唐代科舉制度培養出來的士大夫，是相當反對外來文化的人物。古文運動排斥魏晉南北朝以來受到佛教影響而盛行的駢文，取而代之的是古代經典和秦漢時期的文章，主張「文以載道」，並恢復古文。但是，這個運動實際上也有抵制佛教的企圖，其排佛論的代表作《諫迎佛骨表》便是主張佛教是外來宗教，其因果報應說是無法相信的理論；他打開了自唐代以來儒學復興的風氣，其影響力相當深遠。

韓愈重視的是以堯、舜、禹、湯、文、武、周公、孔、孟一脈相承的「道統」的確立（為此他寫下了《原道》），以及對人類心性的論議（為此他寫下了《原性》），這使他成為了宋明理學的先驅。他的「道統說」尊崇《孟子》及《大學》，被後代儒學者們所繼承，「道學」一詞更成為宋明新儒學的名稱。然而，雖然他排斥佛教，但事實上，不只是韓愈，其弟子李翺，以及宋代儒學者的思想，都有受到佛學（特別是禪宗）的影響。[289]

總而言之，文化並非維持既有之物，在和其他文化相遇時就會產生變化，例如唐代流行的禪宗，其主張的「明心見性」和「頓悟成佛」，[290]這種思想和天竺（印度）佛教的「出世思想」有諸多不同，反而跟中國的儒家或是老莊思想十分相似，因此其起源雖是天竺，但禪宗可說是「中國化」後的佛教。由此來看，宋代理學可說是儒教和禪學融合後的產物。[291]充滿某種文化的社會在轉型為其他社會時，舊的要素不滅，反而對新文化的創造有所貢獻，唐代佛教中的禪宗、禪學就是明證。

即使從「華夷無隔」的唐王朝轉換到強調「華夷之別」的宋朝，也並非是把五胡十六國以後、汙染中國的外族要素全部消滅。如果查看因為胡風汙染而被唐朝置之度外的河北三鎮境內的人，我們會發現漢人的數量其實更多。這些漢人看待外族時，特別是對於西北方的外族幾乎毫無反感，例如五胡時期的後晉高祖石敬瑭（八九二至九四二年），他的父親曾侍奉契丹；九三八年，石敬瑭將相當於現在的北京、山西、河北北部的燕雲十六州割讓給契丹，這個區域會被割讓，表示這裡的住民已被胡化，和外族更為親近。[292]即使韓愈倡導古文運動，但中國其實已無法回到秦漢時期，並且也從來沒有回頭過。

從歷史的角度來看，北方中國人對於外族的排斥感相對來說是比較少的。元代時，所謂的北人（華北人）對於侵略者蒙古人並沒有太大的反抗，元朝滅亡時，他們也沒有叛離朝廷。從清代來看，北人跟江南人有所不同，北人對清廷發布的薙髮令相對順從，而當清朝滅亡時，直隸、河南、山東等省對獨立宣言仍感到猶豫。

北方的人們當然不是本來就這樣子，漢代以前，燕趙（河北和山西）地區的「慷慨悲歌之士」尚有很多，[293]幽州、并州地區的「勇俠者」也很多，[294]表示那些地區原來並非如此。然而，在經歷「五胡十六國—北朝—隋唐」之後，北人心裡的意識產生了非常大的變化。金國世宗說過，「自古以來，忠心的燕人（北方人）很少，遼國的軍隊來的話就服從於遼，宋國人來的話服從於宋，到了本朝（金）時就服從於本朝」，[295]藉此指責華北人的意識變化。中原人，也就是北人的這種對外意識變化是從五胡十六國開始；但這樣的變化其實意味了種族的混合，北方經歷這段歷史後，元朝初期以「《資治通鑑》校注者」聞名的胡三省說：「嗚呼！自隋以後，名稱揚于時者，代北（鮮卑）之子孫十居六七矣，氏族之辨，果何益哉！」[296]他所哀痛的是被視為中國文明淵藪的北方，因為胡漢間的融合已深深地成形。所以這個地方誕生了既不是蠻夷、也不是漢族，而是所謂「新的中原人」。

從五胡十六國到南北朝這三百年間，中國北方有了很大的影響與改變，但也不能遺忘唐、宋、明、清時期，北方胡族持續入侵及其影響力。如果看五胡十六國以後、長達一千六百年的歷史，去掉隋唐的三百二十六年、北宋一百六十年、明朝兩百八十年，其實中國北方在夷狄統治之下長達了八百多年。相反地，在中國南方，北狄的支配不過只有元朝跟清朝合計三百五十多年而已。北中國當然不得不成為胡漢混血、胡漢雜居的地帶，這樣的情況使得北中國跟南中國成為相當不同的社會。

另一方面，外族支配時期較短、成為歷代漢人避難之土的南中國，依舊維持著很強的「攘夷保種」風氣。南宋以後，南方的學者們在其論說中，大多強烈地表現出對外族的同仇敵愾。朱子學的祖師朱熹是福建人，南宋時代強調華夷區分的胡安國也是福建人；不只如此，作為明末清初的大儒、為了光復明朝而努力的顧炎武、黃宗羲、王夫之等「三遺老」，全都是所謂的南人。為了趕走征服中國的外族而發起的叛亂，幾乎都是由南方發起，元末的叛亂或是清末的叛亂就是很好的例子。

此處筆者要特別強調的是五胡入侵中原，也就是以永嘉之亂為導火線，不僅造成中國南北有別，自古以來文明和野蠻的等式也被完全瓦解，甚至逆轉。當然，到了唐、宋時期，這樣的逆轉才益發明顯，所謂的「唐宋變革」，便可以說是南北優劣的交換；然而，造成反轉的一個直接原因，正是五胡侵入中原。也就是說，現在的經濟中心江南的開發與起飛，正是因為江南的完全「中國化」；東晉以後至北宋末期為止的八百年間，是中國文化中樞移動轉換的過渡期。但若是從大局來看，「唐宋變革」其實不只是變革，反而是大唐帝國的傳續與發展，也因為如此，在中國史上，大唐帝國所占據的比重相當之大。

另外，在政治方面也是如此。唐王朝雖然是因為藩鎮而滅亡，但五代王朝政府的型態其實仍是唐代藩鎮體系的延續；五代中的後唐、後晉、後漢，這三個王朝都是由外族、也就是所謂沙陀族所建立的王朝。沙陀族起源於西突厥，在唐太宗時期歸附於唐朝。作為四大勢力的中心領袖，建立後唐的李赤心（李國昌）、李克用父子因騎射出色，在唐末龐勛、黃巢之亂中立下了很大的功勳，援救皇室的功績可以和春秋時期的齊桓公、晉文公相比，[297]加上他們的根據地是大唐帝國的發源地晉陽（太原），因此得到作為唐朝賜姓的李氏後，他們便以大唐帝國皇室的後裔自居，自稱是唐的合法繼承者並使用國號「唐」，特別是莊宗李存勗將自己比喻為唐太宗，[298]把契丹當作夷狄，且欲自命為「中夏」；但其實這也和當時沙陀族的民族性有關。

也就是說，大唐帝國是五胡進入中原之後，一個歷史性的歸結點，也是唐代之後歷代中原王朝的表率；後唐在後梁滅亡之後立刻將都城遷到洛陽，可以將此舉理解成是為了延續大唐帝國，並想要恢復以前的模樣。然而，即使其政策媲美北魏孝文帝的「漢化政策」，卻也被指責為造成類似北魏末期「六鎮之亂」的原因。[299]但是，後唐李氏的路線不能單純地被理解成是漢化的結果，換句話說，作為中國核心區域的黃河流域，並不具備民族上的同質性，除了促進胡漢融合，很難有其他方法解決因胡漢並存而衍生的問題。

東漢晚期以後，因為各種原因進入中原的外族都朝向「中國化」的目標邁進。雖然當時局勢混亂且諸王朝大多短命，但在持續五十四年的五代的五個王朝中，有三個沙陀族王朝出現；同時，五代時期以後，長城內的一部分也出現了具有部分疆域的遼、金、西夏、元等屬於「征服王朝」型態的外族王朝。因此，中國史的開展，即五胡十六國到大唐帝國為止、由外族所引領的歷史，不能單純地以「胡族漢化」來解釋。如果我們不以純粹漢族王朝「宋－明」的承接，來看待大唐帝國統一中國之後的歷史，就更能清楚地理解這點。常有人說，如果中國史是以農耕與遊牧勢力間交互作用為主軸的南北交流、爭鬥歷程，那麼東漢晚期以後，從遊牧民族踏足中原開始的胡漢衝突、反目，再到和解、共存的過程，便是理解中國史的關鍵。

即使限縮在大唐帝國的特定時期，胡漢衝突也沒有比較少；不只是安史之亂，當唐人對外拓展關係時，同時也引起了對外族的敵意。胡漢衝突令唐人（特別是漢人）對於胡人的敵意變得高漲，例如玄宗時期，在唐的西北方出現了強大的鄰居，他們正是吐蕃與回紇。安史之亂後，吐蕃首先攻陷河西跟隴右數十個州，這時回紇四次派軍助唐，但代價是換來回紇的蠻橫，特別是要求唐帝國以高價買進他們的特產馬，所謂的「縑漸多，馬漸多」[300]就是在這個情形下所產生的。德宗貞元二年（七八六年），對回紇失望的唐朝轉而與吐蕃結盟，但在吐蕃打破盟約、暗藏伏兵，殺害唐朝官兵數百人並俘虜數千人之後，雙方關係又回到了原點。[301]因此，唐人對外族變得愈加保守；唐朝後期，唐人仇視外族文化的風氣也愈來愈強烈。

安史之亂以後，民間出現了對三夷教的壓制以及排佛論的流行，同時也產生對外族的激烈報復。唐武宗是狂熱的道教信徒，在位期間曾實施過宗教迫害，最初的箭靶是多數回紇人信奉的摩尼教，八四三年，武宗處刑摩尼教修道僧共七十餘人，並且沒收摩尼教寺院所擁有的土地。[302]接著，八四五年時展開對所有外來宗教的大規模抵制運動。武宗在反佛教敕令中，指責並批評佛教等外族宗教是讓中華產生道德混亂、經濟衰退的外國之教。[303]

一般人的排外意識也在此時跟著高漲，黃巢叛軍屠殺了關中地區共十二萬名信仰伊斯蘭、猶太教、基督教與瑣羅亞斯德教（祆教）的商人。[304]一連串的排外事件，顯示統合大唐帝國成員的「阿下比亞」已遭到破壞，所謂的三夷教（摩尼教、景教、瑣羅亞斯德教）在這段時間裡逐漸消聲匿跡。然而，曾是西域移民精神支柱的三夷教完全消失了嗎？並非如此。有些人認為在那之後，摩尼教異端化、拜火教民俗化、景教則出現「方伎化」的現象。[305]由此看來，外族的事物並沒有消失，而是成為中國文化的一部分並且延續下去。

安史之亂以後，雖有上述的胡漢衝突，但仍不能低估大唐帝國樹立的種種成就。進到宋朝之後，這種以血緣區分的「胡漢」一詞，被文化取向的「華夷」所替代。對於這樣的變化過程，北京大學的鄧小南教授指出，到了宋代，「胡漢」概念逐漸消失，唐人累積了「胡華」或「漢華」經驗後，對於血緣上的民族區分已漸漸淡薄，反而在政治或文化色彩上，對所謂「文化差異」的感受變得更深。[306]

總而言之，唐朝以前的時代常以「胡漢之別」來形容，但宋朝之後所提出的則是完全不同概念的「華夷之辨」。「胡漢之別」就某種程度上來說，是顯示不同種族的分界；但到了宋朝，士大夫的華夷概念明顯是以「文化」的優劣差異作為比較基礎，而非「種族」。

胡族的華化與中國史的時代區分

綜觀中國史，大唐帝國算是成功的帝國，但其仍無法在政治、語言、文化上實現胡漢的完全統合。然而，對外族來說，他們被賦予了相當程度的自治權以及平等權，這在唐代以前的王朝裡是不可能看到的現象。因此，我們可以說，從五胡十六國到唐代為止，多數王朝的努力，對於打破胡漢之間的界線有一定的成果，但是仍留下了一些問題：首先，唐代仍無法發展出像羅馬帝國那樣，漢族與外族同樣適用，可以一起參與的「市民權」（公民權）概念。和王室、貴族、議會互相牽制並達到均衡的羅馬體制不同，唐代標榜「一君萬民」的皇帝體制，是其根本上的弱點。再者，統合大唐帝國的政治體制、社會原理與認同乃為「中國人固有之物」，當胡（異國人）的東西被排擠時，統合力量自然就有變得薄弱的問題，中國數千年來累積的文化，反而導致成員間的「阿下比亞」產生龜裂的潛在問題，這正是當今中國仍有待的問題。

胡族進入中原對中國社會造成極大的影響。胡族並不仇視中國固有的文化傳統，相反地，他們也想要接受好的那一部分；若自身的文化傳統有劣等、不適當之處，也願意斷然捨棄。為了統合、團結境內的所有人，自我改變是必要的條件。從前，胡族的這種態度被稱為「漢化」，但這樣的變化其實不只是單純「漢化」而已，而是更深的「文明化」，最終產生「中華化」的結果。美國哈佛大學的包弼德（Peter K. Bol）教授也認為，使用「文明化」（civilization）代替「漢化」（sinicization, han-hua）一詞時，意味著胡族跟多數的漢族在中國土地上，與各種要素共存，並且「追求共通的基礎」（Seeking Common ground），其最終的目標是要達到所謂的「統合」。[307]經常有人誤以為「中華」或「中華主義」等用語，是單單主張、固執於漢族之物；若停留在這個觀點之上，就無法理解「中華」、「中華民國」、「中華人民共和國」等國名，或是「華僑」這類名稱的概念。

以安史之亂為導火線，大唐帝國的胡漢統合實驗雖以失敗收場，但其遺產不僅龐大，甚至可以被評價為中國史上重要的一筆。來自西北方的遊牧民族進入中原、長期建設帝國的結果，就是大唐帝國的誕生。中國史上，能和大唐帝國並列為世界帝國的王朝就屬西漢帝國了，因此，歷史家們經常以「漢唐」來並稱這兩個王朝。

然而，兩者雖有相似的部分，但仍有許多相異之處。先根據「時代區分論」來談起吧。中國歷史學者雷海宗於一九三六年發表「時代區分論」，曾針對這個問題提出獨特的見解，他的時代區分論並不是依據西洋史發展法則中的奴隸制、封建制，而是根據中國獨特的發展法則來加以劃分。

他將中國文化的形成和發展以「民族性」為基準來區分，把中國史分成兩個時期：（一）第一個時期是從上古到三八三年淝水之戰結束為止，這個時期是古典中國時代，是純粹以漢民族所創造的文化為主、外來文化並不重要的時代。（二）第二個時期是三八三年以後直至今日，外族滲透到中國內部，他們的文化對中國文化有極為深遠的影響，因此稱為「胡漢混合、梵華同化的綜合時代」。[308]他的觀點是將「純粹漢族文化時代」跟「內外混合文化時代」加以區分，從這個觀點來看，不論是在血統或文化上，北方遊牧民族和佛教的反覆入侵或流入，最終產生了「混合的中國」。

雷海宗並非外族出身，而是一位努力找出新石器時代（殷周時代）跟青銅器時代之間的延續性的歷史學者。傅斯年也同樣對淝水之戰時，從北方蠻夷手中守住華南跟江南地方的東晉有著高度評價。當時，蠻夷如果占領了江南跟華南，那麼漢族的中國史將不會存在，因為在這些地區中，漢族的人口比率其實相當低。東晉阻擋了蠻夷南進的征途，讓漢族不致滅絕，而能繼續擴大漢族的人口跟文化。在這之後，胡漢混合的中國文化之所以能全面性地擴散、漢族能夠重新再起，東晉功不可沒。[309]但是我仍然要強調，淝水之戰前後的中國是兩個完全不同的社會。

此外，波斯歷史學家、撰有《史集》的拉施德丁（Rashid al-Din）也有和上述相似的觀點；我們就來看看他的中國史時代劃分論吧。他將中國歷史以三十六個原王朝（tabaqa-i asli）加以區分，其中（一）第一期，第一代王朝盤古到第二十一代王朝西晉為止，共有四萬一千八百二十二年；（二）第二期，第二十二代王朝東晉到第三十六代王朝宋為止，共有九百九十三年。這種時代劃分的根據是以是否掌握中原地區的統治權來判定，也就是該地域出身並且在該區域行使君主權和指揮權的王朝是屬於第一期；原本的君主離去，而外來的君主行使獨立統治權的時期則為第二期。[310]雖然「五胡十六國－北朝」王朝並沒有被放進這三十六個王朝之中，但拉施德丁還是根據他們進入中原後引起的狀況來做時代劃分。

在中國、日本學界都可以看到這種從民族角度進行時代劃分的方法。主張魏晉封建學說的中國學者何茲全等人的時代區分論，將「東漢末年－三國時代」當作中國從古代進入中世紀的轉折點。[311]雖然這不是前述的民族史觀點，但在時代轉換的背景中仍有外族入侵的現象；日本京都大學派的始祖內藤湖南的時代區分論也是如此，特別的是，內藤的時代區分論是將「中國文化」分為不同的時期[312]。

北方遊牧民族進入中原，對中國史的發展與轉換有著重要的意義。如同《孟子》或《三國演義》所提到，傳統學者觀察出中國的發展是所謂的「一治一亂」，也就是「統一↓分裂↓統一↓分裂」這樣的反覆循環；可是大唐帝國以後就不再符合這樣的循環模式，唐朝滅亡之後的五代時期雖有短暫的分裂，但在那之後就不再是如此，因此，有必要尋找出王朝變化的全新模式。如果就後來的中國王朝對於外族的開放與封鎖、文化上的多民族跟單一民族（漢）體制的發展來看，可以統整歸類為隋、唐（開放＝多元）↓宋（封鎖＝一元）↓元（開放＝多元）↓明（封鎖＝一元）↓清（開放＝多元）。[313]

外族進入中原一事讓我們得以從南、北王朝不同的角度來看待中國史，中國的種族多樣化和疆域的擴大，也都與外族有著緊密的關聯。現在的中華人民共和國是橫跨東亞、中亞、南亞、北亞等地的大國，也是世上人口最多的國家；不能將如此龐大的人口和疆域，看作是單純由漢民族拓展出來的結果。

武曌，通稱武則天，唐高宗的皇后，是中國史上唯一的女皇帝。「胡漢統合」的唐朝同時兼具遊牧民和農耕民的文化，而遊牧民文化的特色之一正是女性權力較高，這使得唐朝出現了「女人天下」的政治現象，以及皇帝為了避免皇后干政、外戚勢力過於龐大而設置了諸多預防措施。

第三章

大唐帝國的經營與治術

大唐帝國的外在特徵

我們可以在「五胡十六國—北朝—隋—唐」的皇室中，看到與其他朝代不同的幾點特徵。第一，包含皇帝在內，皇后、太子等皇室成員的行動、邏輯相當特殊；首先，與之前其他王朝的皇帝相比，唐朝皇帝不在都城的情況十分頻繁；第二，皇帝對於所有國事全都站在第一線，想要獨自處理的積極態度。第三，若想成為皇帝或太子，則應具備特殊的品德。

皇后掌握權力的程度，也是其他王朝無法企及的；不只如此，她們參與國政的頻率也很高。當然，在以前的王朝裡，也有皇太后垂簾聽政的情況（例如東漢）；當時，由於君主短命，而繼承者又過於年幼，不具有領袖魅力，因此，母后將尚在襁褓中的嬰兒立為皇帝，並長久地掌握權勢。舉例來說，就像漢殤帝出生僅百日就登基；漢沖帝兩歲、漢質帝八歲、漢桓帝十六歲、漢靈帝十二歲、漢獻帝九歲時登基，這些皇帝大多是幼主；[1]再加上東漢皇室的血脈曾斷過好幾次，從旁系擁戴上來的皇帝就有四位，因而有六位親自臨朝的皇后。[2]

但「五胡十六國—北朝—隋唐」時代的情況就和東漢很不一樣，即使皇帝並非幼主，也常常可以看到皇后行使權力。中國史上唯一一位的女皇帝（武則天）就在這種風氣下出現，稱此時期為中國史上罕見的「女性至上的時代」也不為過。雖然偶爾也會在其他王朝看到女性掌權，但從未有過女性直接稱帝。

接下來是宦官跋扈的問題。如同明末清初的王夫之所言：「唐之亡亡於宦官。」[3]清朝的趙青黎也說：「亡唐者，宦豎耳。」[4]實際上造成大唐帝國滅亡的直接原因並非廣受指責的藩鎮，而是宦官。部分的藩鎮只是割據勢力在某個地區擺弄政權，並不想顛覆朝廷；安史之亂以後、唐昭宗（八八八至九〇四年）之前的政府即使陷入險境也還不至於滅亡，之所以如此，正是因為依賴順從的藩鎮勢力；僖宗（八七三至八八八）以前，除去極少數在「河北三鎮」或是河南道等地的藩鎮們（叛亂時他們大多跋扈、採取反中央的態度），絕大多數的藩鎮其實仍擔任「藩籬」的角色以協助朝廷，所以顧炎武曾說：「世言唐亡于藩鎮，而中葉以降，其不遂并于吐蕃、回紇，滅于黃巢者，未必非藩鎮之力。」[5]另一方面，唐末擔任宰相的崔胤曾指責宦官：「大則傾覆朝政，小則構扇藩方。車駕頻致播遷，朝廷漸加微弱，原其禍作，始自中人。」[6]大唐帝國的宦官為政權帶來了莫大的弊端。究竟，為什麼唐朝宦官的問題會這麼嚴重呢？

最後一點是包含各種人口的政經制度，其實已經非常周密且妥善，法律規定也非常嚴格且詳細。作為帝國經營和統治術特徵的法治的嚴格性和周密性，具體說來又呈現出什麼樣的面貌呢？接著，我們就以上述提出的四個問題為核心進行觀察。

皇帝的日常行為與治術

總體性的親政體制與親征

一個國家裡通常會有引領其前進的代表人物，有些人既具有世俗權力又具有象徵性，有些人則是只具有其中一項。東、西方的差異不說，即使只看東方各國，也能察覺彼此之間的不同。[7]中國將這類代表人物稱為「天子」、「王」或「皇帝」，大唐帝國的統治中心便是皇帝。綜觀中國史上的歷代皇帝，其統治特色並非全部相同，而是根據個人取向的不同而有所差異。筆者特別關注對於受到遊牧文化影響較深的五胡十六國與唐朝皇帝的統治行為，[8]究竟，唐朝皇帝在統治行為上有什麼特徵呢？

在「一君萬民」體制下，特別是為了順利統治聚集在帝國之下的各種集團，皇帝的統治手段比什麼都還重要。以隋唐皇帝的情況來說，為了要進行與突厥或高句麗的戰爭，常常可以看到皇帝直接巡幸邊境，檢閱軍政狀態或是乾脆御駕親征；同時，皇帝為了巡幸而離開宮殿的次數也非常多。唐朝維持著所謂「三京」或「六京」的「多京體制」，[9]若是去除商朝與西周的話，其實很難在中國史上看到維持兩個都城以上的王朝；即使有，也很難將其視為真正的「多京體制」。[10]

根據某項針對唐代皇帝巡幸的研究來看，若將各種型態的巡幸合計，可以確定的有三百三十八次，[11]其中自高宗起至玄宗開元二十四年（七三六年）為止的八十餘年間，唐朝皇帝像是出遊一般，常常往來於長安和洛陽；[12]武則天甚至曾放棄長安，將洛陽定為首都，不禁教人懷疑究竟長安和洛陽何者才是都城。

皇帝移動的理由也很多。玄宗時曾以長安地區人口爆炸以及沙漠化導致農業生產減少為由，帶著軍隊出發前往洛陽五次；[13]不只是帶著百官及軍隊前行，為了獲取糧食，皇帝也帶著百姓前往洛陽出巡，這和「逐糧天子」的稱呼可謂十分匹配。[14]後來玄宗接受裴耀卿的建議，擴增倉庫，並改良陸運和水運，提高長安至洛陽間糧食運送的效率；[15]對於以長安為中心的關中地區百姓，則改以穀物來繳納其「庸」、「調」，[16]這就是為了預備歉收年而提前廉價購買豐年或豐收地區的糧食的「和糴法」。[17]

開元二十四年（七三六年）以後，為尋求糧食而非得要到洛陽的情況已不復存在。[18]在安史之亂前後，皇帝巡幸的範圍及頻率更是有所不同，特別是安史之亂以後，皇帝巡幸的頻率減少了許多，這是因為長期的藩鎮割據以及吐蕃東進等內憂外患使得治安惡化，再加上巡幸京畿地區以外的地方可能會發生危險、中央政府財政不足等問題，[19]使得皇帝不得不大幅減少巡幸的頻率。

事實上，若是考量之前的皇帝即使是在糧食不足的迫切情況下，仍以獲取糧食為目的而離開首都、或是到其他地區的情形也極為罕見的話，要理解大唐帝國的皇帝為何如此頻繁出巡就會顯得很困難。

估算一下長安和洛陽之間的距離，就能明白出巡絕對不是一件簡單的事情，這樣的行動絕對有其理由；當然，也會有因為叛亂而使得皇帝必須出巡，但那並非一般的出遊。

許多皇帝以參與在長安近郊進行的各種祭祀為由，或是以送別和蕃公主的名義，把很小的事情當作離開都城的藉口。其中，最重要的目的是避暑和狩獵，這兩件事幾乎是所有遊牧出身的君主出巡的主因，如果只待在宮中，他們就會感到全身痠痛。像這類皇帝從主宮出來的例子，是很難在非遊牧系的王朝中找到的。

當然，在古代中國的天子或皇帝的行為中，巡幸、巡狩等用語其實相當頻繁地出現；眾所周知，秦始皇統一中國後，在十二年的時間裡一共有五次在各地區走動，等於統一之後有三分之一以上的時間都花費在巡幸上，[20]為此，他還準備了首都咸陽與各地離宮之間，屬於皇帝的專用道路——馳道。[21]

西漢時期，若是排除親征和近距離出巡的話，共有高達一百零一次的巡幸，特別是漢武帝的巡幸頻率，多到可與秦始皇比擬；[22]然而，這種巡幸的性質，又與「五胡十六國—北朝—隋唐」皇帝的巡幸不太一樣。首先，就《晉書》〈禮志〉指責三國時代曹魏的巡幸並非「前朝舊章」的評價，就可以清楚說明這一點。從前，沒有不巡狩的帝王，但曹魏的情況卻並非「舊章」的形式，也就是說，「以前巡幸的風俗」是去拜訪耆老，或是為了救濟生病的人而前去給予綢緞或糧食，[23]這點在《宋書》中也被明確地指出來，只是在《宋書》中，秦、西漢、曹魏的巡幸大多是根據當時的社會情況，而非根據「前朝的舊典」；但東漢的許多皇帝卻只跟隨古禮進行，[24]也就是前朝「典型的巡幸」是參考了祥瑞等因素後才決定巡幸的時間，盡可能不去役使百姓、給他們添麻煩，甚至是以撫慰百姓的苦痛為主要目的。

所謂符合「古禮」的巡幸，很明顯地與曹魏和「五胡十六國—隋唐」皇帝所進行的、具有軍事目的的巡幸有所不同。事實上，兩晉、南朝時，若不看皇帝被權臣或簒位者拉下台的情況，帝王們主要都只在首都（洛陽、建康）附近一帶走動；[25]然而，自從游牧民族進入中原並開始統治以後，若比較上張胡漢統合的諸位帝王的巡幸記錄，就會浮現出其性質上的差異。

雖然後面會做更詳細的說明，但簡單來說，在北方，皇帝的巡幸不只是單純要收攬人心，也不只是「親征↓掠奪↓班賜（分配）」這一連串基本的軍事行為而已，更與游牧地區的統治者根據時節進行普遍性的季節遷徙十分相似。因此，在五胡十六國至唐代為止的巡幸當中，並不存在中國自古以來的傳統型態，特別是如果參考後世同樣由異族所建立的王朝，如遼、金、元或清朝皇帝的巡幸型態，就會更加明顯。[26]

就這點來看，雖然唐朝皇帝的巡幸行為也有檢閱帝國疆域及邊境的含意，但也可以理解成與他們原本就具有的游牧習慣有關。我們可以發現，隋唐皇帝的遷徙行為，非常類似於後世的契丹或蒙古政權中的春領地、夏領地、秋領地、冬領地，也就是根據四季的嬗遞，其巡幸地也會跟著「四時游幸」、「四時捺鉢」。

舉例來說，漢族王朝的秦始皇的巡幸，或是漢代以後為了封禪等祭禮的巡幸，就其頻率或目的而言，與契丹、西遼、女真、蒙古等游牧王朝的皇帝的季節性巡幸相比，其性質是非常不同的。另一方面，就「五胡十六國—北朝」時代的情況來看，巡幸和出差的次數其實非常頻繁。

皇帝停留過的地方會設置行臺，而太子代替皇帝留守在都城的「留臺」也成為了確立的制度；北魏皇帝頻繁親征便使得「留臺制度」出現，而「監國制度」也成為了常態。[27]此外，我們也發現巡幸可隨著季節不同來加以分類，相較於都城長安，隋煬帝反

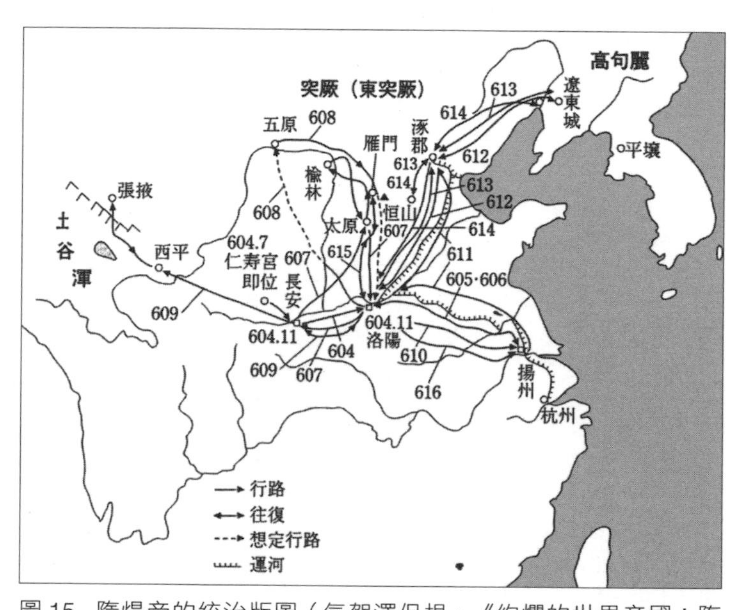

圖 15　隋煬帝的統治版圖（氣賀澤保規，《絢爛的世界帝國：隋唐時代》）

而更常停留在洛陽和江都（揚州）。因此，都城級的都市，不管是三都（京師＝西安，東都＝洛陽，北都＝太原）還是五京（西京＝鳳翔府，南京＝成都府，中京＝京兆府，東京＝河南府，北京＝太原府）等，此時已開始出現複數首都並立的「多都體制」，這是在遊牧背景的王朝中經常可以看到的現象。

雖然在歷代漢族王朝中，也不是完全沒有出現過多都制度，但這種多數都城級城市並立的現象可說是「五胡十六國—北朝—隋唐」時代的特徵之一。（圖15）

再者，更重要的是隋唐皇帝的親征行為。筆者已在本書的開頭提過，雖然唐太宗直接指揮軍隊，並在最前線被敵將（高句麗的楊萬春）用箭射傷這件事與事實不符，但是他成為軍事指揮官並站上先鋒的這件事是毫無疑問的。

國家草創時期戰爭頻仍，曹魏文帝直接帶領軍隊出征，這並不符合「古禮」的巡幸，要像明帝那樣，為了照顧百姓的苦痛而進行巡幸，才是符合「古禮」的巡幸。其實，在之前的朝代中，也有像曹魏文帝一樣御駕親征的皇帝，只是在秦漢以後的歷代王朝中，除了開國國君之外，幾乎找不到皇帝進行親征的例子，只有明朝的永樂帝曾五次親征蒙古。針對這種獨特的事實，有日本學者指出永樂帝並非明太祖朱元璋的兒子，而是元世祖忽必烈的繼承者。[28]從這點來看，特別是為了解決軍事等實際問題，五胡十六國以後的皇帝，其親征和巡幸的行為，在本質上和以前的皇帝有很大的不同。

那麼，對當時大唐帝國的人們來說，皇帝應該要有怎樣的行動，又應該怎麼行動，才是最符合大家期待的皇帝呢？在歷史上出現的許多政權中，有著各種類型的最高統治者，如果用「皇帝」（以下稱為王）來通稱他們的話，大致上可以分為兩種類型，也就是遊牧型（Personal Kingship）和農耕型（Ritual Kingship）。筆者在之前已介紹過，五胡十六國、北魏以及隋唐王朝的統治中心基層為胡族系，因此能夠輕易地在他們身上看到遊牧型君主的特徵，接下來就以最明顯的例子，也就是由鮮卑拓跋族所建立的代國和北魏說起。

曾擔任美國哈佛大學教授的傅禮初（Joseph Fletcher）認為，所謂的「遊牧型君主」，是透過在以自己為主體的對外戰爭中獲得掠奪品，並且進行分配，讓附屬於他的百姓可以溫飽，從而成為無限寬大（Generosity）的存在，並且維持君主的地位。

雖然前面已經屢次強調過，如果要打造並延續帝國，最重要的關鍵字就是「寬容」（Tolerance）。遊牧型君主獲得地位的方法與過程，與農耕世界的嫡長子能「自動」繼承先王地位的型態不同，遊牧型君主是透過與無數候選者進行激烈的競爭來獲得其地位。正因如此，在遊牧王朝中發生繼承紛爭其實是相當平淡無奇的事，而能夠讓人從競爭中脫穎而出的條件，就是足以壓迫競爭者的勇敢、軍事指導能力以及寬容的心胸。[29]

遊牧型君主日常的軍事行為以「親征→掠奪→班賜」的方式來表現，這種型態在具備遊牧環境的北魏前王朝——代國時期君長們的行為中就已經可以看見。

舉例來說，昭成帝什翼犍就將這種軍事行動日常化，即位後第三十年的十月，他率領軍士討伐匈奴族酋長劉衛辰，獲得馬、牛、羊等數十萬頭牲口，隔年春天回到大本營，將獲得的物品根據地位及戰功分配給部下。[30]什翼犍透過在戰爭中屢獲成功的方式表現給當時在他麾下的鮮卑拓跋族看，從而保障他長達三十九年的統治。但是，後世以「暴崩」來形容他突如其來的死亡，原因在於他在與前秦皇帝苻堅的戰鬥中敗北。[31]

另一方面，序紀時代的皇位系譜圖極其複雜且無序，實際上匈奴也因為常常發生繼承紛爭，導致其繼承圖相當混亂，但在北魏時期就顯得截然不同，反而相當井然有序。若從外部來看，會認為北魏時期完全脫離了遊牧世界。事實上，帝王到外地親征，乃是因為境內物資缺乏，為了族人而不得不到外面掠奪，這對長期以來因物資不足而飽受煎熬的遊牧世界是理所當然的事。那麼，我們就來仔細探討親征問題吧。

關於北魏的情況，（一）太祖道武帝一共出外親征二十三次；（二）明元帝兩次；（三）太武帝二十四次；（四）文成帝一次；（五）獻文帝在位時一次、上皇時期兩次；（六）孝文帝親政九年期間有四次；（七）宣武帝是唯一沒有親征的皇帝；（八）孝明帝則有三次。[32]然而，若是觀察中國歷代王朝的皇帝，除了開國國君之外，少有其他帝王御駕親征，也極少有人在戰爭過程中進行「掠奪→班賜（分配）」的行為。基本上，中國皇帝在征服某個國家時，往往給予將軍指揮的權力來進行征服，事成之後再建立朝貢或締結和親關係，允許邊境互市（邊市）。

很久之前，筆者曾分析過隋唐王朝為何那麼堅持發動對高句麗的侵略戰爭。自隋文帝開始的侵略戰爭一直到唐高宗為止，中國對高句麗的戰爭幾乎打了一個世紀。關於隋唐王朝侵略高句麗的理由，先不談一直以來經常被討論的國際層面，而僅就內部問題來討論，也就是以隋唐初期皇帝們的繼位紛爭，以及衍生出來的皇權乃至政權的傳統性問題為中心來進行理解。[33]

隋唐初期的皇帝大多不是用正常的方式繼承皇位，而是靠自己的能力直接強硬地奪取，如此登基的皇帝們有著共同的政治行為特徵，就是他們都會親自處理全部的政事。除了在對外戰爭中御駕親征，諸如在國子監進行的釋奠儀式也是由皇帝親臨，並親自處理所有的案件，也就是經常可以看到所謂的「萬機親覽」的情形；筆者將這種政治型態命名為「總括性的親政體制」。

賑恤與倉庫

為了成為皇帝，理所當然地要先成為「太子」；皇帝須具備的品德，就是太子必須具備的品德。很巧地，從五胡十六國至唐代中期為止，特別是自北魏獻文帝以來直到唐代中期為止（五到八世紀），每當皇帝或是太子被冊立時，總是特別強調「仁」這個品德。

不僅是從遊牧君主搖身一變成為農耕君主的獻文帝[34]、孝文帝[35]，就連惡名昭彰的隋煬帝[36]，也因為具有漢族最高品德「仁孝」而成為太子，並且被記錄在史書裡。進入唐代之後，高宗[37]、玄宗[38]、代宗[39]以及文宗，[40]他們在擔任太子的時期，人格也被譽為「仁孝」。高宗的廢太子李賢也曾因為「仁孝」的德性特別高尚而成為太子，高宗甚至指示在他死後由李賢代替他來監撫國政；[41]而房玄齡綜合太宗的人品，給予了「仁風……孝德」的評價。[42]

具體來說，所謂的「仁」究竟是什麼樣的行為？為什麼當時的皇帝們普遍被要求具有「仁」這個品德呢？有人認為這是東漢末年至三國時期，以士林世界為中心所產生的「仁孝先後論爭」為契機，使「仁」超過傳統的「孝」，躍升成為統治者最重要的品德。[43]然而，這種解釋真的合理嗎？

事實上，儒家的最高道德是「孝」。單獨強調「孝」時，如果看皇帝的謚號，會以「孝○帝」的形式，將「孝」字作為第一個字；在中國歷代王朝的謚號中，雖然有很多「孝○帝」，但實際上很難找到「仁」的謚號。「孝」在儒家「國教化」之後，成為歷代王朝最高統治者特別強調的一般性品德；然而，「仁」並非一般性品德，更可以說，「仁」是在特定時代中才被強調的品德。

那麼，「仁」這項品德具體來說是什麼東西？為什麼只在「北朝—隋唐」時代，才成為強調皇帝或太子必須要有的品德呢？所謂「孝」，是以對父母的敬事為主，其對象為宗族；「仁」則是對萬物施以惠澤，狹為鄉黨，寬則可以廣及社會全體。[44]如果「孝」的意義是絕對清楚的話，那麼「仁」就是在每個時代中，其意義與強調的部分都會有些微不同。

因此，有些人也將「仁」與六朝時期的「貴族制社會」連結，把「仁」看作是「士人、富豪階層以鄉里社會為對象，將捐獻財物等方法作為實踐行為」。[45]在注解《論語》的南朝梁學者皇侃的注釋中，將「仁」解釋為「施惠」、「周窮濟急」。[46]這樣的實踐性品德是士人或富豪階層都應當實踐的行為，如果是皇帝的話，那就更應該要去實踐。在鄉村裡實踐，士人當然會從鄉里社會那邊獲得支持，並得到尊敬，同時也能透過九品中正制，開啟成為官僚的道路；統治萬民的皇帝也是一樣，實行以「仁」為基礎、具有「仁」的統治，就能開啟穩固政權的道路。

但是進入北魏之後，一直到獻文帝之前為止，若是觀察所有帝王的行為，可以看見他們幾乎都維持著「親政→掠奪→班賜」的行為。然而，自獻文帝開始，這種掠奪行為逐漸減少，其他型態的行為開始出現，也就是說，他們在統一華北之後，需要征服、掠奪的目標地區也隨之消失了。隨著漸漸地轉向定居生活，皇帝的日常行為也開始有了變化。

筆者了解到在北魏社會的變化過程中，有值得關注的政策性變化，從而發現自獻文帝開始，北魏帝王的遊牧性軍事行為，也就是「親征→掠奪→班賜」變得「有名無實」，帝王反而頻繁地進行所謂「賑恤」的行為。「班賜」和「賑恤」有什麼關聯呢？「賑恤」原本是與天災有關的行為，從古書裡可以發現，魏晉南北朝和秦漢時期之間的天災次數並沒有太大的變化；在秦漢的四百年間，賑恤的記錄共有一百四十六次，領土較小的北魏在一百四十九年的統治期間則有七十四次，特別是獻文帝以後的六十二年間，共出現了六十一次，[47]這樣的情況與「親征→掠奪→班賜」行為淪為「有名無實」的時期重疊在一起。

另一方面，在兩晉時期的一百五十六年間，曾向上報告的水、旱災件數共有兩百二十件，平均每零點七年就有一件；緊急對策共有四十九次，其中賑恤有十次、賑貸則有四次；從東晉孝武帝太元十九年（三九四年）至東晉滅亡（四二〇年）為止，在這二十七年間，水、旱災雖有四次，但卻一次也沒有進行賑恤、賑貸；南朝時期的一百七十年間，曾向上報告的水、旱災共有九十七件，平均每一點八年就有一件，賑恤有三十五次，賑貸則有四次，總共三十九次。[48]也就是說，如果只看賑恤的話，在兩晉的一百五十五年間共有十四次，南朝一百七十年間則有三十九次。若是考量北魏獻文帝以後的六十二年間共有六十一次，可以得知北魏跟南朝相比，兩者在次數上的差異相當大。

除了北魏時期多次的賑恤行為之外，另一個特徵是北魏幾乎沒有實施賑貸，而只有進行賑恤。賑貸的前提就是在災害發生或是時節青黃不接的時候實施，並且在秋收時期償還。舉例來說，高句麗故國川王時期的國相乙巴素（？—二〇三年），就實施了救濟貧民的明法賑貸法；和賑貸不同的是，賑恤不要求償還，也就是純屬不要求條件的救濟行為，這樣的差異具有相當重要的意義。遊牧君主在進行親征、掠奪後的班賜行為時，是不具有需要償還等附加條件的，也就是說，在這種遊牧性軍事行為消失後，賑恤的出現其實就是針對附屬民眾所進行之變相的班賜行為。

在中原地區定居之後，因為暫時無法再找到可征服的對象，所以皇帝們在形式上自然地以賑恤來代替班賜。從改變透過親征和掠奪而獲得財富開始，轉為透過「耕作↓繳納稅金」的形式來獲得物資，並且儲存、保管於倉庫之中；當有需要的時候，再開倉進行賑恤，就是一種全新的班賜方式。

若要圓融地進行這種變化，必定要有保障財源的政策性變革；首先是在土地制度及賦稅制度上有所變化，再來則是對倉庫制度有所整飭。首先，新的土地制度——「均田制」的出現，以及稅制「租庸調法」的確立，都與這種變化有關；此外，還有班賜對象的改變。

過去在進行「親征—掠奪」的時候，帝王班賜的對象是在戰爭過程中一同辛苦作戰、具有功勞的將士們；由這些將士所組成的龐大軍隊，對於皇帝維持其地位來說是非常重要的。然而，在定居社會中，只有軍隊等少數團體的支持，是無法使皇帝長久維持其地位的，還必須要廣泛地收攬民心才行。因此，巡幸的形式和對象也都變得和過去不同。以前的巡幸被限定為一種軍事行為，但後來則轉變為安撫人民的一種方式，賑恤的對象因此被擴大了；換句話說，就是從給予參與戰爭的大臣、將軍等上位階層的班賜，轉變為以所有百姓為對象的賑恤。當然，這種變化與北魏皇帝成為廣大漢人的君主有關。

另外，值得注意的是班賜內容的變化。北魏前期對於班賜的對象來說，較受歡迎的是牛、馬、羊等牲畜，或是奴隸；然而，北魏的賑恤在中後期開始轉而以布、帛為主要物品，[49]像這種班賜品項的改變，與當時人民在財產觀念上的變化也有關聯，也就是反映了原本以胡族為主的掠奪經濟，轉變成以農耕產品為主的經濟型態。除了穀物，此時也開始出現以布帛和麻布等財貨為生產目的的「均田制」，其特別注重絲綢的生產以及相關部分（特別是桑田），這具體反映了當時的需求，以及人們財產觀念的轉變。

接著，我們來討論倉庫制度。首先是遊牧民族和倉庫的關聯性。當匈奴人視草原為其活動舞台時，帳篷以外唯一的人工建築物就是倉庫。匈奴人有漢人趙信建造的趙信城，以及被稱呼為「龍城」的城池；對他們來說，城池的用途又是什麼呢？就是倉庫。就某種層面來說，對於遊牧民族而言，說城郭是大的「倉庫」也不為過，[50]與其說是休息處或防禦用的陣地，倒不如稱其為保管、儲存掠奪物的場所。這個地方放滿了透過征服與掠奪而來的物品，之後又成為提供兵士們糧食或是給予賞賜品的場所。正因如此，在匈奴政權以後，倉庫和遊牧民族的關聯性變得非常密切。

北魏的情況也是如此，宮殿的西邊有四十餘間保管盔甲和武器的倉庫（鎧仗庫屋），宮殿的北邊則有十餘間保管絲、綿、布、絹等財物的土房倉庫；太子宮裡也有各種倉庫，這個現象被記錄在《南齊書》〈魏虜傳〉中。[51]如果以元代的情形來看，就能更容易地理解倉庫的用途。簡單地說，蒙古的倉庫（balaqat）可區分為保管穀物的「倉」（anbär），以及保管貴重物品的「庫」（khazāne），並且主要集中設立在都城內；不只如此，它們也被設立在大汗巡幸的沿途各處，因為大汗本身就是財貨聚集與管理的中心。[52]

在中國傳統的慣例上，開倉的權限是專屬於皇帝的，從漢武帝時期汲黯的故事，[53]或是東晉吳興太守王蘊的例子中，就可以清楚地知道只有皇帝才具有開倉權。不管是在漢族還是遊牧民族的世界裡，皇帝具有開倉權這件事，都是彼此共同的認知；北魏時代的「開倉賑恤」就像是常用語一樣被使用著。北魏時期「開倉賑恤」時，必須具有「詔」或是「遣使」才可以開倉；開倉庫這件事除了是皇帝固有的權限，其實也有強調皇帝「施惠」的意義。

北魏以後一直到隋唐為止，中國的倉庫制度特別發達。倉庫具有預備水旱災、儲備莊稼糧食、「賑恤」和「降低租稅」等目的，自南北朝晚期到隋唐，出現「義倉」（社倉）等作為國家性賑恤機構之倉庫的情形絕非偶然。另外，當時也出現了調整物價和賑恤農民等複合性機能的「常平倉」、「富人倉」，[54]北周時期是「義倉」，進入隋唐以後，又再次將只掌管賑恤農民的「義倉」分離設立，可以說是「倉庫設立的時代」。

那麼，這種政策為什麼會集中在這個時期呢？雖然有繼承秦漢以來的傳統政策的原因，不過北周、隋唐時期的國家機構因為過度集中與複雜化，使其機能有分化的傾向，因此也可以看作是對於社會內部分裂和矛盾深化的一種應對。[55]但如果只以傳統政策的繼承與發展這種狹窄的視角來觀察的話，就會看不見那個時代所具備的特殊意義；因此在這個時代，倉庫制度的發達還是應當看成是遊牧出身的皇帝們所特有的統治行為。

從這個脈絡來看，從北魏獻文帝一直到唐中期為止，強調皇帝、太子的品德要有「仁」的理由就變得非常清楚；而把皇帝或太子的品德要有「仁」這件事，看作是起源自東漢晚期至西晉時期的「仁孝先後論」，就是一個不合理的解讀；因為它無法明確地回答為何從東漢至西晉等漢族王朝所提出的「仁」的品德，在遊牧民族出身的北魏獻文帝時期，特別是在御駕親征等軍事行為變得有名無實之後才正式實行，我們也很難理解魏晉、南朝政權的皇帝為何無法反映這一點。

如前所述，所謂的「仁」，其實就是「寬容」的別名；而寬容則是「包容」的近似詞。如果寬容是針對既存的部屬民眾的話，那麼包容就是對於異質性的族群發揮統治力的積極作為，而大唐帝國皇帝的統治力，就是以寬容與包容為基礎。

筆者認為，有必要注意「仁」（也就是寬容和包容等品德）產生變化的時間點，這與大唐帝國開始變質的時間點有很微妙的連結，義倉制度就是一個很好的例子。在唐代，義倉的米又被稱為地稅，[56]對於社會上的各個階層而言，地稅會隨著擁有土地的多寡，以及貧富的差異來徵收，具有為了保障社會全體成員的再生產而共同支出的意義。

然而，隋煬帝時，義倉米轉變為國家財政之用；唐代時也是如此，義倉制只有在高宗、武則天在位的數十年間發揮原本的功能，中宗以後，義倉內的儲藏物就轉作為國家財政之用，從而耗盡全部義倉的儲貨；[57]玄宗時，每三年向中央繳納一次義倉米的情況幾乎已成為慣行；德宗建中元年（七八〇年）施行兩稅法時，就將地稅轉換為國家的正稅。這代表著「五胡十六國—北朝」以後，個別性、局部性的施惠行為（也就是實踐「仁」的理念），最終仍舊消失了；文宗是最後一個因為「仁孝」而被選為皇帝的人。[58]

作為中國最具代表性的「太平治世」，而且常常被提起的有：（一）文景之治、（二）貞觀之治、（三）開元之治等；文景之治是在西漢時代，貞觀之治是唐太宗時期，而開元之治則是唐玄宗的治世，也就是說，在中國三個最具代表性的盛世之中，就有兩個是發生在唐代。事實上，雖然後兩者是否真的能稱作「治世」，仍有待商榷，但至少我們無法否認，唐代是最嚴格檢討皇帝或臣子行為的時代。進入唐代之後，「名君」的形象被具體地描繪出來，且經常被討論，包含《貞觀政要》在內，唐太宗撰述的《帝範》、《戒皇屬》、《功臣當戒勛子弟》以及《臣誡》等書的出現，就是展現這個時代的皇帝對自身的日常行為耗費多少苦心的證據。

宦官專橫及其根源

唐代宦官在中國史上占據了獨特的位置。唐代中、後期最突出的政治勢力就是宦官和藩鎮勢力，這兩股勢力處於既聯合又對立的狀態，[59]但最終卻成為削弱大唐帝國的兩個主體。此處並不是要討論具有獨立的土地、人民以及兵力的藩鎮為什麼會出現，[60]但首先要注意的是，藩鎮的出現是從防禦外族的邊境地帶開始，以及藩鎮的人力構成與運用大多是胡族這兩點。在節度使身邊護衛的私人傭兵（家兵），乃是集團性地以養子狀態和節度使締結主從關係，和節度使一體化的武力集團。[61]此外，也要仔細探究一下，為何唐代宦官如此囂張跋扈、隨心所欲地立君、廢君、弒君。[62]

東漢、唐代、明代，是宦官最跋扈的幾個時代。雖然東漢與明代宦官造成的弊端很嚴重，但他們也只是竊取君主的權勢，肆無忌憚地對天下進行殘忍的行為而已；然而，唐代宦官的權勢卻比君主還大，甚至連君主的存廢都操之在手，自古以來從未有過這樣的情況。如同清代學者趙翼所指出，潛藏的結構性問題是，保衛宮城和皇城的禁軍是由宦官所負責；[63]不只是軍隊，所有詔書和聖旨，以及向外傳令的事情，都是交由宦官負責。[64]

將禁軍交由宦官負責，是出於什麼理由呢？即使是在邊亂這種危急的情況下，德宗也絕不召集禁軍，回到長安後也沒將禁軍交給武臣負責；在神策軍等部隊組織中設置的護軍中尉等官職，也交由宦官來主掌，因此，禁軍就這樣進入宦官的管轄之內。[65]宦官掌握了「兵權」和「機要」這兩個國家最重要的權力，很快就掌握了整個國家。

唐代宦官主要掌握著這兩種權力，不只介入皇位繼承，還干預軍事機密，從此處可以看出，他們的權力有別於其他時代的宦官，而且他們的活動範圍也相當廣泛。如同「門生天子」的別名，[66]皇帝淪落為宦官的「學生」，接受其教導並通過其考試，最後才可以被選拔為天子。在穆宗以來的八名皇帝當中，依靠宦官擁立而成為皇帝者就有七名，[67]這種情形究竟是如何發生的呢？

筆者在遊牧出身的皇帝中發現一些現象，其中之一就是前述的「萬機親覽」，也就是所謂的「總括性親政體制」。雖然君主總攬萬機是中國皇帝統治體制的特徵，但遊牧型君主這種「總括性親政體制」的行為，和農耕型君主的統治行為仍有所不同。

眾所周知，唐代是行政制度非常完備的一個朝代。由於周密的法律與制度，而形成經營縝密的帝國，但仔細觀察前近代時期的話，就可以知道皇帝的性質仍舊取決於該時代所展現出的特徵。不管臣下、法律、制度再怎麼壓制皇帝，其統御能力仍然會有明確的界限。如果帝王的類型可以區分為農耕型及遊牧型的話，那麼唐代的皇帝應該還是更偏向於遊牧型，因此法律和制度的周密主要是針對外朝的整飭；但如果皇帝忽視、拒絕或是不利用的話，制度再怎麼樣完備都無法起到作用。

從「五胡十六國—北朝—隋唐」延續下來的一系列王朝中，能看見外朝作為牽制皇帝行動的機制，但其機能卻有著很大的問題。唐太宗以「用人納諫」來選拔人才，這是依靠太宗個人的能力和取向；玄宗的「先明後昏」，出現了「開元之治」以及「天寶年間的混亂」。這並不是法律和制度有問題，而是因為玄宗自身的行為產生變化所導致。前面雖然也有提到，不管再怎麼整頓外朝，就像玄宗授予安祿山三個節度使的身分（平盧、范陽、河東）一樣，唐代體制上的盲點就是沒有能夠阻止臣子勢力坐大的有效方法。可以限制皇帝行動的是包圍在皇帝身邊的內朝，因此，有必要針對內朝稍做檢討。

雖然我們已非常了解唐代宦官的專橫情形，[68]但對於其原因還需要投入更多的研究。如果查看歷年來的研究，對於唐代宦官的專橫問題，史家只提出了史實、現象及其對軍權和機密的掌握情形，卻沒有去探究為何宦官能夠擁有這麼大的權力。有關唐代宦官的問題，筆者認為必須關注自北魏以來，胡族血系王朝的宦官和作為皇帝親信集團之近侍官的存在。[69]首先針對宦官這部分，南朝並沒有發生宮中女性的問題以及宦官的問題，相反地，北朝在這方面的問題就顯得非常嚴重，例如太武帝時期的宦官宗愛事件，以及孝明帝時期的宦官劉騰事件。

並非只有中國才有宦官，他們也存在於波斯帝國、印度以及伊斯蘭國家。[70]另外，由於拓跋氏在代國時期的統治中並沒有所謂的宦官，因此，宦官也不是鮮卑的舊制，而是自古以來就存在的中國制度。然而，自從北魏設置了中侍中制度以後，[71]東魏、北齊、隋朝就出現了繼承這種宦官系統的職官，特別是當北齊設置「中侍中省」以後，隋代更將其發展為「內侍省」。此外，北朝的宦官地位以及內官制度對隋唐帝國的影響也不容忽視。[72]

在北魏的歷史中，若是以中國傳統的思考方式來看待女性掌權者如文明太后與胡太后，她們的政治行為會被解釋成「女禍」；而若是她們恣意所行的「女禍」也與宦官有關的話，[73]那就與唐代的狀況雷同。因此，自北魏至隋唐為止的宦官專橫，並非鮮卑族的舊制所導致，而是女權的擴大以及皇帝「萬機親覽」政治下的結果。

在北魏的「近侍官」中，有在禁中值班又在皇帝身邊服務的中散官。這些人不僅參與機密或擔任祕閣圖書，還以各種專門技藝，例如醫術、卜筮、天文占卜等特殊技能而被錄用。一般來說，他們並非正式的朝廷成員，因為即使是文職，當皇帝出征時，他們也會跟著武人一起出征，或是要負責皇帝的飲食、衣服及禁中的護衛等，同時也是地方巡幸時的扈從。[74]這種官職並不存在於漢、魏、晉以及南朝，[75]而是北魏前期至中期才出現的獨特官制，也就是北魏的近侍官。

雖然在型態上，近侍官與漢族王朝的內朝（特別是漢代的郎官）相似，[76]但在來源或功能面上卻有所差別；[77]近侍官是源自鮮卑傳統、非漢族性政治組織的獨特制度。在北魏孝文帝實施漢化政策之前，胡族的官階制度比漢族的更加清楚，即使只是在皇帝的左右侍立，也能上升至王公；反觀漢族費盡心力也「不過作郎」，[78]由此可見，在官僚方面胡族相對比漢族更獲優待。當時之所以能夠優待近侍官，應該還是因為在塞外的遊牧生活中，並不具備整頓好的官僚組織傳統；[79]入塞以後雖然建立了中原王朝，但當時的皇帝在和鮮卑語不同的另一種語言環境（漢語）中，就非常需要負責「口詔」的譯官，他們的存在顯得極為重要。

不只是鮮卑，匈奴也有這種官職。接收匈奴單于的命令，調查並監視「不穩定分子」的內部官僚「骨都侯」[80]就屬於這個職務。[81]此外，我們經常能在民族複合的王朝設官分職的過程中看到的一項特徵，就是採用漢人與胡人並治、兼施的統治方式，[82]這不只是在北魏，就連清代時也有負責奉使、機密職位的情況，這與「滿漢並用制」是一樣的，清代的「軍機處」或「理藩院」就是這類的例子。在同樣的民族複合王朝中，自然需要大量親信作為官員，任命他們擔任重要角色的可能性自然極高。

另外，在遊牧民族建立的國家中，重視侍官是很普遍的現象。北魏皇帝的親信集團近侍官，就像是蒙古的「怯薛」一樣，不只擔任侍衛、宿衛的角色，更負責了皇帝個人的日常生活以及行政聯絡、監視等任務。在這方面，唐代宦官受重視的背景和東漢或明代屬於不同的層面；北魏時期的宦官在其職能或是角色上也都類似於近侍官。北魏曾在太武帝死後的混亂時期，由宦官宗愛掌握了政府和禁軍，其掌權程度足以引發動亂；[83]從五胡十六國至唐代為止，仍存在著這類宦官跋扈的可能性。

即使不說宦官，近距離服侍皇帝的北魏特有權力集團近侍官，也是擁有大量人數的強大官僚集團。在中國歷代王朝中，漢人官僚因為負責文書行政而躍升至權力中心，北魏近侍官則因為在巡幸等活動中密切隨行，而能夠更靠近權力中心。當時隨著日常巡幸而隨侍的近侍官人數相當多，這一點可以在文成帝南巡碑裡得到確認，[84]該石碑上記錄著當時隨行的官員名單（記有兩百八十餘人的姓名或是官爵等）。[85]大多數是各種將軍號和羽真、內阿干、內行內小、內行令、內三郎等帶有鮮卑系官職名稱的近侍官。

不僅如此，在北魏孝文帝的弔比干文（於四九五年完成）中，也收錄了孝文帝巡幸時隨行的官員名單，其中擔任皇帝護衛和宿衛的「侍衛」系列官職有二十五個，侍中等應和文章的侍從官有十九個，負責皇帝的生活及相關事情之「侍奉」系列的官職有十五個，尚書系統的官職有十六個，總計包含八十七個官職在內。[86]如果我們查看隨從、隨臣的姓氏，複姓者約有兩百餘人（雙字複姓有五十一家，三字複姓有九家），[87]這說明了大部分的近侍都是胡族。對於將巡幸當作日常活動的遊牧系皇帝們來說，他們確實需要許多這種型態的近侍官，也可從此得知皇帝們在很大程度，依賴這些近侍官來實行政治。[88]

回到唐代，也可以看到這些近侍官負責軍職的情況。在唐太宗李世民和齊王李元吉的親事府、帳內府中也都配有這種近侍官；[89]唐朝長安城的軍隊是由衛兵的南衙與禁軍的北衙所構成，以吐蕃的侵略為契機，官方成立了禁軍北衙軍，但同時卻又被宦官給控制住。[90]然而，事實上，自宦官開始跋扈的玄宗時期開始，禁軍就已經漸漸歸屬於宦官；隨後，作為皇權重要堡壘的軍隊和機密，也全都移交給宦官。換句話說，北朝時期近侍官的權限和角色，在唐代時由宦官取而代之。

此外，京城的軍民們不能夠私藏武器，必須是由宦官職掌的「軍器使」來掌管弓箭庫和左藏庫裡的武器。[91]因為軍器使必須由宦官兼任，所以都城的武器保管權遂落入宦官手中，如今南衙的許多軍隊不再具有足以對抗北衙神策軍的力量；此外，宦官甚至還負責地方軍隊的監軍，相當地明目張膽。[92]另一個唐代宦官跟東漢、明代宦官的不同之處，就是他們其實是源自北朝的近侍官。

很多唐代宦官的出身地位在福建、廣東，而福建又特別被稱作「中官區藪」。[93]如果我們仔細觀察宦官掌握軍權的過程，其起點是從韋后將中宗毒殺，並把軍權給予宦官後開始的；[94]玄宗時又特別重用宦官，[95]甚至曾多次命令宦官楊思勗帶兵征討蠻夷。[96]但這些事都只是臨時的措施，而非制度化使宦官長期掌握兵權；但是在安史之亂以後，隨著李輔國全權負責禁軍，宦府遂開始掌握兵權；[97]後來，總管禁軍的程元振掌握了統治天下的權力，[98]特別是代宗時期以吐蕃的侵略為契機，魚朝恩將原是地方軍的神策軍轉變為天子的禁軍，[99]其他軍隊的勢力便漸漸地衰退瓦解。軍權歸屬於宦官這件事，雖然主要是因為當時政局的混亂所致，但換個角度想，其實這也不過只是預定好的進程罷了，也許恰好是因為遊牧性的傳統，導致大唐帝國的滅亡。

皇后、太子、太子妃的問題

皇后的權力來源

◎「女人天下」的背景

有皇帝，當然就有皇后。就像天和地、陽和陰一樣，皇帝和皇后就像兩儀，男性成為皇帝，女性成為皇后，這是不變的道理；以皇后為中心的嬪妃制度也成了規定。[100] 但在唐朝時卻發生了中國史上最特異的現象，也就是出現了前所未有的女皇帝。

中國史上雖然多少都有皇后、母后或皇太后「臨朝親政」，或是堅決執行皇帝擁立及廢立的女性掌權者，但卻只有武則天成為女皇帝。武則天是中斷大唐帝國，並創建周王朝的女皇帝，甚至也可以說是讓李氏王朝消失，建立武氏王朝的「開國者」。同時期的新羅或日本也曾出現過女王或女帝，但大多是為了維持王族血統的純粹性而被擁立的，然而，唐朝卻不是因為繼承的關係。

女人在曠日持久的戰爭中取得勝利，並且獲得最高權力者的寶座，這種事情是如何發生的呢？武則天在成為皇帝之前已經先成為了皇后，後來再從皇后成為皇帝；她個人的能力固然相當厲害，但只靠個人的能力是無法成為皇帝的，那麼，武則天究竟是如何成為皇帝的呢？對此，我們首先要了解自五胡十六國到大唐帝國為止，皇室是「女人的天下」這個事實，同時也必須要了解其背景。

清代學者趙翼主張唐由女人而起、因女人而亡，所以唐朝可說是因女性掌權而使政治產生歪曲的「女禍」時代。唐高祖和隋朝晉陽宮的宮女私通後，被迫在無奈的情況下起兵，[101]雖然意外成為建立唐朝的契機，但唐朝也的確是因為女色使得國家陷入極大的混亂，甚至滅亡。唐皇室內的風氣相當紊亂，太宗殺死弟弟元吉之後，把他的妻子納為妾；盧江王李瑗（唐高祖的堂姪）在叛亂中遭到誅殺，他的後宮被送回宮中侍候太宗。這是因為當時仍流行鮮卑族的風俗，在作為鮮卑族一支的党項族中，有著與庶母、伯叔母、嫂嫂、子弟的夫人等亂倫的行為；[102]武后幾乎殺死唐皇室全部的子孫；[103]韋后與武三思私通，並與安樂公主一同毒殺中宗；[104]引起安史之亂的安祿山能擁有三個節度使身分，也是因為楊貴妃勸誘玄宗之故。[105]

在「五胡十六國—北朝—隋唐」時期，與皇后問題有關的特別現象，可以簡單歸類為以下四種：（一）子貴母死，也就是與嫡庶無關，皇帝將長子冊封為太子，同時將其生母殺死；（二）欠缺太子妃；（三）一個皇帝有兩個以上的皇后；（四）不立皇后。這四點在漢族王朝中並非正常現象，由此可知，與其他時代相比，當時宮室中的女性勢力有多麼特別。子貴母死和缺乏太子妃是北魏時期的事情；多皇后制度的出現是一部分五胡十六國的國家、以及北齊、北周時期的現象；缺乏皇后則是唐代的現象。雖然根據不同的時代，有各種不同型態的現象出現，但能夠確定的是，這全都是為了阻止女性干政所費的苦心。

◎遊牧民族的女子與婚姻

遊牧民族的普遍性特徵是：（一）逐水草而居，不建城郭，沒有固定的居所；[106]（二）貴壯賤老；[107]（三）一般來說女性地位較高；（四）崇尚東方；[108]（五）被髮左衽。[109]在遊牧世界中，為何女性的權力如此強大？我認為有兩個主要原因：首先，女性的經濟生產力不輸男性，反而還要更高。對遊牧民而言，最重要的經濟活動是為家畜剃毛、處理毛皮等，女性在這方面比男性更有效率。女權的強弱取決於該社會中，女性具有多少程度的經濟生產性；染上鮮卑風俗的北朝就和南朝不同，如果閱讀深刻描寫北朝晚期到隋唐的社會狀況的《顏氏家訓》，就能看到有別於南朝，北朝是由女性處理所有的家庭事務：

「江東（南朝）婦女略無交遊，其婚姻家，或十數年間，未相識者，惟以信命贈遺，致殷勤焉。鄴下（北齊）風俗，專以婦持門戶，爭訟曲直，造請逢迎，車乘填街衢，綺羅盈府寺，代子求官，為夫訴屈。此乃恒、代（恒州和代州等於平城附近，即代國時期）之遺風乎？」[110]

將五胡十六國至北朝的女性，與南朝的女性相比，前者明顯更具有開放心態，這種開放風氣的興起，正是起源自女性遊牧民的文化風俗。

第二，在部族體制下，女人扮演了媒合部族間婚姻的角色。在遊牧民族中，女權（特別是皇后、外戚）並不是出於自身，而是先來自其出身的部落，接著才和女性本人的能力有關。在當時乾燥的草原地帶中，論及婚嫁的女性就像是部落間交換的質子一樣，但她們的活動空間比質子更大，而且還以娘家的勢力在婆家操作權力。

舉例來說，若觀察北魏初期，可以發現獨立統帥部落的大人或是圍繞皇家的帝室十姓、功勳八姓等鮮卑貴族，他們都曾頻繁地挑戰王權，因此尋找後援強而有力的皇后勢力，便是最簡單且最實際的方法；這就是遊牧民的皇后之所以能夠掌握大權的背景原因。

看序紀時代的話，就能夠輕易地找到皇后行使權力的例子。自從桓帝的皇后打開了「太后臨朝」的先例，[111]往後每到重要時刻，皇后和她的娘家勢力就會行使決定性的權力。惠帝之後的煬帝，由宇文部擔任其背後勢力，而宇文部正是他妃子娘家的勢力；舉起反叛旗幟的平文帝長子烈帝，則是以賀蘭部為後援起兵，[112]這場戰爭最後以烈帝的勝利作收，煬帝則逃向宇文部；[113]煬帝能再次將烈帝驅逐也是託皇后的娘家，也就是外戚的勢力；煬帝最後又被六千名國人驅逐至慕容部，而烈帝又再次復位。[114]

上述例子都是皇帝依賴外戚，或是妻家部落的力量，所以才會出現鮮卑烏桓族「怒則殺父兄，而終不害其母，以母有族類，父兄無相仇報故也」的現象。[115]在前述的惠帝時期，由於太后臨朝，惠帝無法自己親自查看政事，使得當時後趙的人民將惠帝派來國家的使臣稱作「女國使」，[116]這是因為代國本身感覺就像是一個「女人國」。因為這樣的緣故，拓跋社會的女人發揮了相當大的權力，並且成為與其他勢力締結政治性、軍事性同盟的媒介。[117]

然而，女人本身或是外戚勢力的穩固，卻很明顯地使北魏的王權遭遇很大的障礙，因此，北魏道武帝在征伐吐突鄰部、賀蘭部、紇突部、紇奚部等各部落之後，[118]就立即執行所謂的「部落解散」。

皇后、太子、太子妃制度的變質與扭曲

◎子貴母死和長子繼承

為了防止女性干政而設計的政策，就是所謂的「子貴母死」以及「長子繼承」制度。如果觀察代國與北魏時期的世系表，可以看到幾點特徵。與序紀時期混亂無序的繼承情形比起來，北魏自太祖道武帝開始，直至世宗宣武帝為止，皇位的繼承是相當有秩序的。

在序紀時期的王位繼承中，如果父親去世，那麼孩子就會繼承（父死子繼）；若是哥哥去世，也有由弟弟繼承的情形（兄終弟及）；也有兒子比父親還早登上王位的情況（子先父後）；或是出現三個君王分立的型態（三帝分立）。（圖16）因為不像農耕文明有著固定的繼承原則，因此，美國學者約瑟夫・弗萊徹（Joseph Fletcher）將這樣的繼承體制稱為「沒有原則的原則」（tanistry）。[119]

另一方面，北魏王朝中出現了井然有序的「長子繼承」制度，並且得以維持，這和序紀時期的情形完全不同。表面上來看，可以將其視為自遊牧型君主體制完全脫離；太祖道武帝以後，北魏王朝的王位繼承就有兩種特徵。首先是不分嫡庶、在早期就確定以長子作為太子的「長子立嗣式」。

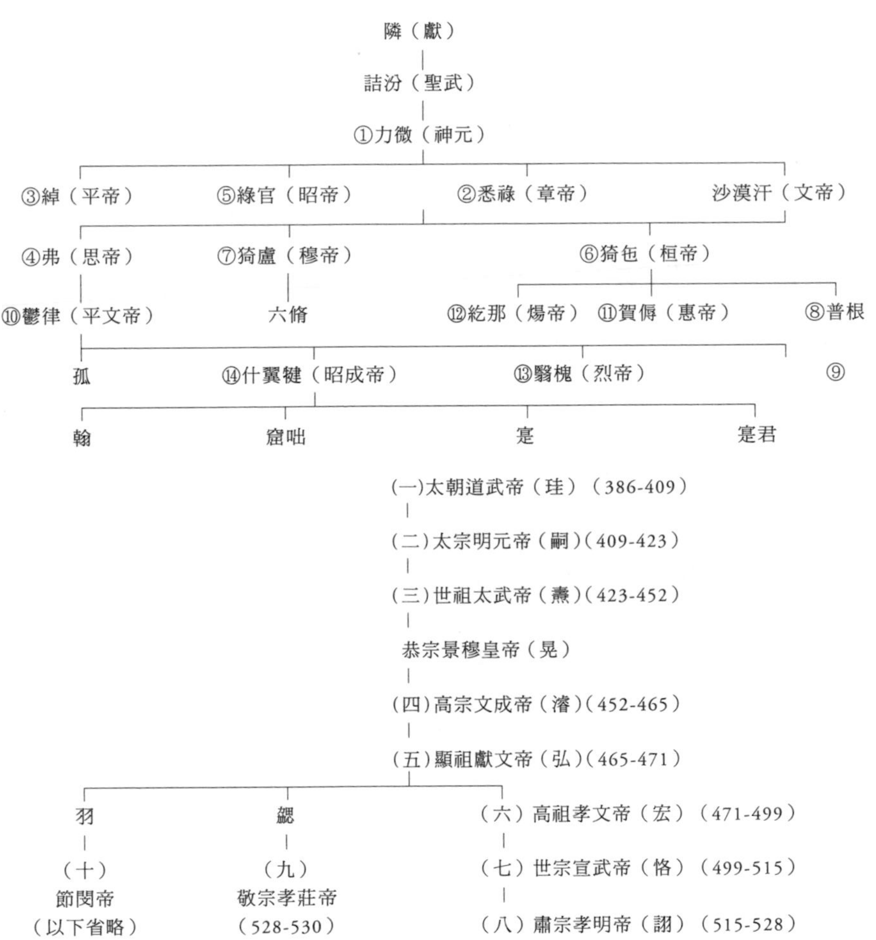

圖 16　代國時期及北魏時期世系表（朴漢濟，《中國中世胡漢體制研究》，一潮閣，1988）

舉例來說，太宗明元帝將他與劉夫人（並非皇后）所生的長子拓跋燾（世祖太武帝）立為太子；太武帝也是將五歲的拓跋晃（恭宗）立為太子；拓跋晃在成為皇帝之前就死了，後來，太武帝將拓跋晃的長子拓跋濬（高宗文成帝）立為世嫡皇孫，使他日後登基為高宗；[120]高宗又立不到兩歲的長子拓跋弘（顯祖獻文帝）；拓跋弘也立僅三歲的長子拓跋宏（高祖孝文帝）；拓跋宏則立十四歲的次子拓跋恪（世宗宣武帝）為太子，[121]拓跋恪之所以能夠「次子繼位」，並不是打破長子立嗣的習慣，而是因為高祖孝文帝的長子拓跋恂反對父親獨斷遷都洛陽而引起叛亂，因此廢除其太子之位，[122]由於當時連世嫡皇孫都沒有的緣故，最後只好改立次子。像這樣不在乎對方是否為嫡子，而是以最先出生的皇帝子嗣，也就是以長子定為後嗣的繼承者，無非就是要提前阻擋日後的繼位紛爭，並且鞏固自身的王位。

此外，北魏也提前引入了太子監國（臨朝聽政、攝政）的制度，目的是為了要先給朝野確立繼承者，[123]例如太宗明元帝將太子（拓跋燾）立為泰平王並要他監國；[124]世祖太武帝在親征北燕時，讓太子拓跋晃（恭宗）監國。監國負責萬機，能在政策方面下達政令，可行使相當程度的權限；[125]但事實上，不管是以前還是現在，提前確定繼承者很有可能會導致朝廷黨派之間產生對立，最後造成政治危機。太武帝晚期，因為皇帝黨跟太子黨之間的衝突而發生的「正平事變」就是一例。

在為了鞏固王權而設計的制度中，最奇特的制度當屬「子貴母死」（立嗣後殺其母），這是為了防止作為天子母親的太后介入政治、以及外戚干政所設計的制度。無論此制度成敗與否，都無法在任何一個時代、地方找到類似的先例，這無疑是非常奇特的想法。[126]這個制度自第一代道武帝到第八代孝明帝為止，持續地被實施；當兒子被冊立為太子時，他的生母就會被殺害，這是為了要避免當年幼皇帝即位時，外戚濫用權力，也就是一種為了不要發生和序紀時期一樣的惡性循環所設計的制度。

有一位避開此慣例的幸運女人，就是肅宗（孝明帝）的母親胡充華（靈胡太后）。[127]之所以會有這次例外，雖然還無法確定是否與孝文帝的漢化政策有關，只是殺害太子的生母這件事，違背了作為兒子的第一品德——孝，也就是違背了所謂的儒家倫理。不知道胡充華是否可以被視為孝文帝漢化政策下的受益者，或者這是她自身的能力強或運氣好；即使當時宮廷中忌諱著生下能成為太子的男孩，胡充華還是克服了對於死亡的恐懼。[128]

另外一位巧妙避開此制度的女人，就是高宗文成帝的妃子，同時也是孝文帝祖母的文明太后。有人主張文明太后和目前所知的情形不同，她並不是沒有兒子的妃子，而是孝文帝的生母。依據她的計謀，原本是她兒子的孝文帝，反而變成了她的孫子；她不只挽救了自己的性命，還在孝文帝登基以後繼續垂簾聽政。[129]不管是文明太后還是靈胡太后，在高明地存活下來之後都行使了強大的權力，並且削弱皇帝的權力。

那麼，這種「子貴母死」的制度又是起源於自哪裡呢？《北史》中提到這是拓跋族的舊俗，源於「魏故事」或「舊法」。[130]然而，實際上，《魏書》中記載，此習俗與漢武帝將弗陵（日後的昭帝）封為太子後，將他的母親鉤弋夫人殺害的例子相同。[131]漢武帝採取這種行為是為了王朝的長久之計，北魏則是站在寬容、繼承的觀點之上，[132]但因為很難在拓跋族的歷史中找到相關案例，所以「魏故事」或「舊法」的主張很有可能是虛構的。

雖然無法知道這是否為學習漢武帝的做法，但因為這是唯一的案例，因此也不能算是漢族皇室的傳統。相較之下，筆者認為這就是所謂的「胡漢統合」，也就是「胡漢體制」的典型面貌，[133]不是胡漢某一方的法則或慣例，而是胡漢兩族相遇後才產生的現象或制度。

總之，女人常常被視為遊牧王朝的問題。在序紀時期，自桓帝的皇后首開「太后臨朝」的先例之後，太后的權力就變得非常強大。創建北魏以後，「子貴母死」制度又產生了不同的問題，將太子的親生母親殺害後，生母死亡令外戚無法踏入宮廷政治，但養大太子的保母或是乳母的干政卻又成為了問題；舉例來說，太武帝的母親被殺害後，其保母竇氏就成為皇太后並且干政；文成帝的母親郁久閭被殺害後，作為乳母的常氏干政了十餘年，這些都是例子。此外，也有乾脆稱帝的情形，就是皇太后的「臨朝稱制」（行使天子的職權）問題，例如獻文帝的母親李氏被殺害後，保母馮氏成為文明太后並且臨朝稱制。[134]就像這樣，遊牧系王朝的北魏，雖然努力想解決皇室女人的問題，卻無法輕易找到具體可行的解決對策。

◎缺乏太子妃位與多后制度的出現

「五胡十六國－北朝」時期有兩種奇特的現象值得特別被提出來，除了皇后以及與皇后地位並列的宮廷女子的權力活動，另一個就是缺乏太子妃位，以及所謂的「多后制度」。首先，我們就先從缺乏太子妃位開始談起吧。

在描寫五胡十六國諸王朝的史書中，將太子妃稱為「妻」或是「妃」，例如洛陽淪陷後，羊氏（羊獻容）原為西晉惠帝的皇后，後來卻成為被抓走的俘虜，最後變成前趙太子劉曜的夫人。這個女人雖然在《資治通鑑》中被稱為「妃」，[135]但在《晉書》中卻被稱為「妻」，[136]也就是前趙並沒有給予她「太子妃」這個稱呼；這種現象在北魏時也能看到。

在記錄漢、三國、兩晉、南朝的史書中，都有被稱為「皇太子妃」或是「太子妃」的女人，[137]但在記錄「五胡十六國－北魏」的史書中卻沒有如此記載，即使那個丈夫已經被冊封為太子，太子妃還是被記述為「妻」。以前秦苻生的情況來說，苻健即位後，將苻生冊封為太子；而當苻生登基為皇帝時，不是將「太子妃」，而是將其「妻」梁氏冊封為皇后；[138]關於這部分，《資治通鑑》裡也出現了立「妃」梁氏為皇后的記錄。[139]除此之外，石勒、石邃、慕容儁、苻堅、苻登、李壽、慕容寶、慕容德、乞伏熾磐等人的情況也相同。[140]

然而，在《資治通鑑》中，「妃」的用法會產生問題，因為「妃」是可以視為被正式冊封的「太子妃」。那麼，為什麼只有在《資治通鑑》中才以「妃」來書寫記錄呢？首先，作者司馬光很有可能將當時史料中稱作「妻」的部分全部改為「妃」。所謂的「妻」，是一種相對於「夫」的用法，[141]一般的用語是「正室」。因此，雖然官方上並不存在所謂的「太子妃」，但這類女人怎麼說也是五胡十六國各個君主的「妻」，如果沒有發生什麼大事的話，這個「妻」日後就能成為皇后或是王后。

也許是司馬光在不了解的情況下，在日後編寫《資治通鑑》時，將成為皇后的太子之「妻」寫成「妃」吧？關於在《晉書》和《資治通鑑》中，「妻」和「妃」在敘述上的差異，雖然需要更加縝密的檢討，但《晉書》畢竟是較接近事件發生時的西、東兩晉的斷代史，又因為是正史，與《資治通鑑》相比，應該更能夠正確地反映出當時的實際用語；再加上在制度更加完備的北魏，也同樣無法找到「太子妃」這種用語，所以這種假設的確有其可能性。

在五胡十六國中，太子妃之所以沒有被制度化的原因，可以在封閉的後宮制度中找到，但由於這個時期對後宮也有好幾種稱呼，因此目前仍沒有可信的推測。舉例來說，後趙石虎的皇后杜氏，從昭儀變成皇后；[142]若查看姚興（後秦文桓帝）書寫杜氏從昭儀成為皇后的記述，[143]也可以看出當時的后妃其實存在著好幾種等級。這個時期雖然有冊封太子，卻沒有冊封太子妃。雖然不知道是否有與太子妃相對應的地位或稱呼，但能了解的是，當時朝廷是故意不設置太子妃的。

不是只有五胡十六國才有這種現象，北魏時期也一樣沒有太子妃。太祖道武帝首先創立了「后妃制度」，在太武帝和孝明帝之後，雖然對於皇帝的后妃開始出現各種稱呼，[144]但仍然無法找到所謂的太子妃的名稱或記錄，只有到了北朝末期的北齊和北周時，才終於看到「皇太子妃」的記錄。[145]在《魏書》和《北史》的〈皇后列傳〉中，從一些北魏人士的墓誌銘，能使我們大略知道這個時期皇后和妃嬪的地位以及出身等細節，但仍舊沒有出現關於太子妃的記錄。

因為在北魏舊制中沒有太子的「後庭」，也就是沒有妃嬪的位號，所以當拓跋晃（被孝文帝追封為景穆帝）仍為太子時，就將為他生下兒子的宮人稱作「椒房」，[146]所謂「椒房」指的是皇后與妃嬪們在宮廷中的居所名稱[147]；這些記錄都支持著這類的事實。

孝文帝雖然改正並建全后妃制度，但在孝文帝時期仍看不到關於太子妃嬪的規定。此外，在「妃」的稱號被廣泛使用的情況下，沒有「太子妃」這個稱號的事情就顯得更加地奇特；孝文帝稱呼太子恂的妻子為「孺子」，很明顯地就是故意不設「太子妃」。[148]北魏時期，不僅皇后，就連妃嬪也要等到丈夫成為皇帝以後才能獲得正式稱號，[149]因此，當時並不存在「太子妃」這樣的正式稱號。

這與漢、魏、晉、南朝時清楚存在「太子妃」稱號的情況形成對比。[150]之所以出現這種奇特的現象，可能是因為后妃制度尚未完備等各種原因，但筆者認為更是制度上不願意認同「太子妃」的存在。決定太子之後，皇帝會掛心其結黨，特別是極有可能很早就以太子妃娘家部落的勢力來控制王權，導致皇帝和太子勢力之間產生紛爭，應該就是因為這樣的考量，所以才不設立太子妃。

接下來是一位皇帝卻同時擁有好幾位皇后的奇特現象。眾所周知，皇帝和皇后是作為兩儀的關係，與天和地、陰和陽相同，必須要一對一兩立才行；所以「多皇后」可謂相當奇特的現象。即使是一般的老百姓，妻和妾之間也有明確的差別；但我們不能將此現象輕易地看作「荒淫」，因為荒淫不是一件由女人的位階稱呼來加以斷定的事，所以應該有其他的原因。

這種奇異的現象出現在五胡十六國、北齊、北周等時期。首先，我們可以在五胡十六國時期看到三個皇后並立的事例。前趙的劉聰設立了上皇后、左皇后、右皇后共三個皇后，[151]趙翼稱其為「至荒亂之朝則漫無法紀」，[152]雖然他將此歸咎於世局的混亂，但這並不能算是正確的分析；北齊後主高緯將胡氏和穆氏同時並立為皇后；[153]北周宣帝（宇文贇）將隋文帝楊堅的女兒楊麗華立為皇后以後，仍舊追加了另外四名皇后（天皇后、左皇后、右皇后和天中大皇后），總共並立了五名皇后。[154]

從中國固有的傳統中尋找設立「多皇后」的理由，會發現各種稀奇古怪的藉口都有。舉例來說，以堯在天空中看到「四星」並將其摘下來作為理由，從而設立了五位皇后，[155]但這不過是以皇帝為中心的朝廷所做的強辯罷了。為了要查明清楚，必須仔細確認五胡十六國至北朝時期「皇后有兩名以上」的狀況，[156]以及蒙元時期的多皇后事例[157]。成吉思汗在位時，被稱呼為「可敦」的女人，在孛兒台旭真太皇后外最少有二十幾個，其中獲得尊敬的有大皇后、二皇后、三皇后、四皇后、五皇后等五人；[158]太宗窩闊台也擁有無數的皇后和妃子。[159]

如果我們查看最後設置「多后制度」的北周晚期，分析其情況以及政局的推移，可以發現出現多后制的原因。如前所述，北周宣帝有五位皇后，其中一位是楊堅的女兒，即天元大皇后（楊氏），此外還有天皇后（朱氏）、右皇后（元氏）、左皇后（陳氏）、天中大皇后共五名皇后。多后制度也是皇室為了要事先防止外戚專橫所制定的一種具有目的性的政策，然而，此制度並沒有產生多大的效果；如果這個制度有效，那麼隋朝就有可能不會誕生了。

首先，楊堅的女兒楊麗華被冊封成為太子妃，就當時來說，「太子妃」的冊封是相當稀少的現象；因此，其實她已走在康莊大道上，依照「太子妃↓皇后↓天元皇后↓天元大皇后」的順序往前邁進。在楊堅得勢以及周隋革命的過程中，「太子妃」稱號突然出現，以及這個女人的地位持續上升，跟她的娘家得勢有關。因為外戚楊堅卓越的個人能力，使得多后制度變得無效，皇帝與權臣間激烈的競爭也在北周末期展開。

因為北周皇帝的愚鈍，使得由太子妃與外戚主導的周隋革命進行地相當順利，中國史上很少有政權如此容易交替的案例。總結來說，「多后制度」是為了防止外戚勢力集中所設計的政策，但「太子妃」稱號的出現，卻也顯示了「多后制度」的無效。

◎長期不設立皇后的現象

唐朝後期「長期不設立皇后」的現象，[160]跟這個時代的女人問題有關。不管要說是皇帝的個人取向，或解釋成從勤儉逐漸走向奢侈的時代氛圍差異，[161]都很難說這些是正確的分析。

在唐朝，皇后以下雖然有四夫人、九嬪等許多等級的妃嬪們[162]（圖17），但在唐朝兩百八十九年的歷史中，儘管有二十位皇帝，但正式作為皇后者卻不到八個人；而且，被冊立為皇后且有實際記錄者，也大多是在去世後才受到追尊。雖然前文曾一再提及皇帝與皇后就像是陰陽「兩儀」的關係，原則上，有皇帝的話，就必須要有皇后；如果暫且不把特殊情況算在內，在中國史上也很難找到沒有皇后的先例。因此，在唐朝的兩百八十九年中，皇后存在的時間不過只有七十八年六個月，這著實令人感到訝異，因為沒有皇后的時間竟然超過兩百年，[163]也就是說，唐朝歷史中有百分之七十以上的時間是沒有皇后的。在這之中，武則天作為皇后而存在的時間是二十三年兩個月，她甚至占據了唐朝有皇后時期的三分之一以上的時間。（圖18）如果不算這段時間的話，唐朝沒有皇后的時間就會變得更長。總括性地來說，自代宗開始至昭宗的何皇后被冊封之前為止，[164]這段時間是沒有設立皇后的，因此唐朝後半期幾乎都沒有設立正式的皇后。（圖19）

在中國歷史上，皇后不存在的現象是史無前例的。但事出必有因，不管是皇帝，還是哪個政治勢力，

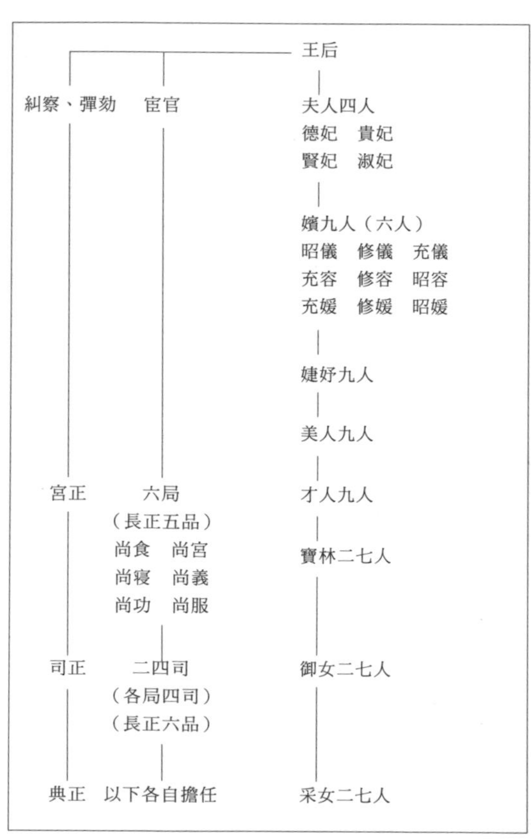

圖17　後宮機構圖（氣賀澤保規，《絢爛的世界帝國：隋唐時代》）

圖18　則天武后像（筆者拍攝）

皇帝	皇后	皇后在位期間	在位年數
太宗	文德皇后長孫氏	626年（武德九年）8月～636年（貞觀十年）6月	9年10月
高宗	廢皇后王氏	650年（永徽元年）1月～655年（永徽六年）10月	5年9月
中宗	順天皇后韋氏	656年（永徽六年）10月～683年（弘道元年）12月	28年2月
	（武氏：皇太后）	[683年（弘道元年）12月～690年（永昌二年）9月]	（6年9月）
中宗		[684年（嗣聖元年）1-2月]	（1月）
		705年（神龍元年）2月～710年（景龍四年）6月	5年4月
睿宗	肅明皇后劉氏	[684年（嗣聖元年）2月～690年（天授元年）9月]	（6年7月）
玄宗	皇后王氏	712年（先天元年）8月～724年（開元十二年）7月	11年11月
肅宗	皇后張氏	758年（乾元元年）4月～762年（寶應元年）4月	4年
昭宗	積善皇后何氏	897年（乾寧四年）11月～904年（天佑元年）9月	6年10月
		正規皇后在位年月總計 （參考）正規、非正規皇后在位總計	71年10月 76年6月

圖19　唐代正規皇后在位年數一覽表（氣賀澤保規，《絢爛的世界帝國：隋唐時代》）

一定是有人刻意不正式設立皇后。那麼，就來看看這種特殊現象出現的過程吧。

首先，從德宗（七七九至八〇四年）和玄宗（八〇五至八一九年）的例子開始看起。德宗時期的太子誦後來成為了順宗（八〇五年），而順宗還是太子時就已有太子妃，當他登基為皇帝後，太子妃理所當然會成為皇后，然而，太子妃蕭氏在順宗即位前，也就是在成為皇后之前就被德宗殺死。[165] 太子妃被殺是有緣由的，德宗之所以殺死蕭氏，是因為蕭氏的家庭，特別是蕭氏母親部國公主的行為。部國公主平時的行為有失端正，她和許多大臣私通，德宗在憤怒之下將與她私通的臣子們全都殺死，對德宗處置不滿意的郜國公主就使用咒術要加害巫蠱於太子身上，於是德宗就將她從公主之位上廢掉，兩年後再將她殺死；後來，德宗為了壓制災殃，將身為郜國公主的女兒兼太子妃的蕭氏也一併殺掉。[166]

如果根據其他的記錄來看，將太子妃蕭氏殺死的實際理由是因為她對於母親的死懷著怨恨，如果日後讓她成為皇后的話，會有遭到報復的風險。[167] 前文提及，在唐皇室中，曾有過韋后與安樂公主共謀，將中宗謀殺的事件。照這種前例來看，因為無法排除再次出現類似事件的可能，這對於德宗和太子誦來說是極大的風險。也就是說，在唐朝，女人若是成為正式的皇后，就會得到很大的權力。

皇帝恣意地阻擋皇后出現的情況，在憲宗時變得更加明顯。以憲宗郭妃的情況來說，由於她在生前無法被冊封為皇后，死後就由她日後登基為皇帝的兒子（穆宗）將她追尊為皇太后。[168] 憲宗在被冊封為太子之前是被封為廣陵王，[169] 此時期的郭氏雖然已成為妃，但就算後來成為太子，郭氏也沒有被立為太子妃，只有在憲宗成為皇帝後被立為「貴妃」而已。

然而，郭妃是忠臣郭子儀的孫女、駙馬都尉郭曖的女兒，爺爺和父親對唐朝皇室的建立貢獻良多；同時，她的母親是代宗的長女（昇平公主）而郭妃本身也是穆宗的母親，所以，郭妃是非常有成為皇后的資格以及後援勢力的，但丈夫憲宗在登上皇位後，卻只封她為貴妃而已。

憲宗登基八年後，大臣們三次向憲宗奏請立郭貴妃為后，然而憲宗以各種理由來拒絕冊封。在《舊唐書》本傳中，說明了憲宗個人很喜歡後宮，「以后門族華盛，慮正位之后，不容嬖幸，以示冊拜後時。」[170]將皇帝對後宮的寵愛作為理由來加以解釋，其實相當牽強，因此很可能不是事實。親王成為皇帝後應冊封擔任親王時的王妃為后，這是理所當然的事情，很難理解為何憲宗堅決不冊封郭妃為后，而且這也已經是憲宗登基八年以後的事了，可見分明有其他的原因存在。能夠確定的是，如果不是憲宗個人寵愛後宮的話，不管是什麼原因，憲宗的決定都是因為害怕郭貴妃成為皇后之後會獲得太大的權力，以及害怕她勢力強大的家族會過度干政。從這個案例中，對於唐代後期皇帝們厭惡並反對冊封皇后的理由就更明白了。

不只如此，從德宗的王皇后一例，也可以窺見皇帝故意不設立皇后的意圖。王皇后是德宗作為魯王時所迎娶的嬪，在德宗成為皇帝後成為淑妃，生下順宗並獲得德宗的寵愛，死的時候終於被冊封為皇后。[171]順宗被冊封為太子時，王氏還活著，[172]作為太子的母親雖然有充分的資格被冊封為皇后，但卻是直到死時才成為皇后。在死的時候才被立為皇后，特別的是她還是太子的母親，卻沒有被立為皇后，充分顯示了皇帝避免后家勢力過大的意圖。就以上所舉的幾個例子來看，可以猜測出不設立皇后，其實是皇帝自發性的決定。

在唐朝的朝野中，對於不設立皇后的情形並沒有太大的反對，甚至在後期成為「常態化」，連皇帝都沒有打算要填補皇后的空位。這不是單純以後宮制度未整飭完善就能說明的。[173]最能讓人輕易聯想到的，是皇帝為了要防止類似武則天以及韋后的案例，避免發生女人再度濫用權力的可能性，進而採取的防禦性措施，這樣的解釋相對來說比較正確。

皇后的權力在光與影之間徘迴。如果被封為皇后，大致上就像武則天、韋后一樣，雖然作為女性統治者，卻能夠君臨天下並玩弄無所不能的權力。但所謂的政治世界其實是隨著權力的大小而增減失去生命的風險，這是理所當然的事。因此，成為唐朝皇后的女人，最後的結局通常也不太好，正常過世的皇后也只有太宗的長孫皇后一人而已，就連武后也是被幽禁而死；中宗的韋后為了讓自己能成為皇帝，沒多久後也被殺害了；玄宗時期的王皇后幫助扳倒太平公主的政變，[174]以及在安史之亂時幫助肅宗的張皇后，最後都被廢位行刑，[175]這些全部都與過度干預政事有關。

另外，與不設立皇后的現象有關的，就是唐朝沒有確立嫡長子繼承制度；從太宗開始，一直到高宗、玄宗等，都是推翻原本已經以長男身分被冊立為太子的人，改由自己當上太子，繼而登基為皇帝。在「玄武門之變」中，殺害哥哥和弟弟的太宗為了避免重蹈覆轍，不管是不是北魏的老規矩，他都提早將長男立為太子，但最後還是將太子趕了出去。這種現象在前朝隋代也是如此，煬帝就是一例。如果觀察隋唐的皇帝，會發現完全沒有以「嫡長子→太子→皇帝」這樣的順序登上王位的人，這的確是非常奇怪的情況。這種現象代表著皇子們其實全都有成為太子的機會，而且即使成為太子，也無法保證日後就能登基為皇帝。

因此，皇后自然會介入皇位繼承紛爭。如果皇后生了兒子，就會謀劃將他立為太子；成為太子之後，也會盡全力守護這個位子。過程中如果發生問題，皇后就會被迫下台，這是「製造皇帝」的皇室女人，特別是皇后這個位子所會遭遇的宮室悲劇；如果能夠貫徹「由皇后所生的嫡長子來繼位」的原則，就不會發生前述那些不幸的事了。在唐朝，像嫡長子繼承制這種穩固的制度或道德觀尚未被確立，於是延伸出了「武韋之禍」（指武則天與韋后造成的政治動盪），也出現了因為女人而使國家滅亡的悲劇。韋后殺害丈夫中宗，並把女兒安樂公主立為與太子相同等級的「皇太女」，就是希望皇位變成由女人世襲給女人。[176]之所以會出現這種空前絕後的想法，正是始於「女人天下」的情形。不設立皇后的現象在經歷「武韋之禍」後不久，曾經一度消失；雖然在和韋后鬥爭並獲勝的玄宗後來立了王皇后（唐朝最後一位受正式冊封的皇后），但之後就又將其廢掉。

總而言之，唐朝是刻意「不設立皇后」的時代。如前所述，因為遊牧性質的影響，五胡十六國時期以後的女性（特別是皇后）大多握有強大的權力，這種傳統一直持續到唐朝的中期；玄宗以後，為了避免這種弊端而做的相關措施，反而又扭曲了正常的政治。究竟是宮室的女子們太過強大？還是因為預防措施反而扭曲了正常的后妃制度？筆者認為，強大的女人正是其中的重要變數。

胡漢複合社會與整頓制度

各種隸屬民戶的出現和良賤制的成立

沒有力量，帝國是無法成為帝國的。因此，對於帝國統治者來說，最重要的課題是如何操作進入帝國統治圈的多元人種，以及該用何種方式來統治並監督他們，才能達到最好的效果。「帝國」的相貌並不是只有膨脹和擴張，除了本族，更要使進入帝國的多元外族團結一致，從而集中並發揮更強大的力量。這也是左右國家成敗的關鍵，因為統治與經營帝國的目的就是要使帝國更廣大、更強悍，而且可以更長久地維持下去。

為了達到此目的，讓帝國內部的多元人種能夠井然有序地在「身分制度」下各安其分可謂相當重要。身分制度是為多才多藝的帝國人民訂定不同的身分，賦予符合他們能力和身分的適切職務。大唐帝國的身分制度被稱為「良賤制」——將所有百姓大致區分為「良民」與「賤民」，再分配相應職務的身分制度。

若從古代身分制度的發展過程來看，大致可以整理成下述三個階段：漢朝的「庶奴制」；[177]三國和北魏時期（孝文帝時期）的「良奴制」；[178]進入唐代之後（也有人以北魏宣武帝景明年間〔五〇〇至五〇四年〕開始算起）再轉換成「良賤制」。[179]這種變化的過程其實隱含了「混亂」和「遊牧」這兩個時代特徵在內。

漢朝的「庶奴制」主要是將百姓分成「庶（人）」與「奴（婢）」。庶民的「庶」原本是和「官」（官人、官僚）對稱的概念，在漢朝史料中常看到的「免為庶人」，就是指犯了罪的高級官僚被免除官職，並成為庶民；相反地，也有囚犯（刑徒或奴婢）被擢升為庶民的案例。在漢朝得以建立政治與社會秩序的制度中，最具代表性的就是眾所周知的「二十等爵」體制，官制在此時也成為爵的附屬。因此，不管是成為官僚，或是被免職，都代表著一個人在各自的爵制體系內，個人身分的上升或下降；若是以爵封的用語來看待庶民，其實就是「無爵者」的意思。

秦漢時期只有奴婢是「賤民」，但南北朝時期經歷了複雜的成形過程，產生了新的身分，[180]唐朝的成形使賤民階層和與他們對立的「良民」合併，並以這兩大身分為主幹，建立起所謂的「良賤制」。[181]在一個國家或社會中，確立良賤的「身分」或是「身分制」，正是將隸屬於國家、乃至私家（個人）的「賤民」，其在日常生活中受到的各種差別待遇，以國法（即律令）來加以擔保，進而和「良民」呈現明確對比，這就是當時在統治秩序裡穩固存在的制度。[182]

無論如何，秦漢時期社會上主要的生產階層是「庶奴制」裡的庶民，可是到了魏晉南北朝就被「良奴制」所取代，社會上的奴婢階級雖然沒有特別變化，但卻改用「良民」來代替「庶民」這個名稱；可以用前述的「無爵」跟「無官」之差別來理解庶人跟良人的差異。[183]

漢帝國身分制是以「爵」為基準，並以「官—庶」關係為主軸，這也是朝向以生產、負擔稅收階層的「良」和「奴」為主軸而形成的社會轉型。再者，作為唐帝國身分制「良賤制」之生產、負擔稅收階層的「良民」維持不變，相較之下，奴隸（奴婢）卻轉變成為「賤民」。

換句話說，從魏晉南北朝到隋唐時代，良民階層在身分權限上的變化並不大，但奴隸階層卻向賤民階層擴大，並且被編進賤民階層之中；同時，賤民階層本身也被擴大、重編。若觀察從秦漢到「魏晉—隋唐」時代的轉換，並且概括而論當時的社會與民眾身分變化的話，可說是賤民階層大範圍地擴大與重編。這種變化雖然是根據內部因素而產生的變遷結果，但其實更應該將此現象看作是一個社會在征服王朝統治下受到的影響，以及從外部而來的賤民階層（如戰俘、私民等）在人數上擴大後的結果。[184]

在大唐帝國的良賤制裡，賤民的種類相當多，大致上可略分為「官賤民」跟「私賤民」。官賤民是太長音聲人、雜戶、工戶、樂戶等具有特殊技能的職（戶）跟官奴婢所組成；私賤民則是由部曲、客女、私奴所構成。另外，官賤民的分類比私賤民更加複雜；這與秦漢時期將奴婢（奴隸）視為同一個範疇來處理的情況不同。

經歷了魏晉南北朝的動盪，賤民階層被大幅度地擴大；因為魏晉南北朝是民族遷徙及戰亂的時代，所以百姓身分的變動相當大，大量地產生了「降民」跟「戰俘」等各種賤民層。首先，遊牧民族進入中原之後，透過「部落解散」的方式，剝奪君長大人的部落（族）統治權，部落人民被分離出來，成為皇帝的直屬臣民；特別是北魏等遊牧政權透過頻繁地征服，大規模地施行「徙民政策」——被征服的民族必須強制移居內地。

舉例來說，北魏太祖道武帝在滅掉後燕時，將「山東六州民吏及徙和高麗雜夷三十六萬百工伎巧十萬」遷到首都平城地區，並給予他們耕牛以及計口受田；[185]還有世祖太武帝將赫連氏的夏滅亡時，當時有一萬餘家成為私民，[186]征討北燕的時候，「六郡民三萬家」、[187]「男女六千口」等也成為私民；[188]北涼亡國時「徙涼州民三萬餘家于京師」。[189]

這些私民受到的待遇當然和一般的州郡民不同，他們很有可能是以不同於州郡民的身分被收編；當局提供這些私民農具，並以「計口受田」的方式，將他們配置在國家的直營地內使其成為勞力來源。[190]朝廷依據私民的種族或職能將他們加以分類，老弱者被排除在被徙者的範圍之外，而健壯且具備特殊能力的人往往能成為私民。[191]

他們主要從事基礎產業（農業）和高附加價值的手工業，以及跟國家存立攸關的軍事活動等。國家給予他們符合其技能的職位，並且執行特殊的生產任務，這種生產方式叫作「分配（allotment／assignment）生產」，運用分配生產的產業主要是農業及手工業。

手工業的「百工」大規模且頻繁地成為私民，他們也自然地成為隸屬於各個官府（官廳）的民戶；[192]再加上遊牧民族有優待技術者的傳統，而且分配生產也是遊牧民族在塞外活動時的慣例，例如匈奴利用被綁架的漢人，讓他們長期從事農耕；[193]柔然征服突厥後，長期強迫他們當「鐵工（鍛奴）」來生產鐵，[194]依據他們的專長，以不同的技能加以區分、配置，再要求他們從事生產、納貢。在其他的時代也能輕易找到類似案例，例如對於具備產鐵技術的黠戛斯人，突厥要求他們朝貢鐵就是一例。[195]五胡十六國時期，可以確定各國為了確保手工業者而非常費心，例如慕容皝就致力於保護關內「百工商賈」的操作人員；[196]東晉劉裕消滅後秦時，就集中管理後秦的百工，甚至直接到生產現場做確認。[197]這些掌握技術者並沒有以獨立的小生產者型態被安置，反而是在嚴格的國家統治之下生產、運作，連戰俘中的百工也因為有技術而得以免於一死；[198]總之，手工業者如同前述般，受到朝廷特別的優待。

在後來的朝代中也可以輕易找到類似的案例。有學者將五胡十六國至北朝時期所謂「百工技巧」的管理型態，跟元代的「諸色戶計」制度相比，[199]發現他們在運用層面上其實非常相似；[200]元代文獻中出現的「戶計」名稱就足足有八十三種，其中，被分類為「因當時的政權所需而生產」的名稱就有二十九種；唐代官奴婢的分類會如此多樣也是如此。

當然，戶計制度和漢人王朝的戶籍制度不同，戶計是依據特殊勞役、生產物、特殊技術、宗教信仰、所屬民族、管理的衙門、負擔租賦等不同用途，從而出現的詞彙。以諸色戶計分揀的理由是：（一）易於掌握各職業的人口；（二）凸顯生產物的必要性；（三）農耕民族與草原民族不同的分類習慣。[201]諸色戶計是以滿足統治階級的各種需求為目的，使其從事賦役的掠奪結構。[202]可是，在中國以外的其他地方，並不會以「戶」為單位來掌握技能與人力，也就是說，以戶為單位來掌握對象的中國式（漢）習慣，結合根據技術人力需求的分類方式（胡），最後出現的制度就是諸色戶計。

特殊技能者若是以俘虜或歸附的型態進入帝國體制的話，會住在蒙古帝國首都哈拉和林的特別居住區域；相較於生產物，諸色戶計的支配（收取）體制更重視掌握生產主體以及生產手段的型態。部族（ulus）的擴大，就是他們的首要目標，比起原來的土地，遊牧民族更重視人力的確保。

戶計制度為了有效地支配、掠奪被征服民，根據戶計的不同，就算是用強迫的方式，也要被征服民負擔特定要役；而這樣的負擔又和進入官僚體系的限制條件不同，不僅用相異的法律加以管理，同時也受到相異的賦役體系所影響。[203]

從五胡十六國至北朝時期，有各種隸屬戶民居住在中國，其種類可細分成吏戶、雜戶、隸戶、伎作戶、樂戶、太常民、鹽戶、金戶、驛戶、別戶、屯戶、金銀工巧戶、牧戶、雜色役隸戶、平齊戶、寺院，以及手工業之中從事紡織的綾羅戶、細繭戶、羅縠戶等，這些都是以前的王朝所沒有的。另外，工匠是以軍士編制被編入；[204]政府對手工業者的統治也非常嚴格，生產者的職業是世襲且固定的，[205]這成為了當時手工業政策的基礎。[206]，屬於官府的隸屬民，其地位和角色跟其他時代相比仍有所不同，[207]在總人口中占據的比重也相當高。[208]

這種為了分配生產而對百姓的職位、身分加以分類的情形，對隋唐或後世所造成的影響，講明了就是良賤制；若是從長遠的眼光考量，則是和賦役制度的確立有關，尤其是可以推定和唐代「色役」制度之間的關聯性。「色役」是唐朝初期職役的統稱，[209]在戶籍制度上他們也跟一般民戶分離，並且由國家來進行統治，其稱呼也反映了他們所擔任的職務，[210]在官府服務或是被分配到官僚的吏名，大概就有五十到六十種。[211]

在隋唐的身分秩序下，仍殘存著過去役屬民身分秩序的遺緒。因此，作為隋唐身分制的良賤制，一方面具有繼承古代中國身分秩序的層面，同時也是魏晉南北朝（特別是北朝）以來，役屬民身分秩序的總結。良賤制是大唐帝國前進的基石，是讓帝國能夠使喚、勞役役屬民，並盡可能提高生產力的統治政策。

關於帝國人民的分配生產體制與均田制

那麼，接著就來看看管理生產現場及規範生產者的制度吧。「均等分配土地」（均分－限田）是古代漢族王朝統治者以及人民懇切的希望，孔子也說過：「不患寡而患不均。」[212]在談論財物時也經常提到「均分」的概念，[213]事實上，「均田制」就是在這股「均分」期望下出現的制度。所以，均田制的系譜可上溯至西周時代的井田制，接著到戰國與秦、漢時代的限田制，再經過新朝王莽的王田制、曹魏的屯田制與西晉的占田、課田制，最後延續為北魏至唐的均田制。[214]

如果就實現「均分」的理想面來看，這樣的發展系譜並沒有錯，只是為何這種漢族所迫切希望的「均分制度化」，在南朝的幾個漢族王朝之中沒有獲得成功，反而是到了胡族王朝的北魏時才被實現呢？由此看來，均田制的出現很難只用「均分」的概念來說明；正確的看法應該是，除了漢族的均分傳統，胡族王朝特有的習慣，以及北魏當時的政治、社會現實，再加上「胡漢合作」的當代特性，促使了均田制的成立，這才是正確的理解。

征服中原之後的胡族君主為了順利統治，首先需要充足的物質資源，最重要的就是確保支持統治的資金充裕無虞；但遊牧民族獲得資源的既有方式是掠奪，一直到北魏初期都還是採用這種方法。然而，華北地區統一之後，能夠掠奪的地方消失了，從北方草原望向南方農耕地帶時，可以奪取的物品雖然很多，但若是從農耕地帶看向西北方的綠洲或遊牧地帶，那就只有草原、荒蕪之地以及牧民而已；因此，如果想要在已經定居的農耕地帶上長久地確保資源無虞，就必須要確立好經濟政策。

這裡必須先觀察自北魏以來的幾個措施。首先，可以將北魏初期採用的「計口受田制」與太武帝的太子恭宗所施行的「課田」[215]看作是孝文帝時期均田制的前段措施。那麼，「計口受田制」究竟是什麼樣的土地制度呢？若從字面上來解釋，看起來像是依據口數提供土地的單純行為。

但是，筆者認為必須要將「計口受田制」理解為一連串的生產結構流程：（一）征服；（二）對掠奪而來並成為私民的人「計口受田」——也就是依據人數分配可耕地與牛隻等，再附加上土地額度與生產量；（三）督促並鼓勵生產活動；（四）計算收穫量（量校收入）；（五）估價其等級（殿最）；（六）最終進行賞賜。在這種過程之中，雖然會自然地朝向「均分」進行，但最重要的應是透過前述的「分配生產」，將其視為企圖生產最大化的土地制度。[216]

漢朝[217]或西晉時，[218]雖然也有類似的「計口而田」（「計口而給其田宅」或「計口而為井田」）措施，但那是為了救濟貧民而出現的特殊土地供給政策，與北魏的「計口受田」有所差異，反而比較像是清朝初期的「計丁受田」制。[219]一般來說，這種形式是政權在征服初期所採用的，學者艾伯華（Wolfram Eberhard）就曾提出這個概念，認為可將西周井田制可看作是周族征服關中平原後，實施分配生產的土地制度。[220]

不過，計口受田制在實施期間及區域都有一定的限制，在這層面下，計口受田制具有：（一）這個期間（北魏初期限定）的限時性；（二）實施區域（最大到京畿地區）的限地性；（三）對特殊民有限度的限制。[221]

因此，有必要將其轉換為在時間上屬於長期性、地域上擴大範圍到以之前的國土和百姓為對象的普遍性永久制度。除此之外，所處環境也有大幅度的改變，隨著太武帝統一華北以及征服戰爭結束，私民的供給也因此被中斷；而且，因政治區域擴大使得百姓數量增加，若只單靠計口受田制就會變得相當困難，所以從應急解決的制度轉換為具全國性與普遍性的生產制度是相當必要的。

因此，恭宗在提出《周禮》的「分業體制」（農、圃、工、商、牧、嬪、衡、虞）之餘，也提倡介於計口受田制與均田制之間的課田制。[222]課田制的運作方式大致上和手工業者的分配生產類似，也就是讓有關單位確認各家的人口數後再測量耕作面積，同時清楚訂定要耕種的作物，並在土地前端寫上耕作者姓名以及計算這塊地的實際收穫。

北魏初期的計口受田只實施於特定人民，而恭宗的課田制則適用於全體人民；[223]此外，課田制並非給予人民從事農業的自由，而是和計口受田一樣屬於強制性的制度，[224]也就是所有的人民合而為一。課田制的實施區域限縮在北魏統治圈，並且局限在以都城平城為中心的京畿地區。

日後的孝文帝透過一連串的改革，終於讓政策的施行範圍不再只限於京畿地區，而是延伸到新納入的廣大疆域上，並且實施了一元性的土地支配體制——均田制。孝文帝在西晉的占田與課田制中，得到了針對年齡以及供田量做出規定的想法，並且添加了胡族式的分配生產方式。

他在太和元年（四七七年）採用「一夫治田四十畝」政策，[225]這和在西晉占田及課田制中，針對男人（正男）、女人（正女）、次正男等年齡規定，來供給田地（占田與課田）以及配置田土量是相當類似的，[226]也就是用年齡跟供田量來加以規定；可以看到「一夫治田四十畝」政策明顯受到西晉占田及課田制的影響。

太和九年（四八五年），孝文帝終於下達了「均田詔」，[227]並在太和二十年頒布相關的詔敕；從詔敕的句子「惰業者申以楚撻，力田者具以名聞」可以知道，[228]計口受田制的精神（分配↓監督↓殿最）原封不動地被保留下來。此外，太和十一年（四八七年）韓麒麟上奏，強烈主張在以都城平城為中心的京畿區域重新實施「計口受田」，[229]他主張必須重新調整與實行國初以來逐漸遲緩下來的計口受田制；此處可以看出均田制和計口受田在精神與形式上是一脈相承的。

當然，北魏在實行均田制時，也強調古典性的均分以及農、桑栽培的徵收；雖然這些才算是救濟災民和富民的根本，[230]可是實際的目的是將百姓緊緊束縛在土地上，尋求生產利益的最大化，也就是「無令人之有餘力，地有餘利」，[231]或「土不曠功，民罔游力」，[232]這些話中隱藏著實施均田制的真正意義。

那麼，我們就透過均田制的條文來看看分配生產的結構吧。[233]均田法規定正男一人桑田二十畝及桑五十棵（樹），棗三株，榆三根，強制他們栽種，[234]違反的話會受到相應的處罰。[235]像北魏這樣為了生產各式作物而區分出「桑田」等田土，在中國歷史上還是第一次。以北宋仁宗時期所施行的《天聖令．田令》為依據，北宋也有依照戶強制種植一百到二十棵桑樹跟棗樹；[236]換句話說，在均田制被廢止之後仍然持續採用著均田制式的分配方法。均田制在驅使人民耕種之時，擁有將「分與藝」、「力與業」相互結合的基本精神。[237]雖然中國自古以來的傳統就是讓「力」與「業」結合，但「分」與「藝」的結合則是到了這個時代才被強調的獨特政策。[238]「分」是在說一定的田土，「藝」是指他的技能（能力），因此，依據他的技巧及能力，分配他有能力耕作的田土才是分配生產的基本精神。對一個普通的農戶（一丁戶）而言，強制分配桑或麻等耕作物並生產的規定，是原來就存在於北魏到唐代的均田制精神。[239]

只是制定、頒布法律，不代表制度就會順利運作；因此，與均田制互為表裡關係的，就是所謂的「三長制」。三長制不只是村落制度，同時也是監督均田制並使其順利運作的「督課」制度；此外，三長制也可以間接地進行人口調查。

北魏初期是由「八部帥」（八部大夫）[240]及「屯衛」[241]來進行監督工作，讓京畿地區得以順利地實施計口受田。他們的職責是「勸課農耕，量校收入，以為殿最」。[242]初期的督課組織中樞是軍隊，然而，恭宗將課田制制度化後，中樞就變成「有司」，也就是一般的牧、守、令、長（守宰）；[243]當他們疏於監督時，會受到監督官的制裁與處罰。[244]

不過，在實施均田制和三長制之前，特別是在北魏政權較無法掌控的地區，仍是由宗主或豪強來監督、保護土地與百姓。地方的宗主或豪強利用政府不易於掌握當地的百姓，以三十戶或五十戶作為一戶來報告；他們更對一般的百姓強取豪奪。北魏統一華北後，停止了掠奪性質的戰爭；此外，隨著部落的納貢大幅減少，為了確保國家財政，最根本的解決辦法就是確實地向所屬臣民徵收賦稅。若是沒有完備的三長制以確切掌握百姓的話，在土地供給與繳納賦稅上以「均等」為目標的均田制是絕對起不了作用的。因為均田制是以全國國民為對象，所以地方村落組織的三長（隣、里、黨長），就成為了全國性體制的成員。

在均田制之下的主要產物是絹、麻布、榆葉、榆木、榆皮、棗實等，為什麼這些作物會被國家指定強制生產呢？絹是當時最具收益的產物，某種程度上來說，均田制可說是為了生產絹而設立的土地制度，強制栽種桑樹的理由也不單單只是因為遊牧民對絹的需求非常大，而是因為絹是東、西貿易中具有高獲利的商品。如同遊牧民以前居住在遊牧地帶時，和南方農耕地帶進行「絹馬貿易」一樣，絹是相當受遊牧民青睞的商品。他們不只穿著皮衣，就連可汗親征時，絹也經常作為主要的掠奪目標，以及戰後的賞賜品。絹、瓷器、寶石、珍珠是遊牧民的財富象徵，對市場需求敏銳的遊牧民來說，絹正是東、西貿易最重要的物品。當時，東羅馬帝國對絹的需求也很大，正好是在這時候，開啟了真正意義上的「絲綢之路」（Silk Road），這種狀況也促使了均田制的誕生。

另一方面，麻布是用在庶民衣服上的材料；榆木非常堅硬，適合用在器物、建築上；榆葉、榆皮則可食用和藥用。特別是在凶年時，榆皮會被當作救荒食品來食用；[245]今日的山西一帶仍會在麵粉中加入榆葉、榆皮，混合後做成麵條來食用；[246]棗實（大棗）也是當時北方地區唯一生產的水果。

均田制自北魏開始實施，一直持續到唐德宗時期的兩稅法登場為止。北魏以後的均田制經歷了各個王朝，在迎合現實的增補過程中逐漸被法制化。大唐帝國的法令受到國家支持並適切地運用在百姓身上，而且具有各自的目標，跟百姓生活最密切關聯的法令是戶令、軍防令、田令、賦役令等；基本上，百姓就是國家法定的掠奪對象。[247]均田制就被規定為田令，唐高祖武德七年（六二四年）四月頒布的均田令跟「租庸調法」是最基本的規定，[248]玄宗開元二十五年（七三七年）又頒布了改訂令。[249]綜合起來，朝廷每年做一次計帳且每三年做一次戶籍調查，並根據這些數據給予百姓田地。相較於北魏時期，唐朝的規定更為縝密，例如以年齡規定來說，被細分為「黃」（三歲以下）、「小」（四歲）、「中」（十六歲）、「丁」（二十一歲）、「老」（六十歲）等，不只如此，對「中男」（十八到二十歲）、「丁男」（二十一到五十九歲）給予一頃（一百畝）的田地，對「老男」（六十歲以上）、「身體殘障者」（篤疾、廢疾）給予倍田（對貧瘠者每年提供輪耕地）四十畝，對「寡妻妾者」給予三十畝，丁男、中男之外的人在成為「戶主」的時候會再給予二十畝，從這些供給內容來看，唐朝的規定的確更為縝密。[250]

在政府給予的土地中，可分為永業田（世業田）、口分田、園宅地等，這部分和北魏也略有不同。北魏有耕作個別作物的特點，唐代的重點則比北魏更縝密、更細分化，特別是因為官僚體制的發達，使得官人營業田有複雜的規定；唐朝也增加了北魏所沒有的、作為俸祿的職分田，以及作為官府辦公費用的公廨田等。[251]

隨著良賤制的確立，原宅地也出現了良、賤之別，根據人口的密度，分成寬鄉（地多人稀）和狹地（地少人稠）；老男、篤疾、廢疾等規定也變得相當細密。和前朝相比，唐朝均田規定獨有的特徵是：（一）一般婦人在隋唐時代被排除在受田對象之外；[252]（二）取消針對奴婢與耕牛的受田規定；（三）出現僧尼、道士、女冠、工商業者的受田規定。[253]關於這些規定是否真的有被實施，透過二十世紀初英國的斯坦因（Aurel Stein）和法國的伯希和（Paul Pelliot）在莫高窟得手的敦煌文書，以及日本的大谷光瑞探險隊自西州（唐朝時的高昌國）取得的吐魯番文書等文獻的分析，可以確定唐朝真的有實施過前述的均田規定。

我們也可以在這些文書上看到和均田規定不同的應稅偏差情形，以及規定中所缺少的「退田文書」（應該要返還的土地）、「欠田文書」（記錄各戶不足分之田地的土地資料）、「租田文書」（土地賃貸文書）等；不僅如此，和定田法的規定不同，我們也看得到永業田被回收的情形。永業田使用了「部田」、「常田」、「部曲三易」等均田法規中不曾出現過的用語，再加上還有所謂的「自田」（不包含在均田制裡的田地），進而在學界引起了新的爭議。

雖然可以用「社會繁雜化」來說明這些規定何以複雜化，但就算沒有按照法規進行供給和回收，國家還是可以透過戶籍資料掌握土地和農民，進而控制百姓的遷徙與工作，並獲取最大的收益。均田制雖是一種均等分配、提供國土的制度，而只要是提供土地，自然就會有稅役。受田跟繳納的對應關係是北魏孝文帝時期頒布均田令的大原則，對於沒有得到土地的人來說，朝廷是不能向他們徵收賦稅的，也就是「未受田者皆不課」。百姓從國家手上接收土地所要承受的負擔就叫作「租庸調」（但其實是租、調、役、雜徭四種）[254]，而此處除了雜役、色役、番役、雜任之外，還要再加上兵役（如府兵役）。

均田制的變質過程也和時代狀況吻合。例如相較於北魏土地過多、勞動力不足的情況，北齊、北周、隋、唐出現了因人口增加導致土地不足的社會情形。如果北魏時期的桑田、露田、麻田是為了生產穀、麻、絹等重要物產而被加以區分的話，那麼唐代的永業田及口分田，相較於供田和回收的功用，更是為了收取上的便利而被分類。造成均田制崩潰的原因是國家汲汲營營於收取物資，使得唐初實現「均分」理想的目的被人懷疑，因此喪失了該制度的理想性。

制度的完備是支撐大唐帝國最重要的基礎。相較於「東晉—南朝」沒有像樣的土地制度，以及缺少讓土地制度得以立足的稅役制度，北朝相對迅速發展的時代背景，和制度的完備有很大關聯。當然，「東晉—南朝」也有自己的制度，但卻沒有與時俱進，創造、修改出符合新時代的制度。某位學者自府兵制中找尋使大唐帝國順利運作的制度，進而稱大唐帝國為「府兵制國家」；[255]韓國的某個學者也認為支撐「北朝—隋唐王朝」的是「均田體制」。[256]這種說法雖然有點過於偏頗，但像「北強南弱」這般描述南北朝國力差異的情形，或是大唐帝國力量的根源，都可以說是來自於制度的完備。

帝國的都城制度與市坊制

一個帝國內的各項制度，雖然都有其獨立功能，但各項制度倒也並非各自獨立運作，它們就像是齒輪般連動著，例如土地制度與都市制度、村落制度有密切的關係，[257]北魏的均田制和三長制也是如此。不過，除了三長制這種對於百姓的組織規範之外，都市、村落的劃分和經營也非常重要。當遊牧民進入中原，帝國境內的人口組成也變得非常複雜，多元的人口組成使得統治變得更加困難。而身為統治者的同族屬於少數，又不知道其他占多數的族群會在何時倒戈，因此，統治者就需要設計出一套統治各個族群的機制。

首先來看看大唐帝國的首都——長安城。長安城的特徵和日本古代的都城相同，大多是格子狀的都城構造（Grid Pattern），但這種理解其實只對了一半，因為遺漏了「五胡十六國－北朝－隋唐時期」的都市及村落所具備的三項重要特徵：（一）大唐帝國縣級以上的都市均採用「坊牆制」，而坊牆制與「坊制」是不同的；（二）宮城位在都城中央偏北的位置；（三）宮城的後方有寬闊的禁苑（Forbidden Garden）。這三種型態為筆者所主張的長安城特徵，具有這種機能和意義的都城是從什麼時候、又是因為什麼目的而開始建造？又歷經了什麼樣的過程，最後才得以完成的呢？

首先，坊牆制的「坊」是用來做什麼的呢？筆者認為坊是用來管理、分配生產者的居住區域，同時也是最經濟、最有效率的統治方式。第二，宮城建在中央偏北其實是繼承了太極思想等中國的古典傳統，同時護衛包含皇帝在內的統治階層。第三，禁苑和宮城相連結的草地是皇帝直屬禁軍的駐地，是對外出兵的起點，也就是用兵之處；從遊牧民族的心理層面來說，則是他們移入都城後所修建的草原故鄉。

那麼，這種型態的都城構造是從何時開始導入的呢？事實上，遊牧民族和城郭並沒有什麼特別的關係，在史書中（例如《史記》）也屢次強調過，[258]雖然看不到匈奴族興建城郭，但他們已建造城砦類的建築。舉例來說，郅支單于在都賴河畔建城時，每天徵用五百人，只花了兩年就完成大內（單于的內室）、土城、木城等三重城的記錄；[259]此外，也流傳著趙信城或龍城等城砦。趙信城具有糧食倉庫的用途，[260]龍城則是秋季時單于以下的諸王祭祀的場所。[261]另外，西晉時期涼州漢族統治者張氏所居住的姑臧城（又稱臥龍城），也是從原本匈奴建造的城池再擴大修建而來的。[262]從這面來說，所謂的城郭對遊牧民族來說，倒也不是毫無用處，只是其用途和建造方法與農耕民族不同罷了。

然而，當遊牧民進入中原以後，就產生了建造農耕民式的城郭的必要；畢竟，進入長城之後，不只要繼續防禦仍待在長城之外的其他遊牧民，統治者還需要對被統治的民族展現威嚴，[263]特別是隨著住民或軍隊成員中的漢人比重不斷增加，[264]保護統治者們成了重要的課題。

他們建造城郭的方式是從古代農耕民的建造型態變化而來，早在序紀時期，就已經有建築城郭的記錄。按照拓跋族在序紀時期的記錄，昭武帝即位初期，灅源川被定為都邑，當時朝廷議論著如何建設城郭與宮室，不過卻遭到掌權的平文皇后王氏反對，因而無法完成建築計畫。王氏說明她反對建設城郭的理由是，如果建造城郭，當遇到危機時，最大的問題就是「突然要遷移的話會很困難」；也就是說，當君主面臨危急時，遊牧民特有的專長——逃跑，會因此變得更加困難。[265]

然而，越過長城的鮮卑拓跋族無法不關心城郭，昭成帝四年（三四二年）盛樂城的建造就反映了這項事實。[266]太祖天賜三年（四〇六年）六月正式開始建造首都，是在遷都平城八年後才開始的，[267]但是要用什麼樣的形式建造，卻成為一個懸而未決的問題。確保君主的安全是最重要的課題，當北魏要建造都城時，有幾個能視為典範的例子：第一個是在被視為「中國古代制度指南」的《周禮》中，關於都城建築的指導；另一個則是已經被破壞並且不再使用的前朝都城。

在五胡十六國中，將洛陽和長安定為都邑的國家，其城郭也成為模範，[268]而敵國南朝的都城——建康，也是參考的範例。那麼在北魏以後，「北朝－隋唐」的都城又是什麼形式的呢？首先是《周禮》〈考工記〉中「匠人」的規定。[269]將這些規定整理一下的話，可以簡單分成下列四點：（一）中央宮闕；（二）面朝後市；（三）左祖右社；（四）左右民廛。然而，若觀察北魏洛陽城的構造，作為都城核心的宮城位在都城最北端的中央位置，並沒有按照「中央宮闕」與「後市」的原則來配置；因為可以看到「宮北市南」的型態，因此可以主張在中國都城史中，北魏洛陽城是一個特別例外的建築構造。

那麼，為什麼會有這種例外性的構造呢？第一個處理這個問題的近代學者是日本學者那波利貞，根據他的主張，在《周禮》成書的戰國末期至漢朝初期，確立了前述的四個原則，並作為歷代王朝的都城建設原則而延續了下來，特別是自曹魏的鄴城開始使用，經過了西晉的洛陽，一直到明朝的北京城為止，全都遵守著相同的原則。然而，唐朝的長安城（也就是隋朝的大興城）卻完全與傳統原則背道而馳；長安城最初的型態首見於北魏的洛陽城，然後東魏的鄴南城將其繼承下來，歷經隋朝的大興城，最後以唐朝的長安城作為最終的型態。

這種例外性結構的出現並非是因為考慮到一般居民日常生活的便利性，只是不按照蔑視商業的儒家思維，與漢族王朝傳統的「後市」構造有所不同。也就是說，北魏因為是胡族國家的緣故，沒有必要受限於漢族的傳統，因此在採用傳統制度的優點時，也能將其缺點一起改善，這就是胡族運用「實踐性」的結果。[270] 這個主張被提出以後，帶給學界深遠的影響。

再者，陳寅恪認為洛陽雖受到江南、河西、平城三個系統的影響，但宮殿（宮闕、宮室）建築的樣式，卻是始於北魏時派遣蔣少游至南齊觀察而來的。[271] 特別是影響遷都洛陽的河西涼州的姑臧城都城計畫，此城原本是匈奴式建築，後來又被前涼的張氏增建了「宮北市南」的形式；[272]陳寅恪也從其他角度贊同所謂的「胡族影響說」，日後有很長一段時間，胡族影響說支配了整個學界。

然而，近年來自從考古學的挖掘成果發表以後，胡族影響說受到了很大的挑戰。以考古學界為中心，強而有力地提出了北魏洛陽城的構造其實不過是原封不動地利用西晉洛陽城的主張；[273]考古學的挖掘成果壓倒了文獻研究的成果，因此被認為是自北魏洛陽城開始，並且在隋唐長安城時完成的胡族影響說，就這樣失去了立足之地。不過，最近又有一派學者重新提出北魏洛陽城不同於西晉洛陽城的主張，[274]筆者正是其中一位。

此外，北魏太極殿和魏晉太極殿的殿址是否有直接關係，至今仍沒有明確的答案，因此，也有學者認為應該要以更慎重的態度來加以研究。[275]根據挖掘結果，雖然作為西晉洛陽城主宮的太極殿是建立在作為東漢南宮主宮的崇德殿的位置上，等於是繼承了東漢的都城，[276]但作為北魏主宮的太極殿並不是座落在西晉太極殿的位置上，而是位於最北方、在曹魏初期完成並曾短暫作為主宮使用的建始殿的位置上。[277]由此可知，北魏宮城偏北說、北魏破例說等主張仍舊成立。

但最近圍繞在都城構造上的爭論焦點主要是宮殿的位置，特別局限在「主宮到底曾經位在都城的哪個地方」這個問題上。筆者主張，以都城的要素來說，主宮固然重要，但外城之內的坊、宮城後面的禁苑，也應該看作是都城的要素，是必須被掌握的都城構造。

在研究遊牧王朝的都城時，必須優先思考的是宮中政變和宮城構造之間的關聯性；所以此處應當留意的是，統治居民用的坊牆制，以及君主用來蔽身的後院。因為北魏將平城定為都邑並在此建造宮城，使得君主的「遷移」有著致命性的弱點，所以筆者主張，在歷經多次的位置變動之後所產生的結果，就是重建宮殿時，改為「宮北苑後」的形式，同時將宮殿南部的居住區與商業區實施坊牆制。最近，以日本學界為中心，開始熱烈地討論後苑的問題，讓筆者感到十分振奮。

北魏初期首都平城的後苑，是在北魏太祖天興二年（三九九年）正月和二月擊破高車族後，使喚高車的人民，建造寬度達數十里的鹿苑。[278]其位置在都城北側寬廣且平坦的區域，這裡曾屬於拓跋部，當敵人奇襲時具有移動上的便利性，也曾作為移動兵力的駐地空間。後苑與漢族王朝都城中的園林不同，它是空地，也就是牧地的型態，具有保護君主的功能。最具體的例子就是北魏太武帝去世後，皇孫高宗（文成帝）登基時發生的「正平事變」；在後來的混亂政局中，後苑也適當地發揮保護君主的作用。

根據史料，記載著「當時高宗為躲避災難，在苑中像龍一樣躲藏，最後成為皇帝」的事蹟。[279]這讓人聯想到在唐朝長安城北門、由唐太宗發起的「玄武門之變」。在唐朝發生的重大政治事件中，有許多件被指出與玄武門有著密切關連，因為玄武門是宮城的北門，同時也是外城的中央北門，又是後苑的正南門，所以玄武門就成了黨派間勝敗關鍵的場所。

在北魏洛陽城的北門大夏門外、御道西邊禪虛寺前有一個廣闊的練兵場，農閒時期將士們會在此進行訓練，牧地上則駐紮著千乘萬騎；[280]此外，在地形方面，洛陽的北方有邙山，為了要彌補這一點，又另外在西邊建造了西苑。

唐朝長安城的後苑是由「三苑」（西內苑、東內苑、禁苑）所構成，是東西二十七里、南北三十三里的廣大草原。[281]如前所述，其功能是所謂的「用兵處」，[282]可以將這種後苑看作是源自五胡十六國時期的東西苑、北魏北苑以及唐朝的三苑；這與沒有直接跟宮殿連結、而是另外設置的漢朝上林苑有所不同。[283]

在筆者的主張中，最重要的就是「坊牆制」的相關課題。坊牆制是北魏洛陽城的另一個特徵，與經常被提及的漢朝「里制」是不同的型態。「坊」雖然是「北魏—唐」都城與地方城市的區域單位，但其實早在北魏初期，當都城還設在平城時就已經有坊了。筆者所說的坊牆制，是指將坊以高牆圍繞而產生的區域制度，與單純作為區域單位的里或坊不同；坊牆是經過北魏的洛陽城，到隋唐長安城時有了完整的型態。坊原來是指兩幢建築物之間的特別區域，[284]與作為區域警戒線的里壁不同，坊牆有和城牆差不多的高度，可視為具有防禦功能的小城牆。

採用坊牆制的話，都市景觀就不會呈格子狀，而是會像蜂巢一樣；如果從整體來看，都城便是聚集許多小城而形成的區域。坊牆制的設置也有「防止姦盜」的治安效果，然而，筆者認為更重要的意義在於保護皇帝的安全，並且以種族別、職業別來分割統治（Divide and Rule）人民，所以也與分配生產有關。

從前敵國的人民被大量安置在首都或是京畿地方，他們的存在依然對王權構成威脅；此外，為了提高技藝者的生產力，朝廷選擇了分配生產體制，為了要使這種體制順利運作，就需要用作分割與統治人民的坊牆；利用又高又長的牆壁將內外完全分離開來。「計口受田」是統治與驅使農村（農民）的制度，而坊牆制則是為了統治城市居民，特別是城裡擁有技藝的手工業者。

有人說從五胡十六國到唐朝為止，中國出現了大規模的築城運動。遊牧民統治中原時，建造了許多城郭，為了容納當時的人口，建造了更大的城市，北魏洛陽和隋唐長安、洛陽都是如此。[285]之所以建造巨大的城市，是為了將從外部移入的俘虜或移民隔離起來。舉例來說，唐代長安城雖然有一百零八個坊，但南郭附近的三十九個坊卻人煙稀少，即所謂的「閑坊」，也就是菜園，[286]其規模雖然曾大到占據長安城的三分之一面積，但一直到大唐帝國滅亡之前仍無法被填滿，徒留許多沒人居住的空房。這是胡族王朝的都城制度特徵，就某種層面來說，這才足以稱作世界帝國的都城。

坊牆制在坊門的管理上特別重要。如果看北魏時期的話，蘭臺（御史臺，專職禁軍的監察權）下屬的中承御史專管城內事，身為禁軍的羽林軍則是作為在街上來往的遊軍，負責在各個坊巷中執行檢查任務。各個坊門設有負責的管理者，如里正兩人、吏四人、門士八人，[287]與之前漢朝的里門相比，其人數是相當多的；唐朝也是如此，在各個門安置了相當人數的守卒。

筆者透過楊衒之的《洛陽伽藍紀》和墓誌銘，去分析北魏（特別是後期）都城洛陽的居民配置狀況，確認了官署和寺剎的區別；同時根據士、農、工、商的職業差異，發現他們的居住空間也有所不同。像這種計畫性的都城制度在《魏書》〈釋老志〉中稱為「都城制」。[288]都城制在後來的王朝都城中難以被發現、確認，這可能是因為資料不足的關係；但坊牆制很有可能依然作為都城的區域制度而被維持下去。因為已採用坊牆制的都市大多是計畫都市，而計畫都市並不是將既存都市的一部分改造後就加以使用，而是在空地上重新建造，所以很難想像這種新都市在沒有任何原則前提下就安置住民。

坊作為居住空間這件事，是否首次出現在三國時期呢？曹魏明帝時期在太極殿後面建造了才人們居住的「八坊」，[289]兩晉到南朝（宋、齊、梁、陳）也都能看到這種形式的坊。然而，這些坊並非都是居住區域的單位，如同「別坊」一樣，也有代表由兩、三幢建築物包圍而成的特定封閉區域。自東漢開始到西晉為止，附屬於宮闕的特定場所或官廳就稱為坊。在《藝文類聚》卷六十二〈居處部〉之二裡，有著「宮、闕、臺、殿和坊」等類別範疇，[290]說明這不是一般老百姓的居住場所，而是宮城內的特定空間。

但在北魏的首都平城和洛陽城，坊成為了都城的居住區域單位。關於坊的確切數字，並不是那麼清楚，以平城來說，並沒有記錄該城有幾個坊；至於洛陽城，則有「三百二十三個」、[291]「三百二十個」、[292]「兩百二十個」[293]等不同的說法，但大部分的學者同意三百二十個的說法。[294]在平城，大的坊有四百到五百個，小的也有六十到七十個，規模相當大；[295]洛陽城則是有七百到八百個，[296]或是用「千戶、五百戶」來表示。[297]換句話說，北魏平城時代之前，原本是為了一幢乃至兩、三幢特別建築物的警備或防禦，而在其沿邊設置高牆以及具有警告意味的坊，到了北魏平城時期，變成了都市的一個區域名稱。因此，漢朝以後，用牆壁圍起來的幾個建築群，也就是被稱為「小院」的坊，和北魏以後被稱為「里坊」或是「坊里」的坊，兩者是不同的概念。[298]在「東魏－北齊」的都城鄴都中，作為都市區域單位的坊有四百多個，隋唐長安城中也有一百零八個坊。

然而，在唐代，里卻原封不動地持續作為區域單位，那麼，坊和里到底有著什麼樣的關係，從而產生出這種混用的情況呢？它們是否為同一單位的別稱呢？或是完全不同的單位呢？到目前為止，大多是將坊視為里的別稱，但當我們從唐朝洛陽市民的墓誌銘中尋找解答時，可以發現坊和里並列的情形。就讓我們一起來看看以下的例子吧。

（一）長壽三年四月五日的康智墓誌銘：「終於神都日用里思順坊之私第」[299]

（二）大和八年正月二十日的王翼墓誌銘：「終於東都安業坊安業里之私第」[300]

（三）任德墓誌銘：「終於毓財里私第……。夫人……。終於敦厚坊私第」[301]

（一）康智的墓誌銘中的「里—坊」與（二）王翼的墓誌銘中的「坊—里」的順序，在（三）改為里（夫的私第）和坊（夫人的私第）一起並列記錄。（一）的日用里似乎是高於思順坊；（二）王翼的墓誌銘中，安業坊則似乎高於安業里。不只如此，（三）任德的墓誌銘中，里和坊各自表示了不同的區域單位。因此，坊並不是里的另一個稱呼，而是別的單位。換句話說，里是人口的單位，坊則是根據不同的面積所建造出來的區域空間單位；里是官方的行政單位，而坊則可以看作是在縣級以上的都市中，用高牆區劃並製造出來的一種具特殊目的的居住空間。

那麼，坊牆的高度又是多少呢？首先來看看外郭城、皇城和宮城的情況。長安外郭城的高度是一丈八尺，[302]約五點三公尺；皇城和宮城的高度則是三丈五尺，[303]約十點五公尺。然而，關於坊牆的部分，因為沒有留下相關的記錄，只能將其基底的寬度合併計算。在現在的坊牆遺址中，測量其基底的寬度約在二點五到三公尺左右，[304]根據《通典》中收錄的築城法——守拒法，城牆基礎的基底寬度、城牆高度以及城牆牆面的寬度各為二點五比一比一點二五的比例。[305]

基底部分如果是二點五公尺的話，其高度就是五公尺，以此來看都城長安的坊牆高度就是五到六公尺，這是人們無法輕易越過的高度；換句話說，以坊牆包圍而成的坊相當於一座小城，要越過牆根本就是不可能的事。外郭城的情況則是在城門那端較高，而其他部分則較低，並不是均等的高度，[306]可能會有些微的偏差；由此來看，坊牆的基底雖然也有差異的可能，但無論如何，坊牆的高度都超越了我們的想像程度。

對於越牆行為也有嚴格的規定。居民越過坊牆外出的話，會被處以破壞的重罪，加以笞杖七十次。[307]在漢朝以前也有針對越牆的罰則，漢朝的外牆矮到連婦女都能越過。對於如此輕易就會犯下的罪卻處以重刑，有人解釋這是因為將牆垣視為一種「神聖不可侵犯」的事物。[308]問題是其規定是針對城牆而非里牆這一點，在魏晉南北朝，特別是北朝的外郭城的牆垣高度，和坊里的牆垣其實差不多高。

再者，是「宵禁」的問題。在唐朝，只有白天可以外出，稍微晚些歸坊而「犯夜」（違反宵禁）時，必須被笞打二十下。[309]然而，漢朝並沒有宵禁，就算有，也只是有名無實。[310]唐朝則是根據曉鼓和暮鼓，[311]來決定城門和坊門的開閉，[312]長安市民生活的時間表幾乎都在皇帝的掌控下。[313]其實，早在北魏時期就已是如此，[314]雖然若是特殊事例會稍加斟酌，[315]但其規定還是相當嚴格。[316]另一方面，也有人將坊門稱為「宰相」，關於此名稱需要對坊門的其他角色和功能另外進行研究，[317]不過，「坊與漢朝的里制有著根本差異」這點，沒有人有太大的異議。[318]

唐朝長安城內有無數的外國人「集團性」地居住在一起，他們自唐朝手中獲得了自治的許可，也就是說，唐朝對於外國人的進入並沒有太多限制，對於他們的活動也沒有太多的規定。然而，對於七到十世紀的外國人來說，這個國家真的如此寬容地保障他們的自由嗎？就如同將家畜用「檻」關起來管理一樣，[319]長安嚴格地採用了坊（牆）制。[320]

長安可說是由一百零八個檻所聚集而成，321坊里被形容為「沒有蓋子的巨大箱子」，嚴格地規範居民不能擅自出去坊牆之外，帝國子民就像是在檻獄中的牛、馬、羊等家畜，被飼養、使喚；不過，坊牆內的生活相對來說確實較為自由。長安作為世界帝國的都城，是一個封閉與自由共存的巨大空間。

大唐帝國是遊牧民族進入中原，試圖挑戰的其中一個成果。從興安嶺東麓的小洞窟開始的帝國，在漫長旅程的最後，創造出中國史上最偉大的一個朝代。然而，大唐帝國的失敗，或許也是因為遊牧民族無法擺脫自身的屬性。

當皇帝的統御能力很強時，總括性的親政體制會創造出輝煌的成果，但相反地，這個體制也有導致政治混亂的致命弱點。親政體制讓全部的事情都由皇帝一人帶頭在前面判斷處理，其實隱含了相當大的危險性，大唐帝國的滅亡也正是因為如此。在總括性親政體制下，不管制度再怎麼周密完備都無法順利運轉；雖然大唐帝國的政治制度已相當縝密，但在危機來臨時卻無法完全發揮功用。

宅心仁厚的皇帝若是陷入獨斷的話，就會深陷泥沼而無法輕易掙脫，開元年間難得一見的名君唐玄宗，到天寶年間卻成了昏君，這或許就是總括性親政體制所具有的根本性矛盾也說不定。玄宗犯了「將一半以上的軍事權（軍隊）都給了安祿山一人」這樣的錯誤；將全部權限給予宦官的行為，正是這種體制致命的弱點。「寬容」的皇帝將為了救濟百姓所準備的財物資源轉作政府的地稅，乃是遊牧出身的皇帝放棄「仁」的徵兆。

女性時代的來臨是遊牧民族原有的特性。事實上，以今日的情況來思考女性領導人為何得以出現，或許沒有太大的意義，但若考慮到這是在千年前發生的事情，那就非同小可了。這其實也是一種偉大的實驗，或許正是試圖阻擋女性掌權的行動，才導致大唐帝國政治扭曲的結果。

雖然大唐帝國的實驗最終以失敗收場，而且大唐帝國所犯的過錯還繼續留給了後世的人們，但這顆果實卻是「結實纍纍」的過錯（Fruitful Error）。均田制（租庸調法）以後，雖然出現了以此為基礎的兩稅法，但一直到中華人民共和國為止，都沒有再出現像樣的土地制度；大唐帝國的實驗並未結束，而是留下了餘韻，直至今日。

最後，再將「漢」、「唐」兩朝重新比較看看吧。秦漢帝國確立了皇帝位於頂峰的「齊民支配體制」，透過徹底的文書行政來經營帝國；東漢時王充表示「蕭何入秦，收拾文書。漢所以能制九州者，文書之力也」，[322]說明了在帝國經營之中，法律與行政等文書制度的重要性。若查看最近大量發現的秦漢時期簡牘文書，可以推測出當時是如何進行帝國的經營，但並不能說大唐帝國的律令是原封不動地照抄秦漢時期的複製版。

不可否認的是，唐朝將秦漢帝國律令的缺失部分補全和完備，但在這種變化之中，不能忽略魏晉南北朝、特別是外族統治的北朝所扮演的角色。眾所周知，遊牧民族在草原上生活時，整體來說其制度和法律都很簡單，因此，就不能以他們既存的統治方式來統治國家。

所以，這些統治者們理所當然地積極使用秦漢帝國既有的律令，就這方面來說，這些胡族國家甚至比南朝的許多漢族國家都來得更為積極。這也是為什麼他們會轉變固有的觀念，變為符合當時胡漢複合社會統治的型態。在這樣的情況下誕生的大唐帝國律令，不只成為後世帝國律令的典範，更成為當時東亞各國的統治體制基礎。

唐太宗接見松贊干布派來的吐蕃使臣祿東讚（左二）。唐朝文治武功，在經濟、軍事、外交等領域均有卓越成就，曾有七十餘國前來朝貢，被視為中國史上最強盛的朝代之一。唐朝的興盛建立在「胡漢統合」之上，而這份包容異己的精神，正是大唐帝國留給後世的寶貴遺產。

第四章

結　語

對於中國「東北工程」的想法

幾年前開始，如果跟周圍的人見面，他們會將筆者提出的問題大致分為兩種：一個是「東北工程」的內容與目的是什麼？另一個則是中國會不會像蘇聯一樣分裂？對於後者，因為筆者並不是處理現實問題的政治學家，也不是預測未來的未來學家，所以無法確實地回答，只能用「嗯，是啊……」這類含糊其辭的話來回答，這是筆者一貫的回應方式。

不過，在執筆本書時，以自身研究為基礎，筆者覺得應該要對於前述的疑問說些什麼才對，但也害怕是否會被別人評為不成熟的論斷、輕率的意見，甚或多所責備。

首先，是關於東北工程。所謂「工程」，指的是「Project」的中文翻譯。中國政府發起的「工程」有很多種，並不是只有東北工程；歷史方面的工程大致上可分為兩種目標：第一，為了要證明「中華民族」的偉大創造和久遠的歷史，使得疆域內外所有中華民族的自尊心得以提高，進而加深對中國的歸屬感；第二，針對西藏、新疆、東北等新編入的區域（生地），即為了預防當生地成為熟地時所產生的領土紛爭，從而進行的工程。在諸項工程中，斷代工程、探源工程屬於前者；西南工程、西北工程、南方工程、東北工程、海洋工程等則是屬於後者。

這是中國的國家政策，同時也是歷史學領域之一的「邊疆史學」的重要分野；特別是後者，乃是由中國社會科學院邊疆史地研究中心所主導執行；跟韓國相同，這是和其他國家進行攻防戰的工程。

最先開始的是斷代工程，從一九九六年五月開始，直到二〇〇〇年十一月結束；從西元前二〇七〇年的夏朝開始，還原今日仍被視為傳說人物的堯、舜等，中國人說的「中華民族五千年歷史」，就是透過這個斷代工程被確立下來的；[1]不只有夏，包含商、周王朝在內，「中華文明起源挖掘計畫」的探源工程也從二〇〇三年開始，並且在未定結束年度的狀態下進行。[2]這個工程的終極目標是宣稱在長達五千年的中國歷史之中，將屬於神話和傳說的三皇到堯、舜時代歸納為歷史領域，以追溯中國更久遠的歷史起源，甚至還有將包括朝鮮半島在內的東北地區古文明編入中國歷史的目的。

特別是探源工程的決定版本，也就是所謂的「遼河文明論」，這個主張強調在一萬年前，中國文明就已經在遼河一帶展開了。以前，中國人的歷史根源是黃河文明，也就是以地域上來說屬於北京猿人的出土地一帶；從文化上來說，以黃河中游為背景，將西元前三〇〇〇年前出現的農耕新石器文化（仰韶文化）作為代表，因此，黃河文明與以遊牧為基礎的北方文明就這樣被清楚地區分開來。舉例來說，中華民族是以萬里長城作為「北方界線」，北方民族被叫作未開化的異民族，之所以明確地跟他們劃分，也是因為有這樣的認同意識所致。

但進入二十世紀中葉以後，在萬里長城之外的滿洲（東北），特別在是遼河流域，比起以黃河文明為基礎的中原文化，在時間上更早、技術更優秀的新石器時期——「紅山文化」的遺物接連被發掘及確認。[3]因為衝擊來得如此急迫，[4]中國政府急急忙忙地將中華文明與北方文明加以連結。在遼河一帶，櫛文土器、支石墓、積石塚、琵琶形銅劍、多鈕細文鏡等大量古物被挖掘出來；雖然這類遺物並沒有在中原的黃河流域文化圈中被發現，但在朝鮮半島卻發現了不少，看一眼就知道那是以「內蒙古－滿洲－朝鮮半島」一脈相承的北方文明系統的遺產。但中國仍然斷絕比中原文明更早的「遼河文明」與朝鮮半島之間的連結，並開始捏造這個文明其實是中原文明的出發點。為此，中華民族的起源論述一改過去「中原的炎帝神農氏的華族集團」的立場，官方開始主張中華文明的根源不是黃河流域而是遼河流域，沒有任何根據就主張比「黃河文明」更早的「遼河文明」是中華文明的發祥地。

「斷代工程」或「探源工程」的目標並非只是將神話轉變為歷史、將中國長久的歷史誇張化；在所謂的西北工程、東北工程中，也與領土問題密切相關。中華人民共和國成立之後，用一句話來說中國的歷史政策，就是以「現在中國疆域內發生的所有歷史全部都是中國史」的原則為依據。這是從「現在在中國疆域內活動過的所有古代民族都是中國民族？」這個疑問開始的，最終總結出「應該要將現在的中國疆域當作是中國史的範圍」這個沉重又難解的答案。[5]

這種歷史意識的背景是，今日中華人民共和國裡具有「多元性」由來而存在的五十六個民族，其過去跟現在都是「不可分的一體」，未來也應該如此。這樣被組成的多民族被稱為「中華民族」，這樣不可分的一體所形成的構造被命名為「多元一體格局」；歷史上曾居住於今日中國領土內的許多民族，因為全都是中華民族源流的一部分，所以可以主張「現在」的中國領土，在「過去」也是中國的領土。[6]

我們也看得出滿洲各少數民族的先祖如高句麗、渤海人等，是藉由中國歷史上不斷發生的民族大融合而被統合成「中華民族」；簡單來說，就是主張現在「組成中華人民共和國」的民族們，其祖先全都是「中國人」，他們所走過的歷史就是「中國史」，現在的中國疆域就是歷史上的中國疆域；用一句話來說，就是「中華人民共和國＝歷史上的中國」。以上，就是今日中國的民族政策論「中華民族多元一體格局論」的大綱。[7]

目前進行中的各種工程，正是以這個理論為基礎。和東北工程同時進行的其他工程，有處理蒙古地區的北方工程，處理雲南到緬甸、泰國、越南交界處的南方工程，以及有關台灣、海南島、沖繩、菲律賓等地區的海洋邊疆工程等。與邊疆問題有關的這些工程是在一九八六年鄧小平的指示下開始進行，而二〇〇二年開始的中國東北工程，可以說是由中國主導的歷史扭曲的一環。

中國從一九八〇年代開始，進行關於西藏、蒙古、新疆維吾爾自治區的歷史分析，試圖消除這些地區曾作為獨立國家的歷史，並將他們編入「中國王朝的地方政權」之中。一九八六年依據鄧小平的指示而開始的西南工程，是由中國社會科學院中國藏學研究中心所主導；西藏研究的核心是，漢族與藏族的文化和語言的根源是相同的，可概括為「漢藏同源論」。根據此理論，西藏常常被主張為中國的一部分；七世紀初國家形成以後，除了元朝跟清朝以外，西藏一直以來維持著獨立國家身分的歷史遭到全數清除。

接下來的北方工程，是根據在一九九五年出版的《蒙古國通史》三卷中所說：「蒙古的領土也是中國的領土」。因此開始主張成吉思汗也是中國人。受到蒙古人民共和國強力反駁後，他們馬上以「這只是學術活動，並不是政府的正式立場」的說法加以迴避，這和回應韓國對東北工程的批判非常類似。中國對蒙古歷史的執著，是因為蒙古現在已獨立為蒙古人民共和國，隨時都可能與中國的內蒙古自治區發生領土紛爭，[8]這正是中國政府防患未然的長期性策略。

有關新疆維吾爾族的歷史及地理之綜合研究的西北工程，是在二〇〇二年與東北工程一起開始的。以回紇之名在歷史上登場的維吾爾族，是分布範圍最遠可達土耳其的跨地域民族集團；中唐以後，維吾爾族成為中亞歷史的主角，他們持續活動到一七五五年，直到清朝乾隆皇帝鎮壓當地的部族叛亂以後，才將這個區域編入中國，也就是說，維吾爾族成為中國國民的歷史不到兩百五十年。

今日一部分的維吾爾族，以建立東突厥斯坦為目標，持續進行著獨立運動。從漢朝開始，新疆便是月氏族、羌族、匈奴族以及漢族雜居的多民族區域，西元前六〇年，漢朝在新疆設置「西域都護府」之後，中國歷代王朝主要都是在軍事、政治方面管轄新疆；但直到今天，不論在外貌、語言、文字、宗教上，維吾爾族明顯與中國人截然不同。

南方工程是針對南越國的後繼者越南，防範其未來可能主張廣東、廣西之所有權而準備的歷史工程。中國主張生地的邊疆區域和其住民，在很久以前就持續與中國王朝維持著非常親近的關係，因此，這個區域及其居民屬於中國的領土，同時也是「中華民族大家庭」的一部分；所以，該區域和中國保有不可分割的歷史關係，目前是如此，未來也會是如此。

這些工程是國家對必要政策所做的補充作業。問題是，就事實而言，有些工程會直接或間接使國家跟民族受到傷害；而且歷史是嚴明的科學（Science），不能因為需要，而拋棄其科學性，這會造成學問本身的崩潰。歷史學成為政權的奴隸，是很嚴重的問題，因此，不少中國朋友和筆者私下見面時，都說東北工程是過分勉強的嘗試。

客觀且學術性的論斷是有必要的，與韓國特別相關的問題是高句麗的部分。唐高宗永徽年間，高句麗、百濟是所謂的「化外人」；如前所述，所謂的化外人指的是「藩夷之國中君長分別建立，並各自具有獨特的風俗，法律也是不同的」，屬於獨立國民，唐朝規定這類國家的國民為化外人。化外人的相反概念則是「化內人」，可是，曾為化外人的高句麗、百濟人，卻在武則天聖曆三年（七〇〇年）時根據敕令，當時在高句麗其中一部分土地上生活的人全都變成了「化內人」；高句麗、百濟在滅亡之前明顯是獨立國家，因為比起藩國，他們是在更外圍的國家的人。筆者曾對自己的中國朋友提出疑問，把作為韓國國號根源的王朝——高句麗（Korea）說成是大唐帝國的「地方政權」，這樣真的好嗎？

相較於其他國家，中國史學界受到更多來自政治權力的影響，毛澤東成立中華人民共和國以後，提出史學界應該要研究的主題有五種：（一）中國古代史分期問題，（二）近代史分期問題；（三）農民戰爭的革命性問題；（四）資本主義的萌芽問題；（五）漢民族的形成問題；並命令對此集中研究。[9] 前述的工程和毛澤東的指示是一脈相承的，所以一九四九年中華人民共和國成立之後，一直到文化大革命結束的一九七六年為止，幾乎沒有值得參考的研究成果。考古發掘報告書算是勉強值得參考的部分，但關於中國政府對學者的研究生活進行干預，世上很少有國家會這麼做。雖然「中華大家庭」的組成和現有領土的保存很重要，但扭曲歷史終究是不對的，前述的諸項工程在動機方面就已經不單純，邏輯也不通，導致其真實性與客觀性備受質疑。

自古以來，中國就是很重視歷史的國家。這個沒有神的國家，以歷史取代神明作為審判者的意義；史書是代替上天來仔細評估、報告所有人世間的記錄，歷史被視為應該要傳給後世的文化價值，所以宋朝亡國後，知識分子道：「國可滅，史不可沒。」[10]金國滅亡以後也有人說：「國可滅史不可滅。」[11]另外，後代王朝都會編纂前代的歷史。不管國家是由漢族建立，還是外族建立，歷史都是要被寫下來的，也應該要正確地被記錄下來，這就是中國傳統的歷史觀。

然而，比起任何一種學問，政治總是更強迫史學成為其在理念上的協助者，所以最難守護學術純粹性的就是史學。儘管如此，歷史的生命就是真實，獨善其身、獨斷、不正直、誇飾、虛偽、偽善被視為大忌。不能再讓歷史墮落下去了，柏拉圖在《政治學》中說過：「最善的東西腐敗的話會成為最惡。」好的歷史跟錢和科學一樣是有益的，但不好的歷史比世界上最具破壞性的武器還要可怕。「只問學問，不問政治」，陳寅恪哀悼他的朋友——王國維，認為他直到最後一刻都守住了歷史學家的節操，並將「先生以一死見其獨立自由之意志，非所論於一人之恩怨，一姓之興亡。嗚呼！」寫在清華大學校園內的碑文上。[12]

與政體合而為一的文學、歷史、哲學的生命是相當短的。現在中國有很多年輕又出色的學者懷抱著熱情，如果看最近出版的論文、著作的話，跟「文革」以前相比簡直恍如隔世，希望他們能脫離政治上的利害關係，也期待有更多學問上的討論。我們對於這個問題也不是完全自由的，[13]因為「過度的民族主義也是另外一種的叛逆」。[14]

中國會像蘇聯一樣分裂嗎？

雖說中國的人口有十三億，但要正確掌握實際的人口數是很困難的；每四個地球人之中，大約就有一個是中國人。韓國人的祖先生活在這麼大的國家旁邊，未來也勢必得在狹窄的朝鮮半島繼續和中國當鄰居。所以，筆者常常對於「中國是分裂的嗎？」這個疑問回答：「如果是分裂的就太好了。」而主張「中國會分裂」的人也很多。筆者在就讀碩士期間開始主修分裂時代的關係，對於分裂的中國，其實筆者內心感到有點痛快，特別是第一次讀到遊牧民族西進都城洛陽，造成所謂的「永嘉之亂」時，全身有股顫慄般的感受。可是，中國的歷史並非總是照鄰近國家的人民的希望發展，反而更多時候是截然相反的狀況；因此，韓國人不能只是接受韓國作為中國鄰居的現實，更應該要聰明應對才是，就像韓國人的祖先曾走過的歷史一樣。

筆者一生研究「春秋－戰國」時代以及典型分裂時期的魏晉南北朝，同時也研究在中國歷代王朝中，雖然短暫，卻有過最理想的統合狀態的大唐帝國，因此，筆者關心分裂跟統合的問題已經有數十年了。正因如此，筆者在寫這本書的過程中，不可避免地要對中國的分裂跟統合問題提出意見，這是一個沉重的負擔。只是，以筆者現在的觀點來看，認為中國要分裂是很困難的，因為唐朝以後的歷史便是如此，比起分裂，統合早就已經有了固定的框架。

在唐朝存續的兩百九十年間，即使有三分之二的時間處於分裂狀態，但在形式上仍然維持統一；而唐滅亡後長達五十四年的分裂時期（五代十國），比起魏晉南北朝將近

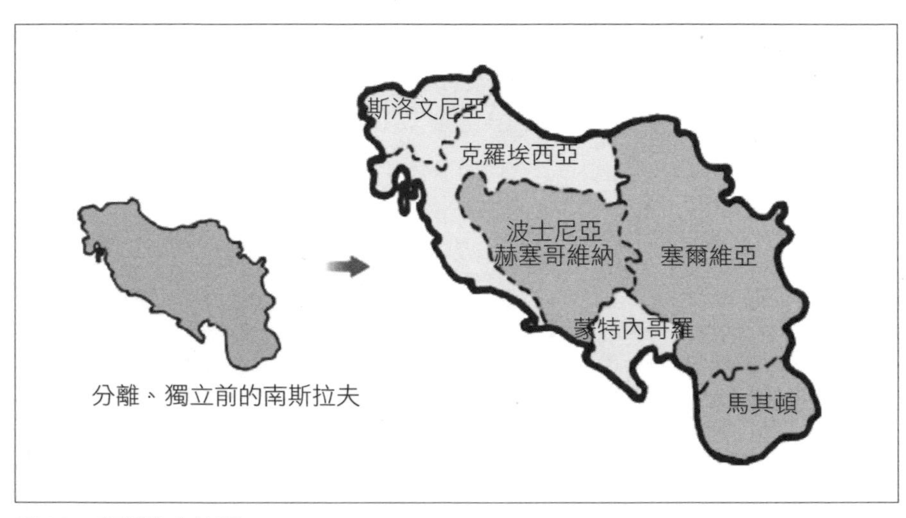

圖 20　南斯拉夫地圖

四百年的分裂，在時間上也確實更短。在這之後，「宋↓元↓明↓清↓中華人民共和國」，國家統一的時代持續地延續下來。中國傳統的天下觀「一治一亂」，從唐、宋以後就被打破了。

讓傳統中國分裂以及統合的要素是什麼呢？在狄托（Josip Broz Tito）領導之下被統合的南斯拉夫（Yugoslavi），雖然有外部勢力的干擾，但最終之所以分裂為七個國家，語言、民族跟宗教（東正教—天主教—伊斯蘭教）的差異，可說是決定性的因素。

面積不過五十萬五千平方公里的巴爾幹半島，今日分裂為希臘、保加利亞、羅馬尼亞、塞爾維亞、蒙特內哥羅、斯洛文尼亞、克羅埃西亞、波士尼亞—赫塞哥維亞、科索沃、馬其頓、阿爾巴尼亞、土耳其等十餘個國家。（圖20）

巴爾幹半島的歷史是多人種、多文化、多宗教混合在一起，經歷了矛盾跟分裂的局面，未來似乎也會持續下去，可說是習慣分裂更甚於統一的地區。跟歐洲相比，中國保有更大的領土和人口；若將遊牧民族進入中原排除在外，大多是因為農民叛亂導致中國分裂。雖然在東漢末年的黃巾之亂以後，以宗教之名的叛亂便經常出現，但在天主教進到中國（清朝）之前，幾乎沒有發生過因教義差異而引起的宗教叛亂。

農民叛亂的主要原因在於貧富差距。三國時期，地方勢力崛起的主因雖然也是如此，但不久後中國就被西晉統一。可是，四世紀初開始一直到七世紀初為止的分裂局勢，卻是因為激烈的民族矛盾與衝突；自從隋唐帝國降低民族衝突以後，最起碼在中原王朝的疆域內，民族問題已不像歐洲那樣如此強烈。

現在，困擾中國最不安的因素便是西藏跟新疆，這兩個地區全都是清朝時被編入中國疆域的「生地」，也就是「新的疆域」。新疆具有獨立性的宗教，特別是信奉伊斯蘭基本教義的新疆維吾爾自治區，對中國政府而言是最大的難題。在歐亞大陸的中央，也有在宗教、民族上同類的國家。[15]在中國的自治區中，西藏和新疆是最有可能分裂的地區，但因為中國政府的漢族大量移居政策，導致分裂的可能性逐漸降低；一九四九年，新疆維吾爾族占當地人口比例還是百分之七十六，但到了二〇〇〇年已降低到百分之五十九。

今日，不論是哪個自治區，漢族都已成為多數；人口比例正在逆轉，少數民族的人口比例也正在降低。內蒙古自治區也是如此，當地的蒙古人人數只占了當地人口比例的百分之十，也就是說，中國已成功進行漢人殖民政策；西藏現在也有許多漢族移居，維吾爾地區也有五個兵團進入，「漢族化」可謂現在進行式。

直達西藏首都拉薩的青藏鐵路也已經鋪設完畢，使得很多人可以輕易往來四千公尺高的高原；少數民族地區改由漢族占據人口多數，只是時間上的問題。這是全中國少數民族地區的共同現象，政府擁有控制少數民族地區的強大軍隊，再加上大眾傳播媒體急速擴張的衝擊，導致方言逐漸消失，意識上的同質化也正在大幅度地進行中；現在到中國的任何地方，都可以聽見年輕人說著標準的普通話。

此處將中國與蘇聯做一下比較吧。蘇聯的人口由（白）俄羅斯系及其他少數民族組成，在比例上是各占一半；但是在中國，漢族占人口比例達百分之九十二，少數民族僅有百分之八。蘇聯的少數民族是住在生活不錯的地區，且具有經濟能力，沒有附屬大國的需要，就算獨立也可以維持其自主性；因此，當十五個國家全部綁在一起的必要性喪失時，不論分立或獨立都是有可能發生的。在一九一七年十月發生的十月革命之後，十五個國家被綁在一起，當沒有這個必要時，它們就有可能紛紛獨立。曾由十五個共和國組成的蘇聯，有十二個共和國在一九九二年一月一日以形成獨立國家國協為由而解體。反觀中國，占據大部分人口的漢族居住在沿海的經濟發達地區，少數民族則居住在跟荒蕪地沒兩樣的貧瘠地方；在蘇聯，俄羅斯系之外的少數民族，仍具備獨立國家的條件，但中國的少數民族好像沒有這樣的能力。所以，西藏佛教領袖達賴喇嘛（Dalai Lama）也不是要求完全分離的獨立，而是要求「高度的自治」。

近代以後，國土大小的意義特別重大。俄羅斯因為國土遼闊的關係，占有全世界天然氣四分之一的儲藏量，雖然也有被稱為「荒地」的地區，但現在已幾乎沒有無用之地；一八六七年，俄羅斯以七百二十萬美元把阿拉斯加賣給美國，當時美國議會曾經反對購買，這在今天是不可能發生的。無論是漢族還是中國政府，都無法接受和想像失去百分之六十的中國現有領土以及居住其上的少數民族。那些地方藏有石油、煤炭、天然瓦斯、稀土元素等礦物，少數民族的脫離也不會像蘇聯的情形一樣和平落幕。如果將蘇聯跟現在的俄羅斯領土相比，差異不算太大；但中國若是分裂，則將會流失一半以上的領土。當遊牧民族進入中原之後，中國的西北地區跟東南地區便維持密不可分的關係，直至今日；儘管中國西北地區跟東南地區在景觀差異上非常大，但兩者間的凝聚力量更為強大。

中、蘇兩國的客觀狀況也有很大的差別。要分裂的話，國家得先崩潰；要崩潰的話，國家則應該具有足以滅亡的條件。但是中國沒有面臨直接的危機（如經濟危機或戰爭敗亡），將來會面臨危機的可能性也很低。另外，國家要崩潰的話，掌權勢力的正統性通常會先受到挑戰，可是中國並非如此，由中國共產黨主導的高度經濟成長並不輸給任何國家。不只如此，國民對於政體也得有不滿才行；中國人雖然對腐敗、貧富差距有所不滿，但對西歐式的民族主義更加反感。

最像中國之事物的形成

跟上述的客觀性情況和條件相比，更重要的是以中國之名被層層累積起來，成為內部凝聚力基礎的獨特中國文化與民族觀。中國是在較為封閉的東亞所形成並發展的獨立性文明，這個文明是從史前時代以來，在這個地區活動過的各個集團所共同參與的產物。

也就是說，由於地理上的條件，從史前時代以來，中國文明就具有多元性的源流。中國文明不只維持、發展了東亞地區最先進的文明，更以強力的政治組織為基礎，統治周邊幾個落後的集團，並開始統治中原（黃河中、下游流域），成為位居中原的國家。

隨著時間的流逝，這些地區的王朝被統合在一起，同時，這個統合的主角以政治、文化上的優越感為基礎，認為自身的文化不僅是最棒的，而且是「唯一的文化」。不只是單純的超強大國，中國還是支配世上所有國家和民族、唯一具有普遍性統合秩序的中心。[16]具有這種特性的中國文明被持續地繼承下來，不能否認的是，周圍的幾個民族也認同中國王朝的絕對優勢。一脈相承的文明帶來高度的吸引力，由此主導的世界秩序，無論在任何地方，都無法找到類似的先例，這是只有中國才具有的特徵。

然而，不願欣然參與這種由中國建立的世界秩序的周邊民族，就是西北方的遊牧民族，他們跟農耕區域有著截然不同的生活與政治組織，而且雖是少數民族，但又保有中原王朝不敢小覷的軍事實力。也就是說，其生活固然依存於農耕國家，但他們憑藉壓倒性的武力，透過掠奪和互市，在與南方的農耕國家、也就是歷代中原王朝的交涉中保有自己的優勢。遊牧民族主要的活動區域正是今日中國的少數民族區域，兩邊有著頻繁的交流；對西北方的遊牧民族而言，農耕地區不是他們想要長期居住的土地，而對東南方的農耕民族來說，草原也不是他們想居住的地方，特別是遊牧民族對農耕區域進行侵略，掠奪之後就馬上回到自己的草原根據地；而在西漢時期的都城長安，幾乎沒有匈奴人居住的情況也是如此。

不過，當匈奴等周邊民族朝西南方進行民族遷徙以後，這種局面就變得截然不同。

遊牧民族一半出於自願、一半出於他人強迫而南進越過長城，開始大舉在農耕區域生活，並在當地建國，而且農耕漢族還被他們統治。因此，在北魏都城洛陽或是北齊都城鄴城裡，充滿了遊牧民跟西域商人；他們進入中原以後，攪亂了既有的中國秩序，這就是所謂的「五胡亂華」。然而，不可否認的是，因為他們進入中原，為中國史迎來全新的局面。若是沒有「五胡亂華」，也不會有北魏席捲華北的事，如此一來更不會有大唐帝國的誕生。將五胡亂華直接與唐的繁榮連結在一起的說法太過單純，但如果從長期性的觀點來看，唐確實開啟了標榜「多元文化主義」（Multi-Culturalism）與「世界主義」（Cosmopolitanism）的「多元社會」（Multi-Society）。[17]

另外，如果沒有大唐帝國的多元主義，那麼後來的遼、金等政權對中原的割據，以及由蒙古人、滿人分別建立的元、清帝國也不會出現；不只如此，從中國歷史的概況來看，西漢以後幾乎沒有由漢族政權開拓、征服的領土，大部分都是今日的少數民族的祖先所帶來的，或是由他們所征服而來的土地。因此，外族不只是開疆拓土，更是擴大了漢人的居住範圍。[18]

今日，中國境內的中國人被稱為「中華民族」，但事實上，就像「西洋民族」或「美國民族」這類說法並不成立一樣，所謂「中華民族」這種詞彙，在邏輯上並不存在。中華民族是故意混淆「國民」與「民族」而創造出來的詞彙，[19]像稱呼美國國民一樣，以「中國國民」來加以稱呼才是正確的。然而，中華民族在中國是有效的詞彙，現實中也仍在使用。但從「民族遷徙」之後，中國跟西洋走向不同的歷史路程來看，這倒也不是完全沒有根據的稱呼。漢族不是華夏族的後裔，而是九十幾個民族合成的民族集團名稱。在不久的將來，少數民族可能會消失，若是不稱他們為漢族的話，可能就要叫他們中華民族了，這是誰都不知道的事，只是就他們的民族認同來說，最不願意聽到的大概就是「漢化」這個詞吧！因為漢已經是那麼遙遠以前的事情了。

現在「漢族」的民族服裝是由滿人傳承下來的，跟漢朝一點關係也沒有；作為今日中國標準語的北京話（普通話），也是清朝的統治者滿人使用的中國語。最近，以自高麗末期開始到朝鮮時代所使用的中國語學習教材《老乞大》的研究為依據，從蒙古征服中原、建立元朝以後，北京地區誕生了跟前朝完全不同的中國語；後來由蒙古、女真、契丹等各個民族交雜而成的「雜燴中國語」被定為正式語言，稱作「漢兒言語」。「漢兒」被用來稱呼長江以北的人，相較之下，長江以南的人則被稱為「吳兒」；漢兒言語後來發展成今日中國人所使用、以北京為中心的「普通話」。[20]從這個角度來看，可以推測出從五胡十六國一直到唐代為止的鮮卑語及其他語言，對於中原語言的形成有很大的影響。事實上，若要探究純正的中國語痕跡，可能要從五胡入侵的西晉末期，開始南遷的客家人之中去尋找。

中國為何以「漢」為代表，原因在於五胡十六國之後突然出現的多元社會的統治者，面臨了要怎麼將成員們統合在一起的問題。身為征服者、統治者，遊牧民族沒有應該要保護跟培養的文化，他們的生活體系也是以草原為主的單純面貌，而且跟中原漢族的人口數相比是絕對的少數，所以表面上來看，曾在塞外活動的遊牧民族進入中原之後，看起來就像是被「同化」，或是完全被「融合」，史書中多半也是這類的記述。另外，中國史的敘述，是由具有文采的漢族擔負重任，也有很大的部分是從後代的歷史觀點來看前代，因此很有可能忽視當時的社會情況。

遊牧民族對自己的東西並不執著，例如跟農耕民不同，他們會經常更換姓氏，對於傳統或是系譜也毫無感覺；為了使集團擴張，他們在戰略上對於固有的東西毫不眷戀。例如大清帝國並不是滿人的國家，可以說它是居住在明朝東北邊境、具備各種血統跟文化傳統的民族的集合體；也就是說，接續明朝統治中國的集團不是滿人，而是為了征服中國而刻意製造出來的集團組織。[21]

他們為了某種目的（征服或是統治），必要時能夠放棄自己的東西，而這個集團也會因此擴張，所以自五胡十六國以後，統治者們認同中國文化的優秀性並欣然接受、吸收，像自己的東西一樣來加以培養；為了順利統治，這是不可避免的過程。

遊牧民族要的不是純粹性而是多樣性，不是基本教義派而是追求普遍主義，並且尊重中國的價值跟固有世界秩序的文化。他們追求的不是封閉的中華，而是開放的中華；另一方面，就算天下的主宰者是外族也能被認可。大唐帝國就是在這樣的開放過程中誕生的，其統治者們也多次強調這種主張，唐太宗將胡、越與漢族放在一起當作兄弟，唐代社會也是如此，將中國打造成多樣性國家時，遊牧民族帶來的影響可謂相當地大。

當然，華夷論的觀點或主張並不是從此就在中國社會消失，唐朝的韓愈、宋朝的朱子學派以及歷史學家胡三省、明末清初的大儒顧炎武等人都是華夷論的擁護者。特別是顧炎武將「亡國」跟「亡天下」加以區分，指出竹林七賢等人的行為，導致劉聰或羯族石勒帶來了神州陸沉的「亡天下」；顧炎武甚至主張就連卑賤的匹夫也有保護天下的責任。[22]

從長遠的角度來看中國史，外族政權並沒有忽視天下國家的要點——「大義」。雖然有各種曲折，但為了要讓多元形成一元，為了創造更大的中國而努力不懈的其實是外族，他們的足跡正是中國的歷史，而這個成果正是今日的中國。

舉例來說，五胡之一的氐族所建立的國家——前秦王朝，當苻堅皇帝在征討東晉的淝水之戰時，也不把此事當作外族的侵略，而是提出了「正義的統一戰爭」說法。[23]中國因統一、或疆域擴大而帶來的戰爭，例如漢族對於周邊民族的侵略跟征服，甚至是周邊民族對漢族的侵略戰爭，客觀上來說，都是有利於國家的統一，有利於民族的進步跟發展，也因此以「功大於過」的結論來加以評價。[24]

但這樣的說法對韓國人來說是很難為情的，不過事實就是如此。在這個層面，遊牧民族進入中原表面上是「五胡亂華」，但實際上是「五胡興華」。代表中國文明的黃河是黃色的，但據說先秦時代黃河的水並不是黃色的，不知何時才開始變成黃色。如同「九曲黃河」這句話的意思，如果查看黃河的河道，可以發現真的有很多曲折，中國歷史就像是所謂的「九曲黃河」。

說讓黃河顏色變質的是外族，這個說法會不會太過分了呢？最初帶來變質的是五胡十六國，後來外國人大量流入，新的顏色首次被確立是發生在唐朝，這個時代正是新的「漢民族的形成期」；[25]到了遼、金、元朝時再次發生改變，進入清朝之後又重新變化。今日，雖然依舊使用「漢」作為代表中國的詞彙，但「漢」其實已經非常遙遠，而且還是與現實有點差距的概念了。

當筆者開始研究中國史時，筆者對「漢化論」並沒有什麼興趣；不過，在一九八〇年代初期之後，筆者的研究便將重點放在「統合」。筆者的研究假說「胡漢體制」正是如此，不是唐王朝，而是以重新認識唐朝為立場，筆者將此稱作「新唐史」（New Tang History）；新唐史和自一九九〇年代末期之後，以美國學界為中心所展開的全新的清代研究，也就是羅友枝、[26]歐立德等人主張的「新清史」，在概念上極為類似。[27]

新清史反對「漢族中心論」，認為清朝的統治和歷代漢族王朝有所差別，強調清朝統治中的滿人因素，是一種想要以多民族、多文化性帝國來加以掌握的研究方法論。另外，比起漢族的史料，新清史更重視滿、蒙等少數民族的史料，並且嘗試克服既存的研究角度與觀點。韓國丘凡真教授的《清朝：嵌合體的帝國》也是從同樣的立場出發的著作。[28]

當外族越過長城進入中原統治中國時，一邊適應農耕民的生活方式，一邊也為中國固有文化添加新的要素。主張在中國歷史上登場過的所有外族皆被漢人「同化」或「漢化」，是因為共通的語文，也就是以漢文來加以表現的緣故。[29]但比起漢化，其實更接近「互化」，[30]所以筆者不把外族的中國化叫作漢化，而是稱為「（中）華化」。[31]無論是在中國境內已經生活過，還是之後再進來的民族，都建立了共存、共生的「共通基礎」（Common Ground）。跟地球上的任何一個國家都不相同，中國打造出了自己獨特的歷史；跟世界各國相比，中國優異的部分就是從「最中國性的道路」一路走來。

中國夢與大唐工程

那麼，今日的中國正朝哪個方向前進呢？對於經常沉浸在過去的理想社會——所謂尚古思想——的中國人，他們的理想社會具體來說又是哪個王朝呢？中國國家主席習近平在二〇一四年十一月出席亞太經濟合作會議時對美國總統歐巴馬說，「如果想要理解現在的中國，並預測它的未來，就應該要知道中國的過去」、「中國的治國方針包含著傳統的基因」，又囑咐他「學習中國歷史」。[32]另外，在習近平的主席就職演說中，他歸納出自身的「統治哲學是『復興中華』」。習近平所說的復興，當然不是只有漢族的復興，而是包含少數民族在內的「中華民族」的復興。

一九九七年香港回歸，是對中國自鴉片戰爭以後所受的屈辱歷史的清算。習近平在二〇一四年四月二十一日訪問歐洲時的演說中表示，「中華民族是一個偉大的民族，然而卻在近代落後了。自秦統一後，一直到盛唐的貞觀之治為止，在長達千年的時間裡，中華民族都以制度性的優越而領先於世界，何以在近代陷入貧弱國家的苦海？貧弱的中國又是怎樣在中國共產黨的領導下重新走向偉大的復興？今天全世界的人，都在思考並企圖解開這個被稱為『李約瑟之謎』的重大課題。」[33]李約瑟之謎指的是，古代時期對人類科學技術發展有著重要貢獻的中國，由於在進入近代以後沒有發生工業革命，反倒變得落後。因此，習近平的演說表示，今日的中國何以成為世界最強的大國，這不僅是中國人，也是全世界的人都想要知道的事情。

中國的最高統治者在外交與內政中提出他想追求的目標跟理念時，歷來都有著從歷史中尋找範本，並且以成語典故來表達的習慣。毛澤東使用「大破大立」的霸權性外交戰略；鄧小平高喊「韜光養晦」；江澤民則是「有所作為」；胡錦濤主打「和平崛起」跟「和諧社會」。[34]在這裡，「和諧社會」指的是從中國改革開放之後，雖然出現內部失衡的問題，但仍希望透過調和五十六個民族，來達到和平繁榮的目標。[35]

習近平對外採取「主動作為」，對內則提出中華子孫共同的中國夢——「中華復興」這個國家政策，來引導包含漢族在內的五十六個民族得以順利統合。[36]那麼，習近平要「復興」的中華，是以什麼時代作為範本呢？從他多次的演說來看，雖然偶爾也提到了從秦漢統一到盛唐這段時間，但是近年來，則幾乎可以確定他是以盛唐為主要範本。[37]

盛唐曾是中國領先世界的時代，這種國勢是以多民族的融合與協力為前提。今日的中國同樣利用這股多民族統合的力量來建設「一帶一路」。如同大唐帝國時期七十餘國前來朝貢一樣，今日的中國也致力於和世界各國通使交好，這個政策因此被叫作「大唐工程」。根據《人民日報》的報導，二〇一四年秋天在北京舉行的亞太經濟合作會議中，有二十一國的首長與習近平見面，這被中國官方聯想成大唐帝國時代周邊國家前來朝貢的盛況，而這些前來與會的國家被看作是「萬邦來朝」的諸侯國。[38]

在中國官方看來，中華民族是構成中國的民族，所以必須以五十六個民族的團結為前提來確保這個概念。今日中國的少數民族政策是在一九一一年辛亥革命之後，以孫文所謂的「五族共和論」（漢、滿、蒙、回、藏）為基礎而訂立的。但是在孫文死後，掌握中國政治主導權的國民黨政府領導人蔣介石，卻採取了回歸到歷代多數中原王朝的基本政策——「大漢族主義」，重新對少數民族採取壓迫跟強制同化的政策，對「國族」

漢族以外的少數民族以「宗族」稱之，[39]並否認中國境內其他少數民族的存在。

國民黨政府主張，中國的歷史本是由各個宗族融合而成的，漢族雖然分支成許多宗族，但仍是從同一個始祖分化出來，其源頭相同。所以對於少數民族，不但不該給予他們使用母語進行教學的權利，更不該給予自治權。

圖21　《時代雜誌》以「習皇帝」（Xi Emperor）來形容習近平。

有很多原因造成蔣介石的敗亡，但少數民族的叛離是其中一個重要的原因。共產黨政權採取了跟國民黨不同的少數民族政策；後來隨著中國內部的政治、經濟等問題，及外部局勢的變化，而在寬鬆跟強壓政策之間一再調整。但在一九七六年文化大革命結束以後，中共政策的主要方向，是認同少數民族的多樣性跟特殊性的多元主義，實行民族平等跟民族自治，目標是追求民族的共同繁榮與漸進式融合。[40]

雖然不知道未來的少數民族政策會如何變化，但這就是中國目前的樣貌；不能否認的是，自唐朝以後，中國歷史的趨勢不再是以「單一民族」為主，而是以「多民族」國家為主要特徵。有的學者認為，今日的中國在經濟上是繼承自唐，文化上是承接自明，政治上則是傳承自清，[41]然而，若是從中華人民共和國成立以後的趨勢來看，則並非如此；特別是在二〇一四年十一月，美國《時代雜誌》（*Time*）的封面照片是以「習皇帝」（Emperor Xi）之名而下標題（圖21）。如果我們只看習近平的政策，可以很明確地發現，他把大唐帝國的遺產視為自己的資產；他的政治哲學「以法治國」，也跟大唐帝國皇帝的哲學非常像。

然而，對大唐帝國的模仿不能只停留在表面。大唐帝國真正的目標是什麼呢？雖然很難區分「霸權」跟「帝國」之間的差異，但比起「霸權性」（Hegemonial），唐朝更偏向所謂的「帝國性」（Imperial）。我們尚無法確定由習近平所領導的中華人民共和國究竟屬於何者，但以帝國對內部和外部的經營來說，相較於霸權性，強調國家安定的倫理性更為重要；因此，中國的目標不應該是追隨「強漢」，而是追求「盛唐」的延續才更為合適。

帝國，特別是作為多民族國家的大唐帝國，對於民族主義強烈的韓國來說，傳達了什麼樣的訊息呢？韓國的「民族」或「民族主義」，在一九九七年金融危機時募集黃金支援國家，或是像二〇〇二年韓國的世界盃時狂熱地支持國家一樣，可以在短時間內併發出強大的力量。但「光愈強，影子就愈深」卻是永恆不變的定律。

若是觀察非洲國家盧安達——因為長期的種族紛爭而導致大屠殺，並且無法脫離萬年貧困狀態——何以在短短二十年內就躍升為經濟強國，民族或民族主義的盲點就被凸顯出來了。以胡圖族（占全部人口的百分之八十五）、圖西族（百分之十四）、特瓦族（不到百分之一）、歸化者所組成的盧安達，是根據一九九四年由保羅・卡梅爾（Paul Kagame）總統所公告的「沒有種族歧視，全部的人都是盧安達人」，而催生出新的國家。盧安達在消除種族隔離的同時，實施「不計較種族、性別、出身，只看能力而加以任用」的做法，最後以經濟強國的身分浴火重生；[42]由此看來，多民族國家是具備很多優點的。

如果信奉「單一民族」的神話，就會把「民族」優先放在「國家」之前。雖然在國家面臨危機時，單一民族所展現的團結力量會很強大，但卻容易忽略了和自身共存共榮的其他民族。多民族國家是經過長久鬥爭而出現的結果，相較於「差別」跟「排斥」，多民族國家體現更多的是「肯定」與「共存」。

在全球化時代，我們所信奉的民族主義，其帶來的正面價值可能還低於負面價值。如果地球上所有的民族都相信自己「被揀選的命運」，以及「光榮和永恆的神話」，那麼，這種信念愈是堅定，各民族就愈想證明自身是至高無上的真理。在這種狀況下，必定只強調自己民族的優越性，從而無視或踐踏其他民族的價值，韓國的純血主義語言政策正是這樣的例證。

漢字在三國時代傳進韓國，作為東亞的國際語言，漢字占據了韓文百分之七十以上的詞彙。然而，韓國政府將漢字強制清除，轉換為只用韓語，這非常不符合講求交流、多文化共存的文明史潮流。民族主義本身就含有對其他民族的排斥跟破壞的要素，所以，最近韓國的政治學者們也認真地探究「沒有民族主義的愛國心」這種機能，看是否會遏制民族主義所具有的反作用力。對全球化時代的世界公民而言，這既是一種必要的、全新的共存倫理，也是為了維持共同的自由與善而做出的努力。[43]

當強調「多元文化主義」的英國與德國，以及主張「包容」精神的法國受到挫敗，許多歐洲國家已開始發生變化。[44] 儘管如此，當問起「美國為何那麼強」，若用「多樣性」來加以回答，我想不會有太多人有異議。不同的膚色、種族、宗教、語言等交雜在一起時，其結果就是形成一個熔爐，並產生出巨大力量。所謂的多樣性，只有在互相尊重彼此的差異時才得以維持，沒有沙子跟碎石而只有水泥的建築物，是不可能豎立幾百年的。

至此，筆者將平常研究時想到的東西簡單粗略地做了一番整理。遊牧民族進入中原數個世紀之後，所形成的最終產物就是大唐帝國。把大唐帝國的特徵簡單總結的話，就是——打開國門，包容來自世界各地且具有多樣特質的人們；並且讓聚集到帝國的人們，在觀念跟知識上進行激烈的競爭、討論與折衝，之後產生新的知識，彼此共同分享，從而提供了實現創造與革新的舞台。

然而，打造出大唐帝國的遊牧民族，卻經常被認為微不足道，直到現在仍被人們忽略。筆者想起了一件在二〇〇七年夏天親身經歷的事情：當時筆者參加了由韓國、中國、日本三國共二十餘名歷史學者所組成的「萬里長城學術勘查團」。從北京出發後，一行人花了二十天，在陝西省西安西北部一個叫作「彬縣」的地方，找到了五胡十六國前秦皇帝苻堅的墓地。這其實是原本沒有的計畫，但在筆者的強力要求下，最後還是被加入勘查行程。那天一早，筆者準備了一瓶白酒跟下酒菜還有紙杯前去古墓。

二〇〇二年四月，是筆者第二次訪問苻堅的墓（雖然可能是假的），在墓前倒酒並行了大禮，也有一部分日本學者跟著做，可是中國學者（漢人）卻在旁邊譏笑。在回程的車上，某位中國教授問：「朴老師，已經是第二次來了，您為什麼那麼尊重苻堅（蠻夷）呢？」而筆者回答：「如果沒有苻堅，就不會有大唐帝國！」

現在，這本書真的到了要結束的時候，校稿結束後回頭一看，好像花了很多心力，卻沒有看到什麼收穫。四十餘年的時光就這樣獻給了這本書，而內容也不過就是如此，說來說去好像都只是一些凌亂的資訊。雖然覺得遺憾，但另一方面，筆者也安慰自己其實已經盡了最大的努力。

學問的價值不是由黨派或是霸權主義來決定，人們各自尋找並沉浸在自己相信是對的事情上，然後愉快地追求下去。人生不是跟別人賽跑，而是沿著這條路一步又一步往前邁進的旅程。回首過往，筆者認為自己並沒有偏離這樣的生活，不管別人怎麼看，筆者在追求知識的旅程中，不曾東張西望，只是默默地一路走來，即使是追求再狹小的知識，都覺得時間完全不夠用。希望讀者們能理解並給予指正，筆者也向自己和讀者保證，會為了下一部作品繼續努力。

39 蔣介石《中國之命運》（1943年）中提出「國族同源論」的概念。（蔣中正，《中國之命運》，台北：正中書局，1967年。

40 張帝南，《中國的少數民族》玻州：生活出版社，2008年，頁52－61。

41 朴正民（Timothy Brook，加拿大英屬哥倫比亞大學教授）的觀點（《朝鮮日報》，2010年9月15日）。

42 鄭智燮，〈20年間的阿經濟強國…〉，《朝鮮日報》，2014年9月14日，頁A18。

43 朴枝香，〈往近代的路：歐洲的教訓〉，《與大師的人物講座》七期第四週綜合討論，2014年12月27日。

44 911恐怖攻擊犯人並不是美國民伊斯蘭（穆斯林），相反地，英國（77恐攻）、法國等發生的伊斯蘭極端主義者的恐怖攻擊，是因所謂無法被這個社會同化的「永遠的局外人（Outsider）」。與本國的伊斯蘭不同。其結果是百分之七十一的美國伊斯蘭相信努力工作的話，他們未來一定可以成功；但另一方面，大約有百分之二十的伊斯蘭悲困中生活在法國、德國、英國，是非常鮮明的對比。（〈聯合新聞〉2007年7月22日）。若根據美國布魯金斯研究所的報告書表示，法國第一代的移民是經歷了極度的飢餓跟福利不足、家族解體等，他們其中有五分之一的人的家裡是連溫水都沒有的程度。

『李約瑟之謎』的重大課題。」（韓毓海，〔北京大學中文系〕，〈習近平歐洲之行：用自信喚醒歐洲對中國的重新認識。〉（http://news/xinhuanel.com/world/2014-04/22/c_1110359524.htm）

34 二〇〇四年九月十九日，中國共產黨的第十六屆中央委員會第四次全體會議上〈決定〉正式提出，二〇〇五年二月十九日依據胡錦濤的講話被闡明的「建構社會主義和諧社會」的概念是以「民主法治，公平正義，誠信友愛，安定有序，人與自然和諧相處」為主要內容。（〈百度百科〉的「和諧社會」搜尋日2015年3月24日。）

35 「和諧」是以《春秋左傳》卷十三，〈襄公十一年條〉的「和樂之和，無所不諧」為根據。（張東根，《胡錦濤與和諧社會》，首爾：東亞，2007年）即晉襄公聽了魏絳的話，將天下的各個諸侯以及少數民族輕拍聚合，作為這樣成功的政治的依據。有的人說和諧的和是一起吃的（口）共同體，諧是指所有的人（皆）能表達自己意見（言）的民主主義的意思。（申榮福，《我的東洋經典獨特方法講義》，坡州，Dolbegae（돌베개）出版，頁42）。因此，和諧作為諧調與和音之意，使中國透過改革開放的同時，也向著世界前進，藉由中國文明以及西方文明的調和，一起發展出超越的理念，同時提出也是中國對內擁有五十五個少數民族，前往共存、共生的共同繁榮的秘訣。

36 李燦宇，〈中華思想的開展和對於『中國夢』的考察〉，《人文論叢》（慶南大學人文科學研究所）34，2014年。

37 〈學習習近平關於吸收借鑒人類優秀文明成果講話中的哲學思想〉，《北京日報》2014年5月16日，「盛唐時期是中國歷史上對外交流的活躍期，習近平總書記動情地描述：『唐代中國通使交好的國家多達七十多個，那時候的首都長安裏來自各國的使臣、商人、留學生雲集成群，這個大交流促進了中華文化遠播世界，也促進了各國文化和物產傳入中國。』」；〈學習習近平在文藝工作座談會的講話：引領新風氣。〉《光明日報》2014年10月22日，「回顧歷史，不難發現，凡是文化昌明進步、文藝健康繁榮的時代，都是國家走入強盛、歷史走向文明的時代，漢代如此，唐代更是如此。唐代的詩歌、散文、書法，大家迭出，高峰並峙：詩之李杜，文之韓柳，楷書之歐體顏體，草書之顛張狂素，皆是雙星對出，交相輝映。如果說漢代的文藝以古樸混拙著稱，那麼唐代的文藝則以豪邁氣勢奪人。後人一再仰歎的『盛唐氣象』到底是什麼呢？」

38 〈將APEC比喻為『朝貢』的中國官方言論〉，《朝鮮日報》2014年11月14日，頁A18。

清－中國最後的帝國》，首爾：超越書籍（no more books），2014年。）

22 《日知錄》卷十三〈正始〉，頁590。「有亡國，有亡天下，亡國與亡天下奚辨？易姓改號，謂之亡國，仁義充塞，而至于率禽獸食人，人將相食，謂之亡天下。……保國者，其君臣，肉食者謀之；保天下者，匹夫之賤，與有責焉耳矣。」

23 前秦跟東晉之間的戰爭淝水之戰引發了「正義」或是「侵略」戰爭的論爭就是因為這個。（黃烈，〈關於前秦政權的民族性質及其對東晉的戰爭性質問題〉，《中國史研究》，1979年－1；孫祚民，〈處理歷史上民族關係的幾個重要准則〉，《歷史研究》，1980年－5；曹永年、周增義，〈淝水之戰的性質和處理歷史上民族與疆域的准則—與孫祚民同志商榷—〉，《中國史研究》，1982年—2）

24 范文瀾，〈中國歷史上的民族鬪爭與融合〉，《歷史研究》，1980年－1。

25 森安孝夫，《絲路、遊牧民與唐帝國》，頁36。

26 羅友枝（Evelyn S. Rawski），*The Last Emperors: A Social History of Qing Imperial Institutions. Berkeley: University of California Press*，1998年。（丘凡真譯，《最後的皇帝們－清皇室的社會史－》，首爾：喜鶴，2010年。

27 歐立德（Mark C. Elitott），*The Manchu Way: The Eight Banners and Ethnic Identity in Late Imperial China*. Sranford：Stanford Univ. Press，2001年（李勳、金善民譯，《滿洲國的清帝國》，首爾：藍歷史，2009年。）

28 丘凡真，《清朝，嵌合體的帝國》，首爾：信任社，2012年。

29 森安孝夫，《絲路、遊牧民與唐帝國》，頁35。

30 付永聚，〈民族互化凝唐人〉，《中國唐史學會第六屆年會暨國際唐史學術研討會提出論文》，1995年。

31 勞幹將「漢化」區別，改使用「華化」這個用語，這之間出現什麼樣的差異並沒有說明。（勞幹，〈論魏孝文帝之遷都與華化〉，《勞幹學術論文集》，甲篇上，臺北：藝文印書館，1976年）。

32 〈朝鮮日報〉，2014年11月13日，頁A18。

33 央視（中央電視臺）播出習近平訪問歐洲特別報導節目〈一橋飛架中歐〉：「中華民族是一個偉大的民族，然而卻在近代落後了。自秦統一後，一直到盛唐的貞觀之治為止，在長達千年的時間裡，中華民族都以制度性的優越而領先於世界，何以在近代陷入貧弱國家的苦海？貧弱的中國又是怎樣在中國共產黨的領導下重新走向偉大的復興？今天全世界的人，都在思考並企圖解開這個被稱為右丞相、監修國史、領經筵事、提調太醫院廣惠司事臣阿魯圖言：『竊惟漢高帝入關，任蕭何而收秦籍；唐太宗即祚，命魏徵以作隋書，蓋歷數歸真主之朝，而簡編載前代之事，國可滅史不可滅，善吾師惡亦吾師。矧夫典故之源流，章程之沿革，不披往牒，曷蓄前聞。』」

12 陸鍵東著，朴漢濟、金衡鍾譯，《陳寅恪最後的二十年－－一個中國知識份子的命運 1949－1969》，首爾：四季出版社，2008年。

13 中國網路上流行這樣的一段話：「你這人怎麼過得像個韓國教授似的！韓國的教授有科研能力嗎？」也就是有人說「韓國人是起源於中亞，他們是佛陀的後裔，……有某個韓國教授聲稱在廣西地區有百濟這個地名，廣西省一個地方的方言，其發音跟韓語類似，這樣看來廣西的百濟是韓國的殖民地。」

14 林知現，《民族主義的叛逆－超越神話跟虛無的民族談論》，首爾：竹林出版社，1999年。

15 尤其是這個區域的居民們還停在叫做中國的框架之中的同時，將來會迎向的命運跟選擇都是誰也無法預測的。將新疆的未來看作是在最高難度的狀況中，仍開心地走著鋼索並刷新各種記錄的維吾爾族，像是雜技演員阿迪力・吾守爾（Adil Hoshur）一樣，在均衡跟危機之間來回，顯得十分驚險。參見米華健（James A. Millward）著，金燦永、李光泰譯，《新疆的歷史一歐亞大陸的十字路口》，首爾：四季出版社，2013年，頁499－504。

16 李成珪，〈中華思想與民族主義〉，頁31。

17 所謂「中華民族」的凝聚力是踩著民族遷徙→民族居住地域界限的打破→民族的雜居→民族間的經濟、文化交流→語言的融合→生產、生活方式的同化（融合）的過程而來的。（陳育寧，《中華民族凝聚力的歷史探索》，昆明：雲南人民出版社，1994年，頁12。）

18 外族政權的中原征伐之後，不是只有外族進入中原，漢人往戎地遷徙的也不少。比如說成吉思汗征服金以後，將河北十萬戶遷往漠北地區，其中的漠北牧奴有著所謂的「牧者謂之兀剌赤，回回居其三，漢人居其七。」〔（宋）彭大雅撰，徐霆疏證，《黑韃事略》（叢書集成初編本，北京：中華書局，1985年，）頁11。〕的記錄。

19 森安孝夫，《絲路、遊牧民與唐帝國》，頁34－37。

20 鄭光，《朝鮮時代的外國語教育》，首爾：金營社，2014年。

21 William T. Rowe. *China's last Empire: The Great Qing,* Cambridge. Mass；London：Belknap Press of Harvard University Press，2009年（奇世贊譯，《哈佛的中國史：

在左，光是鼻子的長度就有八公尺，這個區域被聖地化，是作為高揚「中華自尊心」以及平息少數民族不滿之用。北京奧林匹克運動會和西藏、維吾爾自治區的居民等中國少數民族的獨立示威開始的當時，為了深植「一個中國」、「中華民族」的自尊心，而企圖活用黃帝民族主義；二〇〇七年十月，陝西省的黃帝祠堂中舉辦的追慕祭就邀請了包含西藏等全部各個少數民族；二〇〇八年七月，北京奧林匹克聖火通過這個祠堂，正是受到黃帝民族主義的影響。（陝西省跟河南省政府各自主張自己是黃帝的誕生地。）

3 滿洲地區的小河沿文化是追溯到紀元前五千五百年，查海文化是追溯到紀元前五千年為止。尤其是遼河一帶被挖掘出大規模的積石塚和祭壇等，已被確認是紀元前三千五百年紅山文化的遺跡。

4 滿洲地區的小河沿文化是追溯到紀元前五千五百年，查海文化是追溯到紀元前五千年為止。尤其是遼河一帶被挖掘出大規模的積石塚和祭壇等，已被確認是紀元前三千五百年紅山文化的遺跡。

5 金翰圭，〈對於古代東亞民族關係史之中華人民共和國的社會主義的理解〉，《東亞研究》24，1992年。

6 陳連開，〈論中國歷史上的疆域與民族〉，翁獨健 主編，《中國民族關係史研究》，北京：中國社會科學出版社，1984年，頁225－232。

7 費孝通等，《中華民族多元一體格局》。

8 蒙古是趁清朝滅亡的一九一一年宣告獨立，現在的蒙古共和國是當時的外蒙古，接受蘇聯的援助後在一九二四年建立蒙古人民共和國，內蒙古則是在日本敗退後與中國接觸，並在一九四七年成為中國第一個自治區。

9 高柄翊，〈中共的歷史學〉，《東亞史的傳統》，首爾：一朝閣，1976年，頁199－210。

10 《元史》卷一百五十六，〈董文炳傳〉，頁3672。「時翰林學士李槃奉詔招宋士至臨安，文炳謂之曰：『國可滅，史不可沒。宋十六主，有天下三百餘年，其太史所記具在史館，宜悉收以備典禮。』乃得宋史及諸注記五千餘冊，歸之國史院」；《元史》〈進元史表〉，頁4673－4674。「銀青榮祿大夫、上柱國、錄軍國重事、中書左丞相兼太子少師、宣國功臣李善長等言：『伏以紀一代以為書，史法相沿於遷、固；…欽惟皇帝陛下奉天承運，濟世安民。建萬世之丕圖，紹百王之正統。大明出而爝火息，率土生輝；迅雷鳴而眾響銷，鴻音斯播。載念盛衰之故，乃推忠厚之仁。僉言實既亡而名亦隨亡，獨謂國可滅而史不當滅。』」

11 《金史》〈進金史表〉，頁2899。「開府儀同三司、上柱國、錄軍國重事、中書說，其痕跡還沒被發現，自現在的地表約兩公尺左右下方，只發現了圍繞在里周圍的街路的痕跡。（宮崎市定，〈漢代の里制と唐代の坊制〉，頁274。）然而朱玲玲卻說漢代的里制和唐代的坊制在行政面上基本上來說沒有差別。（〈坊里制的起源及其演變〉，《中國古都研究》，杭州：浙江人民出版社，1987年。）這種解釋因為與唐代長安城的坊一致的緣故而出現，然而坊和里還有其他的性質。

320 《長安志》卷六，〈宮室四 東內大明宮章〉，頁125-126。「北據高原，南望爽塏，每天晴日朗，南望終南山如指掌，京城坊市街陌，俯視如在檻內，蓋其高爽也。」

321 這種觀點除了筆者以外，大室幹雄也發現了。他認為應稱北魏平城—洛陽、隋唐大興—長安城的坊的構造為一種的「使用強制勞動之帳篷式功能的人民居住區」。（大室幹雄，《檻獄都市－中世中國の世界芝居と革命》，東京：三省堂，1994年，頁360。）他認為就像將遊牧出身的征服者們掠奪來的牲口如牛、馬、羊等羅列出來看見一樣，也將人民視為是「危險動物」，以被抓起來放在檻中飼養的形式展示。（大室幹雄，《干潟幻想－中世中國の反園林都市》，東京：三省堂，1992年，頁125-126。）

322 唐代長安的坊的大小並不是一樣的，最大的興慶坊東西一點一二五公里，南北零點八三八公里，面積零點九四平方公里，相比之下，最小的光祿坊東西零點五五八公里，南北零點五公里，面積不過只有零點二八平方公里，其面積差距有三點三五倍左右。（傅熹年，〈隋唐長安洛陽城規劃手法的探討），《文物》1995-3，頁49。〉日野開三郎則認為一坊平均戶數有兩千前後。（日野開三郎，〈唐代大城邑の戶數規模について一特に首都長安をとする），《日野開三郎 東洋史學論及》13，三一書房，1993年，頁272。

323 （漢）王充著，《論衡》（北京大學歷史系《論衡》註釋小組，《論衡註釋》北京：中華書局，1979年）別通篇，頁754。「蕭何入秦，收拾文書。漢所以能制九州者，文書之力也。以文書御天下，天下之富，孰與家之財？」

第四章　結語

1 岳南著，申奎浩、柳素映譯，《夏商周斷代工程》，首爾：一光，2005年。

2 這被稱之「黃帝民族主義」，中國古代帝王三皇五帝的像建造在河南省鄭州市的石頭山同盟山，炎帝（古代的火神）跟黃帝的像是在二〇〇七年四月，花費二十年才完成的。炎帝、黃帝石像一百零六公尺的高度是世界最高。炎帝在右，黃帝

と唐代の坊制），《東洋史研究》21-3，1962年，頁276。〉

310 《唐律疏議》卷二十六，〈雜律四百〇六 諸犯夜者〉，頁489。「諸犯夜者，笞二十，有故者，不坐（閉門鼓後，開門鼓前行者，皆為犯夜，故謂公事急速及吉、凶、疾病之類。）」

311 漢代的里制中並沒有宵禁這樣的規定，宮崎市定對於《史記》卷一百二十四〈游俠傳」第3187頁中記有的「邑中少年及旁近縣賢豪，夜半過門常十餘車」的文句，將其看作是在漢代並沒有禁止不能夜行，也不關里門。（〈漢代の里制と唐代の坊制〉，頁292。）

312 《舊唐書》卷十四，〈憲宗紀上 元和二年（807年）六月丁巳朔條〉，頁421。「始置百官待漏院於建福門外，故事，建福、忘仙等門，昏而閉，五更而啟，與諸坊門同時。」然而在《新唐書》卷四十九，〈百官志四上 左右街使〉，頁1286中說是「五更二點」也可以。

313 唐代的地方縣城等級果然適用於一模一樣的法律。（《唐律疏議》卷八，衛禁律八十一，〈越州鎮戍等城垣），頁170。「諸越州、賑、戍城及武庫垣，徙一年，縣城，杖九十。」

314 《唐六典》卷八，〈城門郎四人〉，頁249-250。「開則先外而後內，闔則先內而後外，所以重中禁，尊皇居也，候其晨昏，擊鼓之節而啟閉之。」

315 《水經注》卷十三，〈漯水條〉，頁1144－1145。「魏神瑞三年，又見白樓，…後置大鼓于其上，晨昏伐以千椎，為城裡諸門啟閉之候，謂之戒晨鼓也。」

316 《唐律疏議》卷二十六，〈雜律 四百〇六，〈諸犯夜者的疏議〉，頁490中「但公家之事須行，及私家吉凶疾病之類，皆須得本縣或本坊文牒，然始何行，若不得公驗，雖復無罪，街鋪之人不合許過」有過這樣的內容，可以知道在特別的情況時還是有需要通行證的必要。

317 《唐律疏議》卷二十六，〈雜律四百〇六 諸犯夜者〉，頁490。「其直宿坊街，若應聽行而不聽及不應聽行者，笞三十，即所直時，有賊盜經過而不覺者，笞五十。（疏議曰：謂諸坊應閉之門，諸皆守衛之所。）」

318 《舊唐書》卷三十七，〈五行志〉，頁1354。「至今巷議街言，共呼坊門為宰相，謂能節宣風雨，燮理陰陽。」

319 劉淑芬，《六朝的城市與社會》，頁409。與此問題相關且有必要與漢代的情況相比較。漢代長安城有里壁這件事在考古學上還沒辦法證明，只是雖然午汲古城（邯鄲城）中有著高度約三到六公只程度的城壁這件事使其可以推測，並斟酌考慮內部的里周圍也會有牆垣圍繞，但考察其遺跡卻是非常貧弱的狀態，也就是

297 《魏書》卷十八，〈太武五王列傳 孝友〉，頁422-423。「令制：百家為黨族，二十家為閭，五家為比鄰。百家之內，有帥二十五，徵發皆免，苦樂不均。羊少狼多，復有蠶食。此之為弊久矣。京邑諸坊，或七八百家，唯一里正、二史，庶事無闕，而況外州乎？請依舊置，三正之名不改，而百家為四閭，…此富國安人之道也。」

298 《魏書》卷六十八，〈甄琛傳〉，頁1514。「遷河南尹，…琛表曰：『…京邑諸坊，大者或千戶、五百戶。』」

299 傅熹年主編，《中國古代建築史》第二卷，〈兩晉、南北朝、隋唐、五代建築〉，北京：中國建築工業出版社，2001年，頁23。「北魏時期時，城內的坊里和城外的鄉里有著明確的區別，坊里的情況是有著圍牆，且具有嚴格的管理制度，人口也非常地稠密。」（張劍，〈關于北魏洛陽城里坊的幾個問題〉，《漢魏洛陽故城研究》，北京：科學出版社，2000年，頁537。〉

300 周紹良主編，《唐代墓誌彙編（上）》，上海：上海古籍出版社，1992年。〈大周故康（智）府君墓誌銘并序〉，頁855。

301 周紹良主編，《唐代墓誌彙編（中）》，〈唐故正議大夫守殿中監致仕上柱國賜紫金魚袋太原王公（翼）府君墓誌銘并序〉，頁2143。

302 周紹良主編，《唐代墓誌彙編（上）》，〈唐故昭武校尉任君墓誌銘并序〉，頁319。

303 《唐兩京城坊考》卷二，〈西京 外郭城〉，頁45。「其崇一丈八尺」；卷五，〈東京 外郭城〉，頁259。「其崇丈有八尺」；《唐六典》卷七，〈工部尚書〉，頁26。「京城，……（名曰大興城，……牆高一丈八尺。）」

304 《唐兩京城坊考》卷一，〈西京 宮城〉，頁2。「其崇三丈五尺。」

305 室永芳三，〈唐都長安城の坊制と治安機構（上）〉，《九州大學東洋史論集》2，1974年，頁2-3。

306 《通典》卷一百五十二，〈兵典五 守拒法〉，頁3893。「凡築城，下闊與高倍，城高五丈，下闊二丈五尺，上闊一丈二尺五寸。高下闊狹，以此為準。」

307 室永芳三，〈唐都長安城の坊制と治安機構（上）〉，頁2-3。

308 《唐律疏議》卷八，〈衛禁律八十一 越官府廨垣〉，頁170。「越官府廨垣，及坊市垣籬者，杖七十。侵壞者，亦如之。」

309 宮崎市定將這種罰則規定認為是「不可以只將它看作是單純的專制政治的彈壓政策，而是在市民相互的權利尊重及維持治安的目的中，帶有的一種宗教觀念，像是確立了作為所謂的Sitte的牆垣，是神聖不可侵這樣的規定。」（〈漢代の里制造物開符，垂之萬葉。故都城制云，城內唯擬一永寧寺地，郭內唯擬尼寺一所，餘悉城郭之外。欲令永遵此制，無敢踰矩。逮景明之初，微有犯禁。故世宗仰修先志，爰發明旨，城內不造立浮圖、僧尼寺舍，亦欲絕其希覬。』」

290 《三國志》卷三，〈魏書三 明帝叡記〉，頁104。「裴松之注：魏略曰：是年起太極諸殿，築總章觀，高十餘丈，建祥鳳於其上；又於芳林園中起陂池，楫櫂越歌；又於列殿之北，立八坊，諸才人以次序處其中，貴人夫人以上，轉南附焉，其秩石擬百官之數。」初出於《後漢書》的章懷太子李賢註中（《後漢書》卷五十四四 楊震傳），頁1764，「合兩為一，連里竟街（合兩坊而為一宅，里即坊也。）」），此註釋者根據其知識判定其生存時期應是唐代。

291 （唐）歐陽詢撰，《藝文類聚》（上海：上海古籍出版社，1965年。）卷六十二，〈居處部「坊」條〉，頁1127。「漢宮闕名曰 洛陽故北宮有九子坊。晉宮闕名曰，洛陽宮有顯昌坊、修成坊、綏福坊、延祿坊、休徵坊、承慶坊、桂芬坊、椒房坊、舒蘭坊、藝文坊。」

292 《魏書》卷八，〈世宗宣武帝恪紀 景明二年（501年）九月丁酉條〉，頁194。「發畿內夫五萬人築京師三百二十三坊，四旬而罷。」

293 《魏書》卷十八，〈太武五王列傳 廣陽王嘉〉，頁428-429。「及將大漸，遺詔以嘉為尚書左僕射，與咸陽王禧等輔政。遷司州牧，嘉表請於京四面，築坊三百二十，各周一千二百步，乞發三正復丁，以充茲役，雖有暫勞，姦盜永止。詔從之。」；《魏書》卷八，〈世宗宣武帝恪紀校勘記〉，頁216。「[四] 發畿內夫五萬人築京師三百二十三坊，南、北、殿三本和北史卷四『五萬』下有『五千』二字。又北史作『三百二十坊』，按卷一八廣陽王家傳也作『三百二十坊』，『坊』上『三』自當衍。』」

294 《洛陽伽藍紀》卷五，〈城北條〉，頁349。「京師東西二十里，南北十五里，戶十萬九千餘，廟社宮室府曹以外，方三百步為一里，里開四門，門置里正二人，吏四人，門士八人，含有二百二十里。」

295 《洛陽伽藍紀》卷五，〈城北條注〉，頁351。「按《魏書》卷八世宗紀：『景明二年（501年）九月丁酉，發畿內夫五萬人，築京師三百二十三坊，四旬而罷。』又十八廣陽王嘉傳：『表請於京四面築坊三百二十，各周一千二百步，乞發三正復丁以充茲役，雖有暫勞，姦盜永止。詔從之。』坊與里相同，（《說文解字》云：「坊，邑里之名。」）此文『二百二十』疑是『三百二十』之誤。」

296 《南齊書》卷五十七，〈魏虜傳〉，頁985。「其郭城繞宮城南，悉築爲坊，坊開巷。坊大者容四五百家，小者六七十家。每南坊搜檢，以備奸巧。」

278 佐川英治，〈曹魏明帝太極殿的所在〉，《中國魏晉南北朝史學會第十屆年會暨國際學術研討會論文集》，太原：北岳文藝出版社，2012年，頁460。

279 《魏書》卷二，〈太祖紀 天興二年（399年）二月庚戌條〉，頁35。「以所獲高車眾起鹿苑，南因臺陰，北距長城，東包白登，屬之西山，廣輪數十里，鑿渠引武川水注之苑中，疏為三溝，分流宮城內外。又穿鴻雁池。」

280 《魏書》卷四十，〈陸俟傳 附麗傳〉，頁907。「太武崩，南安王余立，既而為中常侍宗愛等所殺。百僚憂惶，莫知所立。麗以高宗世嫡之重，民望所係，乃首建大義，與殿中尚書長孫渴侯、尚書源賀、羽林郎劉尼奉迎高宗於苑中，立之。社稷獲安，麗之謀矣。」；《魏書》卷四十一，〈源賀傳〉，頁920。「南安王余為宗愛所殺也，賀部勒禁兵，靜遏外內，與南部尚書陸麗決議定策，翼戴高宗。令麗與劉尼馳詣苑中，奉迎高宗，賀守禁中為之內應。俄而麗抱高宗單騎而至，賀乃開門。高宗即位，社稷大安，賀有力焉。」

281 《洛陽伽藍記》卷五，〈城北 禪虛寺條〉，頁247。「禪虛寺在大夏門御道西，寺前有閱武場，歲終農隙，甲士習戰，千乘萬騎，常在於此。」

282 （宋）宋敏求撰，《長安志》（《宋元方志叢刊》，北京：中華書局，1990年所收）卷六，〈宮室 禁苑 內苑〉，頁103-104。「禁苑在宮城之北，東西二十七里，南北三十三里，……內苑南北一里長，與大明宮城齊。」

283 （宋）程大昌撰，《雍錄》（《宋元方志叢刊》，北京：中華書局，1990年所收）卷九，〈唐三苑說〉，頁492。「凡此三苑也者，地廣而居安，故唐世平定內外禍難，多于苑上用兵也。」

284 朴漢濟，〈唐長安城三苑考—與西漢上林苑的機能箱比較〉，《歷史學報》188，2005年，〈唐長安城の三苑考—前漢上林苑の機能と比較して〉，《都市と環境》，東京：中央大學出版部，2006年。

285 自西漢時期出現，到魏晉時期以後變得一般化。

286 劉淑芬，《六朝的城市與社會》，台北：學生書局，1992年，頁353。

287 （清）徐松撰，《唐兩京城坊考》（李健超增訂，西安：三秦出版社，1996年）卷二，〈開明坊條〉，頁60。「自興善寺以南四坊，東西盡郭，率無第宅。雖時有居者，煙火不接，耕墾種植，阡陌相連。」

288 《洛陽伽藍紀》卷五，〈城北〉，頁349。「京師東西二十里，南北十五里，戶十萬九千餘，……置里正二人，吏四人，門士八人，含有二百二十里。」

289 《魏書》卷一百一十四，〈釋老志〉，頁3044。「神龜元年冬，司空公、尚書令、任城王澄奏曰：『仰惟高祖，定鼎嵩瀍，卜世悠遠。慮括終始，制洽天人，

270 將「匠人營國方九里，旁三門，國中九經九緯，經涂九軌，左祖右社，面朝後市，市朝一夫」整理如下。匠人所營建的帝都都城，以一邊（面）九里的正方形，各邊有三個門，都城內東西方向和南北方向的道（涂）各有九條，各自的道幅是九台車並排可以行駛的寬度。東部有宗廟，西部有社稷，南部有朝廷（外朝），北部有市場。市場和朝廷（外朝）是一邊一百步的正方形。〔經＝南北幹道；緯＝東西幹道；軌＝車撤，二轍之間寬周制八尺，九軌共寬七丈二尺；祖＝宗廟；社＝社稷；朝＝外朝；夫＝計田一百畝為方一百步（周制）。即周金文一「田」；註釋為賀業鉅，《考工記營國制度研究》，北京：中國建築工業出版社，1985年，頁24。〕

271 那波利貞，〈支那首都計畫史により考察したる唐の長安城〉，《桑原（鷺藏）博士還曆紀念東洋史論叢》，東京：弘文堂書房，1930年，頁1254。

272 《南齊書》卷五十七，〈魏虜傳〉，頁990。「遣使李道固、蔣少游報使。少游有機巧，密令觀京師宮殿楷式。清河崔元祖啟世祖曰：『少游，臣之外甥，特有公輸之思。宋世陷虜，處以大匠之官。今爲副使，必欲模範宮闕。豈可令氈鄉之鄙，取象天宮？臣謂且留少游，令使主反命。』……虜宮室制度，皆從其出。」

273 陳寅恪，《隋唐制度淵源略論考》，頁64-70。

274 錢國祥，〈河南洛陽漢魏故城北魏宮城閶闔門初遺址〉，《考古》2003-7，頁40；中國科學院考古研究所洛陽工作隊，〈漢魏洛陽城初步勘查〉，杜金鵬、錢國祥主編，《漢魏洛陽城遺址研究》，北京：科學出版社，2007年，頁506-509。

275 佐川英治，〈曹魏太極殿の所在について〉，《岡山大學文學部ブロジエクト研究報告書》15，2010年，頁35。

276 段鵬琦，《漢魏洛陽故城》，頁82-83。「北魏太極殿同魏晉太極殿的殿址有無關係，因未解剖，目前尚不清楚。」

277 《三國志》卷二，〈魏書二 文帝紀　黃初元年（220年）十二月條〉，頁76。「初營洛陽宮，戊午幸洛陽。」（裴松之注：臣松之案：諸書記是時帝居北宮，以建始殿朝群臣，門曰承明，陳思王植詩曰「謁帝承明盧」是也。至明帝時，始於漢南宮崇德殿處起太極、昭楊諸殿。；《水經注》卷十六，〈穀水 又東過河南縣北，東南入於洛〉條，頁215。「魏明帝上法太極，於洛陽南宮，起太極殿於漢崇德殿之故處。改稚門為閶闔門。」；《歷代宅京記》卷八，〈雒楊中〉，頁134。「魏明帝上法太極於洛陽南宮，起太極殿于漢崇德殿之故處。改稚門為閶闔門。」

家與城郭－「坊牆制」的出現及其背景〉，蘇智良主編，《都市史學》，上海；上海人民出版社，2014年。

265 劉淑芬以「用夏制夏，莫如城郭」這樣話來表現。（《六朝城市與社會》），台北：學生書局，1992年，頁384。

266 《魏書》卷十三，〈皇后列傳 平文皇后王氏〉，頁323。「昭成初欲定都於灅源川，築城郭，起宮室，議不決。后聞之，曰：『國自上世，遷徙為業。今事難之後，基業未固。若城郭而居，一旦寇來，難卒遷動。』乃止。」這正是東晉成帝成康五年（339年）的事情。〔《魏書》卷一，〈序紀 昭成皇帝二年（340年）夏五月條〉，頁12。「朝諸大人於參合陂，議欲定都灅源川，連日不決，乃從太后計而止。語在皇后傳。」〕但之後不久，仍然進行了堆建城郭之事。（《魏書》卷一，〈序紀 昭成皇帝四年（342年）秋九月條，「築盛樂城於故城南八里」）。至於建造中國式的宮室和宗廟及社稷一事，則是在昭成帝以後又過了四十多年，最後終於在太祖道武帝天興元年（398年）七月成事。（《魏書》卷二，〈太祖紀〉，頁33。「遷都平城，始營宮室，建宗廟，立社稷。」）

267 序紀時期都城和建城的歷史整理如下。1定襄之盛樂（《魏書》卷一，〈序紀 神元帝力微〉，頁3。「三十九年，遷於定襄之盛樂。」）2定襄之盛樂（《魏書》卷一，〈序紀 昭帝祿官桓帝猗㐌〉，頁5-6。「昭皇帝諱祿官……分國為三部；……以桓帝之弟穆皇帝諱猗盧統一部，居定襄之盛樂故城。」）3北都（盛樂）、南都（平城）體制（《魏書》卷一，〈序紀 穆帝猗盧〉，頁8。「六年，城盛樂以為北都，修故平城以為南都。帝登平城西山，觀望地勢，乃更南百里，於灅水之陽黃瓜堆築新平城，晉人謂之小平城，使長子六脩鎮之，統領南部。」）4東木根山（《魏書》卷一，〈序紀 惠帝賀傉〉，頁10。「四年，……乃築城於東木根山，徙都之。」）5新盛樂城（《魏書》卷一，〈序紀 烈帝翳槐〉，頁11。「烈皇帝復立，以三年為後元年，城新盛樂城，在故城東南十里。」）6雲中之盛樂宮（《魏書》卷一，〈序紀 昭成帝什翼犍〉，頁12。「三年春，移都於雲中之盛樂宮。」）7新盛樂（《魏書》卷一，〈序紀 昭成帝什翼犍〉，頁12。「四年秋九月，築盛樂城於故城南八里。」）

268 《魏書》，〈太祖紀 天賜三年（406年）六月條〉，頁42-43。「發八部五百里內男丁築灅南宮，門闕高十餘丈；引溝穿池，廣苑囿；規立外城，方二十里，分置市里，經塗洞達，三十日罷。」

269 《魏書》卷二十三，〈莫含傳 附莫題傳〉，頁604。「後太祖欲廣宮室，規度平城四方數十里，將模鄴、洛、長安之制，運材數百萬根。」

民出版社，1984年，頁146—156。

255 《唐六典》卷三，〈尚書戶部〉，頁76。「凡賦役之制四；一曰租，二曰條，三曰役，四曰雜傜。」

256 谷川道雄，〈府兵制國家と府兵制〉，《增補隋唐帝國形成史論》，東京：筑摩書房，1998年，頁409-472。

257 金裕哲，〈均田制與均田體制〉，《講座中國史》，首爾：知識家出版社，1989年。

258 齊東方，《中國古代都城の型態と機能》，舘野和己 編，《古代都城のかたち》，東京：同成社，2009年，頁163中，「和均田制是將農民束縛在土地上一樣，里坊制也是將都市居民有效地統御在一起」，因此可將均田制與都城的市坊制看作是具有統一性格的制度。

259 《史記》卷一百一十，〈匈奴列傳〉，頁2879。「逐水草遷徙，毋城郭常處耕田之業」；《漢書》卷五十二，〈韓安國傳〉，頁2401。「逐獸隨草，居處無常」；《南齊書》卷五十七，〈魏虜傳〉，頁984。「（北魏）什翼珪（太祖）始都平城，猶逐水草，無城郭，木末（太宗）始土著居處。」

260 《漢書》卷七十，〈陳湯傳〉，頁3009。「郅支單于自以大國，威名尊重，又乘勝驕，不為康居王禮，怒殺康居王女及貴人、人民數百，或支解投都賴水中。發民作城，日作五百人，二歲乃已。」頁3013。「明日，前至郅支城都賴水上，離城三里，止營傅陳。望見單于城上立五采幡幟，數百人披甲乘城，……延壽、（陳）湯令軍聞鼓音皆薄城下，四面圍城，各有所守，穿塹，塞門戶，鹵楯為前，戟弩為後，卬射城中樓上人，樓上人下走。土城外有重木城。」

261 《漢書》卷五十五，〈霍去病傳〉，頁2484。「匈奴兵亦散走。會明，行二百餘里，不得單于，頗捕斬首虜萬餘級，遂至窴顏山趙信城，得匈奴積粟食軍。軍留一日而還，悉燒其城余粟以歸。」

262 江上波夫，《ユウラシア古代北方文化—匈奴文化論考》，東京：山川出版社，1948年，頁225-226。

263 《水經注》卷四十，〈禹貢山水澤地所在〉，頁508。「王隱晉書曰：『涼州有龍形，故曰臥龍城，南北七里，東西三里，本匈奴所築也。及張氏之世居也，又增築四城。』」；《晉書》卷八十六，〈張軌傳〉，頁2222。「於是大成姑臧」，其城本匈奴所築也，南北七里，東西三里，帝有龍形，故名臥龍城。」

264 對於遊牧民和城郭，以及進入中原以後的築城過程及特徵，參考朴漢濟，〈遊牧國家和城郭－坊牆制的出現與其背景〉，《歷史學報》200，2008年；〈遊牧國所種者於地首標題姓名，以辨播殖之功。」

245 《魏書》卷七上，〈高祖孝文帝紀上 延興三年（473年）二月癸丑條〉，頁138。「詔牧守令長，勤率百姓，無令失時。同部之內，貧富相通。家有兼牛，通借無者，若不從詔，一門之內終身不仕。守宰不督察，免所居官。」

246 《漢書》卷二十六，〈天文志〉，頁1310。「至河平元年三月，旱，傷麥，民食榆皮。」

247 《魏書》卷十四，〈神元平文諸帝子孫系列傳 天穆〉，頁355。「先是，河南人常笑河北人好食榆葉。」

248 兩稅法實施以前，唐代國家法律上的掠奪對象「百姓」是被僅僅束縛在保有的土地上，禁止擁有遷徙的自由為原則，例外是①以國策就食、移戶（徙民）等政府自已在強制性促使人口遷徙的情況，或是②像浮浪、逃亡那樣，只是以逃離法網的事實行為來遷徙而已。

249 《新唐書》卷一，〈高祖紀 武德七年（624年）四月庚子條〉，頁17。「班新律令。」

250 《通典》卷二，〈食貨典二 田制下〉，頁29-32。「大唐開元二十五年令；……丁男給營業田二十畝，口分田八十畝，…其州縣界內所部受田，悉足者為寬鄉，不足者為狹鄉，……給園宅地者，良口三口以下給一畝，……諸京官文武職事職分田，……如無官田，取百姓地充，其地給好地替。」

251 《舊唐書》卷四十八，〈食貨志上 兩稅〉，頁2088-2089。「武德七年，始定律令，以度田之制：…丁男、中男給一頃，篤疾、廢疾給四十畝，寡妻妾三十畝，若為戶者加二十畝。所授之田，十分之二為世業，八為口分。世業之田，身死則承戶者便授之；口分，則收入官，更以給人，賦役之法；每丁歲入租粟二石，調則隨鄉土所產，綾絹絁各二丈，布加五分之一，輸綾絹絁者，兼調綿三兩；輸布者，麻三斤。……凡天下人戶，量其資產，定為九等，每三年，縣司注定，州司覆之，百戶為里，五里為鄰，四家為鄰，五家為保，在邑居者為坊，在田野者為村。村坊鄰里，遞相督察。……男女始生者為黃，四歲為小，十六為中，二十一為丁，六十為老，每歲一造計帳，三年一造戶籍。」

252 《通典》卷三十五，〈職官典 職田公廨田〉，頁970。「大唐凡京諸司各有公廨田，司農寺（給二十六頃）……在外諸司公廨田，亦各有差；大都督府……。」

253 從北魏到隋文帝為止的婦人受田條項，在隋煬帝時代消失後，就一直延續下去了。

254 以下省略之詳細部份是參考自韓國磐，《北朝隋唐的均田制度》，上海：上海人

237 《天聖令》（天一閣、中國社會科學院歷史研究所天聖令整理課題組校證，《天一閣藏明抄本天聖令校證–附唐令復原研究》北京：中華書局，2006年）卷二十一，〈田令〉，頁253。「諸每年課種桑棗樹木，以五等分戶，第一等一百根，第二等八十根，第三等六十根，第四等四十根，第五等二十根，各以桑棗雜木相半，鄉土不宜者，任以所宜樹充，內有孤老、殘疾及女戶無男丁者，不在此根（限），其棗桑滋茂，仍不得非理砍伐。」

238 《魏書》卷五十三，〈李孝伯傳 附李安世傳〉，頁1176。「令分藝有準，力業相稱。」

239 「力」指的是勞動力，「業」指的是土地。「分」是對個人而言分配的土地（分地或是分田），「藝」是指被分配的農作物。（陳連慶，《魏書實貨志校注》，長春，東北師範大學出版社，1999年，頁276）。「依據境界，以一定均等的面積將耕地劃分，再說一次的話，就是說以一定面積被劃分的耕地。」（渡邊信一郎，《中國古代社會論》，東京：青木書店，1986年，頁104）。

240 《文獻通考》卷二，〈田賦二 歷代田賦之制〉，頁考41。「（武德）七年，始定均田賦稅，……永業之田，樹以榆桑棗及所宜之木。」

241 游牧民族和四跟八有著密切的關連性。比如說所屬於後趙石勒單于臺的禁軍，被安排在京邑的四門或是四個方向守備（四軍跟四帥），石勒在襄國四門增設宣文、宣教等十餘個小學，選拔出的弟子就在四門的小學中學習。另外四跟八也跟軍隊組織有關，意即苻堅的「四帥子弟三千戶，以配苻丕鎮鄴。」（《晉書》卷一百一十三，〈載記十三，苻堅上〉，頁2903。）還有姚興的「分大營戶為四，置四軍以領之。」（《晉書》卷一百一十七，〈姚興載記上〉，頁2976。）北魏中「皇城的四方、四維設置八部大夫，各方向配置一人，他們比肩八座，叫做八國。」（《魏書》卷一百一十三，〈官氏志〉，頁2972。「（天興元年 十二月）置八部大夫……（其八部大夫）於皇城四方、四維，面置一人，以擬八座，謂之八國。」）四、八是指所有都用四個或是八個方向守備的軍隊，後周的八柱國以及清朝的八旗原理與此相同。

242 《魏書》卷二，〈太祖道武帝紀 天興元年（398年）二月條〉，頁32。「車駕自中山幸繁畤宮，更選屯衛，詔給內徙新民耕牛，計口受田。」

243 《魏書》卷一百一十，〈食貨志〉，頁2850。「勸課農耕，量校收入，以為殿最。」

244 《魏書》卷四下，〈世祖太武帝紀下〉，頁108-109。「其制有司課畿內之民，使無牛家以人牛力相貿，懇殖鋤耨……各列家別口數，所勸種頃畝，明立薄目，

227 《晉書》卷二十六，〈食貨志〉，頁790。「又制戶調之式：丁男之戶，歲輸絹三匹，緜三斤，女及次丁男為戶者半輸，其諸邊郡或三分之二，遠者三分之一，夷人輸賨布，戶一匹，遠者或一丈。男子一人占田七十畝，女子三十畝，其外丁男課田五十畝，丁女二十畝，次丁男半之，女則不課。」

228 《魏書》卷七上，〈高孝祖文帝紀上 太和九年（485年）冬十月丁未條〉，頁158。「詔曰：『朕承乾在位，十有五年，每覽先王之典，經綸百氏，儲畜既積，黎元永安。爰曁季葉，斯道陵替，富強者并兼山澤，貧弱者望絕一廛，致令地有遺利，民無餘財，或爭畝畔以亡身，或因飢饉以棄業，而欲天下太平，百姓豐足，安可得哉？今遣使者，循行州郡，與牧守均給天下之田，還受以生死為斷，勸課農桑，興富民之本。』」

229 《魏書》卷七下，〈高孝祖文帝紀下 太和二十年（496年）五月丙子條〉，頁179。「詔曰：『……其令畿內嚴加課督，惰業者申以楚撻，力田者具以名聞。』」

230 《魏書》卷六十，〈韓麒麟傳〉，頁1332-1333。「太和十一年，京都大饑，麒麟表陳時務曰：『……今京師民庶，不田者多，遊食之口，三分居二，蓋一夫不耕，或受其飢，況於今者，動以萬計，……制天下男女，計口受田，宰司四時巡行，臺使歲一按檢，勸相勸課，嚴加賞賜，數年之中，必有盈贍，雖遇災凶，免於流亡矣。』」

231 《魏書》卷七上，〈高孝祖文帝紀上 太和九年（485年）冬十月丁未條〉，頁156。「詔曰：『……勸課農桑，興富民之本。』」

232 《魏書》卷七上，〈高孝祖文帝紀上 太和元年（477年）三月丙午條〉，頁144。「詔曰：『……無令人之有餘力，地有遺利。』」

233 《魏書》卷五十三，〈李孝伯傳 附安世傳〉，頁1176。「安世乃上疏曰：『……蓋欲使土不曠功，民罔游力。』

234 關於均田法條文的分析是參考自朴漢濟，〈北魏均田法令箋釋〉，《首爾大學 東洋史學科論集》25，2001年，頁253－267。

235 《魏書》卷一百一十，〈食貨志〉，頁2853。「諸初受田者，男夫一人給田二十畝，課蒔餘，種桑五十樹，棗五株，榆三根。非桑之土，夫給一畝，依法課蒔榆棗，奴各依良，限三年種畢，不畢，奪其不畢之地，於桑榆之地分雜蒔餘果及多種桑榆者不禁。」

236 《魏書》卷一百一十，〈食貨志〉，頁2853。「諸應還受之田，不得種桑榆棗果種者以違令論，地入還分。」

安；蓋均亡貧，和亡寡，安王傾。』」

215 宮崎市定，《晉武帝の戶調式に就て》，《アジア史研究（第1）》，京都：同朋舍，1975年。

216 這個田制通常叫做「恭宗課田」（朴漢濟，〈北魏均田制的成立與胡漢體制〉，《東洋史學研究》24，1986年，頁84－85）。

217 朴漢濟，〈北魏均田制成立的前提–征服君主的資源確保策與督課制〉，《東亞文化》37，1999年，頁43-46。

218 有「計口而給其田宅」（《漢書》卷十二，〈平帝紀元始二年條〉，頁353），或者「計口而為井田」（《漢書》卷十九中，〈王莽傳〉，頁4110-4111）等例句。

219 《晉書》卷八十八，〈孝友傳 王裒〉，頁2278。「（王裒）家貧，躬耕，計口而田，度身而蠶，或有助之者，不聽。」

220 這個用語原本是以滿文標記後再以漢字標記，除了記丁受田外，也有用「計口受田」或是「均田制」來做標記過。（金斗鉉，〈遼東支配期努爾哈赤的對漢人政策〉，《東洋史學研究》25，1987年，頁68註4）。

221 根據傳統時代的中國人作為均分或是輕稅的標本而被稱頌的井田制，在西周征服殷之後，也是有學者將其看作是為了從征服民那裡收取收穫之苛刻的土地政策。（Wolfram Eberhard，*Conquerors and Rulers－Social Forces in Medieval China*，Leiden：Brill，1970，p.35）。

222 「計口受田」的用語只在《魏書》中出現五次。

223 《魏書》卷四下，〈世祖太武帝紀下 恭宗景皇帝晃傳〉，頁108-109。「初，恭宗監國，曾令曰：『周書言：「任農以耕事，貢九穀，任圃以樹事，貢草木；任工以餘事，貢器物；任商以市事，貢貨賄；任牧以畜事，貢鳥獸；任嬪以女事，貢布帛；任衡以山事，貢其材；任虞以澤事，貢其物。」其制有司課畿內之民，使無牛家以人牛力相貿，墾殖鋤耨。其有牛家與無牛家一人種田二十二畝，償以私鋤功七畝，如是為差，至與小、老無牛家種田七畝，小、老者償以鋤功二畝，皆以五口下貧家為率，各列家別口數，所勸種請畝，明立薄目，所種者於地首標題姓名，以辨播殖之功。』又禁飲酒、雜戲、棄本沽販者，墾田大為增闢。」

224 西村元佑，《北魏均田攷》，《龍谷史壇》32，1949年。

225 堀敏一，《均田制の研究》，東京：岩波書店，1975年，頁116。

226 《魏書》卷七上，〈高孝祖文帝紀上 太和元年（477年）三月條〉，頁144。「詔曰：『……一夫制治田四十畝，中男二十畝，無令人有餘力，地有遺利。』」

203 湯明檖，《元代田制戶籍賦役略論》，《史學論集》，廣州：廣州人民出版社，1980年，頁32。

204 李玠奭，〈對於元代儒戶的考察－以戶籍為中心〉，《東洋史學研究》17，1982年，頁96。

205 唐長孺，〈魏晉至唐官府作場及官府工程的工匠〉，頁43。

206 《魏書》卷四下，〈世祖紀下 太平真君五年（444年）春正月條〉，頁97。「戊申，詔曰：『……自王公已下至於庶人，有私養沙門、師巫及金銀工巧之人在其家者，皆遣詣官曹，不得容匿……』庚戌，詔曰：『……其百工伎巧、騶卒子息，當習其父兄所業，不聽私立學校，違者師身死，主人門誅。』」

207 直到孝文帝延興二年為止，①手工業者的轉業是不可能的，②當時的轉業也局限在農業，③手工業者的保證漸漸沒有問題，④工商雜伎，即手工業者獲得土地變得可能，或是有些原來就具有的土地直接被整理（唐長孺，〈魏晉至唐官府作場及官府工程的工匠〉，頁45）。

208 Pearce Scott，"Status, Labour and Law: Special Service Household under the Northern Dynasties"，1991年。

209 鄭學檬 主編，《中國賦役制度史》，廈門：廈門大學出版社，1994年，頁148。

210 所謂的「色役」，其名稱雖是唐代才出現的，但白直、防閤、伏身等色役在魏晉南北朝時期比起唐代更加成型。色役的特徵中，其中一項是具有「專門性」，因為魏晉南北朝時期的色役種類以「百役」或是「眾役」在史料上比較常用的緣故，推測可以是以「百」為計算的。（鄭學檬 主編，《中國賦役制度史》，頁135）。

211 這種特殊戶口到底有多少是無法明確知道的，他們又被叫作是「百雜之戶」。（《魏書》卷一〈前廢帝紀 普泰元年（513年）三月條〉，頁274。）

212 比方來說，被分類成①職吏、散吏、文吏、武吏等，是有著一般名詞的吏名，②送故、恤吏、親信、幹僮等是從吏的存在狀態得來的吏名，③倉監、縣僮、門吏、府吏等，則是保存了以前下級吏員的吏名，④書僮、醫、卜等，其吏名隨服役的種類不同，⑤防閤、伏身、鈐下等跟從跟軍事有關的吏士被轉換而來的吏名。

213 《論語》季氏篇，「丘也聞 有國有家者，不患寡而患不均，不患貧而患不安，蓋均無貧，和無寡，安無傾。」

214 《漢書》卷二十四上，〈食貨志上〉，頁1117。「財者，帝王所以聚人守位，養成群生，奉順天德，治國安民之本也，故曰：『不患寡而患不均，不患貧而患不

192 五胡十六國以後，游牧民族的王朝中，對於戰爭後的俘虜或是投降者流行著「坑士」之風。比方說劉粲討平劉乂後，「坑士眾萬五千餘人」（《晉書》卷一百〇二，〈劉聰 附子劉粲載記〉，頁2675）；石虎跟劉曜開戰時，一邊「坑士一萬六千」（《晉書》卷一百〇三，〈劉曜載記〉，頁2698）。所謂的徙民以轉換成「兵戶」，在當時是很常見的現象。（高敏，《魏晉南北朝兵戶制研究》，鄭州：大象出版社，1998年，頁232－239）。

193 辛聖坤，〈南北朝時代關於官私隸屬的研究〉，首爾大學大學院東洋史學科博士學位論文，1995年。

194 江上波夫，《匈奴の飲食》，《ユウラシア古代北方文化–匈奴文化論考》東京：山川出版社，1948年，頁109-111。

195 《北史》卷九十九，〈突厥傳〉，頁3286-3287。「世居金山之陽，為蠕蠕鐵工，……阿那壞大怒，使人詈辱之曰：『爾是我鍛奴，何敢發是言也！』」；《周書》卷五十四，〈異域傳下 突厥〉，頁907-908。「臣於茹茹，居金山之陽，為茹茹鐵工，金山形似兜鍪，其俗謂兜鍪為『突厥』，遂因以為號焉。」

196 《新唐書》卷兩百一十七下，〈回紇傳下 黠戛斯〉，頁6147。「有金、鐵、錫，每雨，俗必得鐵，號迦沙，為兵絕犀利，常以輸突厥。」

197 《晉書》卷一百〇九，〈慕容皝載記〉，頁2825。「（皝記室參軍封裕諫曰）：『……百工商賈，猶其末耳，宜量軍國所須，置其員數，已外歸之於農，……』皝乃令曰：『……百工商賈數，四佐與列將速定大員，餘者還農。』」

198 《太平御覽》卷八百五十，〈布帛部二 綿〉，頁3624下右。「《丹陽記》曰：『鬪場錦署，平關右，遷其百工也。』」

199 《太平廣記》卷一百一十，〈南宮子敖〉，頁755-756。「南宮子敖，始平人也，戍新平城，為狒狒（赫連勃勃）虜兒長樂公所破，合城數千人皆被誅害，…爾時長樂公親自臨刑，驚問之，子敖聊答云：『能作馬鞍』乃令原釋。」

200 軍戶、民戶、站戶、打捕戶、蒲萄戶等非常複雜，除了「諸色戶計」外，也被指稱為「諸項戶計」、「諸色戶」、「諸色人戶」、「諸色人等」等，所謂的諸色是「各式各樣」的意思。

201 Pearce Scott, "Status, Labour and Law: Special Service Household under the Northern Dynasties", *Harvard Journal of Asiatic Studies 51-1*，1991年，頁95。唐長孺也有和「蒙古（中原）進入時」的狀況比較。（〈魏晉至唐官府作場及官府工程的工匠〉，《魏晉南北朝史論叢續編》，北京：三聯書店，1959年，頁42）。

202 黃清連，《元代戶計制度研究》；臺北：國立臺灣大學文學院，1977年。

184 堀敏一的良民、良人的法律上身分被看作是「庶人」。（〈中國における良賤身分制の成立過程〉，頁122）。

185 堀敏一表示漢代中賤民、賤人的「賤」是對於尊、貴、富相對地被使用，其指稱的範圍看來並不一致，接受賤人這樣的身分用語的過程，是否與良人這樣的用語不同，是無法明確知道的（〈中國における良賤身分制の成立過程〉，頁135－136）。因此，若以「良人」的接受過程為主要中國內部要因的話，作為「賤人」身分的接受，就可以說是在外部要因的添加下所成立的。

186 《魏書》卷二，〈太祖道武帝紀 天興元年（398年）條〉，頁31-32。「春正月，…辛酉，車駕發自中山，至于望都堯山，徙山東六州民吏及徒何、高麗雜夷三十六萬，百工伎巧十萬餘口，以充京師，車駕次于恒山之陽，博陵、勃海、章武群盜並起，略陽公元遵等討平之。廣川太守賀盧殺冀州刺史王輔，驅勒守兵，抄掠陽平、頓丘諸郡，遂南渡河，奔慕容德。二月，車駕自中山幸繁時宮，更選屯衛，詔給內徙新民耕牛，計口受田。」

187 《魏書》卷四上，〈世祖太武帝紀 始光三年（426年）條〉，頁71。「冬十月丁巳，車駕西伐，幸雲中，臨君子津，…十有一月戊寅，帝率輕騎二萬襲赫連昌，壬午，至其城下，徙萬餘家而還。」

188 《魏書》卷四上，〈世祖太武帝紀 延和元年（432年）九月乙卯條〉，頁81。「車駕西還，徙營丘、成周、遼東、樂浪、帶方、玄菟六郡民三萬家于幽州。」

189 《魏書》卷四上，〈世祖太武帝紀 太延元年（435 年）條〉，頁85。「六月…戊申，詔驃騎大將軍樂平王丕等五將率騎四萬東伐文通，秋七月，…已卯，丕等至於和龍，徙男女六千而還。」

190 《魏書》卷四上，〈世祖太武帝紀 太延五年（439年）冬十月辛酉條〉，頁90。「車駕東還，徙涼州民三萬餘家于京師」；《魏書》卷九十九，〈盧水胡沮渠牧犍傳〉，頁2208。「城拔，牧犍與左右文武面縛請罪，詔釋其縛，徙涼州民三萬餘家于京師。」

191 《魏書》卷二，〈太祖道武帝紀 天興元年（398年）二月條〉，頁32。「詔給內徙新民耕牛，計口受田。」；《魏書》卷三，〈太宗明元帝紀 永興五年（413年）條〉，頁53。「秋七月己巳，……奚斤等破越勤倍泥部落於跋那山西，獲馬五萬匹，牛二十萬頭，徙二萬餘家於大寧，計口受田，……丙戌，車駕自大室西南巡諸部落，…遂南次定襄大落城，東踰十嶺山，田於善無川。八月癸卯，車駕還宮。癸丑，奚斤等班師，甲寅，帝臨白登，觀降民，數軍實。……辛未，賜征還將士牛、馬、奴婢各有差，置新民於大寧川，給農器，計口受田。」

明后崩天下發哀三日止之義，上服凡七日而釋，謚曰昭德。」

173 《舊唐書》卷十四，〈順宗紀〉，頁405。「順宗至德大聖大安孝丘帝諱誦，德宗長子，母昭德皇后王氏。上元二年正月生於長安之東內。大曆十四年六月，封宣王。建中元年正月丁卯，立為皇太子。」順宗是在建中元年（780年）被封為太子，王淑妃死亡的那年則是貞元二年（786年）。

174 氣賀澤保規，（《絢爛たる世界帝國—隋唐時代—》，頁176。

175 《新唐書》卷七十六，〈后妃傳上 玄宗皇后王氏〉，頁3490-3491。「帝為臨淄王，聘為妃。將清內難，預大計。先天元年，立為皇后。久無子，而武妃稍有寵，后不平，……開元十二年，事覺，帝自臨劾有狀，……繇是久乃廢。……未幾卒，以一品禮葬。後宮思慕之，帝亦悔。寶應元年，追復后號。」

176 《新唐書》卷七十七，〈后妃傳下 肅宗廢后張氏〉，頁3497-3499。「乾元初，冊拜淑妃，……遂立為皇后，詔內外命婦悉朝光順門。后能牢寵，稍稍豫政事，與李輔國相助，多以私謁橈權。……寶應元年，帝大漸，后與內官朱輝光等謀立越王係，而李輔國、程元振以兵衛太子，幽后別殿。代宗已立，群臣白帝請廢為庶人，殺之。」

177 《舊唐書》卷五十一，〈后妃傳上 中宗韋皇后〉，頁2172。「又欲寵樹安樂公主，乃制公主開府，置官屬。太平公主儀比親王。長寧、安樂二府不置長史而已。……又請自立為皇太女，帝雖不從，亦不加譴。所署府僚，皆猥濫非才。」；《舊唐書》卷九十二，〈魏元忠傳〉，頁2954。「是時，安樂公主嘗私請廢節湣太子，立己為皇太女。中宗以問元忠，元忠固稱不可，乃止。」

178 秦漢時代的官跟庶之間雖然有著相當的流動性，但奴婢與他者的關係看來是有著嚴重的身分差異。（堀敏一，〈中國における良賤身分制の成立過程〉，《中國古代身分制－良と賤－》，東京：汲古書院，1987年，頁109）。

179 堀敏一的分界線是三國時代，尾形勇則是以北魏均田制成立期來看。（〈中國における良賤身分制の成立過程〉，頁141）。

180 堀敏一，〈中國における良賤身分制の成立過程〉，頁107，138-141。

181 從秦漢時代起，因為內部運動的關係，而產生出作為官賤民的「雜戶」、「官戶」，以及作為私賤民的「部曲」、「客女」等新的身分。

182 玉井是博，〈唐の賤民制度とその由來〉，《支那社會經濟史研究》東京：岩波書店，1942年；仁井田陞，《支那身份法史》，東京：東方文化學院，1942年；濱口重國，《唐王朝の賤人制度》，京都：東洋史研究會，1996年。

183 尾形勇，《中國古代の家と國家》，東京：岩波書店，1979年，頁315-316。

164 氣賀澤保規認為皇后在位的年月期間總和，正規的皇后在位年月期間總計是七十一年十個月，正規、非正規的皇后合算在位總計是七十八年六個月。（《絢爛たる世界帝國—隋唐時代》，東京：講談社，2005年，頁175。）

165 《新唐書》卷七十七，〈后妃傳下 昭宗何皇后〉，頁3512。「昭宗皇后何氏，梓州人，系族不顯。帝為壽王，後得侍，婉麗多智，恩答厚甚。既即位，號淑妃。從狩華州，詔冊為皇后。」

166 《新唐書》卷七，〈德宗妃 貞元六年（790年）八月辛丑條〉，頁197。「殺皇太子妃蕭氏。」

167 《新唐書》卷八十三，〈諸公主列傳 肅宗七女 郜國公主〉，頁3362。「郜國公主，始封延光。下嫁裴徽，又嫁蕭升。升卒，主與彭州司馬李萬亂，而蜀州別駕蕭鼎、澧陽令韋惲、太子詹事李昪皆私侍主家。久之，姦聞。德宗怒，幽主它第，杖殺萬，斥鼎、惲、昪嶺表。貞元四年，又以厭蠱廢。六年薨。子位，坐為蠱祝，囚端州，佩、儒、偲囚房州，前生子駙馬都尉裴液囚錦州。主女為皇太子妃，帝畏妃怨望，將殺之，未發，會主薨，太子屬疾，乃殺妃以厭災，謚曰惠。」

168 《新唐書》卷七，〈順宗紀〉，頁205。「郜國公主以蠱事得罪，太子妃，其女也，德宗疑之，幾廢者屢矣。」

169 《舊唐書》卷一百二十，〈郭子儀傳 附子曖傳〉，頁3470。「貞元中，帝為皇孫廣陵郡王納（郭）曖女為妃。……廣陵王即位，為憲宗皇帝，妃生穆宗皇帝。元和十五年，穆宗即位，尊郭妃為皇太后。」

170 《舊唐書》卷十四，〈憲宗紀上〉，頁411。「貞元四年六月，封廣陵王，順宗即位之年四月，冊為皇太子。七月乙未，權勾當軍國政事。」

171 《舊唐書》卷五十二，〈后妃列傳下 憲宗懿安皇后郭氏〉，頁2196。「憲宗懿安皇后郭氏，尚父子儀之孫，贈左僕射、駙馬都尉曖之女。母代宗長女升平公主。憲宗為廣陵王時，納后為妃。以母貴，父、祖有大勳於王室，順宗深寵異之。貞元十一年，生穆宗皇帝。元和元年八月，冊為貴妃。八年十二月，百僚拜表請立貴妃為皇后，凡三上章，上以歲暮，來年有子午之忌，且止。帝後庭多私愛，以后門族華盛，慮正位之後，不容嬖幸，以是冊拜後時。」

172 《舊唐書》卷五十二，〈后妃列傳下 德宗昭德皇帝王氏〉，頁2193。「德宗昭德皇后王氏，父遇，官至秘書監。德宗為魯王時，納后為嬪。上元二年，生順宗皇帝，特承寵異。德宗即位，冊為淑妃。貞元二年，妃病。十一月甲午，冊為皇后，是日崩於兩儀殿。臨畢，素服視事。既大斂成服，百僚服三日而釋，用晉文太后為天元上皇太后，天皇太后李氏曰天元聖皇太后。癸未，立天元皇后楊氏為天元大皇后，天皇后朱氏為天大皇后，天右皇后元氏為天右大皇后，天左皇后陳氏為天左大皇后。正陽宮皇后直稱皇后。」

156 《周書》卷九，〈宣帝楊皇后傳〉，頁145。「宣帝楊皇后名麗華，隋文帝長女。帝在東宮，高祖為帝納后為皇太子妃。宣政元年閏六月，立為皇后。帝後自稱天元皇帝，號后為天元皇后。尋又立天皇后及左右皇后，與后為四皇后焉。二年，詔曰：『帝降二女，后德所以儷君；天列四星，妃象於焉垂耀。朕取法上玄，稽諸令典，爰命四后，內正六宮，庶弘贊柔德，廣修粢盛。比殊禮雖降，稱謂曷宜，其因天之象，增錫嘉名。』於是后與三皇后並加大焉。帝遣使持節冊后為天元大皇后曰：『咨爾含章載德，體順居貞，肅恭享祀，儀刑邦國，是用嘉茲顯號，式暢徽音。爾其敬踐厥猷，寅荅靈命，對揚休烈，可不慎歟。』尋又立天中大皇后，與后為五皇后。」

157 韓受靜，〈五胡十六國－北朝 后妃制度的運用及其特徵－皇太子妃懸空及多后現象的出現－〉。

158 《元史》卷一百〇六，〈后妃表〉，頁2693-2701。

159 陳高華，〈元朝的后妃與公主〉，《文史知識》209-11，頁23；陳高華、董芍素，《中國婦女通史—元代卷》，杭州：杭州出版社，2011年，頁44。

160 《元史》卷一百〇六，〈后妃表〉，頁2693。

161 韓受靜，〈隋、唐皇后權力與其實體—專橫與懸空〉。《首爾大學東洋史學科論集》31，2008年。

162 《容齋三筆》卷七，〈周武帝宣帝〉，頁497。「周武帝平齊，中原盡入輿地，陳國不足平也，而雅志節儉，至是愈篤。後宮唯置妃二人、世婦三人、御妻三人，則其下保林、良使輩，度不過數十耳。一傳而至宣帝，奢淫酣縱，自比於天，廣搜美女，以實後官，儀同以上女不許輒嫁，遂同時立五皇后。父子之賢否不同，一至於此！」

163 《新唐書》卷七十六，〈后妃傳上〉，頁467-468。「唐制：皇后而下，有貴妃、淑妃、德妃、賢妃，是為夫人。昭儀、昭容、昭媛、修儀、修容、修媛、充儀、充容、充媛，是為九嬪。婕妤、美人、才人各九，合二十七，是代世婦。寶林、御女、采女各二十七，合八十一，是代御妻。自餘六尚，分典乘輿服御，皆有員次。後世改復不常。開元時，以後下復有四妃非是，乃置惠、麗、華三妃，六儀，四美人，七才人，而尚宮、尚儀、尚服各二，參合前號，大抵踵《周官》相損益云，然則尚矣。」

卷十四，〈后妃傳下　齊後主皇后斛律氏〉，頁523。「後主皇后斛律氏，左丞相光之女也。初為皇太子妃，後主受禪，立為皇后」；《北史》卷十四，〈后妃傳下　周宣皇后楊氏〉，頁529。「宣皇后楊氏明麗華，隋文帝之長女也。帝在東宮，武帝為帝納后為皇太子妃。」）

147 《魏書》卷十九上，〈景穆十二王傳〉，頁458。「魏舊太子後庭未有位號，高宗即位，恭宗宮人有子者，並號為椒房。」

148 《漢書》卷六十六，〈車千秋傳〉，頁2885。「曩者，江充先治甘泉宮人，轉至未央椒房。（師古曰：『椒房，殿名，皇后所居也。以椒和泥塗壁，取其溫而芳也。』）」；作為后妃的代稱，又有「椒房外家」（《後漢書》卷六十四，〈延篤傳），頁2104〉、「椒房之助」（《晉書》卷五十七，〈胡奮傳〉，頁1557）等例句。

149 孝文帝為了曾是皇太子的元恂，想娶司徒馮誕的長女作為其媳婦，但因為此女尚年幼，直到年齡符合為止持續等待，就先娶彭城劉長文和滎陽鄭懿的女兒為左右孺子。（《魏書》卷二十二，〈孝文五王傳 廢太子恂〉，頁589。「初，高祖將為恂娶司徒馮誕長女，以女幼，待年長，先為娉彭城劉長文、滎陽鄭懿女為左右孺子，時恂年十三四。」）

150 韓受靜，〈五胡十六國－北朝 后妃制度的運用及其特徵－皇太子妃懸空及多后現象的出現－〉，參考附表4。

151 韓受靜，〈五胡十六國－北朝 后妃制度的運用及其特徵－皇太子妃懸空及多后現象的出現－〉，頁19-25。

152 《晉書》卷一百〇二，〈劉聰載記〉，頁2668。「時聰以其皇后靳氏為上皇后，立貴妃劉氏為左皇后，右貴嬪靳氏為右皇后。左司隸陳元達以三後之立也，極諫，聰不納，乃以元達為右光祿大夫，外示優賢，內實奪其權也。」；頁2673。「聰立上皇后樊氏，即張氏之侍婢也。時四后之外，（四后之外《通鑑》八九「四后」作「三后」，通鑑考異云：時靳上皇后已死，唯三后耳，云「四」誤也。）佩皇后璽綬者七人，朝廷內外無復綱紀，阿諛日進，貨賄公行，軍旅在外，饑疫相仍，後宮賞賜動至千萬。劉敷屢泣言之，聰不納。」

153 《廿二史箚記》卷十五，〈一帝數后〉，頁221。

154 《北齊書》卷八，〈後主紀 武平三年（572年）條〉，頁105-121。「八月庚寅，廢皇后斛律氏為庶人。……戊子，拜右昭儀胡氏為皇后。……冬十月，……甲午，拜弘德夫人穆氏為左皇后。……十二月辛丑，廢皇后胡氏為庶人。」

155 《周書》卷七，〈宣帝紀 大象二年（580年二月條），頁122。「壬午，尊天元皇孫登太子妃周氏，吳大帝孫權太子孫和太子妃張氏】；晉朝【晉惠帝司馬衷太子妃賈氏（賈南風），晉惠帝太子司馬遹太子妃王惠風，晉安帝司馬德宗太子妃王氏（王神愛）】；南朝【齊世祖皇帝蕭賾太子妃裴惠昭，文惠太子蕭長懋太子妃王寶明，陳廢帝陳伯宗太子妃王少姬，陳後主陳叔寶太子妃沈婺華】。

139 《晉書》卷一百一十二，〈苻健載紀〉，頁2871。「初，桓溫之入關也，其太子萇與溫戰，為流矢所中死。至是，立其子生為太子。」；《晉書》卷一百一十二，〈苻生載紀〉，頁2872。「萇既死，健以讖言三羊五眼應符，故立為太子。健卒，僭即皇帝位，大赦境內，改年壽光，時永和十二年也。尊其母強氏為皇太后，立妻梁氏為皇后。」

140 《資治通鑑》卷一百，〈晉紀二十二 穆帝永和十一年（355年）條〉，頁3147-3148。「秦主生尊母強氏曰皇太后，立妃梁氏為皇后。梁氏，安之女也。以其嬖臣太子門大夫南安趙韶為右僕射，太子舍人趙誨為中護軍，著作郎董榮為尚書。」

141 韓受靜，〈五胡十六國－北朝 后妃制度的運用及其特徵－皇太子妃懸空及多后現象的出現－〉，首爾大學研究所碩士學位論文，2012年，附表2。

142 （漢）班固，《白虎通》（北京：中華書局，1985年）卷四上，〈嫁娶〉，頁268。「妻妾者何謂也？妻者，齊也，與夫齊體。」

143 《晉書》卷一百〇六，〈石季龍載記上〉，頁2767。「立其子宣為天王皇太子，宣母杜昭儀為天王皇后。」

144 《晉書》卷一百一十七，〈姚興載記上〉，頁2983。「興立其昭儀張氏為皇后」；《晉書》卷一百一十八，〈姚興載記下〉，頁2997。「興立昭儀齊氏為皇后。」

145 《魏書》卷十三，〈皇后列傳〉，頁322。「魏氏王業之兆雖始於神元，至於昭成之前，世崇儉質，妃嬙嬪御，率多闕焉，惟以次第為稱。而章、平、思、昭、穆、惠、煬、烈八帝，妃后無聞。太祖追尊祖妣，皆從帝謚為皇后，始立中宮，餘妾或稱夫人，多少無限，然皆有品次。世祖稍增左右昭儀及貴人、椒房、中式數等，後庭漸已多矣。……高祖改定內官，左右昭儀位視大司馬，三夫人視三公，三嬪視三卿，六嬪視六卿，世婦視中大夫，御女視元士。後置女職，以典內事。內司視尚書令、僕。作司、大監、女侍中三官視二品。監，女尚書，美人，女史、女賢人、書史、書女、小書女五官，視三品。中才人、供人、中使女生、才人、恭使宮人視四品，春衣、女酒、女饗、女食、奚官女奴視五品。」

146 五胡十六國－北朝時期中，只有北齊、北周有「皇太子妃」的記錄。（《北史》

石窟、游幸嵩山等地浪費了國庫，並在五二八年毒殺了孝明帝。

129 《魏書》卷十三，〈宣武靈皇后胡氏傳〉，頁337。「世宗初，入講禁中。積數歲，諷左右稱后姿行，世宗聞之，乃召入掖庭為承華世婦。而椒掖之中，以國舊制，相與祈祝，皆願生諸王、公主，不願生太子。唯后每謂夫人等言：『天子豈可獨無兒子，何緣畏一身之死而令皇家不育冢嫡乎？』及肅宗在孕，同列猶以故事相恐，勸為諸計。后固意確然，幽夜獨誓云：『但使所懷是男，次第當長子，子生身死，所不辭也。』既誕肅宗，進為充華嬪。先是，世宗頻喪皇子，自以春秋長矣，深加慎護。為擇乳保，皆取良家宜子者。養於別宮，皇后及充華嬪皆莫得而撫視焉。」

130 大澤陽典，〈馮后とその時代－北魏政治史の一齣〉，《立命館文學》，1961年，頁192。

131 《北史》卷十三，〈后妃傳上 道武宣穆皇后劉氏〉，頁493。「魏故事，後宮產子，將為儲貳，其母皆賜死。道武末年，后以舊法薨。明元即位，追遵謚位，配饗太廟。自此後，宮人為帝母，皆正配饗焉。」

132 《漢書》卷九十七上，〈外戚傳上〉，頁3957。

133 《魏書》卷三，〈太宗紀〉，頁49。「初，帝母劉貴人賜死，太祖告帝曰：『昔漢武帝將立其子而殺其母，不令婦人後與國政，使外家為亂。汝當繼統，故吾遠同漢武，為長久之計。』」

134 田餘慶認為如果閱讀《魏書》的話，看得出為了要滿足胡漢兩族而使舊法、漢制兩說並存的樣子。（《拓跋史探》，北京：三聯書店，2003年，頁15），然而朴漢濟卻認為既非胡族的舊法，也不是漢制，而是了解為「胡漢體制」。（《中國中世胡漢體制研究》，頁148。）

135 參考李凭，《北魏平城時代》，北京：社會科學文獻出版社，2000年，頁138-280。

136 《資治通鑑》卷九十一，〈晉紀十三 元帝太興二年（319年）條〉，頁2868。「漢主曜還，都長安，（自粟邑還長安，遂定都也。）立妃羊氏為皇后。（即惠帝羊皇后，曜納羊后，見八十七卷懷帝永嘉五年。）」

137 《晉書》卷一百〇三，〈劉曜載紀〉，頁2685，「立其妻羊氏為皇后。」

138 雖然「太子妃」作為制度是什麼時候被確立的，沒有關於這方面確實的記錄，但確定是西漢以後就有的事情。漢代【景帝太子妃薄氏，武帝太子妃陳氏，元帝太子妃王氏，成帝太子妃許氏（許娥），哀帝太子妃傅氏（傅黛君），明帝太子妃賈氏】；三國時期【蜀漢後主太子妃張氏，魏明帝太子妃毛氏，吳大帝孫權太子

35, 1981-1983, p.63.

119 《魏書》卷二〈太祖紀〉。

120 Joseph Fletcher, "Turco-Mogolian Monarchic Tradition in Ottoman Empire", pp.238-239.

121 《魏書》卷五，〈高宗紀〉，頁111。「高宗文成皇帝，……恭宗景穆皇帝之長子也。……世祖愛之，常置左右，號世嫡皇孫。年五歲，世祖北巡，帝從在後，……既長，風格異常，每有大政，常參決可否。正平二年十月戊申，即皇帝位於永安前殿。」

122 《魏書》卷八，〈世宗紀〉，頁191。「世宗宣武皇帝，諱恪，高祖孝文皇帝第二子。……（太和）二十一年正月甲午，立為皇太子。二十三年夏四月丁巳，即皇帝位于魯陽。」

123 《魏書》卷二十二，〈孝文五王列傳 廢太子恂〉，頁587-588。「廢太子庶人恂，……太和十七年七月癸丑，立恂為皇太子。……恂不好書學，體貌肥大，深忌河洛暑熱，意每追樂北方。……中尉李彪承間密表，告恂復與左右謀逆。……賜恂死，時年十五。」

124 此背景作為在首都中北魏皇帝行幸的日常化而有留臺的必要。

125 《魏書》卷三，〈太宗紀 泰常七年（422年）條〉，「夏四月，……封皇子燾為泰平王。……五月，詔皇太子臨朝聽政。是月，泰平王攝政。」

126 《魏書》卷四下，〈世祖紀下 恭宗景穆皇帝紀〉，頁107-109。「恭宗景穆皇帝諱晃，太武皇帝之長子也，……延和元年春正月丙午，立為皇太子，時年五歲。……世祖東征和龍，詔恭宗錄尚書事；西征涼州，詔恭宗監國。…自是恭宗所言軍國大事，多見納用，遂知萬機。初，恭宗監國，曾令曰：『……其制有司課畿內之民，使無牛家以人牛力相貿，墾殖鋤耨。其有牛家與無牛家一人種田二十二畝，償以私鋤功七畝……』又禁飲酒、雜戲、棄本沽販者。墾田大為增闢。」

127 （清）趙翼撰，（《陔餘叢考》（石家莊：河北人民出版社，1999），卷十六，〈元魏子貴母死之制〉，頁256-257。「元魏則以此為定制。……馴至破家亡國，是知滅絕天性以防禍者，未有不轉召禍也。」

128 靈胡太后的行使權力是其作為孝明帝（肅宗）的生母，可以看做是當時由於孝文帝的改制使得子貴母死制度被廢棄，以及有著宣武帝庇護的緣故才有可能。無論如何，靈胡太后在孝明帝即位後，作為皇太后掌握了實權，開啟了所謂的「太后政治」時期。她寵愛宦官及身邊的人、使朝廷綱紀紊亂、建立永寧寺、開鑿龍門

110 《晉書》卷一百〇一，〈載記一〉，頁2643。「古者帝王乃生奇類、淳維、伯禹之苗裔，豈異類哉？反首衣皮，餐羶飲湩而震驚中域，其來自遠。…軒帝患其干紀，所以徂征；武王竄以荒服，同乎禽獸。而於露寒之野，候月覘風，覦隙揚埃，乘間騁暴，邊城不得緩帶，百姓靡有室家。孔子曰：『微管仲，吾其被髮左衽矣。』此言能教訓卒伍，整齊車甲，邊場既伏，境內以安。然則燕築造陽之郊，秦塹臨洮之險，登天山，絕地脈，苞玄菟，款黃河，所以防夷狄之亂中華，其備豫如此。」

111 （北齊）顏之推撰，《顏氏家訓》（北京：中華書局，2007年）卷一，〈治家〉，頁38。「江東婦女略無交遊，其婚姻家，或十數年間，未相識者，惟以信命贈遺，致殷勤焉。鄴下風俗，專以婦持門戶，争訟曲直，造請逢迎，車乘填街衢，綺羅盈府寺，代子求官，爲夫訴屈。此乃恒、代之遺風乎？」

112 桓帝之子普根將殺害穆帝的六脩殺死，又在一個月內，因死去的普根後嗣問題等而陷入混亂時期時，具有最大決定權者是桓帝的皇后。此外，又將獲得「眾心」而輕視天下之雄才大略的平帝殺害，擁立她的中子惠帝賀傉，立兩王，在將其中一個王殺死後，開啟了「太后臨朝」的先例。（《魏書》卷一，〈序紀 惠帝賀傉〉，頁10；《魏書》卷十三，〈皇后列傳 桓帝后祁氏〉，頁322。）

113 《魏書》卷八十三上，〈賀訥傳〉，頁1812。平文帝鬱律娶了賀蘭藹頭的女兒，平文帝皇后賀蘭氏生下烈帝。平文帝又將女兒嫁予賀蘭紇，紇之子野干又娶昭成的女兒遼西公主為妻。

114 《資治通鑑》卷九十四，〈晉紀十六 成帝咸和四年（329年）條〉，頁2973。「賀蘭部及諸人共立拓跋翳槐為代王，代王紇那奔宇文部。」

115 《魏書》卷一，〈序紀〉，頁11。「烈皇帝諱翳槐立，平文之長子也。……七年，藹頭不修臣職，召而戮之，國人復貳。煬帝自宇文部還入，諸部大人復奉之。煬皇帝復立，以七年為後元年。烈帝出居於鄴，石虎奉第宅、伎妾、奴婢、什物。三年，石虎遣將李穆率騎五千納烈帝於大寧，國人六千餘落叛煬帝，煬帝出居於慕容部。烈皇帝復立。」

116 《後漢書》卷九十，〈烏桓鮮卑列傳 烏桓〉，頁2979。「怒則殺父兄，而終不害其母，以母有族類，父兄無相仇報故也。」

117 《魏書》卷一，〈序紀〉，頁10。「惠皇帝諱賀傉立，桓帝之中子也。以五年為元年。未親政事，太后臨朝，遣使與石勒通和，時人謂之女國使。」

118 Janifer Holmgren, "Women and Plitical Power in the Traditional t'o-pa Elite; A Preliminary Study of the Biographies of Empress in the Wei-Shu", *Monumenta Serica*

妻之定數焉。魏晉相因，時有昇降，前史言之具矣。」

102 《舊唐書》卷五十七，〈裴寂傳〉，頁2285-2286。「大業中，……晉陽宮副監。高祖留守太原，與寂有舊，時加親禮，每延之宴語，間以博奕，至於通宵連日，情忘厭倦。時太宗將舉義師而不敢發言，見寂為高祖所厚，乃出私錢數百萬，陰結龍山令高斌廉與寂博戲，漸以輸之。寂得錢既多，大喜，每日從太宗遊。見其歡甚，遂以情告之，寂即許諾。寂又以晉陽宮人私侍高祖，高祖從寂飲，酒酣，寂白狀曰：『二郎密纘兵馬，欲舉義旗，正為寂以宮人奉公，恐事發及誅，急為此耳。今天下大亂，城門之外，皆是盜賊。若守小節，旦夕死亡；若舉義兵，必得天位。眾情已協，公意如何？』高祖曰：『我兒誠有此計，既已定矣，可從之。』」

103 《舊唐書》卷一百九十八，〈西戎傳 党項羌〉，頁5290。「妻其庶母及伯叔母、嫂、子弟之婦，淫穢烝褻，諸夷中最為甚，然不婚同姓。」；《舊唐書》卷一百九十八，〈西戎傳 吐谷渾〉，頁5297。「其婚姻富家厚出聘財，貧人竊女而去。父卒，妻其庶母；兄亡，妻其諸嫂。」；《新唐書》卷兩百二十一上，〈西域傳上 党項〉，頁6214。「妻其庶母、伯叔母、兄嫂、子弟婦，惟不娶同姓，老而死，子孫不哭；少死，則曰夭枉，乃悲。」

104 《新唐書》卷九十三，〈李勣傳 附子敬業傳〉，頁3822。「時武后既廢中宗，又立睿宗，實亦囚之，諸武擅命，唐子孫誅戮，天下憤之。」

105 《舊唐書》卷七，〈中宗紀 景龍四年（710年）條〉，頁150。「五月，……丁卯，前許州司兵參軍燕欽融上書，言皇后干預國政，安樂公主、武延秀、宗楚客等同危宗社。帝怒，召欽融廷見，撲殺之。時安樂公主志欲皇后臨朝稱制，而求立為皇太女，自是與后合謀進鴆。六月壬午，帝遇毒，崩于神龍殿，年五十五。秘不發喪，皇后親總庶政。」

106 《廿二史箚記》卷十九，〈唐女禍〉，頁411。

107 《隋書》卷八，〈突厥傳〉，頁1864。「其俗畜牧為事，隋逐水草，不恒厥處。穹廬氈帳，被髮左衽，食肉飲酪，身衣裘褐。」

108 《史記》卷一百一十，〈匈奴列傳〉，頁2879。「壯者食肥美，老者食其餘。貴壯健，賤老弱」；《後漢書》卷九十，〈烏桓鮮卑列傳 烏桓〉，頁2979。「貴少而賤老。……有勇健能理決鬭訟者，推為大人，……」；《隋書》卷八，〈突厥傳〉，頁1864。「賤老貴壯。」

109 《後漢書》卷九十，〈烏桓鮮卑列傳 烏桓〉，頁2979。「以穹廬為舍，東開向日。」

藏隱。』」

93 《廿二史箚記》卷二十，〈中官出使及監軍之弊〉，頁427-429。

94 〈新唐書〉卷兩百〇七，〈宦者傳上 吐突承璀〉，頁5870。「是時，諸道歲進閹兒，號『私白』，閩、嶺最多，後皆任事，當時謂閩為中官區藪。」

95 《舊唐書》卷五十一，〈后妃傳上 中宗韋庶人〉，頁2174。「（神龍四年）六月，帝遇毒暴崩。……后懼，秘不發喪，引所親入禁中，謀自安之策。……又命左金吾大將軍趙承恩及宦者左監門衛大將軍薛崇簡帥兵五百人往筠州，以備譙王重福。」

96 《舊唐書》卷一百八十四，〈宦官傳〉，頁4754。「玄宗在位既久，崇重宮禁，中官稍稱旨者，即授三品左右監門將軍，得門施棨戟。」

97 《舊唐書》卷八，〈玄宗紀 開元十年（722年）秋八月丙戌條〉，頁183-184。「嶺南按察使裴　先上言安南賊帥梅叔鸞等攻圍州縣，遣驃騎將軍兼內侍楊思勗討之。」；〈開元十二年（724年）冬十一月庚辰條〉，頁187。「五溪首領覃行璋反，遣鎮軍大將軍兼內侍楊思勗討平之。」；〈開元十四年（726年）二月庚戌朔條〉，頁189。「邕州獠首領梁大海、周光等據賓、橫等州叛，遣驃騎大將軍兼內侍楊思勗討之。」；〈開元十六年（728年）春正月庚子條〉，頁192。「春、瀧等州獠首領瀧州刺史陳行範、廣州首領馮仁智、何遊魯叛，遣驃騎大將軍楊思勗討之。」

98 《舊唐書》卷一百八十四，〈宦官傳 李輔國〉，頁4759-4760。「肅宗還京，拜殿中監，閑廄、五坊、宮苑、營田、栽接、總監等使。……輔國判元帥行軍司馬，專掌禁兵，（至德）二年八月，拜兵部尚書，餘官如故。」

99 〈新唐書〉卷兩百〇七，〈宦者傳上 程元振〉，頁5861。「與李輔國助討難，立太子，是為代宗。拜右監門衛將軍，知內侍省事。帝以藥子昂判元帥行軍司馬，固辭，乃以命元振，封保定縣侯。再遷驃騎大將軍、邠國公，盡總禁兵。不逾歲，權震天下，在輔國右，兇決又過之，軍中呼十郎。」

100 〈新唐書〉卷五十，〈兵志 天子禁軍〉，頁1332。「廣德元年，代宗避吐蕃幸陝，朝恩舉在陝兵與神策軍迎扈，悉號『神策軍』。天子幸其營。及京師平，朝恩遂以軍歸禁中，自將之，然尚未與北軍齒也。永泰元年，吐蕃復入寇，朝恩又以神策軍屯苑中，自是寖盛，分為左、右廂，勢居北軍右，遂為天子禁軍，非它軍比。」

101 《魏書》卷十三，〈皇后列傳〉，頁321。「漢因秦制，帝之祖母曰太皇太后，母曰皇太后，妃曰皇后，餘則多稱夫人，隨世增損，非如周禮有夫人、嬪婦、御職，彌見其情，抑退舊苗，扶任種戚。』」

84 《魏書》卷四下，〈世祖紀 正平二年（452年）三月甲寅條〉，頁106。「帝崩於永安宮，時年四十五。祕不發喪，中常侍宗愛矯皇后令，殺東平王翰，迎南安王余入而立之，大赦，改元為永平。」；《魏書》卷九十四，〈閹官傳 宗愛〉，頁2012-2013。「魏氏則宗愛殺帝害王，劉騰廢后戮相，其間竊官爵，盜財賄，乘勢使氣為朝野之患者，何可勝舉。今謹錄其尤顯焉。宗愛，……以罪為閹人，歷碎職至中常侍。正平元年正月，世祖大會於江上，班賞群臣，以愛為秦郡公。……愛既立余，位居元輔，錄三省，兼總戎禁，坐召公卿，權恣日甚，內外憚之。群情咸以為愛必有趙高、閻樂之禍，余疑之，遂謀奪其權。愛憤怒，使小黃門賈周等夜殺余，事在余傳。」

85 四六一年文成帝在河北巡幸的途中，於山西靈丘豎立了「南巡御射碑」。（靈丘縣文管所，〈山西靈丘縣發現北魏「南巡御射碑」〉，《考古》，1939-3。）

86 山西省考古研究所 靈丘縣文物局，〈山西靈丘北魏文成帝《南巡碑》〉，《文物》，1997-12，頁72-78。

87 （清）王昶撰，《金石萃編》（《石刻史料新編》一般類第一輯（台北：新文豐出版，1977年）所收）卷二十七，〈孝文帝弔比干墓文〉，頁477-485。

88 山西省考古研究所 靈丘縣文物局，〈山西靈丘北魏文成帝《南巡碑》〉，頁79。

89 對於這件事，詳述在崔真烈，《北魏皇帝巡幸和胡漢社會》，第二章〈巡幸和巡幸官員〉中。

90 池田溫，〈唐初處遇外族官制略考〉，《隋唐帝國と東アジア世界》，東京：汲古書院，1979年，頁271。

91 《新唐書》卷五十，〈兵志 天子禁軍〉，頁1330-332。「夫所謂天子禁軍者，南、北衙兵也。南衙，諸弁兵是也；北衙者，禁軍也。……（代宗）廣德元年，代宗避吐蕃幸陝，（魚）朝恩舉在陝兵與神策軍迎扈，悉號『神策軍』。天子幸其營。及京師平，朝恩遂以軍歸禁中，自將之，然尚未與北軍齒也。永泰元年，吐蕃復入寇，（魚）朝恩又以神策軍屯苑中，自是寖盛，分為左、右廂，勢居北軍右，遂為天子禁軍，非它軍比。」

92 《唐會要》卷七十二，〈軍雜錄〉，頁1540-1541。「貞元元年六月詔：『槍甲之屬，不蓄私家。』四年三月，自武德門築垣。若左藏庫之北屬於宮城東城垣，於是武庫入而廢焉，其基械隸於軍器使。……大中六年九月勅：『京兆府奏，條流坊市諸車坊、客院，不許置弓箭長刀。如先有者，並勒納官。百姓所納到弓箭長刀等，府縣不合收貯，宜令旋納弓箭庫，仍委司府切加覺察，所守等不得輒有

72 秦代設置的侍中原來是來往宮中的中朝官，然而在官制的發達下成為外官，到了晉代時就成立了門下省。北魏前期時門下省中也有侍中，孝文帝太和十七年，職品令中出現了「中侍中」，擔任此職的是閹官（宦官）。（鄭欽仁，〈北魏中侍中稿－兼論劉騰事件－〉，頁160。）

73 鄭欽仁，〈北魏中侍中稿－兼論劉騰事件－〉，頁151。

74 鄭欽仁，〈北魏中侍中稿－兼論劉騰事件－〉，頁151。

75 在禁中值班並做為北魏皇帝的心腹，有著各式各樣角色的這種胡制官職稱為「中散」。（鄭欽仁，《北魏官僚機構研究》，台北：牧童出版社，1976年，頁169-211。）：北魏時期與無數的中散大夫相同，有著「□□中散」或是侍御中散及中散□□形式的官職。這些中散官雖然可以與漢代的郎官相比，但其因有數量或作用，因此不是被那種程度限制的官職。

76 鄭欽仁，《北魏官僚機構研究》，頁213。

77 曾資生，《中國政治制度史》第二冊，重慶：南方印書館，頁296-299。

78 北魏近侍官的特徵，其出處是稱參與部落聯合的部族族長的子弟，雖然一開始是做為為了防止背叛我的部族的人質，但北魏建國後就作為國家機關的中樞而變得活躍。

79 《魏書》卷四十八，〈高允傳〉，頁1075-1076。「高宗省而謂群臣曰：『…汝等在左右，曾不聞一正言，但伺朕喜時求官乞職。汝等把弓刀侍朕左右，徒立勞耳，皆至公王。此人把筆匡韓國家，不過作郎。汝等不自愧乎？』於是拜允中書令，著作如故。」

80 代表西北方遊牧勢力的匈奴，關於其情況也有究竟是否能稱作是國家的議論，因為無法認可其具備權力集中或是統治、行政的機構。對於這樣的議論，請參考加藤謙一，《匈奴「帝國」》，東京：第一書房，1998年，頁178-179。

81 《後漢書》卷八十九，〈南匈奴列傳〉，頁2942。「遂內懷猜懼，庭會稀闊，單于疑之，乃遣兩骨都侯兼領比所部兵。」

82 護雅夫針對骨都侯，認為是圍繞在單于之位的繼承以及家系之間產生紛爭時，給予和單于對立之其他家系分封地出身之姻戚氏族的人骨都侯這樣的稱號並派遣他們，更監視他們的動靜，骨都侯做為單于直屬的官僚，將他們看作是「分配與接收單于靈威（kut）的諸侯」。（護雅夫、神田信夫編，《北アジア史》，東京：山川出版社，1981年，頁50。）

83 《南齊書》卷四十七，〈王融傳〉，頁818-819。「虜使遣求書，朝議欲不與。融上疏曰：『……又虜前後奉使，不專漢人，必介以匈奴，備諸覘獲。且設官分

吏傳下 呂諲〉，頁4824。「（陳）西昂，衡州酋帥，家兵千人在部下，自為藩衛。」）

63 《舊唐書》卷一百八十四，〈宦官傳〉，頁4754。「自貞元之後，威權日熾，蘭錡將臣，率皆子蓄，藩方戎帥，必以賄成，萬機之與奪任情，九重之廢立由己。元和之季，毒被乘輿。長慶纘隆，徒鬱枕干之憤；臨軒暇逸，旋忘塗地之冤。」

64 《廿二史箚記》卷二十〈唐代宦官之禍〉，頁424-427。「東漢及前明宦官之禍烈矣，然猶竊主權以肆虐天下，至唐則宦官之權反在人主之上，立君、弒君、廢君，有同兒戲，實古來未有之變也。推原禍始，總由於使之掌禁兵，……而抑知其始實由于假之以權，掌禁兵，筦樞要，遂致積重難返，以至此極也哉。」

65 《廿二史箚記》卷二十〈唐代宦官之禍〉，頁424-425。「其後又有機密之職，凡承受詔旨，出納王命，多委之，於是機務之重又為所參預。」

66 《舊唐書》卷十三，〈德宗紀下 貞元十二年（796年）六月乙丑條，頁383-384。「初置左右護軍中尉監、中護軍監，以授宦官。以左右神策軍使竇文場、霍僊鳴為左右神策護軍中尉監，以左右神威軍使張尚進、焦希望為左右神威中護軍監。」；《舊唐書》卷四十四，〈職官志三 武官〉，頁1904-1905。「左右神策軍（及永泰元年，吐蕃犯京畿，朝恩以神策兵屯于苑中。自是，神策軍恆以中官為帥。建中末，盜發京師，竇文場以神策軍扈蹕山南。及還京師，賞勞無比。貞元中，特置神策軍護軍中尉，以中官為之，時號兩軍中尉。貞元已後，中尉之權傾於天下，人主廢立，皆出其可否，事見《宦者傳》也。）」

67 《舊唐書》卷一百八十四，〈宦官傳 楊復恭〉，頁4775。「李茂貞收興元，進復恭前後與守亮私書六十紙，內訴致仕之由云：『承天是隋家舊業，大姪但積粟訓兵，不要進奉。吾於荊榛中援立壽王，有如此負心門生天子，既得尊位，乃廢定策國老。』其不遜如是。」

68 《新唐書》卷九，〈僖宗紀〉，頁281。「贊曰：『唐自穆宗以來八世，而為宦官所立者七君。然則唐之衰亡，豈止方鎮之患？蓋朝廷天下之本也，人君者朝廷之本也，始即位者人君之本也。其本始不正，欲以正天下，其可得乎？』」

69 《廿二史箚記》卷二十〈唐代宦官之禍〉，頁424-427。

70 徐成強調北朝到隋唐為止，以鮮卑舊習的殘存為特色的內侍，也就是強調宦官制度的系統性。〈北朝隋唐內侍制度研究：以觀念與職能為中心〉，上海師範大學人文與傳播學院 博士學位論文，2012年。

71 鄭欽仁，〈北魏中侍中稿－兼論劉騰事件〉，《北魏官僚機構研究續篇》，台北：稻禾出版社，1995年，頁171。

的，是宿衛的一種，出身於蒙古人的怯薛（keshig）。（薛培煥，〈蒙元帝國倉庫制的成立與經營〉，首爾大學大學院東洋史學科碩士學位論文，2009年）。

54 《晉書》卷九十三，〈外戚傳 王蘊〉，頁2420。「補吳興太守，甚有德政。屬郡荒人飢，輒開倉贍卹。主簿執諫，請先列表上待報，蘊曰：「今百姓嗷然，路有饑饉，若表上須報，何以救將死之命乎！專輒之愆，罪在太守，且行仁義而敗，無所恨也。」於是大振貸之，賴蘊全者十七八焉。」

55 北齊時代的牀調制中，除了作為正租的墾租之外，每年還有要繳納五斗義租的義務，用這個來預備水旱災，同時也在各州郡設置富人倉。〔《通典》卷十二，〈食貨 輕重〉，頁289。「北齊河清中，令諸州郡，皆別置富人倉。初立之日，準所領中下戶口數，得一年之糧，逐當州穀價賤時，斟量割當年義租充入。（齊制，歲每人出墾租二石，義租五斗，墾租送臺，義租納郡，以備水旱。）穀貴，下價糶之，賤則還用所糴之物，依價糴貯。」〕

56 渡邊信一郎，〈「仁孝」 — あるいは二—七世紀中國における—イデオロギー型態と國家—〉，頁284-285。

57 濱口重國，〈唐の地稅について〉，《秦漢隋唐史の研究》下，東京；東京大學出版會，1966。

58 《通典》卷十二，〈食貨 輕重〉，頁290-291。「故隋開皇立制，天下之人，節級輸粟，……高宗、武太后數十年間，義倉不許雜用，其後公私窘迫，貸義倉支用。自中宗神龍之後，天下義倉，費用向盡。」

59 《舊唐書》卷四十九，〈食貨志下 倉廩〉，頁2124。「（開元）四年五月二十一日，詔：『諸州縣義倉，本備飢年賑給。近年已來，每三年一度，以百姓義倉糙米，遠赴京納，仍勒百姓私出腳錢。自今已後，更不得義倉變造。』」

60 宦官和藩鎮全部都是在安史之亂後達到極盛，並且成了政治上的積弊，帶領唐走向滅亡。雖然從表面上看來，唐朝是信賴宦官且迴避藩鎮，但實際上若將盧龍、成德、魏博、淄青等安史之亂的殘餘勢力排除在外，多數的藩鎮都與宦官有著密切的合作關係。（傅樂成，〈唐代宦官與藩鎮的關係〉，《漢唐史論集》，頁191。）

61 《新唐書》卷五十，〈兵志〉，頁1328。「既有其土地，又有其人民，又有其甲兵，又有其財賦。以布列天下既有其土地，然則方鎮不得不強，京師不得不弱，故曰措置之勢使然者，以此也。」

62 一般來說，藩鎮的家兵雖然有萬人左右，不過底下的酋帥又各自擁有數千人不等的家兵；而家兵們也經常是叛亂的根源。（《舊唐書》卷一百八十五下，〈良殿下以仁孝之德，明叡之姿，岳峙泉渟，金貞玉裕。天皇弁殿下以儲副，寄殿下以監撫，欲使照無不及，恩無不覃，百僚仰重曜之暉，萬姓聞洊雷之響。」

43 《舊唐書》，卷六十六〈房玄齡傳〉，頁2464-2465。「遂抗表諫曰：『…且陛下仁風被於率土，孝德彰於配天。覩夷狄之將亡，則指期數歲；授將帥之節度，則決機萬里。』」

44 渡邊信一郎，〈「仁孝—あるいは二—七世紀中國における一イヂオロギ—型態と國家」，《史林》61-2，1978年。

45 《三國志》，卷二十七，〈魏書二十七 王昶傳〉，頁744。「遂書戒之曰：『夫人為子之道，莫大於寶身全行，以顯父母。此三者人知其善，而或危身破家，陷于滅亡之禍者，何也？由所祖習非其道也。夫孝敬仁義，百行之首，行之而立，身之本也。孝敬則宗族安之，仁義則鄉黨重之，此行成於內，名著于外者矣。』」

46 渡邊信一郎，〈「仁孝—あるいは二—七世紀中國における一イヂオロギ—型態と國家」，頁265。

47 《論語集解義疏》（叢書集成初編本，北京：中華書局，1985）〈述而編〉「子曰：志於道，處於德，依於仁，遊於禮」的疏為「仁者施惠之謂也。」；〈子罕編〉「知者不惑，仁者不憂」的疏為「仁人常救濟為務，不嘗侵物，故不憂物之見侵患也。」；〈魏靈公編〉「當仁不讓於師」的疏為「仁者周窮濟急之謂也。」；〈陽貨編〉「好仁不好學，其蔽也憂」的疏為「仁者博施周急，是德之盛。」；〈陽貨編〉「子曰：子之不仁也」的疏為「繆播曰，……又仁者施與之名，非奉上之稱。」

48 朴漢濟，《中國中世胡漢體制研究》，頁166。

49 佐久間吉也，《魏晉南北朝水利史研究》，東京：開明書院，1980年。

50 朴漢濟，《中國中世胡漢體制研究》，參考卷末「北魏戰役、掠奪、班賜表」。

51 《史記》卷一百一十，〈匈奴列傳〉，頁2910。「漢兵夜追不得。行斬捕匈奴首虜萬九千級，北至闐顏山趙信城（《集解》如淳曰：「前降匈奴，匈奴築城居之。」）而還。」；《史記》卷一百一十一，〈衛青傳〉，頁2936。「行二百餘里，不得單于，頗捕斬首虜萬餘級，遂至寘顏山趙信城，得匈奴積粟食軍。軍留一日而還，悉燒其城餘粟以歸。」

52 《南齊書》卷五十七，《魏虜傳》，頁984。「殿西鎧仗庫屋四十餘間，殿北絲綿布絹庫土屋一十餘間。偽太子宮在城東，…偽太子別有倉庫。」

53 倉庫官（khazäne）是八剌哈赤（balaqaČi）和倉赤（sang Či）中分化並發展出來

35 《魏書》，卷六〈顯祖紀〉，頁125。「太安二年二月，立為皇太子。聰叡機悟，幼而有濟民神武之規，仁孝純至，禮敬師友。」

36 《魏書》，卷七上〈高祖紀上〉，頁135。「高祖孝文皇帝，諱宏，顯祖獻文皇帝之長子，…帝生而潔白，有異姿，襁褓岐嶷，長而淵裕仁孝，綽然有君人之表。顯祖尤愛異之。三年夏六月辛未，立為皇太子。」

37 《隋書》，卷三〈煬帝紀上〉，頁59。「開皇元年，立為晉王，…上好學，善屬文，沉深嚴重，朝野屬望。高祖密令善相者來和徧視諸子，和曰：『晉王眉上雙骨隆起，貴不可言。』既而高祖幸上所居第，見樂器絃多斷絕，又有塵埃，若不用者，以為不好聲妓，善之。上尤自矯飾，當時稱為仁孝。嘗觀獵遇雨，左右進油衣，上曰：『士卒皆霑濕，我獨衣此乎！』乃令持去。」

38 《舊唐書》，卷四〈高宗本紀上〉，頁65。「以貞觀二年六月，生於東宮之麗正殿。五年，封晉王。七年，遙授并州都督。幼而岐嶷端審，寬仁孝友。」；《舊唐書》，卷八十〈褚遂良傳〉，頁2738。「（貞觀）二十三年，太宗寢疾，召遂良及長孫無忌入臥內，謂之曰：『卿等忠烈，簡在朕心。昔漢武寄霍光，劉備托葛亮，朕之後事，一以委卿。太子仁孝，卿之所悉，必須盡誠輔佐，永保宗社。』又顧謂太子曰：『無忌、遂良在，國家之事，汝無憂矣。』仍命遂良草詔。」

39 《舊唐書》，卷八〈玄宗本紀上〉，頁168。「二年，又制曰：『惟天生烝人，牧以元后；維皇立國，副以儲君。將以保綏家邦，安固後嗣者也。朕纂承洪業，欽奉寶圖，夜分不寢，日昃忘倦。茫茫四海，懼一人之未周；烝烝萬姓，恐一物之失所。雖卿士竭誠，守宰宣化，緬懷庶域，仍未小康。是以求下人之變風，遵先朝之故事。皇太子基仁孝因心，溫恭成德，深達禮體，能辨皇猷，宜令監國，俾爾為政。其六品以下除授及徒罪已下，並取基處分。』」

40 《舊唐書》，卷十一〈代宗本紀〉，頁267。「代宗睿文孝武皇帝諱豫，肅宗長子。……以開元十四年十二月十三日生于東都上陽宮。初名俶，年十五封廣平王。玄宗諸孫百餘，上為嫡皇孫。宇量弘深，寬而能斷。喜懼不形於色。仁孝溫恭，動必由禮，……玄宗鍾愛之。」

41 《舊唐書》，卷十七下〈文宗本紀〉，頁579-580。「史臣曰：昭獻皇帝恭儉儒雅，出於自然，…帝性仁孝，三宮問安，其情如一。嘗內園進櫻桃，所司啟曰：『別賜三宮太后。』帝曰：『太后宮送物，焉得為賜。』遽取筆改賜為奉。」

42 《舊唐書》，卷八十八〈韋承慶傳〉，頁2863。「承慶上書諫曰：『臣聞太子者，君之貳，國之本也。所以承宗廟之重，繫億兆之心，萬國以貞，四海屬望。

19 全漢昇，〈唐宋帝國與運河〉，頁300-308。

20 陳楊，〈唐代長安政治權力中樞位置的變遷與「三大內」機能的嬗變〉，《西安文理學院學報（社會科學版）》13-2，2010年，頁13。

21 鄭夏賢，〈對於秦始皇巡幸的檢討—以封禪及祭禮問題為中心〉，《邊太燮博士華甲紀念史學論叢》，首爾：三英社，1985年。

22 鋻間和幸，〈秦始皇帝長城傳說とその舞臺－秦碣石宮と孟姜女傳説をつなぐもの－〉，《東洋文化研究（學習院大學）》1，1999年，頁22-29。

23 崔真烈，《北魏皇帝巡幸及胡漢社會》，頁7-8。

24 《晉書》，卷二十一，〈禮志下 賓禮〉，頁652。「古者帝王莫不巡狩。魏文帝值天下三分，方隅多事，皇輿亟動，役無寧歲，蓋應時之務，非舊章也。明帝凡三東巡狩，所過存問高年，恤疾苦，或賜穀帛，有古巡幸之風焉。齊王正始元年，巡洛陽縣，賜高年力田各有差。」

25 《宋書》，卷十五，〈禮志二〉，頁379。「古者天子巡狩之禮，布在方策。至秦、漢巡幸，或以厭望氣之祥，或以希神仙之應，煩擾之役，多非舊典。唯後漢諸帝，頗有古禮焉。魏文帝值參分初創，方隅事多，皇輿亟動，略無寧歲。蓋應時之務，又非舊章也。明帝凡三東巡，所過存問高年，恤人疾苦，或賜穀帛，有古巡幸之風焉。齊王正始元年，巡洛陽，賜高年、力田各有差。」

26 崔真烈，《北魏皇帝巡幸及胡漢社會》，頁14-15。

27 崔真烈，《北魏皇帝巡幸及胡漢社會》，頁30-43。

28 窪添慶文，「北魏の太子監國制度」，《魏晉南北朝官僚制度研究》，東京：汲古書院，2003年，頁203。

29 宮崎市定著，曹秉漢譯，《中國史》，首爾：域民社，1983年，頁335-336。

30 Joseph Fletcher, "Turco-Mogolian Monarchic Tradition in Ottoman Empire", *Havard Ukrainian Studies* 3・4, 1979-1980, pp.238-239.

31 《魏書》，卷一〈序紀〉昭武帝什翼犍，頁15。「1三十年冬十月帝征衛辰，……2衛辰與宗族西走，收其部落而還，俘獲牲口及馬牛羊數十萬頭。3三十一年春，帝至自西伐，班賞各有差。」

32 《北史》，卷一〈魏本紀 昭成帝什翼犍三十九年條〉，頁9；《晉書》，卷一百一十三，〈苻堅載記〉上，頁2899。

33 朴漢濟，《中國中世胡漢體制研究》，首爾：一潮閣，1988年，頁159-162。

34 朴漢濟，〈對於七世紀隋唐兩朝的韓半島進出經緯－考－有關隋唐初皇帝的正統性確保問題〉。

15 《資治通鑑》，卷二百〇九，〈唐紀二十五 中宗景龍三年（709年）條〉，頁6639。「是歲，關中饑，米斗百錢。運山東、江、淮穀輸京師，牛死什八九。群臣多請車駕復幸東都，韋后家本杜陵，不樂東遷，乃使巫覡彭君卿等說上云：『今歲不利東行。』後復有言者，上怒曰：『豈有逐糧天子邪！』乃止。」

16 《新唐書》，卷五十三，〈食貨志三 漕運〉，頁1365-1366。「初，江淮漕租米至東都輸含嘉倉，以車或馱陸運至陝。而水行來遠，多風波覆溺之患，其失嘗十七八，……開元十八年，……耀卿條上便宜曰：『可於河口置武牢倉，鞏縣置洛口倉，使江南之舟不入黃河，黃河之舟不入洛口。而河陽、柏崖、太原、永豐、渭南諸倉，節級轉運，水通則舟行，水淺則寓於倉以待，則舟無停留，而物不耗失。此甚利也。』玄宗初不省。二十一年，…玄宗將幸東都，復問耀卿漕事，耀卿因請『罷陝陸運，而置倉河口，使江南漕舟至河口者，輸粟於倉而去，縣官雇舟以分入河、洛。置倉三門東西，漕舟輸其東倉，而陸運以輸西倉，復以舟漕，以避三門之水險。』玄宗以為然。乃於河陰置河陰倉，河清置柏崖倉；三門東置集津倉，西置鹽倉；鑿山十八里以陸運。自江、淮漕者，皆輸河陰倉，自河陰西至太原倉，謂之北運，自太原倉浮渭以實關中。」

17 《舊唐書》，卷四十八，〈食貨志上 兩稅〉，頁2090-2091。「（開元）二十五年三月，敕：『關輔庸調，所稅非少，既寡蠶桑，皆資菽粟，常賤糶貴買，損費逾深。又江淮等苦變造之勞，河路增轉輸之弊，每計其運腳，數倍加錢。今歲屬和平，庶物穰賤，南畝有十千之獲，京師同水火之饒，均其餘以減遠費，順其便使農無傷。自今已後，關內諸州庸調資課，並宜準時價變粟取米，送至京逐要支用。其路遠處不可運送者，宜所在收貯，便充隨近軍糧。其河南、河北有不通水利，宜折租造絹，以代關中調課。所司仍明為條件，稱朕意焉。』」

18 《資治通鑑》，卷二百一十四，〈唐紀三十 玄宗開元二十五年（737年）秋七月條〉，頁6830。「先是，西北邊數十州多宿重兵，地租營田皆不能贍，始用和糴之法，自是關中蓄積羨溢，車駕不復幸東都矣。」；《新唐書》，卷二百零七，〈宦者傳 高力士〉，頁5859。「始，李林甫、牛仙客知帝憚幸東都，而京師漕不給，乃以賦粟助漕，及用和糴法，數年，國用稍充。」；《新唐書》，卷五十三，〈食貨志三 營田〉，頁1373-1374。「貞觀、開元後，邊土西舉高昌、龜茲、焉耆、小勃律，北抵薛延陀故地，緣邊數十州戍重兵，營田及地租不足以供軍，於是初有和糴。牛仙客為相，有彭果者獻策廣關輔之糴，京師糧稟益羨，自是玄宗不復幸東都。天寶中，歲以錢六十萬緡賦諸道和糴，斗增三錢，每歲短遞輸京倉者百餘萬斛。米賤則少府加估而糴，貴則賤價而糶。」

6 （清）顧炎武，《日知錄》（石家莊，花山文藝出版社，1990）卷九〈藩鎮〉，頁430。「世言唐亡于藩鎮，而中葉以降，其不遂并于吐蕃、回紇，滅于黃巢者，未必非藩鎮之力。」

7 《舊唐書》卷一八四〈宦官傳 楊復恭〉，頁4776-4777。「崔胤秉政而排擯宦官，……（崔）胤奏曰：『高祖、太宗承平時，無內官典軍旅。自天寶以後，宦官寖盛。貞元、元和，分羽林衛為左、右神策軍，以使衛從，令宦官主之，唯以二千人為定制。自是參掌樞密。由是內務百司，皆歸宦者，上下彌縫，共為不法，大則傾覆朝政，小則構扇藩方。車駕頻致播遷，朝廷漸加微弱，原其禍作，始自中人。』」

8 針對這部份的研究雖然很多，作為韓國學界成果的有：東洋史學會編，《東亞史上的王權》，首爾：Hanul Acadamy，1993以及申採湜，《宋代皇帝權研究》，首爾：韓國學術情報，2010等。

9 朴漢濟，〈北魏王權與胡漢體制—關於北魏社會的變質〉，《震檀學報》64，1987年（《中國中世胡漢體制研究》再收）；〈對於七世紀隋唐兩朝的韓半島進出經緯考－有關隋唐初皇帝的正統性確保問題〉，《東洋文史學研究》43，1993年；〈北魏均田制成立的前提—征服君主的中國統治和資源確保策〉，《東亞文化》37，1999年。

10 崔宰榮，〈唐前期三府的政策及其性質〉，《東洋史學研究》77，2001年，頁75。

11 商、周的狀況和隋唐的狀況是不同的。商的狀況是遷都，並不是同時存在兩個以上的都城；周的狀況也是因為夷狄的入侵而遷都至洛陽。先秦時代、西漢時期也有五都體制，然而他們的並不是都，而是地方的中心（urban centers）。作為複數都城體制的先例是曹魏和北魏。曹魏的情況是只有在洛陽有宮殿和中央政府，最初確立機能性的複數都城體制（dualcapital system）是在三百一十三年時，北魏設置了盛樂（北都）和平城。之後接續此傳統的就是北周宣帝時期。（Victor Cunrui Xiong, "Sui Yangdi and the Building of Sui-Tang Luoyang", *Journal of Asian Studies* 52-1, 1993, pp.76-77）。

12 崔真烈，《北魏皇帝巡幸及胡漢社會》，首爾：首爾大學出版文化院，2011年，附錄 唐巡幸表，頁531-543。

13 全漢昇，〈唐宋帝國與運河〉，《中國經濟史研究》上冊，香港：新亞研究院，1973年，頁293-296。

14 潘鏞，《隋唐時期的運河和漕運》，西安：三秦出版社，1987年，頁76-80。

312 Prasenjit Duara，*Rescuing History from the Nation: Questioning Narratives of. Modern China*，Chicage：University of Chicago Press，1995（文明基、謝承會譯，《從民族中拯救歷史》，首爾：三仁，2004年，頁75。）

313 金浩東，「（拉施德丁Rashid al-Din，1247－1318年）的《中國史》中出現的『中國』意識。」，《東洋史學研究》115，2011年，頁25－26。

314 將東漢到魏晉南北朝視為是中國歷史從古代進入到中世紀的時代，理由是①從交換經濟到自然經濟，②自由平民、奴隸的依附民化，③現世的思想、世界觀轉換為向來生的宗教世界觀而看出的。（何茲全，《中國古代社會》，鄭州：河南人民出版社，1991年，頁439。）

315 內藤湖南說魏晉南北朝的特徵是「周邊民族有所自覺此勢力會往中國內部侵入的時期」（內藤湖南，《支那上古史》，東京：弘文堂，1944年），以及「自古以來持續而來的中國文化齊放之後，這個文化因為自己的中毒現象而崩潰，新萌芽的文化就從外國注入的文化中融合、開花的時期」（《中國中古の文化》，東京：弘文堂，1947年），從中國民族跟周邊民族的關係中，或者從極端的文化史性的層面中去追求。

第三章　大唐帝國的經營與治術

1 從中國區分農耕地區和遊牧民族地區的「萬里長城」建築跟各王朝的差異來看，可以看作是秦漢（建造）－魏晉南北朝、隋唐（非建造）－宋（建造）一元（非建造）－明（建造）－清（非建造的時代）。

2 《廿二史箚記》卷四〈東漢諸帝多不永年〉，頁93。「人主既不永年，則繼體者必幼主，幼主無子，而母后臨朝，自必原立孩稚，以久其權。殤帝即位時，生僅百餘日，沖帝即位纔二歲，質帝即位纔八歲，桓帝即位年十五，靈帝即位年十二，……獻帝即位纔九歲。」

3 《後漢書》卷十上，〈皇后紀〉，頁401。「東京皇統屢絕，權歸女主，外立者四帝，臨朝者六后，莫不定策帷帟，委事父兄，貪孩童以久其政，抑明賢以專其威。」

4 （明）王夫之撰，《讀通鑑論》（《船山全書》10，長沙：岳麓書社，1988所收）卷二十六，〈唐宣宗〉。「宣宗猜忌李德裕由中尉先入之言」，頁1011。「唐之亡亡於宦官，自此決矣。」

5 （清）趙青黎撰，《星閣史論》（叢書集成初編本，北京：中華書局，1985）〈唐論〉，頁11。「亡唐者，宦豎耳。」

304 《新唐書》卷兩百七十一，〈回紇傳下〉，頁6133。「詔回紇營功德使在二京者，悉冠帶之。有司收摩尼書若象燒于道，產貲入之官。」；《舊唐書》卷十八上，〈武宗紀 會昌三年（843年）二月條〉，頁594。「是日，御宣政殿，百僚稱賀。制曰：…應在京外宅及東都修功德迴紇，並勒冠帶，各配諸道收管。其回紇及摩尼寺莊宅、錢物等，並委功德使與御史臺及京兆府各差官點檢收抽，不得容諸色人影占。如犯者並處極法，錢物納官。摩尼寺僧委中書門下條疏聞奏。」；（宋）贊寧 撰，《大宋僧史略》（《大正新修大藏經》第五十四卷 史傳部六 所收）卷下〈大秦末尼〉，頁253—3。「會昌三年，敕天下摩尼寺並廢入宮。京城女摩尼七十二人死，及在此國回紇諸摩尼等，流配諸道，死者大半。」

305 《舊唐書》卷十八上，〈武宗紀 會昌五年（845年）八月條〉，頁605－606。「制：朕聞三代已前，未嘗言佛，漢、魏之後。像教寖興，是由季時，傳此異俗，因緣染習，蔓衍滋多。…其天下所拆寺四千六百餘所，還俗僧尼二十六萬五百人，收充兩稅戶，拆招提、蘭若四萬餘所，收膏腴上田數千萬頃，收奴婢為兩稅戶十五萬人。錄僧尼屬主客，顯明外國之教，勒大秦穆護、祆三千餘人還俗，不雜中華之風。」

306 穆根來、汶江、黃倬漢 譯，《中國印度見聞錄》，北京：中華書店，頁96。

307 方伎被指出是醫術的一種實用技術（林悟殊，〈唐代三夷教的社會走向〉，《中古三夷教辯證》，北京：中華書店，2005年，頁365－366）。

308 蔡鴻生，〈序〉，林悟殊，《唐代景教再研究》，頁4。

309 鄧小南，〈論五代宋初「胡／漢」語境的消解〉，《文史哲》，2005年－5，頁59。註6。「二〇〇三年四月，在韓國魏晉南北朝隋唐史研究會主辦的國際研討會上，漢城大學朴漢濟教授指出，『唐人』概念，在當時即所謂『國際人』。」

310 Peter K. Bol，"Seeking Common Ground: Han Literati Under Jurchen Rule"，*Harvard Journal of Asiatic Studies* 47－2，1987年，頁483－493。

311 雷海宗在一九三二至一九三三年舉辦的《中國上古史》演講中表示，作為西晉滅亡的下限，一九三六至一九三七年舉行的《中國通史》演講中說淝水之戰是第一週期（封建時代〔公元前 1300－771年〕）、春秋〔770－473年〕、戰國時代〔473-221年〕、帝國時代〔公元前221－公元88年〕）、帝國衰亡與古典文化沒落時代〔88－383年〕和第二週期（南北朝隋唐五代〔383－960年〕、宋代〔960－1279年〕、元明〔1279－1528年〕、晚明盛清〔1528－1839年〕、清末中華民國〔1839年－〕的分界點。根據他的論點，第一週期是「純華夏民族的古典中國，第二週期是胡漢混合、梵華同化的綜合中國」。

心，飛霜擊於燕地；……何以見齊魯奇節之人，燕趙悲歌之士乎？』」

296 《隋書》卷三十，〈地理志中 冀州〉，頁860。「太原……俗與上黨頗同，人性勁悍，習於戎馬。離石、雁門、馬邑、定襄、樓煩、涿郡、上谷、漁陽、北平、安樂、遼西，皆連接邊郡，習尚與太原同俗，故自古言勇俠者，皆推幽、并云。」

297 《金史》卷八，〈世宗紀下 大定二十三年（1183年）六月條〉，頁184。「燕人自古忠直者鮮，遼兵至則從遼，宋人至則從宋，本朝至則從本朝，其俗詭隨，有自來矣。」

298 《資治通鑑》卷一百零八，〈晉紀三十 孝武帝太元二十一年（396年）秋七月條〉，頁3429，「自苻堅淮、淝之敗，……關、河之間，戎狄之長，更興迭仆，晉人視之，漠然不關乎其心。拓跋珪興而南、北之形定矣。南、北之形 定，卒之南爲北所并。嗚呼！自隋以後，名稱揚于時者，代北（鮮卑）之子孫十居六七矣，氏族之辨，果何益哉！」

299 《舊五代史》卷二十六，〈武皇 李克用紀下〉，頁363。「史臣曰：武皇肇跡陰山，赴難唐室，逐豺狼於魏闕，殄氛祲於秦川，賜姓受封，奄有汾、晉，可謂有功矣。然雖茂勤王之績，而非無震主之威。及朱旗屯渭曲之師，俾翠輦有石門之幸，比夫桓、文之輔周室，無乃有所愧乎！」

300 《資治通鑑》卷兩百六十九，〈後粱紀四 均王乾化四年（914年）春正月壬子條〉，頁8782。「或說趙王鎔曰：『大王所稱尚書令，乃粱官也，大王既與粱為仇，不當稱其官。且自太宗踐祚已來，無敢當其名者。（胡注曰：唐太宗自尚書令即帝位，後之臣下率不敢其名，始以授藩帥。）今晉王為盟主，勳高位卑，不若以尚書令讓之。』鎔曰：『善！』乃與王處直各遣使推晉王為尚書令，晉王三讓，然後受之，始開府置行台如太宗故事。」；《資治通鑑》卷兩百六十九，〈後粱紀四 均王貞明三年（917年）三月條〉，頁8814－8815。「契丹乘勝進圍幽州，聲言有眾百萬，…周德威遣間使詣晉王告急，王方與粱相持河上，欲分兵則兵少，欲勿救恐失之。謀於諸將，獨李嗣源、李存審、閻寶勸王救之，王喜曰：『昔太宗得一李靖猶擒頡利，今吾有猛將三人，復何憂哉！』」

301 傅樂成，〈沙陀之漢化〉，《漢唐史論集》，頁328。

302 《全唐詩》卷四百二十七，白居易四〈陰山道〉，頁4705。「陰山道，陰山道，…五十匹縑易一匹，…誰知黠虜啟貪心，明年馬來多一倍，縑漸多，馬漸多，陰山虜，奈爾何！」

303 《新唐書》卷兩百一十六下，〈吐蕃傳下〉，頁6095－6096。

叢》，1980年；柳元迪，《唐 前期 支配機構的變貌研究—以武、韋后朝的官僚和政治、行政為中心》，延世大學大學院史學科博士論文，1990年，第三章〈武、韋后朝的官僚界〉。

280 陳寅恪，《唐代政治史述論稿》，頁19。

281 《唐會要》卷一百，〈雜錄〉，頁2136。「大曆十四年七月詔：『回紇諸蕃住京師者，各服其國之服，不得與漢相參。』」

282 《舊唐書》卷一百四十九，〈歸崇敬傳〉，頁4015。「崇敬以百官朔望朝服袴褶非古，上疏云：『按三代典禮，兩漢史籍，並無袴褶之制，亦未詳所起之由。隋代已來，始有服者，事不師古，伏請停罷。』從之。」

283 Amy Chua, *Day of Empire*, New York：Doubleday，2007，p.85。

284 《新唐書》卷一百四十八，〈史孝章傳〉，頁4790。「孝章見父（憲誠）數奸命，內非之，承間諫曰：『大河之北號富彊，然而挺亂取地，天下指河朔若夷狄然。』」

285 《資治通鑑》卷兩百四十七，〈唐紀六十三 會昌三年（843）四月條〉，頁7980。「李德裕獨曰：『……河朔習亂已久，人心難化，是故累朝以來，置之度外。』

286 《新唐書》卷兩百一十，〈蕃鎮魏博傳〉，頁5921。「安、史亂天下，至肅宗大難略平，君臣皆幸安，故瓜分河北地，付授叛將，護養孽萌，以成禍根，亂人乘之，遂擅署吏，以賦稅自私，不朝獻于廷。效戰國，肱髀相依，以土地傳子孫，脅百姓，加鋸其頸，利怵逆汙，遂使其人自視由羌狄然，一寇死，一賊生，訖唐亡百餘年，卒不為王土。」

287 謝和耐，《中國社會史》，南京：江蘇人民出版社，1996，頁218。

288 比方說，當時流行的唐代騎馬風俗到了宋代也依然被維持住（尚秉和，《歷代社會風俗事物考》，台北：臺灣商務印書館，1985，頁151-152）。

289 張雄，《歷史轉折論》，上海：上海社會科學出版社，1994，頁45。

290 辛聖坤，〈唐宋變革期論〉，《講座中國史》III，首爾：知識產業社。

291 傅樂成，〈唐型文化與宋型文化〉，《漢唐史論集》，臺北：聯經出版社，1977，頁370-371。

292 楊曾文，《唐五代禪宗史》，北京：中國社會科學出版社，1999，頁4-5。

293 傅樂成，〈中國民族與外來文化〉，《漢唐史論集》，頁392-393。

294 傅樂成，〈唐代夷夏觀念之演變〉，《漢唐史論集》，頁222。

295 《梁書》卷十四，〈江淹傳〉，頁247－248。「淹獄中上書曰：『昔者，賤臣叩紇以南，突厥以北開一道，謂之參天可汗道，置六十八驛，各有馬及酒肉以供過使，歲貢貂皮以充租賦，仍請能屬文人，使為表疏。』上皆許之。」

264 劉向陽，《唐代帝王陵墓》，頁55。

265 王雙懷、樊英峰，《唐乾陵研究》，《乾陵文化研究（一）》，西安：三秦出版社，2005，頁21。

266 足立喜六，《長安史蹟の研究》，東京：東洋文庫，1933，頁259。

267 李求是，〈談章懷、懿德兩墓的形制問題〉，《文物》，1972-7，頁49。

268 《新唐書》卷四十六，〈百官志一 尚書省 兵部 織方郎中、員外郎〉，頁1198。「凡蕃客至，鴻臚訊其國山川、風土，為圖奏之，副上於職方；殊俗入朝者，圖其容狀，衣服以聞。」

269 《新唐書》卷二十，〈禮樂志十 五禮十 凶禮〉，頁442。「若為蕃國君長之喪，則設次于城外，向其國而哭，五舉音止。」

270 劉向陽，《唐代帝王陵墓》，頁111。

271 《唐六典》卷四，〈尚書禮部 主客郎中〉，頁129。「凡四蕃之國經朝貢已後自相誅絕及有罪見滅者，蓋三百餘國，今所在者，有七十餘蕃。」

272 方亞光，《唐代對外開放初探》，頁71。

273 方亞光，《唐代對外開放初探》，頁76-85。

274 《唐六典》卷四，〈尚書禮部 主客郎中〉，頁111。「凡五禮之儀一百五十有二，……二曰：賓禮，其儀有六：（一曰蕃國王來朝，二曰戎蕃王見，三曰蕃王奉見，四曰受蕃使表及幣，五曰燕蕃國王，六曰燕蕃國使。）」

275 《廿二史劄記》卷十五，〈隋文帝殺宇文氏子孫〉，頁332-333。「古來得天下之易，未有如隋文帝者，以婦翁之親，值周宣帝早殂，結鄭譯等，矯詔入輔政，遂安坐而攘帝位。……竊人之國，而戕其子孫，至無遺類，此其殘忍慘毒，豈復稍有人心。」

276 《資治通鑑》卷一百七十四，〈陳紀八 宣帝太建十二年（580）條〉，頁5409-5413。「五月，……（楊）堅恐諸王在外生變，以千金公主將適突厥爲辭，徵趙、陳、越、代、滕五王入朝，……六月，五王皆至長安。」

277 宮崎市定，《大唐帝國–中國の中世一》，東京：中央公論社，1988年，頁319。

278 朴漢濟，〈對於七世紀隋唐兩朝的韓半島進出經緯考－有關隋唐初皇帝的正統性確保問題〉，《東洋文史學研究》43，1993年。

279 柳元迪，〈對於唐代前期有的官僚基盤的擴大過程〉，《歷史教育》26，1979年；柳元迪，〈對於唐 武、韋后朝的濫官〉，《全海宗博士華甲紀念文學論

253 《史記》卷一百一十七，〈司馬相如傳〉，頁3051。「且夫賢君之踐位也。…且詩不云乎：『普天之下，莫非王土；率土之濱，莫非王臣。』是以六合之內，八方之外，浸潯衍溢，懷生之物有不浸潤於澤者，賢君恥之。」

254 日原利國，〈特異な夷狄論〉，《春秋公羊傳の研究》，東京：創文社，1976年，頁235－257。

255 《左傳》，〈定公十年條〉，頁976—2。「非齊君所以命諸侯也，裔不謀夏，夷不亂華，…〔疏〕裔不至亂華，〇正義曰夏也。中國有禮儀之大，故稱夏有服章之美，謂之華，華夏一也。萊是東夷，其地又遠，裔不謀夏，言諸夏近而萊地遠，夷不亂華，言萊是夷，而魯是華。二句其旨皆大同，各令文相對耳。」

256 《史記》卷七十，〈主父偃〉，頁2954。「昔秦皇帝任戰勝之威，蠶食天下，並吞戰國，海內為一，功齊三代。務勝不休，欲攻匈奴，李斯諫曰：『不可。夫匈奴無城郭之居，委積之守，遷徙鳥舉，難得而制也。輕兵深入，糧食必絕；踵糧以行，重不及事。得其地不足以為利也，遇其民不可役而守也。勝必殺之，非民父母也。靡獘中國，快心匈奴，非長策也。』秦皇帝不聽，遂使蒙恬將兵攻胡，辟地千里，以河為境。」

257 《史記》卷一百一十，〈匈奴列傳〉，頁2902。「先帝制：長城以北，引弓之國，受命單于；長城以內，冠帶之室，朕亦制之。」

258 《漢書》卷六十四上，〈主父偃傳〉，頁2800。「地固鹽鹵，不生五穀。」

259 《史記》卷一百一十，〈匈奴列傳〉，頁2894。「高帝先至平城，步兵未盡到，冒頓縱精兵四十萬騎圍高帝於白登，七日，漢兵中外不得相救餉。匈奴騎，其西方盡白馬，東方盡青駹馬，北方盡烏驪馬，南方盡騂馬。高帝乃使使閒厚遺閼氏，閼氏乃謂冒頓曰：『兩主不相困。今得漢地，單于終非能居之也。且漢王亦有神，單于察之。』」

260 《唐會要》卷二十，頁458。「上（高宗）欲闡揚先帝徽烈，乃令匠人琢石，寫諸蕃君長貞觀中擒伏歸化者形狀，而刻其官名（突厥頡利可汗、右衛大將軍阿史那咄苾……等十四人，列于陵司馬北門內，九嵕山之陰，以旌武功。）」

261 （清）林侗撰，《唐昭陵石迹考略》，（叢書集成初編本，北京：中華書局，1985年）〈謁唐昭陵記〉，頁2。「凡十四人，拱立于享殿之前，皆深目大鼻，弓刀雜佩，壯哉，誠異觀也。」

262 劉向陽，《唐代帝王陵墓》，頁41-55。

263 《資治通鑑》卷一百九十八，〈太宗貞觀二十一年（647年）春正月丙申條〉，頁6245。「諸酋長奏稱：『臣等既為唐民，往來天至尊所，如詣父母，請於回絕，世不與中國交通，雖二漢及魏亦未曾至也。」

243 《洛陽伽藍記》卷三，〈城南 宣陽門外 永橋以南條〉，頁160。「永橋以南，圜丘以北，伊、洛之間，夾御道有四夷館，道東有四館，一曰金陵，二曰燕然，三日扶桑，四曰崦嵫。道西有四館里，一曰歸正，二曰歸德，三曰慕化，四曰慕義。吳人投國者處金陵館，三年已後，賜宅歸正里，……蕭寶寅來降，封會稽公，……後進爵為齊王，尚南洋長公主。」

244 《北齊書》卷三十四，〈楊愔傳〉，頁457。「愔嘗見其（高隆之）門外有富胡數人。」

245 《北史》卷九十二，〈恩幸傳 韓鳳〉，頁3052。「（韓鳳）與高阿那肱、穆提婆共處衡軸，號曰三貴。損國害政，日月滋甚。」

246 三人之中的韓鳳跟高阿那肱，他們兩人因為是從北齊政權建立時有著極大貢獻的家門中出身，也分別以「北族系恩倖」分類。（岩本篤志，〈「齊俗」と「恩倖」一北齊社會の分析〉，《史滴（早稻田大學）》十八期，1996，頁54。）

247 《陳書》卷三十一，〈蕭摩訶傳〉，頁409－410。「時齊遣大將尉破胡等率眾十餘萬來援，其前隊有「蒼頭」、「犀角」、「大力」之號，皆身長八尺，膂力絕倫，其鋒甚銳。又有西域胡，妙於弓矢，弦無虛發，眾軍尤憚之。」

248 《隋書》卷十四，〈音樂志中〉，頁331。「雜樂有西涼鼙舞、清樂、龜茲等。然吹笛、彈琵琶、五絃及歌舞之伎，自文襄以來，皆所愛好。至河清以後，傳習尤盛。後主唯賞胡戎樂，耽愛無已。於是繁手淫聲，爭新哀怨。故曹妙達、安未弱、安馬駒之徒，有至封王開府者，遂服簪纓而為伶人之事。後主亦自能度曲，親執樂器，悅玩無倦，倚弦而歌。別採新聲，為無愁曲，音韻窈窕，極於哀思，使胡兒閹官之輩，齊唱和之，曲終樂闋，莫不殞涕。雖行幸道路，或使馬上奏之，樂往哀來，竟以亡國。」

249 朴漢濟，〈南北朝的南北關係－以交易和教聘為中心－〉，《韓國學論叢》四，1982年，頁163－170。

250 《二十二史箚記》卷十二，〈南朝陳地最少〉，頁259－261。

251 東晉－南朝期間，民族移動的結果也以外族跟原住民之前的僑舊衝突複雜地展開。跟這個論點相關的朴漢濟〈東晉、南朝史與僑民－「僑舊體制」的形成與展開－〉，《東洋史學研究》五十三，1996年和參考洪廷妸，《東晉南朝時代 長江中流域 研究》，首爾大學東洋史學科博士論文，2012年。

252 金翰奎，〈對於漢代中國的世界秩序的理論基礎－試論－特別以〈鹽鐵論〉中看到的儒法論爭為中心－〉，《東亞研究》1，1982年，頁94－101。

236 自今日的湖南省－福建省東西向的五個大山峰。

237 《漢書》卷二十七下－上，〈五行志七下－上〉，頁1472。「是歲始皇出并六國，…南戍五嶺，北築長城以備胡越。」；《漢書》卷三十二，〈陳餘傳〉，頁1831。「（張耳、陳餘）至諸縣，說其豪桀曰：『秦為亂政虐刑，殘滅天下，北為長城之役，南有五領之戍。服虔曰：『山領有五，因以為名。交趾、合浦界有此領。』師古曰：『服說非也，領者，西自衡山之南，東窮於海，一山之限耳。而別標名，則有五焉。裴氏廣州記云『大庾、始安、臨賀、桂陽、揭陽，是為五領；鄧德明南康記曰：『大庾領一也。桂陽騎田領二也，九真都龐領三也，臨賀萌渚領四也，始安越城領五也。』裴說是也。』」

238 《資治通鑑》卷一百九十四，〈唐紀十 太宗貞觀七年（633年）十二月戊午條〉，頁6103－6104。「還宮，從上皇置酒故漢未央宮。上皇命突厥頡利可汗起舞，又命南蠻酋長馮智戴詠詩。既而笑曰：『胡、越一家，自古未有也！』帝奉觴上壽曰：『今四夷入臣，皆陛下教誨，非臣智力所及。昔漢高祖亦從太上皇置酒此宮，妄自矜大，臣所不取也。』上皇大悅。殿上皆呼萬歲。」

239 《資治通鑑》卷一百九十八，〈唐紀〉十四 太宗貞觀二十一年（647年）五月庚戌條，頁6247。「上於翠微殿，問侍臣曰：『自古帝王雖平定中夏，不能服戎狄。朕才不逮古人，而成功過之。自不諭其故，諸公各率意以實言之。』群臣皆稱陛下功德，如天地萬物。不得而名言，上曰：『不然，朕所以能及此者，只有五事耳。自古帝王多疾勝己者，朕見人之善，若己有之。人之行能，不能兼備；朕常棄其所短，取其所長。人主往往進賢則欲寘諸懷，退不肖則欲推諸壑；朕見賢者敬之，不肖則憐之。賢不肖各得其所，人主多惡正直，陰誅顯戮，無代無之；朕踐祚以來，正直之士，北肩於朝，未嘗黜責一人。自古皆貴中華，賤夷、狄，朕獨愛之如一，故其種落皆依朕如父母，此五者，朕所以成今日之功也。』」

240 周一良，〈北魏用人兼容并包〉，《周一良集》第二卷 〈魏晉南北朝史札記〉，瀋陽：遼寧教育出版社，1998年，頁555－558。

241 《洛陽伽藍記》卷三，〈城西 宣陽門外 永橋以南條〉，頁161。「自嶺已西，至於大秦，百國千城……樂中國土風，因而宅者，不可勝數。是以附化之民，萬有餘家。」

242 《洛陽伽藍記》卷四，〈城西 永明寺條〉，頁235－236。「時佛法經像，盛於洛陽，異國沙門，咸來輻輳……。房廡連亘，一千餘間，……百國沙門三千餘人，西域遠者，乃至大秦國。盡天地之西陲……南中有歌營國，去京師甚遠，風土隔

『……』，夏州都督竇靜以為：『……』……魏徵以為：『……今降者眾近十萬，數年之後，蕃息陪多，必為腹心之疾，不可悔也。晉初諸胡與民雜居中國，郭欽、江統，皆勸武帝驅出塞外以絕亂階，武帝不從。後二十餘年，伊、洛之間，遂為氈裘之域，此前事之明鑑也！」

230 《資治通鑑》卷一百九十三，〈唐紀九 太宗貞觀四年（630年）夏四月條〉，頁6076－6077。「（溫）彥博曰：『王者之於萬物，天覆地載，靡有所遺。今突厥窮來，奈何棄之而不受乎！孔子曰：『有教無類。』若救其死亡，授以生業，教之禮義，數年之後，悉為吾民。選其酋長，使入宿衛，畏威懷德，何後恨之有！』上卒用彥博策。」

231 《資治通鑑》卷一九三，〈唐紀九 太宗貞觀四年（630年）五月辛未條〉，頁6077。「以突利為順州都督，使帥部落之官。上戒之曰：『爾祖啟民挺身奔隋，隋立以為大可汗，奄有北荒，爾父始畢反為隋患，…我所以不立爾為可汗者，懲啟民前事故也。今命爾為都督，爾宜善守中國法，勿相侵掠，非徒欲中國久安，亦使爾族永全也！』」

232 《新唐書》卷二百二十一上，〈西域傳 疏勒〉，頁6233。「貞觀九年，遣使者獻名馬，又四年，與朱俱波、甘棠貢方物，太宗謂房玄齡等曰：『曩之一天下，克勝四夷，惟秦皇、漢武耳。朕提三尺劍定四海，遠夷率服，不減二君者。然彼末路不自保，公等宜相輔弼，毋進諛言，置朕於危亡也。』」

233 《唐會要》卷三十，〈大明宮〉，頁644。「東臺侍郎張文瓘諫曰：『人力不可不惜，百姓不可不養，…秦皇、漢武，廣事四夷，多造宮室，致使土崩瓦解，戶口減半。』」

234 《唐會要》卷九十六，〈靺鞨〉，頁2041。「初，上謂侍臣曰：『靺鞨遠來，蓋突厥服之所致也。昔周宣之時，玁狁孔熾。出兵驅逐。比之蚊蚋，議者以為中策。漢武帝北事匈奴，中國虛竭，議者以為下策。秦始皇北築長城，人神怨憤，議者以為無策。然則自古以來，其無上策乎！朕承隋之弊，而四夷歸伏，無為而治，得非上策乎？』禮部侍郎李百藥進曰：『陛下以武功定四海，以文德綏萬物。至道所感，格於天地，斯蓋二儀降福，以祚聖人，豈與周、漢失策，較其長短哉！』太宗大悅。」

235 《新唐書》卷二百二十一上，〈西域傳 疎勒〉，頁6233。「貞觀九年，遣使者獻名馬，又四年，與朱俱波、甘棠貢方物，太宗謂房玄齡等曰：『曩之一天下，克勝四夷，惟秦皇、漢武耳。朕提三尺劍定四海，遠夷率服，不減二君者。然彼末路不自保，公等宜相輔弼，毋進諛言，置朕於危亡也。』」

有『我中國人』之一觀念浮於其腦際者，此人即中華民族，……故凡滿洲人今皆為中華民族之一員也。」）

220 《魏書》卷七下，〈高祖孝文帝本紀下〉，頁186。「每言：凡為人君，患於不均，不能推誠御物，苟能均誠，胡越之人亦可親如兄弟。」

221 《資治通鑑》卷一百九十四，〈唐紀十 太宗貞觀七年（633年）十二月戊午條〉，頁6103－6104。「還宮，從上皇置酒故漢未央宮。上皇命突厥頡利可汗起舞，又命南蠻酋長馮智戴詠詩，既而笑曰：『胡越一家，自古未有也！』」

222 李成珪，〈中華帝國的膨脹和縮小：其理念和實際〉，《歷史學報》186，2005年，頁88。

223 李成珪，〈中華思想和民族主義〉，鄭文吉編，《東亞問題及視角》，首爾：文學和知識 社，1995年，頁66。

224 中華思想的一部分是華夷思想占據著，兩者的關係雖然密不可分，但兩者間在他者意識上卻是有區別的，即根據德化和王化來強調華人文化普遍性的中華思想，同時也具有包含華夷的包容性和普遍性特徵，相較起來他者意識整體較稀薄。另一方面，華夷思想則是強調華人跟夷狄的文化高低差異，在對外關係上有排他性的特徵。（妹尾達彥，〈都市の文化と生活〉，《魏晉南北朝隋唐史の基本問題》，東京：汲古書院，1997年，頁407－409）

225 區別中華跟夷狄的華夷意識雖然是在秦漢統一同時就出現的，但它被強力突顯是在南北朝時代，因為漢人亡命政權的南朝知識份子對北朝非漢人政權的對抗意識，使得華夷意識因而被養成。（川合安，〈沈約《宋書》の華夷意識〉，《中國における歷史意識と歷史認識の展開についての總和的研究》，平成四、五年度科學研究費補助金總合研究（A）報告書，1994年）。

226 川本芳昭認為「漢化」是同化的緣故，故其和實情並不相符。（川本芳昭，《魏晉南北朝時代的民族問題》，東京：汲古書院，1998年，頁395。）；〈漢唐間「新」中華意識的形成〉，《北朝史國際學會研討會暨中國魏晉南北朝史學會第七屆年會論文》，2001年。

227 余秋雨，《尋覓中華》，（申奎浩、金素映 翻譯《尋覓中華》，首爾：未來人，2010）

228 《資治通鑑》卷一百九十三，〈唐紀九 太宗貞觀四年（630年）夏四月條〉，頁6075。「突厥既亡，其部落或北附薛延陀，或西奔西域，其降唐者尚十萬口。」

229 《資治通鑑》卷一百九十三，〈唐紀九 太宗貞觀四年（630年）夏四月條〉，頁6075－6577。「（中書侍郎顏師古）以為：『……』，禮部侍郎李百藥以為：

道宗曰：『吾聞北極之下為中國，此豈其地邪？』…至『夷狄之有君』，疾讀不敢講，則又曰：『上世獯鬻、獫狁，蕩無禮法，故謂之夷。吾修文物彬彬，不異中華，何嫌之有！』卒令講之。」

211 安部健夫，〈清朝と華夷思想〉，《清代史の研究》，東京：創文社，1971年，頁43。

212 閔斗基，〈清朝的皇帝統治和思想統制的實際－以曾靜謀逆勢事件和〈大義覺迷錄〉為中心〉，《中國近代史研究》，首爾－潮閣，1973年，頁41－42。

213 《全唐文》卷七百六十七，陳黯〈華心〉，頁7986。「大中初年，大梁連帥范陽公得大食國人李彥昇薦於闕下。天子詔春司考其才，二年以進士第，名顯然。常所賓貢者不得擬。或曰：『梁大都也，帥碩賢也，受命於華君，仰祿於華民。薦人也，則求於夷。豈華不足稱也耶。』夷人獨可用也耶？吾終有惑於帥也。曰：帥真薦才而不私其人也，苟以地言之，則有華夷也。以教言亦有華夷乎？夫華夷者，辨在乎心。辨心在察其趣嚮，有生於中州而行戾乎禮儀。是形華而心夷也，生於異域而行合乎禮儀．是形夷而心華也。若盧綰少卿之叛亡，其夷人乎？金日磾之忠赤，其華人手？繇是觀之，皆任其趣嚮耳。今彥昇也，來從海外，能以道祈知於帥，帥故異而薦之，以激夫戎狄。俾日月所燭，皆歸乎於文明之化。蓋華其心而不以其地也，而又夷焉，作《華心》。」

214 《漢書》卷三十四，〈盧綰傳〉，頁1890－1893。「盧綰，豐人也，與高祖同里。綰親與高祖太上皇相愛，及生男，高祖、綰同日生，里中持羊酒賀兩家。……高祖崩，綰遂將其眾亡入匈奴，匈奴以為東胡盧王，為蠻夷所侵奪，常思復歸。居歲餘，死胡中。」

215 《漢書》卷八十八，〈金日磾傳〉，頁2959－2967。「金日磾，字翁叔，本匈奴休屠王太子也。…贊曰：…金日磾夷狄亡國，羈虜漢庭，而以篤敬寤主，忠信自著，勒功上將，傳國後嗣，世名忠孝，七世內侍，何其盛也！本以休屠作金人為祭天主，故因賜姓金氏云。」

216 編注：一六三六年，皇太極率大軍攻打朝鮮的事件。

217 裴祐晟（배우성），《朝鮮與中華》，首爾: 石枕，2014年。

218 章炳麟著，《太炎文錄初篇》（《章氏叢書》下，臺北：世界書局，1985年所收）別錄卷一〈中華民國解〉，頁781－上右，「中國云者，以中外分地域之遠近也。中華云者，以華夷別文化之高下也。」

219 梁啟超著，（《飲冰室文集》〔《飲冰室文集點校》，昆明：雲南教育出版社，2001年〕第五集〈中國歷史上民族之研究〉，頁3211，。「凡遇一他族，而立刻中野，不封不樹……。）」

200 王樹民，〈中華名號溯源〉，《中國歷史地理論叢》二，1985年，頁12－13。

201 《晉書》卷十一，〈天文志上 中宮〉，頁292。「東蕃四星，南第一星曰上相，其北，東太陽門；第二星曰次相，其北，中華東門也；第三星曰次將，其北，東太陰門也；第四星曰上將：所謂四輔也。西蕃四星，南第一星曰上將，其北，西太陽門也；第二星曰次將，其北，中華西門也；第三星曰次相，其北，西太陰門也；第四星曰上相：亦曰四輔也。」

202 《晉書》卷六十一，〈劉喬傳〉，頁1674－1675。「東海王越將討喬，弘又與越書曰：『……今邊陲無備豫之儲，中華有杼軸之困，而股肱之臣不惟國體，職競尋常，自相楚剝，為害轉深，積毀銷骨。』」

203 《資治通鑑》卷一百，〈晉紀二十二 穆帝升平二年（358年）冬十月條〉，頁3172。

204 《資治通鑑》卷一百一十五，〈晉紀三十七 安帝義熙五年（358年）五月條〉，頁3616。「（南燕桂林王慕容鎮）謂韓言卓曰：『…今年國滅，吾必死之，卿中華人士，復為文身矣。』」

205 當然也有反駁說南朝宋人張暢是維持傳統文化地位者。（《宋書》卷五十九，〈張暢傳〉，頁1602。「孝伯曰：『隣國之君，何不稱詔於隣國之臣？』暢曰：『君之此稱，尚不可聞於中華，況在諸王之貴，而猶曰隣國之君邪。』」）

206 《魏書》卷六十，〈韓顯宗傳〉，頁1341。「又曰：『自南偽相承，竊有淮北，欲擅中華之稱，且以招誘邊民，故僑置中州郡縣。自皇風南被，仍而不改，凡有重名，其數甚眾。』」

207 陳連開，〈中國、華夷、蕃族、中華、中華民族〉，頁107。

208 杜玉亭，〈中華民族凝聚力論略〉、《中國民族學會第四次學術討論會論文集》，北京：中央民族學院出版社，1993年，頁18。

209 （元）王元亮 重編，《釋文》（《唐律疎議》（北京：中華書局，1983）附錄所收）卷三，〈名例〉，頁626；陳連開，〈中國、華夷、蕃族、中華、中華民族〉，頁108說「南宋此山貰冶子作《唐律釋文》與《宋刑統》相輔，他在解釋《唐律疎議》卷三名例」；還有戴建國則稱「此山貰治子撰 王元亮重編，《唐律釋文》卷二十二（日本文化三年東京御書物所刻本），（〈宋代籍帳制度探析〉，《歷史研究》，2007年－3，頁42，注7）」

210 （宋）洪皓纂，《松漠紀聞》（叢書集成初編本，北京：中華書局，1985年）上，頁5。「大遼道宗朝，有漢人講《論語》，至『北辰居其所而眾星拱之』，類夷狄，因譯乃通。……又兄弟死者，皆納其妻。雖分統郡縣，列於編戶，然輕其徭賦，有異華人。」

190 《隋書》卷二十四，〈食貨志〉，頁676。「及文宣受禪，多所創革。六坊之內徙者，更加簡練，每一人必當百人，任其臨陣必死，然後取之，謂之百保鮮卑。又簡華人之勇力絕倫者，謂之勇士，以備邊要。」

191 《隋書》卷三十二，〈經籍志一 孝經〉，頁935。「又云魏氏遷洛，未達華語，孝文帝命侯伏侯可悉陵，以夷言譯孝經之旨，教于國人，謂之國語孝經。」

192 《舊唐書》卷十三，〈德宗本紀下 貞元四年（788年）春正月條〉，頁365。「是月，吐蕃寇涇、邠、寧、慶、鄜等州，焚彭原縣，邊將閉城自固。賊驅人畜三萬計，凡二旬而退。吐蕃入寇以秋冬，今盛暑而來，華人陷蕃者道之也。」；《舊唐書》卷一百九十六下〈吐蕃傳下〉，頁5256。「四年五月，吐蕃三萬餘騎犯塞，分入涇、邠、寧、慶、麟等州，焚彭原縣廨舍，所至燒廬舍，人畜沒者約二三萬，計凡二旬方退。……先是吐蕃入寇，恆以秋冬，及春則多遇疾疫而退。是來也，方盛暑而無患。蓋華人陷者，厚其資產，質其妻子，為戎虜所將而侵軼焉。」

193 《舊唐書》卷六十八，〈張公謹傳〉，頁2507。「貞觀元年，拜代州都督，……後遣李靖經略突厥，以公謹為副，公謹因言突厥可取之狀，曰：『頡利縱欲肆情，……其可取一也，……其可取二也，……其可取三也，……其可取五也。華人入北，其類實多，比聞自相嘯聚，保據山險，師出塞垣，自然有應，其可取六也。』太宗深納之。」

194 徐杰舜，〈漢民族形成三部曲〉，《漢民族研究》一，頁178。

195 付永聚，〈論唐代胡漢民族之間的混融互補〉，《山東大學學報》，1992年－3。

196 陳連開，〈中國、華夷、蕃族、中華、中華民族〉，頁94。

197 村松一彌，〈唐人考〉，《（東京都立大學）人文學報》98，1974年。

198 《魏書》卷六十二，〈李彪傳〉，頁1394。「（李）彪乃表曰：『……唯我皇魏之奄有中華也，歲越百齡，年幾十紀。』」；《周書》卷四十九，〈夷域傳上 宕昌羌傳〉，頁892。「宕昌羌者。……其地，東接中華，西通西域，南北數十里。」

199 《通典》〈邊防典一 邊防序〉，頁4979。「昔賢…又曰：古者人至老死不相往來，不交不爭，自求自足，……緬惟古之中華，多類今之夷狄，有居處巢穴焉（上古中華亦穴居野處……），有葬無封樹焉（上古中華之葬，衣之以薪，葬之聞。顯祖（文宣帝高洋）大怒，謂愔云：『何物漢子，我與官，不肯就！』」

183 《通典》卷兩百，〈邊防十六 北狄七〉，頁5495。「傅奕曰：『周、齊每以騎戰，驅華人為肉籬，詫曰：『當剉漢狗飼馬，刀刈漢狗頭，不可刈草也！』』」

184 《北史》卷十四，〈后妃傳下〉，〈文宣皇后 李氏傳 附 段昭儀傳〉，以第521頁作為依據的話，高洋避開她的原因是因為對遙遠北方胡俗的一項「弄女壻法」有很大的不快感的緣故。（「段昭儀，韶妹也。婚夕，韶妻元氏為俗弄女壻法戲文宣，文宣銜之。後因發怒，謂韶曰：『我會殺爾婦！』元氏懼，匿婁太后家，終文宣世不敢出」）。

185 雖然胡人高隆之的反對是理所當然的，但漢人高德政反對的原因是「結勳貴之援」，意即是為了得到胡人們的幫助（《北齊書》卷九，〈文宣皇帝李氏傳〉，頁125。「諱祖娥 趙郡李希宗女也，…初為太原公夫人，及帝將建中宮。高隆之、高德正言漢婦人不可為天下母，宜更擇美配。楊愔固請依漢、魏故事，不改元妃。而德正猶固請廢后而立段昭儀，欲以結勳貴之援，帝竟不從而立后焉。」）

186 事實上「蕃」這個字是和「藩」相通的（《釋文》「蕃本又作藩」），因此所謂的蕃有著藩屏（《書經》〈微子之命〉，『以蕃王室』，《國語》〈晉語八〉，『以蕃為軍』）的意思；所以「蕃」作為唐代少數民族的總稱登場，是跟包含唐代皇帝的胡漢（農牧）地區的皇帝（天可汗）的變化有關。（陳連開，〈中國、華夷、蕃漢、中華、中華民族－一個內在聯繫發展被認識的過程〉，頁99－100）。這樣的改變與唐朝在邊疆地區設置所謂的「羈縻州」是相通的。（谷川道雄表示羈縻體制乃是隋唐世界帝國的制度性特色，《增補隋唐帝國形成史論》，頁16。）這是跟以前的邊疆政策不同之「大中國」政策的一環，也可以看出從「胡漢」到「蕃漢」的用語變化和這樣的原因有關。

187 《晉書》卷五十六，〈江統傳〉，頁1531。「建武中，以馬援領隴西太守，討叛羌，徙其餘種於關中，居馮翊、河東空地，而與華人雜處。數歲之後，族類蕃息，既恃其肥強，且苦漢人侵之。」

188 《魏書》卷一〇一，〈高昌傳〉，頁2243。「高昌者，車師前王之故地，漢之前部地也，東西二千里，南北五百里，四面多大山。……國有八城，皆有華人。地多石磧，氣候溫暖，厥土良沃，穀麥一歲再熟，宜蠶，多五果，又饒漆。」

189 《北史》卷九十六，〈稽胡傳〉，頁3194。「稽胡一曰步落稽，蓋匈奴別種，……其俗土著，亦知種田。地少桑蠶，多衣麻布。其丈夫衣服及死亡殯葬，與中夏略同；婦人則多貫蜃貝以為耳頸飾，與華民錯居。其渠帥頗識文字，言語近代形成的。相對之下，用「漢人」來書寫，是在北朝的記載才開始具備「民族性」的意義。（杜玉亭，〈中華民族凝聚力論略〉、《中華民族學會第四次學術討論會論文集》，北京：中央民族學院出版社，1993年，頁18）不只如此，古代漢語中是沒有「民族」這個單字的，而常常以「人」、「種人」、「族類」、「部落」、「種落」等來表示。

174 「漢人」這個用語在史料上第一次出現是在《漢書》卷六十一〈李廣利傳〉，270頁中的「貳師聞宛城中新得漢人之穿井」。

175 （清）李慈銘 撰，《桃華聖解庵日記》（《越縵堂日記》第十一冊，揚州：廣陵書社，2004年），辛集第二集，光緒四年（1878年）二月二十日條，頁7786。「中國人別稱漢人起于（北）魏末。」

176 另一方面對「漢人」用像是「漢狗」、「一錢漢」或是「漢子」這樣的卑稱乃至壞話（惡口）來書寫的時期也被認為是從五胡時代開始的。（桑原隲藏，〈歷史上より観たる南北支那〉，《東洋文明史叢論》，東京：弘文堂，1934年，頁5。）

177 《北齊書》卷五，〈廢帝紀〉，頁73。「文宣每言太子得漢家性質，不似我，欲廢之，立太原王。」

178 《資治通鑑》卷一七一，〈陳紀五 宣帝太建五年（573年）夏四月條〉，胡三省注曰，頁5319。「諸源本出於鮮卑禿髮，高氏生長於鮮卑，自命爲鮮卑，未嘗以爲諱，鮮卑遂自謂貴宗，率謂華人爲漢兒，率侮詬之。諸源世仕魏朝，貴顯習知典禮，遂有雩祭之請，冀以取重，乃以取詬。」

179 《北史》卷九十二，〈恩幸傳 韓鳳〉，頁3053。「壽陽陷沒，鳳與穆提婆聞告敗，握槊不輟曰：『他家物，從他去。』後帝使於黎陽臨河築城戍，曰：『急時且守此作龜茲國子，更可憐人生如寄，唯當行樂，何用愁焉！』君臣應和若此。鳳恒帶刀走馬，未曾安行，瞋目張拳，有啖人之勢。每咤曰：『恨不得剉漢狗飼馬！』又曰：『刀止可刈賊漢頭，不可刈草。』其弟萬歲。」

180 有著「漢人的頭顱連一分的價值都不到」或是「漢人的生命是沒有用錢計算的價值，這樣死了就放著吧」這樣的含意。

181 《北齊書》卷二十二，〈盧勇傳〉，頁322。「鎮宜陽，盼民韓木蘭、陳忻等常為邊患，勇大破之。啟求入朝，高祖賜勇書曰：『吾委卿陽州，唯安枕高臥，無西南之慮矣。但依朝廷所委，表啟宜停。卿之處子任在州住，當使漢兒之中無在卿前者。』」

182 《北齊書》卷二十三，〈魏愷傳〉，頁332。「遷青州長史，固辭不就。楊愔以帝」）或是北周的宣帝（《周書》卷七，〈宣帝紀 大象元年（579年）二月癸亥條〉，頁119，「帝於是自稱天元皇帝，所居稱天臺，冕有二十四旒，（車）服旗鼓，皆以二十四為節」都是類似的，和唐代的情況是不同的。

166 羅新，〈從可汗號到皇帝尊號〉，《中古北族名號研究》，北京：北京大學出版社，2009年，頁227。

167 《資治通鑑》卷二二九，〈唐紀四十五 德宗建中四年（783年）十一月條〉，頁7389。「群臣請更加尊號一二字。上以問（陸）贄，贄上奏，以為不可，其略曰：『尊號本非古制（胡注曰：上尊號，事始於開元元年）…。』」

168 谷霽光，〈唐代「皇帝天可汗」溯源〉，《谷霽光史學文集》，南昌：江西人民出版社，1996年，頁174－176。

169 《通典》卷一百八十五，〈邊防一 邊防序〉，頁4978。「覆載之內，日月所臨，華夏居土中，生物受其正（李淳風云：『…則華夏居天地之中也。』）」

170 《禮記》王制篇，「東方曰夷，被髮文身，有不火食者矣。南方曰蠻，雕題交趾，有不火食者矣。西方曰戎，被髮衣皮，有不粒食者矣。北方曰狄，衣羽毛穴居，有不粒食者矣。中國、夷、蠻、戎、狄，皆有安居，和味、宜服、利用、備器，五方之民，言語不通，嗜欲不同。」

171 《後漢書》卷八十五，〈東夷傳〉，頁2807。「王制云：『東方曰夷。夷者，柢也。言仁而好生，萬物柢地而出。故天性柔順，易以道御，至有君子、不死之國焉。夷有九種，九夷來御』也。…自中興之後，四夷來賓，雖時有乖畔，而使驛不絕，故國俗風土，可得略記。東夷率皆土著，憙飲酒歌舞，或冠弁衣錦，器用俎豆。所謂中國失禮，求之四夷者也。既而告人曰：『吾聞之，天子失官，學在四夷，其信也。』凡蠻、夷、戎、狄總名四夷者，猶公、侯、伯、子、男皆號諸侯云。」

172 首次稱為漢族是在呂思勉的「漢族之名 起于劉邦稱帝以後」（《先秦史》，上海：上海古籍出版社，1983年，頁22。），呂振羽雖然也有說過「華族自前漢的武帝宣帝以後，便開始叫漢族」（《中華民國簡史》，北京：三聯書店，1950年，頁19），但這個是「漢（朝）人說法」的出現，「漢族」這個單詞是在大平天國末期侍王李世賢的《致各國領事書》中第一次出現的。辛亥革命時，「漢、滿、蒙、回、藏五族共和說」也出現了（徐杰舜，〈漢民族形成三部曲〉，《漢民族研究》1，南寧：廣西人民出版社，1989年，頁178）。因此胡族這個名稱，也同樣是在這個時期開始才出現的。

173 所謂的漢族，起初當然是淵源於漢朝的朝代名，可是漢族這個名稱就這麼使用是頌、楊素擊玷厥，大破之。拜染干為意利珍豆啟民可汗，華言『意智健』也。」

154 《隋書》卷八十四，〈北狄傳 西突厥〉，頁1879。「處羅從征高麗，賜號為曷薩那可汗，賞賜甚厚。」

155 《通典》卷一九九，〈邊防十五 北狄六 突厥下〉，頁5460。「顯慶二年，…乃冊立彌射為興昔亡可漢兼左衛大將軍。」

156 《通典》卷一九九，〈邊防十五 北狄六 突厥下〉，頁5461。「阿史那步真者，……尋卒，其子斛瑟羅，本蕃為步利設，垂拱初，……襲封繼往絕可汗。」

157 《通典》卷一九八，〈邊防十四 北狄五 突厥中〉，頁5435。「默啜者，骨咄祿之弟也。…默啜自此兵眾漸盛。武太后尋遣使冊立默啜為特進、頡跌利施大單于、立功報國可汗。」

158 《通典》卷一九九，〈邊防十五 北狄六 突厥下〉，頁5462－5463。「蘇祿者，突騎施別種也。…開元三年，制受蘇祿為左羽林衛大將軍、金方道若經略大使，特進侍御史解忠順齎璽書，冊立為忠順可汗。」

159 《北史》卷九十八，〈蠕蠕傳〉，頁3251。「蠕蠕之俗，君及大臣因其行能，即為稱號，若中國立謚，即死之後，不復追稱。」

160 《魏書》卷一〇三，〈蠕蠕傳〉，頁2291。「於是自號丘豆伐可汗。『丘豆伐』猶魏言駕馭開張也，「可汗」猶魏言皇帝也。」

161 周偉洲，《敕勒與柔然》，上海：上海人民出版社，1983年，頁154－157。

162 《舊唐書》卷一三九，〈陸贄傳〉，頁3792。「上謂贄曰：『往年群臣請上尊號『聖神文武』四字，今緣寇難，諸事並宜改更，眾欲朕舊號之中更加一兩字，其事何如？』贄奏曰：『尊號之興，本非古制。…不可近從末議，重益美名。』」（唐）封寅 撰，《封氏見聞記》（《封氏見聞記校注》北京：中華書局，2005年）卷四〈尊號〉，頁26。「秦、漢以來，天子但稱皇帝，無別徽號。…則天以女主臨朝，苟順臣子一時之請，受尊崇之號，自後因為故事。」

163 《舊唐書》卷一三九，〈陸贄傳〉，頁3792。「贄曰：『古之人君稱號，或稱皇、稱帝，或稱王，但一字而已；至暴秦，乃兼皇帝二字，後代因之，及昏僻之君，乃有聖制、天元之號。』」

164 《舊唐書》卷八，〈玄宗紀上〉，頁171－210；其他以外在《舊唐書》，頁210，〈開元聖文神武皇帝〉；頁215－926，〈開元天寶聖神武皇帝〉；頁3483，〈開元天寶聖文神武應道皇帝〉；頁227，〈開元天地大寶聖文神武孝德證道皇帝〉等都有。

165 西漢哀帝（《漢書》卷十一，〈哀帝紀〉，頁340，「號曰；陳聖劉太平皇

145 《舊唐書》卷一九四上，〈突厥傳上 單于 瀚海二督護府〉，頁5166。「車鼻既破之後，突厥盡為封疆之臣，於是分置單于、瀚海二都護府。單于都護領狼山雲中桑乾三都督、蘇農等一十四州；瀚海都護領瀚海金微新黎等七都督、仙萼賀蘭等八州，各以其首領為都督、刺史。高宗東封泰山，狼山都督葛邏祿社利等首領三十餘人，並扈從至嶽下，勒名於封禪之碑。自永徽已後，殆三十年，北鄙無事。」

146 《舊唐書》卷二十五，〈禮儀志五〉，頁972。「高祖神堯葬於獻陵，貞觀十三年正月乙巳，太宗朝於獻陵。先是日，宿衛設黃麾仗周衛陵寢，至是質明，七廟子孫及諸侯百僚、蕃夷君長皆陪列于司馬門內。」

147 《通典》卷兩百，〈邊防典十六 跋言〉，頁5494。「諸蕃渠帥死亡者，必詔冊立其後嗣焉，臨統四夷，自此始也。」

148 《新唐書》卷二一九，〈北狄傳〉，頁6183－6184。「贊曰：唐之德大矣！際天所覆，悉臣而屬之；薄海內外，無不州縣，遂尊天子曰『天可汗』。三王以來，未有以過之。至荒區君長，待唐璽纛乃能國，一為不賓，隨輒夷縛，故蠻琛夷寶，踵相逮于廷。極熾而衰，厥禍內移，天寶之後，區夏痍破，王官之戍，北不踰河，西止秦、邠，凌夷百年，逮於亡，顧不痛哉！故曰：治己治人，惟聖人能之。」

149 一百餘年的天可汗歷史被分為三個分期，第一期為貞觀四年開始到平定西突厥的高宗顯慶二年（657年）；第二期是在西域十六國跟昭武九姓諸國內設置都督府和諸州的高宗龍朔元年（661年）到玄宗天寶十一載（752年），安西節度使高仙芝的怛羅斯之役失敗的時期為止；第三期則是發生安史之亂的天寶十四載（755年）起至代宗過世，乃至郭子儀過世的德宗建中二年（781年）。（羅香林，〈唐代天可汗制度考〉，頁56－57。

150 《新唐書》卷二二一下，〈西域傳下 康 西曹〉，頁6245。「西曹者，隋時曹也，…武德中入朝，天寶元年，王哥邏僕羅遣使者獻方物，詔封懷德王，即上言：『祖考以來，奉天可汗，願同唐人受調發，佐天子征討。』十一載，東曹王設阿忽與安王請擊黑衣大食，玄宗尉之，不聽。」

151 《新唐書》卷二一九，〈北狄傳〉，頁6183。「贊曰：『……遂尊天子曰『天可汗』，三王以來，未有以過之。』」

152 陳寅恪，〈論唐高祖稱臣于突厥事〉，《寒柳堂集》，上海：上海古籍出版社，1980年，頁97－108。

153 《隋書》卷八十四，〈北狄傳 突厥〉，頁1872。「（開皇十七年）夏六月，高

6073。「四夷君長詣闕請上為天可汗，上曰：『我為大唐天子，又下行可汗事乎！』群臣及四夷皆稱萬歲，是後以璽書賜西北君長，皆稱『天可汗』。」

139 《通典》卷兩百，〈邊防典十六 跋言〉，頁5494。「大唐貞觀中，戶部奏言，中國人自塞外來歸及突厥前後降附開四夷為州縣者，男女百二十餘萬口。時諸蕃君長詣闕頓顙，請太宗為天可汗。制曰：『我為大唐天子，又下行可汗事乎？』群臣及四夷咸稱萬歲，是後以璽書賜西域、北荒之君長，皆稱『皇帝天可汗』。諸蕃渠帥死亡者，必詔冊立其後嗣焉。臨統四夷，自此始也。」

140 從肅宗作為天可汗，冊立磨延啜為回紇的「英武威遠毗伽可汗」這點來看，就可以知道「可汗」跟「天可汗」的地位差異。（《新唐書》卷二一七上，〈回紇傳上〉，頁616－617。「乾元元年，…帝以幼女寧國公主下嫁，即冊磨延啜為英武威遠毗伽可汗，詔漢中郡王瑀攝御史大夫為冊命使，…瑀至虜，而可汗胡帽赭袍坐帳中，儀衛光嚴，引瑀立帳外，問曰：『王，天可汗何屬？』瑀曰：『從昆弟也。』…於是引瑀入，瑀不拜，可汗曰：「見國君，禮無不拜。」瑀曰：「天子顧可汗有功，以愛女結好。比中國與夷狄婚，皆宗室子。今寧國乃帝玉女，有德容，萬里來降，可汗天子婿，當以禮見，安踞受詔邪？」可汗慚，乃起奉詔，拜受冊。翌日，尊主為可敦。」）

141 劉義棠，〈天可汗探原〉，《中國西域研究》，臺北：正中書局，1997年，頁96。

142 《舊唐書》卷三，〈太宗本紀下貞觀二十年（646年）〉，頁59。「秋八月…庚午，次涇陽頓，鐵勒迴紇、拔野古、同羅、僕骨、多濫葛、思結、阿跌、契苾、跌結、渾、斛薛等十一姓各遣使朝貢，奏稱：『延陀可汗不事大國，部落烏散，不知所之。奴等各有分地，不能逐延陀去，歸命天子，乞置漢官。』詔遣會靈州。九月甲辰，鐵勒諸部落俟斤、頡利發等遣使相繼而至靈州者數千人，來貢方物，因請置吏，咸請至尊為可汗。於是北荒悉平，為五言詩勒石以序其事。」

143 《舊唐書》卷一百二十，〈郭子儀傳〉，頁3462。「是時，急召子儀自河中至，屯於涇陽，而虜騎已合。子儀一軍萬餘人，而雜虜圍之數重。…子儀率甲騎二千出沒於左右前後，虜見而問曰：『此誰也？』報曰：『郭令公也。』迴紇曰：『令公存乎？僕固懷恩言天可汗已棄四海，令公亦謝世，中國無主，故從其來。今令公存，天可汗存乎？』報之曰：『皇帝萬歲無疆。』回紇皆曰：『懷恩欺我。』」

144 羅香林，〈唐代天可汗制度考〉，《唐代文化史》，臺北：臺灣商務印書館，1974年，頁56。

者，復之七年。』」

128 朴漢濟，〈南北朝的南北關係〉，《韓國學論叢》四，1982年，頁197；朴漢濟，〈中華的分裂和鄰近各國的對應－「多重的」中華世界之成立〉，《中國學報》五十四，2006年，頁259－263。

129 《魏書》卷十九中，〈景穆十二王列傳中任城王雲〉，頁461。「延興中，雲進曰：『陛下方隆太平，……皇魏之興，未之有革。皇儲正統，聖德夙章。』」

130 《宋書》卷十四〈禮志一〉，頁346。「宋孝武大明三年九月，尚書右丞徐爰議：『郊祀之位，…皇宋受命，因而弗改。』」

131 朴漢濟，〈中華的分裂和鄰近各國的對應－「多重的」中華世界之成立〉，頁253－259。

132 《南齊書》卷五十九，〈芮芮虜傳〉，頁1024－1025。「皇芮承緒，肇自二儀，拓土載民，地越滄海，百代一族，大業天固。雖吳漠殊域，義同脣齒，方欲剋期中原，龔行天罰。治兵繕甲，俟時大舉，振霜戈於并、代，鳴和鈴於秦、趙，掃殄凶醜，梟剪元惡。然後皇輿遷幸，光復中華，永敦鄰好，侔蹤齊、魯。使四海有奉，蒼生咸賴，荒餘歸仰，豈不盛哉！」

133 《魏書》卷一〇一補，〈吐谷渾傳〉，頁2233。

134 《魏書》卷一〇一補，〈吐谷渾傳〉，頁2240。「自爾以後，貢獻路絕。伏連籌死，子夸呂立，始自號為可汗，居伏俟城，在青海西十五里，雖有城郭而不居，恒處穹廬，隨水草畜牧。」

135 《隋書》卷八十四，〈北狄傳突厥〉，頁1873。「虜不戰而遁，追斬首虜二千餘人，晉王廣出靈州，達頭遁逃而去。尋遣其弟子俟利伐從磧東攻啟民，上又發兵助啟民守要路，俟利伐退走入磧，啟民上表陳謝曰：『大隋聖人莫緣可汗，憐養百姓，如天無不覆也，如地無不載也，諸姓蒙威恩，赤心歸服，並將部落歸投聖人可汗來也。或南入長城，或住白道，人民羊馬，徧滿山谷，染干譬如枯木重起枝葉，枯骨重生皮肉，千萬世長與大隋典羊馬也。』」

136 《隋書》卷八十四〈北狄傳突厥〉，頁1876。「隋末亂離，中國人歸之者無數，遂大強盛，勢陵中夏。迎蕭皇后，置於定襄，薛舉、竇建德、王世充、劉武周、梁師都、李軌、高開道之徒，雖僭尊號，皆北面稱臣，受其可汗之號。」

137 森安孝夫表示遊牧國家，也就是沒有遺忘武力國家本質的隋跟唐將稱為戈壁沙漠的天然國境消滅，這種現象之後在元朝和清朝也再度出現。（《シルクロードと唐帝國》，頁183。

138 《資治通鑑》卷一百九十三，〈唐紀九 太宗貞觀四年（630年）三月條〉，頁為姓氏錄。當時軍功入五品者，皆為譜限，搢紳恥焉，目為『勳格』。義府奏悉索氏族志燒之。」

117 《舊唐書》卷七十三，〈孔穎達傳〉，頁2602－2603。「先是，與顏師古、司馬才章，王恭、王琰等諸儒受詔撰定五經義訓，凡一百八十卷，名曰五經正義，太宗下詔曰：『卿等博綜古今，義理該洽，考前儒之異說，符聖人之幽旨，實為不朽。』付國子監施行，賜穎達物三百段，時又有太學博士馬嘉運駁穎達所撰正義，詔更令詳定，功竟未就。」

118 《舊唐書》卷一百三十九上，〈儒學傳上〉，頁4941－4942。「太宗又以經籍去聖久遠，文字多訛謬，詔前中書侍郎顏師古考定五經，頒於天下，命學者習焉。又以儒學多門，章句繁雜，詔國子祭酒孔穎達與諸儒撰定五經義疏，凡一百七十卷，五曰五經正義。」

119 《舊唐書》卷四，〈高宗本紀 永徽四年（653年）三月壬子朔條〉，頁71。「頒孔穎達五經正義於天下，每年明經令依此考試。」

120 白鳥庫吉，〈可汗及可敦稱號考〉，《東洋學報》11－3，1921年（《白鳥庫吉全集》五，東京：吉川弘文館，1970年再收），頁147－148。

121 《北史》中是「豆代」（卷九十八〈蠕蠕傳〉，頁3250－3251），《魏書》中是「丘豆伐」（卷一百零三〈蠕蠕傳〉，頁2291），《通典》裡面也叫做「丘豆伐」（卷一九六，〈邊防十二 蠕蠕傳〉，頁5378）。

122 米文平，〈鮮卑石室的發現與初步研究〉，《文物》，1981－2。

123 朴漢濟，〈木蘭詩的時代〉，《五松李公範教授停年退任紀念東洋史論叢》，首爾：知識產業社，1993年，頁180－183。

124 朴漢濟，〈木蘭詩的時代〉，頁182。

125 「島夷」是北魏對東晉桓玄政權以後到梁代為止的南方政權稱呼時使用的用語。（《魏書》卷九十七，〈島夷桓玄傳〉：卷八十五〈島夷劉裕傳〉：卷九十八〈島夷蕭道成傳〉：卷九十八〈島夷蕭衍傳〉。

126 「索虜」雖是東晉時代起指稱鮮卑族時被使用的用語（《晉書》卷一百〇三〈苻堅載記上〉，頁2889。「索虜烏延〉」；卷一百二十五〈乞伏乾歸載記〉，頁318。「索虜禿髮」），到劉宋時代開始，就成為專稱鮮卑拓跋氏的用語。（《宋書》卷九十五〈索虜傳〉，頁2231。「索頭虜姓託跋氏，其先漢將李陵後也，陵降匈奴，有數百千種，各立名號，索頭亦其一也。」）

127 《宋書》卷九十五，〈索虜傳〉，頁2347。「此後復求通和，聞太祖有北伐意，又與書曰：『彼此和好，居民連接，為日已久，而彼無厭，誘我邊民，其有往

108 《資治通鑑》卷一九五，〈唐紀十一 太宗貞觀十二年（638年）正月條〉，頁6136。「於是，皇族（唐室 李氏）為首，外戚（河南獨孤氏、竇氏、長孫氏）次之，降崔民幹為第三。凡二百九十三姓，千六百五十一家，頒於天下。」

109 所謂的「十六國」表示是「能建邦命氏，成為戰國者」（《魏書》卷六十七，〈崔鴻傳〉，頁1503），以崔鴻自己的資格標準出來的五胡跟十六國雖然不是立即具有連結關係的，但十六國大部分是五胡建立的王朝是事實，也絕非不名譽的事情。

110 魏晉南北朝時代的正史中，除了三國時代，其他的歷史都被重新撰述，這樣的正史全部都由唐太宗主導，或者在他的影響下進行編撰。太宗從以前屬於一家（家學）的歷史中，設置作為編撰機關的史館，由宰相身負監修國史的責任，而史館也完善了修撰分工化的體制。意即依據敕命撰修的「奉敕撰」開始成立，同時又將「一王朝一正史」的體制制度化，建立了下個王朝中可以編撰前一個王朝歷史的原則，堪稱是中國史學史上劃時代的演進。

111 《二十二史劄記》卷十九，〈天子不觀起居注〉。

112 《貞觀政要》卷七，〈文史〉，頁224。「太宗見六月四日事，語多微文，乃謂玄齡曰：『昔周公誅管、蔡而周室安，季友鴆叔牙而魯國寧，朕之所為，義同此類，蓋所以安社稷，利萬民耳。史官執筆，何煩有隱？』宜即改削浮詞，直書其事。」

113 《唐大詔令集》卷八十一，經史「修晉書詔」（貞觀二十年閏二月），頁422。

114 特別著重當代認知意味的唐太宗史觀，可以將其與劉知幾的《史通》（七百一十年完成）跟杜佑的《通典》（八百〇一年完成）以歷史精神來連接。（氣賀澤保規，《絢爛たる世界帝國、隋唐時代（中國の歷史06）》，東京：講談社，2005，頁356-3610。

115 史館在門下省北側。首先在貞觀三年時設秘書內省，「五代史」（貞觀初年，魏徵和房玄齡編修了《梁書》、《陳書》、《北齊書》、《周書》和《隋書》等唐以前五個王朝的歷史，按當時的習慣統稱之）被編修；之後再次設置了史館，為了要編撰國史而因此將秘書內省廢止。

116 《新唐書》卷九十五，〈高儉傳〉，頁3842。「高宗時，許敬宗以不敘武后世，又李義府恥其家無名，更以孔志約、楊仁卿、史玄道、呂才等十二人刊定之，裁廣類例，合二百三十五姓，二千二百八十七家，帝自敘所以然，以四后姓、酅公、介公及三公、天子三師、開府儀同三司、尚書僕射為第一姓，文武二品及知政三品為第二姓，各以品味高下敘之，凡九等，取身及昆弟子孫，餘屬不入，改

99 《舊唐書》卷七十五，〈孫伏伽傳〉，頁2636-2637。「及平王世充、竇建德，大赦天下，既而責其黨與，並令配遷，伏伽上表諫曰：『…若欲子細推尋，逆城之內，人誰無罪。故書云：『殲厥渠魁，脅從罔治。』若論渠魁，世充等為首，渠魁尚免，脅從何辜？且古人云：『蹠狗吠堯，蓋非其主。』在東都城內及建德部下，乃有與陛下積小故舊，編髮友朋，猶尚有人敗後始至者，此等豈忘陛下，皆云被壅故也。以此言之，自外疏者，竊謂無罪。』

100 （宋）黎靖德編，《朱子語類》（北京：中華書局，1994，王星賢點校），卷一三六，〈歷代類三〉，頁3245。「唐源流出於夷狄，故閨門失禮之事，不以為異。」

101 《新唐書》卷八十，〈太宗諸子傳常山王承乾〉，頁3564－3565。「又使戶奴數十百人習音聲，學胡人椎髻，翦綵為舞衣，尋橦跳劍，鼓鞞聲通晝夜不絕。造大銅爐、六熟鼎，招亡奴盜取人牛馬，親視烹燖，召所幸廝養共食之。又好突厥言及所服，選貌類胡者，披以羊裘，辮髮，五人建一落，張氈舍，造五狼頭纛，分戟為陣，繫幡旗，設穹廬自居，使諸部斂羊以烹，抽佩刀割肉相啗，承乾身作可汗死，使眾號哭剺面，奔馬環臨之。」

102 南匈奴在四世紀初使西晉滅亡後，一貫持續著對華北的影響力；七世紀初唐朝的初代皇帝李淵之妻竇氏也是南匈奴出身，還有唐王朝建國時是跟突厥一起倚仗著南匈奴的軍事實力的。（石見清裕，《唐の建國と匈奴の費也頭》、《唐の北方問題と國際秩序》，東京：汲古書院，1997，頁17－63）。

103 王桐齡，《中國民族史》民國叢書第一編 八十 歷史、地理類，上海：上海書店，1989，頁332。

104 甘懷真，〈隋文帝時代軍權與「關隴集團」之關係－以總管為例－》，《唐代文化研討會論文集》，台北：臺灣文史哲出版社，1991，頁515。

105 Henry Yule trans, and ed., *Cathay and the way Thither: Being a collection of medieval notices of China*, vol.1，London: Hakluyt Society，1914，pp. 29.

106 Sanping Chen，*Multicultural China in the Early Middle Age*，Philadelphia：University of Pennsylvania Press，2012, pp.4－33.

107 西涼的李暠在崔鴻的《十六國春秋》有被載錄（《魏書》卷六十七，〈崔鴻傳〉，頁1502－1503。「鴻弱冠便有著述之志，見晉魏前史皆成一家，無所措意。以劉淵…，李暠、沮渠蒙遜、馮跋等，並因世故，跨僭一方，各有國書，未有統一，鴻乃撰為十六國春秋」），湯球所編撰的《十六國春秋輯補》西涼錄中也有載錄，因此連清人湯球都視西涼為五胡建立的國家。

晉世，似有若無，五胡亂治，風化方盛，朕非五胡，心無敬事，既非正教，所以廢之。』」

89 《新唐書》卷一，〈高祖本紀〉，頁1。「高祖神堯大聖大光孝皇帝諱淵，……隴西成紀人也。其七世祖暠，當晉末，據秦、涼以自王，是為涼武昭王。暠生歆，歆為沮渠蒙遜所滅，歆生重耳，魏弘農太守，重耳生熙，金門鎮將，戍于武川，因留家焉。熙生天賜，為幢主，天賜生虎，西魏時，賜姓大野氏，官至太尉，與李弼等八人佐周代魏有功，皆為柱國，號『八柱國家』。」

90 《周書》卷十九，〈楊忠傳〉，頁137。「魏恭帝初，賜姓普六茹氏」，《隋書》卷一，〈高祖紀上〉，頁2。「齊王憲言於帝曰：『普六茹堅相貌非常，臣每見之，不覺自失。』」

91 也有人認為賜姓的名稱和本姓沒有關聯，但並沒有充分的理由這樣認為，因為楊氏的狀況並不是個人的，而是楊忠一門自身就是普六茹氏的緣故。

92 陳寅恪，《唐代政治史述論稿》，頁17。

93 （唐）彥悰撰，《唐護法沙門法琳別傳》卷下，頁210-2。（《大正新修大藏經》第五十卷〈史傳部二〉所收），「竊以拓拔元魏，北代神君。達闍（即大野）達系，陰山貴種。經云：以金易鍮石，以絹易縷褐，如捨寶女與婢女通，陛下即其人也。棄北代而認隴西，陛下即其事也。」

94 （唐）劉餗撰，《隋唐嘉話》（北京：中華書局，1979）卷上，頁9。「（單）雄信壯勇過人。（李） 勣後與海陵王元吉圍洛陽，…雄信攬轡而止，顧笑曰：『胡兒不緣你，且了竟。』」

95 隴西又稱作隴右，指的是隴山的西方區域的意思（自秦漢時代起就設置了隴西郡），是現在說的甘肅省東部地帶，隴西李氏是李氏中最顯要的一派之一。

96 《舊唐書》卷七十八，〈于志寧傳〉，頁2693-2694。「時議者欲立七廟，以涼武昭王為始祖，房玄齡等皆以為然，（于）志寧獨建議以為昭武遠祖，非王業所因，不可為始祖。」

97 《全唐文》卷三十一，〈元（玄）宗皇帝十二 命李彥允等入宗正籍詔〉，頁353。「古之宗盟，異姓為後，王者設教，莫有其親，殿中侍御史李彥允等奏稱。與朕同承涼武昭王後，請甄敘者，源流實同，譜牒猶著，雖子孫千億，各散於一方，而本枝百代，何殊於近屬。況有陳請，所宜敦敘。自今已後，涼武昭王孫寶以下，絳郡姑藏敦煌武陽等四房子孫，並宜隸入宗正，編諸屬籍，以明尊本之道，用廣親親之化。」

98 陳寅恪，《唐代政治史述論稿》，頁11。

未足為論。…自古以來誠無戎人而為帝王者，至於名臣建功業者，則有之矣。』《晉書》卷一〇四〈石勒載記上〉，頁2721。「（王）浚謂（王）子春等曰：『石公一時英武，據趙舊都，成鼎峙之勢，何為稱藩于孤，其可信乎？』（王）子春對曰：『……且自古誠胡人而為名臣者實有之，帝王則未之有也。』」

81 《孟子》〈離婁下〉：「孟子曰：舜生於諸馮，遷於負夏，卒於鳴條。東夷之人也。文王生於岐周，卒於畢郢，西夷之人也。地之相去也，千有餘里，世之相後也，千有餘歲，得志行乎中國，若合符節，先聖後聖，其揆一也。」

82 《晉書》卷五十二，〈華譚傳〉，頁1452。「時九州秀孝策無逮（華）譚者。譚素以才學為東土所推。同郡劉頌時為廷尉，見之歎息曰：『不悟鄉里乃有如此才也！』博士王濟於眾中嘲之曰：『五府初開，群公辟命，採英奇於仄陋，拔賢儁於巖穴。君吳楚之人，亡國之餘，有何秀異而應斯舉？』譚答曰：『秀異固產於方外，不出於中域也，是以明珠文貝，生於江鬱之濱；夜光之璞，出乎荊藍之下，故以人求之，文王生於東夷，大禹生於西羌，子弗聞乎？昔武王克商，遷殷頑民於洛邑，諸君得非其苗裔乎？』」

83 《晉書》卷一〇一，〈劉元海載記〉，頁2649。「元海曰：『……夫帝王豈有常哉，大禹出於西戎，文王生於東夷，顧惟德所授耳。』」

84 《二十二史劄記》卷八〈僭偽諸君有文學〉，頁164。「晉載記諸僭偽之君，雖非中國人，亦多有文學。」

85 《晉書》卷一〇五，〈石勒載記上〉，頁2756。「及永嘉大亂，石勒為劉元海輔漢將軍，與諸將下山東，賓謂所親曰：『吾歷觀諸將多矣，獨胡將軍可與共成大事。』」

86 《魏書》卷六十二，〈李彪傳〉，頁1394-1396。「彪乃表曰：『臣聞龍圖出而皇道明，龜書見而帝德昶，斯實冥中之書契也。……可謂四三皇而五六帝矣，誠宜功書於竹素，聲播於金石。』」

87 《魏書》卷五十四，〈高閭傳〉，頁1208。「閭曰：『司馬相如臨終前恨不見封禪，今雖江介不賓，小賊未殄，然中州之地，略亦盡平，豈可於聖名之辰，而闕盛禮。齊桓公霸諸侯，猶欲封禪，而況萬乘。』高祖曰：『由此桓公屈於管仲，荊揚為一，豈得如卿言也。』閭曰：『漢之名臣，皆不以江南為中國，且三代之境，亦不能遠。』高祖曰：『淮海惟揚州，荊及衡陽惟荊州，此非近中國乎？』」

88 《廣弘明集》（臺北：中華書局，1970）卷十，辯惑論〈敘任道林辨周武帝除佛法詔〉，頁3b-4a。「詔曰：『佛生西域，寄傳東夏，原其風教，殊乖中國，漢魏九姓鐵勒的名稱形成了部族統合體並和突厥對立。他們在七到八世紀向西方遷徙，八到九世紀在錫爾河中、下游成為定居的伊斯蘭化種族。烏古斯族的始祖是烏古斯可汗。（拉施德丁Rashid ai-Din Tabib 著，金東皓譯註，首爾：四季，二○○二年的第一篇 烏古斯族參考）。十二到十三世紀以後，烏古斯可汗首先將六個兒子配置在左右兩翼，一組下又各自有其四個兒子擔當軍事部份，形成全部共二十四個軍事集團的特殊型態。（杉山正明，《モンゴル帝國と長いそ後》〈興亡の世界史09〉，頁85-91。）（編註：本書中文譯名為《蒙古帝國的漫長遺緒》）

71 匈奴的君主〔單于〕面向南方掌握中央部族，於其兩翼配有在右（西）的右賢王十二長，在左（東）的左賢王引領的十二長，總共二十四長各自統管萬騎。（《史記》卷一一○，〈匈奴列傳〉，頁2890。「置左右賢王，左右谷蠡王，左右大將，左右大都尉，左右大當戶，左右骨都侯。匈奴謂賢曰『屠耆』，故常以太子為左屠耆王。自如左右賢王以下至當戶，大者萬騎，小者數千，凡二十四長，立號曰「萬騎」。」）

72 杉山正明，《モンゴル帝國と長いそ後》〈興亡の世界史09〉，頁90。

73 鮮卑拓跋部方面形成的代國–北魏–東魏–西魏–北齊–隋–唐雖帶著中華風的王朝名，但實際是被叫做「拓跋國家」也好的國家及政權。匈奴以來遊牧系武人的傳統、體質濃厚，所謂的中國帝國的典型在這裡就連唐朝也是「異族們建造的新中華」，六人的權力者在其底下又配置四人領袖（關隴集團），正是「烏古斯可汗的傳說」的先行者。

74 《隋書》卷二十四〈食貨志〉，頁680。「建德二年（當作三年）改軍士為侍官，募百姓充之，除其縣籍，是後夏人半為兵矣。」

75 朴漢濟，〈西魏–北周時代「周禮」官制採用的經過及其意味〉，《中國學報》42，2002年。

76 朴漢濟，〈西魏北周時代的賜姓與鄉兵的府兵化〉，《歷史研究》1993-4。

77 朴漢濟，〈北魏、北齊時代的胡漢體制的展開–胡漢葛藤與二重構造〉，《分裂與統合–中國中世的諸相》首爾：知識產業社，1998年。

78 陳寅恪，《唐代政治史述論稿》，頁15。

79 《晉書》卷一○三，〈苻堅載記上〉，頁2884。「八歲，請師就家學。（苻）洪曰：『汝戎狄異類，世知飲酒，今乃求學邪！』欣而許之。」

80 《晉書》卷一○四，〈石勒載記上〉，頁2715。「劉琨遣張儒送王于（石）勒，遺勒書曰：『將軍發迹河朔，席卷兗豫，飲馬江淮，折衝漢沔，雖自古名將，

60 《魏書》卷九，〈肅宗孝明帝紀正光五年（524）三月條〉，頁235。「沃野鎮人破落汗拔陵聚眾反，殺鎮將，號真王元年。詔臨淮王彧為鎮軍將軍，假征北將軍，都督北征諸軍事以討之。」；《魏書》卷九，〈肅宗孝明帝紀孝昌元年（528）八月條〉，頁241。「柔玄鎮人杜洛周率眾反於上谷，號年真王，攻沒郡縣，南圍燕州。」

61 柔玄鎮的杜洛周和懷朔鎮的鮮于脩禮相互呼應。

62 陳寅恪，《唐代政治史述論稿》，上海：上海古籍出版社，1989年，頁48。

63 陳寅恪，《唐代政治史述論稿》，頁15。

64 《隋書》卷六十二，〈裴肅傳〉，頁1486。「屬高祖為丞相，肅聞而歎曰：『武帝以雄才定六合，墳土未乾，而一朝變革，豈天道歟』」；《隋書》卷四十，〈王世積傳〉，頁1172。「高祖受禪，…嘗密謂（高）熲曰：『吾輩俱周之臣子，社稷淪滅，其若之何。』熲深拒其言」；《資治通鑑》卷一七四，〈陳紀八 宣帝太建十二年（580）七月條〉，頁5421。「李德林曰：『公（楊堅）與諸將，皆國家貴臣，未相服從，今正以挾令之威控御之耳。』；《資治通鑑》卷一七五，〈陳紀八宣帝太建十三年（581）條〉，頁5436。「上柱國竇毅（宇文泰女婿）之女，聞隋受禪，自投堂下，撫膺太息曰：『恨我不為男子，救舅氏之患！』……及長，以適唐公李淵。」

65 《廿二史箚記》卷十五，〈隋文帝殺宇文氏子孫〉，頁332-333。「古來得天下之易，未有如隋文帝者，……於是周文帝子孫盡矣，於是煬帝之子孫亦無遺種矣，……而煬帝之死，又巧借一姓宇文者之手以斃之，此豈非天道好還之顯然可據者哉。」

66 朴漢濟，〈西魏、北周時代胡漢體制的展開–胡姓再行的經過和其意味》、《魏晉隋唐研究史》創刊號，1994年。

67 Louis M.J. Schram，*Monguors of the Kansu-Tibetan Frontier Part 1: Their Origin, History, and Social Organization*，Philadelphia: American Philosophical Society，1954，頁34。Lawrence krader，*Social Organization of the Mongol* Turkic-Pastoral Nomads，The Hague:Mouton，頁333。

68 朴漢濟，〈西魏北周時代胡姓的重行與胡漢體制–向『三十六國九十九姓』姓氏體制回歸的目的和邏輯一〉，《北朝研究》1993-2。

69 谷川道雄，〈府兵制國家論〉，《增補隋唐帝國形成史論》，東京：筑摩書房，1998年。

70 烏古斯是漢文史料中從「鐵勒」集團所屬的「烏紇」或是「袁紇」開始，之後以十五年正月，侍中、司空、長樂王穆亮，……中書侍郎賈元壽等言：『……尚書高閭以石承晉為水德，以燕承石為木德，以秦承燕為火德，大魏次晉為土德，一臣等謹共參論，伏惟皇魏世王玄朔，下迄魏、晉、趙、秦、二燕雖地據中華，德祚微淺，並獲推敘，於理未愜，……今欲從（李）彪等所議，宜承晉為水德。』詔曰：『……便可依為水德，祖申臘辰。』」

54 《魏書》卷一一三，〈官氏志〉，頁.3014-3015。「太和十九年，詔曰：『代人諸胄，先無姓族，雖功賢之胤，混然未分。故官達者位極公卿，其功衰之親，仍居猥任，比欲制定姓族，事多未就，且宜甄擢，隨時漸銓。其穆、陸、賀、劉、樓、于、嵇、尉八姓，皆太祖以降，勳著當世，位盡王公，灼然可知者，且下司州、吏部勿充猥官，一同四姓。……』於是昇降區別矣。」

55 余秋雨，《尋覓中華》，頁184。「大唐之所以成為大唐，正在於它的不純淨。歷來總有不少學者追求華夏文化的純淨，……北魏，為不純淨的大唐作了最有力的準備。那條因為不純淨而變得越來越開闊的大道…。」

56 魯迅，《魯迅全集》第十二卷（北京：人民出版社，2005年）書信〈致曹聚仁〉，頁404。「古人告訴我們唐如何盛，明如何佳，其實唐室大有胡氣，明則無賴兒郎。」

57 北魏士兵們以多種族組成是太武帝在盱眙城攻掠時，南朝宋給臧質寄過去的信中顯露出來的。（《宋書》卷七十四，〈臧質傳〉，頁1912。「燾與質書曰：『吾今所遣鬪兵，盡非韓國人，城東北是丁零與胡，南是三秦氐、羌，設使丁零死者，正可減常山、趙郡賊；胡死，正減并州賊；氐、羌死，正減關中賊，卿若殺丁零、胡，無不利』」。）。

58 《魏書》卷八十四，〈張彝傳〉，頁1432。「第二子仲瑀上封事，求銓別選格，排抑武人，不使預在清品，由是眾口喧喧，謗讟盈路，立榜大巷，剋期會集，屠害其家，彝殊無畏避之意，父子安然。神龜二年二月，羽林虎賁幾將千人，相率至尚書省詬罵，求其長子尚書郎始均，不獲，以瓦石擊打公門。上下畏懼，莫敢討抑。遂便持火，虜掠道中薪蒿，以杖石為兵器，直造其第，曳彝堂下，捶辱極意，唱乎嗸嗸，焚其屋宇。始均、仲瑀當時踰北垣而走，始均回救其父，拜伏群小，以請父命，羽林等就加毆擊，生投之於烟火之中，及得尸骸，不復可識，唯以髻中小釵為驗。仲瑀傷重走免。」

59 《資治通鑑》卷一四九，〈梁紀 武帝普通四年（523）條〉，頁4674。「及柔然入寇，鎮民請糧，（于）景不肯給，鎮民不勝忿，遂反，執景，未幾，沃野鎮民破六韓拔陵聚眾反，殺鎮將，改元真王。」

44 《魏書》卷一〈序紀〉，頁3-4。「始祖神元皇帝諱力微立。……二十九年，（沒鹿回部大人竇）賓臨終，戒其二子使謹奉始祖。其子不從，乃陰謀為逆。始祖召殺之，盡并其眾，諸部大人，悉皆　服，控弦上馬二十餘萬。三十九年，遷於定襄之盛樂。…於是與魏和親。四十二年，遣子文帝如魏，且觀風土。」

45 《魏書》卷一〈序紀〉，頁7-9。「穆皇帝天姿英特，勇略過人，昭帝崩後，遂總攝三部，以為一統。…三年，晉并州刺史劉琨遣使，以子遵為質。帝嘉其意，厚報饋之。…晉懷帝進帝大單于，封代公。帝以封邑去國懸遠，民不相接，乃從琨求句注陘北之地，琨自以託附，聞之大喜，乃徙馬邑、陰館、樓煩、繁畤、崞武縣之民於陘南，更立城邑，盡獻其地，東接代郡，西連西河、朔方，方數百里。帝乃徙十萬家以充之。…八年，晉愍帝進帝爲代王，置官屬，食代、常山二郡。…先是，國俗寬簡，民未知禁。至是，明刑峻法，諸部民多以違命得罪。」

46 對遊牧民族來說部是軍事單位，同時也是產業（遊牧）、生活單位。

47 《魏書》卷一一三，〈官氏志〉，頁3014。「登國初，太祖散諸部落，始同為編民」；《魏書》卷八十三，〈赫訥傳〉，頁182。「離散諸部，分土定居，不聽遷徙，其君長大人皆同編戶。〈賀〉訥以元舅，甚見尊重，然無統領，以壽終於家。」

48 高允建立的《徵士頌》中出現的名單是34人。（《魏書》卷四十八，〈高允傳〉，頁1078-1081。「後允以老疾，頻上表乞骸骨，詔不許。於是乃著告老詩。又以昔歲同徵，零落將盡，感逝懷人，作徵士頌，蓋止於應命者，其有命而不至，則闕焉。群賢之行，舉其梗概矣。今著之於左：中書侍郎、固安伯范陽盧玄子真，…陳留郡太守、高邑子趙郡呂季才」）。

49 《魏書》卷一一四，〈釋老志〉，頁3050-3053。「（寇）謙之守志嵩岳，精專不懈，以神瑞二年十月乙卯，忽遇大神，…稱太上老君。…世祖欣然，乃使謁者奉玉帛牲牢，祭嵩岳，迎致其餘弟子在山中者。於是崇奉天師，顯揚新法，宣布天下，道業大行。…及嵩高道士四十餘人至，遂起天師道場於京城之東南，重壇五層，遵其新經之制，給道士百二十人衣食，齊肅祈請，六時禮拜，月設厨會數千人。」

50 陳寅恪是從代表胡的長孫嵩和代表漢的崔浩對決中來看的。（〈崔浩與寇謙之〉，《金明館叢稿出編》，上海：上海古籍出版社，1980，頁136）。

51 何德章，〈北魏國號與正統問題〉，《歷史研究》1992-2。

52 周一良，〈關於崔浩國史之獄〉，《中華文史論叢》1980-4。

53 《魏書》卷一〇八之一，〈禮志四之一 祭祀上〉，頁2746-2747。「（太和）

十二月戊戌，帝遇弒，崩于平陽，時年十八。」

35 雖然懷帝使用永嘉年號的統治期間只有三〇七年至三一二年，但三〇四年十月李雄自稱成都王，十一月劉淵自稱漢王時（《晉書》卷四〈孝惠帝紀〉永安元年〈304年〉冬十一月條，頁104。「李雄僭號成都王，劉元海僭號漢王。」），就通稱為永嘉之亂。

36 《晉書》卷四十三，〈王戎 附從弟衍傳〉，頁1238。「俄而舉軍為石勒所破，勒呼王公，與之相見，問衍以晉故。衍為陳禍敗之由，云計不在己。勒甚悅之，與語移日。衍自說少不豫事，欲求自免，因勸勒稱尊號。勒怒曰：『君名蓋四海，身居重任，少壯登朝，至於白首，何得言不豫世事邪！破壞天下，正是君罪。』使左右扶出。謂其黨孔萇曰：『吾行天下多矣，未嘗見如此人，當可活不？』萇曰：『彼晉之三公，必不為我盡力，又何足貴乎！』勒曰：『要不可加以鋒刃也。』使人夜排牆填殺之。衍將死，顧而言曰：『嗚呼！吾曹雖不如古人，向若不祖尚浮虛，戮力以匡天下，猶可不至今日。』時年五十六。」

37 三到五世紀，有從中國的西、北、東方往中國的內地移居、活動的少數民族（丁零、烏桓、夫餘、高句麗、巴、蠻、獠、胡），當時華北的十六國外也有冉魏、西燕、前、後仇池、翟遼的魏等王朝。「十六」是根據北魏末年崔鴻（？-525）所著的《十六國春秋》而成為正式的名稱。

38 《晉書》卷一〇四，〈石勒載記上〉，頁2710-2711。「（劉）元海授（石）勒安東大將軍、開府，置左右長史、司馬、從事中郎，進軍攻鉅鹿、常山，害二郡守將。陷冀州郡縣堡壁百餘，眾至十餘萬，其衣冠人物集為君子營。」

39 《晉書》卷一〇二，〈劉聰載記〉，頁2665。「置左右司隸，各領戶二十餘萬，萬戶置一內史，凡內史四十三。單于左右輔，各主六夷十萬落，萬落置一都尉。」

40 《資治通鑑》卷八十八，晉紀10愍帝建興元年（313年）條，頁2798。「（游）邃曰：『……且亂世宗族宜分，以冀遺種。』」

41 朴漢濟，〈五胡前期政權和漢人士族〉，《中國中市胡和體制研究》，首爾：一潮閣，1998，頁45-46；朴漢濟，〈胡漢體制的展開及其構造〉，《講座中國史》，首爾：知識產業社，1989，頁71-73。

42 朴漢濟，〈胡漢體制的展開以及構造〉，頁74-78。

43 《魏書》卷一〈序紀〉，頁2。「聖武皇帝諱詰汾。獻帝命南移，山谷高深，九難八阻，於是欲止。有神獸，其形似馬，其聲類牛，先行導引，歷年乃出，使居匈奴之故地。」

餘萬口，率其少多，戎狄居半，處之與遷，必須口實，……去盜賊之原，除旦夕之損，建終年之益，若憚暫舉之小勞，而忘永逸之弘策。」

29 《晉書》卷一〇一，〈劉元海載記〉，頁2648-2649。「劉宣等固諫曰：『晉為無道，奴隸御我，是以右賢王猛不勝其忿，屬晉綱未弛，大事不遂，右賢塗地，單于之恥也。今司馬氏父子兄弟自相魚肉，此天厭晉德，授之於我，單于積德在躬，為晉人所服，方當興我邦族，復呼韓邪之業，鮮卑、烏丸可以為援，奈何距之而拯仇敵！今天假手於我，不可違也。』」

30 《晉書》卷五，〈孝懷帝紀〉，永嘉二年（308年）冬十月甲戌條，頁118。「劉元海僭帝號于平陽，仍稱漢。」

31 《晉書》卷五，〈孝懷帝紀〉，永嘉五年（311年）條，頁122-123。「四月戊子，石勒追東海王越喪，及于東郡，將軍錢端戰死，軍潰，太尉王衍、吏部尚書劉望、廷尉諸葛銓、尚書鄭豫、武陵王澹等皆遇害，王公已下死者十餘萬人。東海世子毗及宗室四十八王尋又沒于石勒，賊王桑、冷道陷徐州，刺史裴盾遇害，桑遂濟淮，至于歷陽。……六月癸未，劉曜、王彌、石勒同寇洛川，王師頻為賊所敗，死者甚眾。……丁酉，劉耀、王彌入京師。帝開華林園門，出河陰藕池，欲幸長安，為曜等所追及。曜等遂焚燒宮廟，逼辱妃后，吳王晏、竟陵王楙、尚書左僕射和郁、右僕射曹馥、尚書閭丘沖、袁粲、王緄、河南尹劉默等皆遇害，百官士庶死者三萬餘人。帝蒙塵于平陽，劉聰以帝為會稽公。」

32 《晉書》卷一〇二，〈劉聰載記〉，頁2663。「正旦，聰讌于光極前殿，逼帝行酒，光祿大夫庾珉、王儁等起而大哭，聰惡之。會有告珉等謀以平陽應劉琨者，聰遂鴆帝而誅珉、儁，復乙賜帝劉夫人為貴人，大赦境內殊死已下。」

33 《晉書》卷三十一，〈后妃傳上惠羊皇后〉，頁967-968。「懷帝即位，尊后為惠帝皇后，居弘訓宮。洛陽敗，沒于劉曜。曜僭位，以為皇后。因問曰：『吾何如司馬家兒？』后曰：『胡可並言？陛下開基之聖主，彼亡國之暗夫，有一婦一子及身三耳，不能庇之。貴為帝王，而妻子辱于凡庶之手。遣妾爾時實不思生，何圖復有今日。妾生於高門，常謂世間男子皆然，自奉巾櫛以來，始知天下有丈夫耳。』曜甚愛寵之，生曜二子而死，偽謚獻文皇后。」

34 《晉書》卷一〇二，〈劉聰載記〉，頁2675。「聰校獵上林，以帝行車騎將軍，戎服執戟前導，行三驅之禮」；《晉書》卷五，〈孝愍帝紀〉建興五年（317年）冬十月丙子條，頁132。「劉聰出獵，令帝行車騎將軍，戎服執戟為導，百姓聚而觀之，故老或獻欷流涕，聰聞而惡之。聰後因大會，使帝行酒洗爵，反而更衣，又使帝執蓋，晉臣在坐者多失聲而泣，尚書郎辛賓抱帝慟哭，為聰所害。

麓，…天佑鮮卑，天佑北魏，天佑中華，…從公元五世紀後期開始…到孝文帝拓跋宏…他獨力施政只有九年時間。」

23 余秋雨，《尋覓中華》，頁178。「說到北魏孝文帝拓跋宏的改革，我一直擔心會對今天中國知識界大批狂熱的大漢族主義者、大中原主義者帶來某種誤導。」

24 《晉書》卷一〇四，〈石勒載記上〉，頁2707-2708。「石勒，……上黨武鄉羯人也，其先匈奴別部羌渠之胄，…年十四，隨邑人行販洛陽，倚嘯上東門，王衍見而異之，……大安中，并州飢亂，勒與諸小胡亡散，乃自雁門還依甯驅，北澤都尉劉監欲轉賣之，驅匿之。獲免，……會建威將軍閻粹說并州刺史、東瀛公騰執諸胡於山東賣充軍實，騰使將軍郭陽、張隆虜群胡將詣冀州，兩胡一枷，勒時年二十餘，亦在其中，數為隆所毆辱。」

25 《後漢書》卷八十七，〈西羌傳〉，頁2898-2901。「論曰：『羌戎之患，自三代尚矣。漢世方之匈奴，頗為衰寡，而中興以後，邊難漸大。朝規失綏御之和，戎帥騫然諾之信，其內屬者，或倥傯於豪右之手，或屈折於奴僕之勤。…故永初之閒，群種蜂起，遂解仇嫌，結盟詛，招引山豪，……陸梁於三輔；建號稱制，恣睢於北地。東犯趙，魏之郊，南入漢，蜀之鄙，塞湟中，斷隴道，…若二漢御戎之方，失其本矣。何則？……貪其暫安之埶，信其馴服之情，計日用之權宜，忘驚世之遠略，……』贊曰：『金行氣剛，播生西羌，氐豪分種，遂用殷彊，虔劉隴北，假僭涇陽，朝勞內謀，兵憊外攘。』」

26 《三國志》卷二十八，〈魏書二十八 鄧艾傳〉，頁776。「是時并州右賢王劉豹并為一部，艾上言曰：『戎狄獸心，不以義親，疆則侵暴，弱則內附，故周宣有玁狁之寇，漢祖有平城之圍。每匈奴一盛，為前代重患。自單于在外，莫能牽制長卑，誘而致之，使來入侍，由是羌夷失統，合散無主。以單于在內，萬里順軌。今單于之尊日疏，外土威寖重，則胡虜不可不深備也。聞劉豹部有叛胡，可因叛割為二國，以分其勢。……此御邊長計也。』又陳：『羌胡與民同處者，宜以漸出之，使居民表崇廉恥之教，塞姦宄之路。』大將軍司馬景王新輔政，多納用焉。」

27 《晉書》卷九十七，〈北狄傳 匈奴〉，「郭欽上疏曰：『魏初人寡，西北諸郡皆為戎居，宜及平吳之威，謀臣猛將之略，出北地、西河、安定，復上郡。實馮翊，于平陽以北諸縣募取死罪，徙三河三魏見士四萬家以充之。』」

28 《晉書》卷五十六，〈江統傳〉，頁1529-1533。「（江）統深惟四夷亂華，乃作「徙戎論」，其辭曰：夫夷蠻戎狄，謂之四夷，九服之制，地在要荒…反其舊土，使屬國、撫夷就安集之。戎晉不雜，並得其所，……，答曰：且關中之人百匈奴，大破之，斬優留單于，取其匈奴皮而還。北庭大亂，屈蘭、儲卑、胡都須等五十八部，口二十萬，勝兵八千人，詣雲中、五原、朔方、北地降，單于宣立三年薨，單于長之地屯屠何立。」

15 《後漢書》卷十九，〈耿屏傳 附弟夔傳〉，頁718-719。「永元初，為車騎將軍竇憲假司馬，北擊匈奴，轉（車）騎都尉。三年，憲復出河西，以夔為大將軍左校尉。將精騎八百，出居延塞，直奔北單于廷，於金微山斬閼氏、名王已下五千餘級，單于與數騎脫亡，盡獲其匈奴珍寶財畜，去塞五千餘里而還，自漢出師所未嘗至也，乃封夔栗邑侯。」

16 《後漢書》卷九十，〈烏桓鮮卑列傳〉，頁2986。「和帝永元中，大將軍竇憲遣右校尉耿夔擊破匈奴，北單于逃走，鮮卑因此轉徙據其地。匈奴餘種留者尚有十餘萬落，皆自號鮮卑，鮮卑由此漸盛。」

17 《後漢書》卷四十七，〈班超傳 附子勇傳〉，頁1589-1690。「（延光）四年秋，勇發敦煌、張掖、酒泉六千騎及鄯善、疏勒、車師前部兵及後部王軍就，大破之。首虜八千餘人，馬畜五萬餘頭，……永建元年，更立後部故王子加特奴為王，呼衍王亡走，其眾二萬餘人皆降。捕得單于從兄，勇使加特奴手斬之，以結車師匈奴之隙。北單于自將萬餘騎入後部，至金且谷，勇使假司馬曹俊馳救之，單于引去，俊追斬其貴人骨都侯，於是呼衍王遂徙居枯梧河上，是後車師無復虜跡，城郭皆安。」

18 以上的過程是從澤田勳，《匈奴－古代遊牧國家の興亡》，東京；東方書店，1966，頁163-182。

19 勒內·格魯塞（René Grousset；金皓東等翻譯），《歐亞遊牧帝國史》，首爾：四季，頁62-67；鄭秀日，《古代文明交流史》，首爾：四季，2001，頁305-306；鄭秀日，《絲路學》首爾：創作批評社，2002，頁181-185。

20 ① 隨著隋文帝使得南北朝統一，蠻族文化和古代古典文化的複合社會也隨之登場，因此以前古典帝國的成文法傳統得以繼承，也圖謀中央集權化。②西方則有ⓐ 因四一〇年哥德人入侵羅馬，使得古典帝國向君士坦丁堡移動，這和東方差不多。同時ⓑ查理曼對於基督教的獎勵跟隋文帝的獎勵佛教也可以看到是很類似的。（Arthur F. Wright，The Sui Dynasty: The Unification of China，公元581-617年，New York：Knopf，1978，頁8-12）。

21 余秋雨，《尋覓中華》，頁174。「很多學者認為，順著中國文化的原路走下去，就成，遲早能到。我不同意這種看法，因為事實並不是這樣。」

22 余秋雨，《尋覓中華》，頁175-177。「這種曠野之力，來自大興安嶺北部的東於西歐先進國家資本主義精神之清教徒倫理的「東亞的資本主義精神」，因而被稱作「新儒教倫理」（the New Confucian Ethic）來說明。（Tu Weiming ed. Confucian traditions in East Asian modernity, Cambridge, MA: Harvard University Press, 1996）

9 民族遷徙狹義來說雖然指的是上面兩百年的過程，但日耳曼民族從紀元前一千年起，就已經從原居住的斯堪地納維亞半島南部、波羅的海沿岸地區，進行相當長時間且反覆的遷徙、定居過程。他們不斷南下，來到萊茵河以東、多瑙河以北的日耳曼尼亞地區，乃至黑海北岸遼闊廣大的地方居住。紀元前二世紀末期起，日耳曼人經常試圖侵入羅馬帝國，六世紀末葉倫巴底族（Langobard）入侵義大利，八世紀到十一世紀的諾曼人、丹麥人、挪威人、瑞典人等北日耳曼各部族開始侵襲歐洲各地，並在愛爾蘭殖民，在基輔、俄羅斯等地建國（這雖稱為海盜活動，但也被稱為是第二次民族遷徙）；因此，廣義的民族遷徙可以看成是經歷前後約兩千年的長久過程。

10 針對匈奴＝匈（Hun）是否成立，以日本學界為中心提出了各式各樣的主張，匈奴和匈的同族說被發表之後，對此也有提出否定論（白鳥庫吉）、肯定論（內田吟風、江上波夫）與對立中出現的折衷說（護雅夫）等理論。特別折衷說的看法是，在西北游牧民族間，有些民族為了利用匈奴作為征服者的威名，會開始冒稱自己是「匈奴」，結果使得匈奴成為西北方遊牧民族的總稱；日後成為民族移動主角的匈就是匈奴勢力核心的一部分，而他們的西進看來也是包含了多元的血統。

11 匈的簡史客觀來說是三百七十四年匈王侵略聶伯（Dnepr）、敦河流域居住的東哥德，並造成他們的崩潰；然後在三百七十五年時將西哥德王克拉里克（Atanaric；369-381）逐出保加利亞地區，這也是所謂的「日耳曼民族大遷徙」的開端。四百〇六年匈族掠奪西方的哥德族後，便將潘諾尼亞平原設定為根據地，四百三十四年阿提拉（Attila；406-453）成為匈王後開始席捲歐洲；四百五十三年阿提拉死亡後匈族國家才被瓦解。

12 竺可楨，根據〈中國近五千年來氣候變遷〉（《地理知識》1973年4期）這本書的內容，東漢末到南北朝時期是中國的第二寒冷期，當時的溫度比起西漢時期平均低了一至兩度，五胡南下的三世紀後期，是第二寒冷期中最寒冷的一段期間。

13 《後漢書》卷一下〈光武帝紀下〉建武二十四年（48年）冬十月條，頁76。「匈奴薁鞬日逐王比自立為南單于，於是分為南、北匈奴。」

14 《後漢書》卷八十九，〈南匈奴列傳〉，頁2951。「章和元年，鮮卑入左地擊北要收拾這樣的狀態，直接從信仰新教改信舊教，並同時認可新教徒（胡格諾）有相當程度的信仰自由而公佈的詔令。這個赦令刪除了先前根據法蘭索瓦一世（François I，1515-1547）和亨利三世（Henry III，1551-1589）所規定的「舊教以外的異端須嚴懲，對告密者可以提供罰金或是沒收財產的四分之一」等條款。頒布了賦予國民們信仰自由的旨意，但國家的立場在規定舊教為國教的實際情況下，就算在赦令公布後，舊教徒比起新教徒仍然被賦予了更有利的條件，主要的條款有：1被認證的地區中進行之胡格諾的禮拜儀式是被容許的，但在巴黎市內進行是被禁止的。2承認胡格諾徒的財產繼承、大學入學、官吏就任的權利。3自八年前開始已經是由胡格諾徒掌權的要塞，從今以後也許可其作為信仰上的安全地帶。4為了要審理新、舊兩教徒之間的紛爭，除了在巴黎高等法院內設置由天主教十人、胡格諾派（新教徒）六人所組成的特別法庭外，也承認以新、舊教相同人數設置在三個地方區域的高等法院中內的特別法庭是平等的。最後雖然信仰的自由得以被規定，但對於胡格諾徒來說也是決定性的不利內容。儘管如此，天主教方面對此的不滿仍在加劇，高等法院也表現出拒絕敕令登錄手續的態度，隔年二月亨利四世就針對高等法院發動強硬措施執行，特別是盧昂（Rouen）的地方高等法院是登錄延遲至一六〇九年的實際情況，因此繼位的路易十三（Louis XIII，1601-1643）時期的宰相黎胥留（Armand Jean du Plessis de Richelieu ，1585-1642）就以武力瓦解掉胡格諾派的政治力，並把詔令中承認安定地帶條款給刪除掉（恩典紹令；Édit de Alais：1629）。另外，絕對君主的路易十四（Louis XIV，1638－1715）在一六八五年十月十八日廢止所有條款，全面性剝奪了對於胡格諾派的宗教及市民自由。在這樣的狀況下，對南法、西法中居住之約百萬名新教徒產生大規模動盪，其中約四十萬名逃往英國、荷蘭、普魯士等地，而新教徒大部分都是勤勉的商人、技士、工匠、軍人等，他們的離開也對法國造成相當大的損失。

7 Daron Acemoglu and James A. Robinson, Why nations fall: the origins of power, prosperit and poverty, New York: Crown Publishers, 2012 （崔完圭譯，《國家為什麼會失敗》，首爾：Sigongsa, 2012），頁113-124。

8 在《新教倫理與資本主義精神》中，韋伯提出在倫理面積極追求利益，神所賦予的職業應該要盡全力修行的清教徒式世界觀（十六、十七世紀的宗教改革和禁欲的抗議教派倫理，特別是喀爾文主義）掌握住了資本主義的根。此外，美國哈佛大學的燕京學社前社長杜維明（1940-）教授針對二十世紀後半東亞的五個國家（韓國、日本、台灣、香港和新加坡）一躍成為高度成長國家的原因在於僅次

第二章　胡漢融合和大唐帝國的誕生

1 田寅甲，〈在帝國中的帝國性民族國家（I,II）〉，《中國學報》65,66,2012,2013。

2 三本書的作者都不是正統的歷史學者。第一本書的作者是生態學、生物學者；第二本書作者則是法學家；第三本書作者是經濟學和政治學教授。這些作者的共同特色就是被稱為不受到任何學科限制的「通攝型」學者。

3 十四世紀阿拉伯思想家依本・赫勒敦（Ibn Khaldun, 1332-1406）著的《歷史緒論》中所使用的單詞。Asabiyya（阿下比亞）表示同質感（團結意識），與Nasab（家系），即血統是相反概念。可以透過「集團生命力」、「種（族）性精神」、「社會團結力」、「集團情操」、「團結意識」（group feeling）等來定義。〔依本・赫勒敦著，金浩東譯，《歷史緒論》，首爾：喜鵲，2003，頁132-161。〕

4 阿拉伯能從拜占庭帝國和波斯帝國之間的縫隙中躍升出來，羅馬能從拉丁郊區的一個小城市一躍成為帝國的秘訣就是「阿下比亞」。「阿下比亞」高度出現的地區有既存的（超越種族、民族）的超民族性的共同體（帝國）與接近邊境的地區，為了生存，從各集團之間發生激烈戰爭的地區，會更提高其集團內的團結力。舉例來說，可以看到羅馬是日耳曼民族間的殊死戰鬥過程中，新生的美國則是從與美洲原住民的血鬥中增強其「阿下比亞」。

5 蔡美兒從第一個霸權國家波斯的阿契美尼德王朝〔Achaemenens/Achaemenen dynasty, B.C. 559-B.C. 330; 兩百二十九年間波斯語稱為Hakhamanushiya〕、羅馬和平（Pax Romana）的羅馬、造就中國黃金盛世的唐朝、侵呑歐洲的草原上的支配者蒙古帝國，以及派出首位新世界探險家的西班牙、被資本主義經濟席捲的中世紀的荷蘭、不寬容的奧斯曼、明・蒙兀兒帝國（Mughal empire）與成為最大海上國家的大英帝國，還有以最尖端的技術、資本來統治現代世界的美帝國為止都有檢討。另外還特別新附上中國和歐盟，以及對印度成長成為帝國的可能性提出預測，最後則是表達對於美國作為帝國維持其命脈的苦惱。

6 是一五九八年四月十三日法國的國王亨利四世（Henri IV, 1553-1610）在南特（Nantes）所頒布的敕令。對於新教（法國抗議教派喀爾文派Protestantism Calvin）的胡格諾（Huguenot）教徒容許了有條件的信仰自由，結束了約三十年的法國宗教戰爭（別名：胡格諾戰爭：1562~1598年）。亨利四世即位當時，法國新、舊兩派的宗教對立造成國內的分裂，使得局勢混亂達到最高點。國王為了

481 白壽彝，〈關于中國民族關係上的幾個問題—在中國民族關係史研究學術座談會上的報告—〉，翁獨健主編，《中國民族關係史研究》，北京：中國社會科學出版社，1984。

482 陳連開，〈中國、華夷、蕃漢、中華、中華民族－－個內在聯系發展被認識的過程〉，《中華民族多元一體格局》，頁89。

483 陳連開，〈論中國歷史上的疆域與民族〉，翁獨健主編，《中國民族關係史研究》。

484 《舊唐書》卷一百九十四下〈突厥傳下〉，頁5181，「統葉護可汗，勇而有謀，善攻戰。遂北并鐵勒，西拒波斯，南接罽賓，悉歸之。控弦數十萬，霸有西域，據舊烏孫之地。又移庭於石國北之千泉。其西域諸國王悉授頡利發，并遣吐屯一人監統之，督其征賦。西戎之盛，未之有也。」

485 《舊唐書》卷一百九十四上〈突厥傳上〉，頁5133，「始畢可汗咄吉者，啟民可汗子也。隋大業中嗣位，值天下大亂，中國人奔之者眾。其族強盛，東自契丹、室韋，西盡吐谷渾、高昌諸國，皆臣屬焉。控弦百餘萬，北狄之盛，未之有也。高視陰山，有輕中夏之志。可汗者，猶古之單于，妻號可賀敦，猶古之閼氏也。其子弟謂之特勒（特勤），別部領兵者皆謂之設。其大官屈律啜，次阿波，次頡利發，次吐屯，次俟斤，並代居其官而無員數，父兄死則子弟承襲。」

486 《舊唐書》卷一百四十一〈田承嗣傳〉，頁3838，「承嗣…，雖外受朝旨，而陰圖自固，重加稅率，修繕兵甲，計戶口之眾寡，而老弱事耕稼，丁壯從征役，故數年之間，其眾十萬。仍選其魁偉強力者萬人以自衛，謂之衙兵。郡邑官吏，皆自署置，戶版不籍於天府，稅賦不入於朝廷，雖曰藩臣，實無臣節。」

487 鄭學檬，《五代十國史研究》，上海：上海人民出版社，1991，頁1。

488 《晉書》卷七十五〈范寧傳〉，頁1987，「又方鎮去官，皆割精兵器仗以為送。」；《宋書》卷九十五〈索虜傳〉，頁2345-2346，「（拓跋）燾雖不剋懸瓠，…與（宋）太祖書曰：『…不然，可善敕方鎮、刺史、守宰，嚴供張之具，來秋當往取揚州。』」

489 王壽南，《唐代藩鎮與中央關係之研究》，臺北：大化書局，1977，頁4。

490 Talat Tekin著，李龍成譯，《突厥碑文研究－闕特勤碑，毗伽可汗碑－暾欲谷碑》，首爾：J&C，2008，頁135-136。

491 森安孝夫，《シルクロードと唐帝國》，頁172。

492 柳鏞泰，〈近代中國的民族意識和內在化的帝國性〉，《東北亞歷史論叢》，2009，頁23。

又有党項州二十四，不知其隸屬。大凡府州八百五十六，號為羈縻云。」

472 《舊唐書》卷一百九十五〈回紇傳〉，頁5196，「貞觀二十年，…太宗幸靈武，受其降款，因請迴鶻已南置郵遞，通管北方。太宗為置六府七州，府置都督，州置刺史，府州皆置長史、司馬已下官主之。以迴紇部為瀚海府，拜其俟利發吐迷度為懷化大將軍兼瀚海都督。時吐迷度已自稱可汗，署官號皆如突厥故事。」

473 程志、韓濱娜，《唐代的州和道》，頁70。

474 《唐會要》卷九十六〈靺鞨〉，頁2041，「開元十年…安東都護薛泰請，…仍以其首領為都督，諸部刺史隸屬焉。中國置長史，就其部落監領之。」

475 《新唐書》卷二百二十〈東夷傳高麗〉，頁6197，「（乾封元年）十二月，帝坐含元殿，引見勣等，數俘于廷。以藏素脅制，赦爲司平太常伯，男產司宰少卿；投男建黔州，百濟王扶餘隆嶺外；以獻誠爲司衛卿，信誠爲銀青光祿大夫，男生右衛大將軍，何力行左衛大將軍，勣兼太子太師，仁貴威衛大將軍。剖其地爲都督府者九，州四十二，縣百。復置安東都護府，擢酋豪有功者授都督、刺史、令，與華官參治。仁貴爲都護，總兵鎮之。是歲郊祭，以高麗平，謝成于天。」

476 《通典》卷二百〈邊防典十六 跋言〉，頁5494，「是後以璽書賜西域、北荒之君長，皆稱『皇帝天可汗』。諸蕃渠帥死亡者，必詔冊立其後嗣焉，臨統四夷，自此始也。」

477 《漢書》卷四十九〈鼂錯傳〉，頁2283-2287，「錯復言守邊備塞、勸農力本，當世急務二事，曰：臣聞秦時北攻胡貉，築塞河上，…以陛下之時，徙民實邊，使遠方無屯戍之事，塞下之民父子相保，亡係虜之患，利施後世，名稱聖明，其與秦之行怨民，相去遠矣。上從其言，募民徙塞下。」

478 《唐大詔令集》卷十一〈帝王 遺詔上 太宗遺詔〉，頁60，「前王不辟之土，悉請衣冠，前史不載之鄉，并為州縣。」

479 《冊府元龜》卷九百七十七〈外臣部 降附〉，頁11483-上，「（天寶）四年，曹國王哥邏僕，遣史上表自陳，宗祖以來，向天可汗忠赤，嘗受徵發，望乞茲恩，將奴國土，同為唐國小州，所須驅遣，奴身一心忠赤，為國征討。」

480 《新唐書》卷二百一十九〈北狄傳 渤海〉，頁6183-6184，「贊曰：唐之德大矣！際天所覆，悉臣而屬之；薄海內外，無不州縣，遂尊天子曰『天可汗』。三王以來，未有以過之。至荒區君長，待唐璽纛乃能國，一爲不賓，隨輒夷縛。故蠻琛夷寶，踵相逮于廷。極熾而衰，厥禍內移，天寶之後，區夏痍破，王官之戍，北不踰河，西止秦、邠，淩夷百年，逮於亡，顧不痛哉！曰：治己治人，惟聖人能之。」

外國動靜，有變以聞。可安輯，安輯之；可擊，擊之。都護治烏壘城，去陽關二千七百三十八里，與渠犁田官相近，土地肥饒，於西域為中，故都護治焉。」

466 《漢書》卷九十六上〈西域傳〉，頁3899，「西域諸國大率土著，有城郭田畜，與匈奴、烏孫異俗，故皆役屬匈奴。匈奴西邊日逐王置僮僕都尉，使領西域，常居焉耆、危須、尉黎間，賦稅諸國，取富給焉。」

467 李大龍，《都護制度研究》，哈爾濱：黑龍江教育出版社，2003，頁2。

468 《通典》卷三十二〈職官十四 都護〉，頁896，「大唐永徽中，始於邊方置安東、安西、安南、安北四大都護府，後又加單于北庭都護府。府置都護一人（掌所統諸蕃，慰撫、征討、斥候、安輯蕃人及諸賞罰，敘錄勳功，總判府事）」；《唐六典》卷三十〈三府督護州縣官吏 大都護府、上都護府官吏〉，頁755，「都護、副都護之職，掌撫慰諸蕃，輯寧外寇，覘候姦譎，征討攜離，長史、司馬貳焉。諸曹如州、府之職。」

469 《舊唐書》卷四十四〈職官志三 都護府〉，頁1922，「都護之職，掌撫慰諸蕃，輯寧外寇，覘候姦譎，征討攜離，長史、司馬貳焉。諸曹，如州府之職。」

470 《新唐書》卷四十九下〈百官志四下 都護府〉，頁1316-1317，「大都護府：大都護一人，從二品；副大都護二人，從三品；副都護二人，正四品上；長史一人，正五品上；司馬一人，正五品下；錄事參軍事一人，正七品上；錄事二人，從九品上；功曹參軍事、倉曹參軍事、戶曹參軍事、兵曹參軍事、法曹參軍事各一人，正七品下；參軍事三人，正八品下。上都護府：都護一人，正三品；副都護二人，從四品上；長史一人，正五品上；司馬一人，正五品下；錄事參軍事一人，正七品下；功曹參軍事、倉曹參軍事、戶曹參軍事、兵曹參軍事各一人，從七品上；參軍事三人，從八品上。都護掌統諸蕃，撫慰、征討、并功、罰過，總判府事。」

471 《新唐書》卷四十三下〈地理志七下 羈縻州〉，頁1119-1120，「唐興，初未暇於四夷，自太宗平突厥，西北諸蕃及蠻夷稍稍內屬，即其部落列置州縣。其大者為都督府，以其首領為都督、刺史，皆得世襲。雖貢賦版籍，多不上戶部，然聲教所暨，皆邊州都督、都護所領，著於令式。今錄招降開置之目，以見其盛。其後或臣或叛，經制不一，不能詳見。突厥、回紇、党項、吐谷渾隸關內道者，為府二十九，州九十。突厥之別部及奚、契丹、靺鞨、降胡、高麗隸河北者，為府十四，州四十六。突厥、回紇、党項、吐谷渾之別部及龜茲、于闐、焉耆、疏勒、河西內屬諸胡、西域十六國隸隴右者，為府五十一，州百九十八。羌、蠻隸劍南者，為州二百六十一。蠻隸江南者，為州五十一，隸嶺南者，為州九十三。

461 《漢書》卷十九上〈百官公卿表七上〉，頁738，「西域都護加官，宣帝地節二年初置，以騎都尉、諫大夫使護西域三十六國，有副校尉，秩比二千石，丞一人，司馬、候、千人各二人。戊己校尉，元帝初元元年置（師古曰：甲乙丙丁戊己庚辛壬癸皆有正位，唯戊己寄治耳，今所置校尉亦無常居，故取戊己為名也。有戊校尉，有己校尉，一說戊己居中，鎮覆四方，今所置校尉亦處西域之中撫諸國也），有丞、司馬各一人，候五人，秩比六百石。」

462 《後漢書》卷二〈明帝紀 永平十七年（74）冬十一月條〉，頁122，「初置西域都護、戊己校尉（宣帝初置，鄭吉為都護，護三十六國，秩比二千石。元帝置戊己校尉，有丞、司馬各一人，秩比六百石。戊己，中央也，鎮覆四方，見漢官儀。亦處西域，鎮撫諸國。）」

463 《漢書》卷九十六上〈西域傳〉，頁3873-3874，「至宣帝時，遣衛司馬使護鄯善以西數國。及破姑師，未盡殄，分以為車師前後王及山北六國。時漢獨護南道，未能盡并北道也，然匈奴不自安矣。其後日逐王畔單于，將眾來降，護鄯善以西使者鄭吉迎之。既至漢，封日逐王為歸德侯，吉為安遠侯。是歲，神爵二年也。乃因使吉并護北道，故號曰都護。都護之起，自吉置矣（師古曰：都猶總也，言總護南北之道）。」

464 《資治通鑑》卷二十六〈漢紀十八 宣帝神爵二年（B.C.60）條〉，頁859-860，「（鄭）吉既破車師，降日逐，威震西域，遂並護車師以西北道，故號都護。都護之置，自吉始焉（師古曰：並護南北二道，故謂之都。都，猶大也，總也）。上封吉為安遠侯，吉於是中西域而立莫府（師古曰：中西域者，言最處諸國之中，遠近均也）。治烏壘城，去陽關二千七百餘里。匈奴益弱，不敢爭西域，僮僕都尉由此罷。（西域諸國故皆役屬匈奴，匈奴西邊日逐王置僮僕校尉，使領西域…賦稅諸國，取富給焉。匈奴蓋以僮僕視西域也。今日逐王既降，西域諸國咸服於漢，故僮僕都尉罷），都護督察烏孫、康居等三十六國動靜，有變以聞，可安輯，安輯之，不可者誅伐之，漢之號令班西域矣（師古曰：班，布也）。」

465 《漢書》卷九十六上〈西域傳〉，頁3873-3874，「至宣帝時，遣衛司馬使護鄯善以西數國。及破姑師，未盡殄，分以為車師前後王及山北六國。時漢獨護南道，未能盡并北道也，然匈奴不自安矣。其後日逐王畔單于，將眾來降，護鄯善以西使者鄭吉迎之。既至漢，封日逐王為歸德侯，吉為安遠侯。是歲，神爵二年也。乃因使吉并護北道，故號曰都護。都護之起，自吉置矣（師古曰：都猶總也，言總護南北之道）。僮僕都尉由此罷，匈奴益弱，不得近西域。於是徙屯田，田於北胥鞬，披莎車之地，屯田校尉始屬都護。都護督察烏孫、康居諸觀二十年秋，帝幸靈州，破薛延陀。時鐵勒諸部遣使相繼入貢，請置吏，北荒悉平，帝為五言詩，勒石於靈州，以序其事，今止存此。）」

452 《新唐書》卷二百一十七〈回鶻傳上〉，頁6113，「渠領共言：『生荒陋，歸身聖化，天至尊賜官爵，與為百姓，依唐若父母然。請於回紇、突厥部治大涂，號『參天至尊道』，世為唐臣。』乃詔磧南鸊鵜泉之陽置過郵六十八所，具群馬、湩、肉待使客，歲內貂皮為賦。」

453 《新唐書》卷四十三下〈地理志下 羈縻州〉，頁1119，「唐興，初未暇於四夷，自太宗平突厥，西北諸蕃及蠻夷稍稍內屬，即其部落列置州縣。其大者為都督府，以其首領為都督、刺史，皆得世襲。」

454 《舊唐書》卷一百九十四上〈突厥傳上 突利可汗〉，頁5161，「（貞觀）四年，授右衛大將軍，封北平郡王，食邑封七百戶，以其下兵眾置順、祐等州，帥部落還蕃。太宗謂曰：『昔爾祖啟民亡失兵馬，…我所以不立爾為可汗者，正為啟民前事故也。改變前法，欲中國久安，爾宗族永固，是以授爾都督。當須依韓國法，整齊所部，不得妄相侵掠，如有所違，當獲重罪。』」

455 吳玉貴，《突厥汗國與隋唐關係史研究》，北京：中國社會科學出版社，1998，頁425。

456 《新唐書》卷二百一十七〈回鶻傳上〉，頁6113，「阿史那賀魯之盜北庭，婆閏（筆者注：吐迷度之子）以騎五萬助契苾何力等破賀魯，收北庭；又從伊麗道行軍總管任雅相等再破賀魯金牙山，遷右衛大將軍，從討高麗有功。」

457 森安孝夫，《シルクロードと唐帝國》，頁171。

458 羅香林將一百多年的天可汗歷史分為三個時期。第一期為貞觀四年開始至高宗顯慶二年（657）平定西突厥，共二十七年；第二期為高宗龍朔元年（661）在西域十六國及昭武九姓諸國內設置都督府及諸州，至玄宗天寶十一年（752）安西節度使高仙芝在怛羅斯之役中失敗為止，共九十一年；第三期則為自天寶十四年（755）開始的安史之亂，到德宗建中二年（781）代宗與郭子儀去世為止，共二十六年。（〈唐代天可汗制度考〉，頁56-57。）

459 《新唐書》卷二百二十一下〈西域下康西曹〉，頁6245，「西曹者，隋時曹也，…武德中入朝。天寶元年，王哥邏僕羅遣使者獻方物，詔封懷德王，即上言：『祖考以來，奉天可汗，願同唐人受調發，佐天子征討。』十一載，東曹王設阿忽與安王請擊黑衣大食，玄宗尉之，不聽。」

460 荒川正晴，《オアシス國家とキャラヴアン交易》，東京：山川出版社，2003，頁49-59。

日之土宇，過於漢朝遠矣。…昔始皇窮兵極武，以求廣地，男子不得耕於野，女子不得蠶於室，長城之下，死者如亂麻，於是天下潰叛。…府庫空虛，盜賊蜂起，百姓嫁妻賣子，流離於道路者萬計。末年覺悟，息兵罷役，封丞相為富民侯，故能為天所祐也。』」

447 《舊唐書》卷一百三十八〈賈耽傳〉，頁3785-3786，「至（貞元）十七年，又譔成《海內華夷圖》及《古今郡國縣道四夷述》四十卷，表獻之，曰：『臣聞地以博厚載物，萬國棋布；海以委輸環外，百蠻繡錯。中夏則五服、九州，殊俗則七戎、六狄，普天之下，莫非王臣。昔毌丘出師，…；甘英奉使，...臣弱冠之歲，…注意地理，究觀研考，垂三十年。絕域之比鄰，異蕃之習俗，梯山獻琛之路，乘船來朝之人，鹹究竟其源流，訪求其居處。然殷、周以降，封略益明，承歷數者八家，渾區宇者五姓，聲教所及，惟唐為大。』」

448 《新唐書》卷二百一十七〈回鶻傳上〉，頁6112-6113，「明年（貞觀二十年：646）復入朝。乃以回紇部為瀚海，多覽葛部為燕然，僕骨部為金微，拔野古部為幽陵，同羅部為龜林，思結部為盧山，皆號都督府；以渾為皐蘭州，斛薛為高闕州，阿跌為雞田州，契苾羽為榆溪州，奚結為雞鹿州，思結別部為蹛林州，白霫為寘顏州；其西北結骨部為堅昆府，北骨利幹為玄闕州，東北俱羅勃為燭龍州；皆以酋領為都督、刺史、長史、司馬，即故單于臺置燕然都護府統之，六都督、七州皆隸屬，以李素立為燕然都護。其都督、刺史給玄金魚符，黃金為文，天子方招寵遠夷，作絳黃瑞錦文袍、寶刀、珍器賜之。」

449 羅香林視唐朝的皇帝被異族從稱「天可汗」到「可汗」這件事有不同的意義，也就是說，可汗是請求「置吏」在土地上，該地被認證為是中國領土的一部分；相反地，天可汗是純粹國際組織上的連帶關係，各國首領不只不請求置吏，甚至其戶籍也不向唐朝的戶部報告。（羅香林，〈唐代天可汗制度〉，《唐代文化史》，臺北：臺灣商務印書館，1974，頁56。）

450 《舊唐書》卷三〈太宗紀 貞觀二十年（646）條〉，頁59，「（秋八月）己巳，幸靈州。庚午，次涇陽頓。鐵勒迴紇、拔野古、同羅、僕骨、多濫葛、思結、阿跌、契苾、跌結、渾、斛薛等十一姓各遣使朝貢，奏稱：『延陀可汗不事大國，部落烏散，不知所之。奴等各有分地，不能逐延陀去，歸命天子，乞置漢官。』詔遣會靈州。九月甲辰，鐵勒諸部落俟斤、頡利發等遣使相繼而至靈州者數千人，來貢方物，因請置吏，咸請至尊為可汗。於是北荒悉平，為五言詩勒石以序其事。」

451 《全唐詩》卷一〈太宗句〉，頁20，「雪恥酬百王，除兇報千古（本紀云：貞貢麝香。縣一：賓義。瑞州本威州，貞觀十年以烏突汗達干部落置，在營州之境。咸亨中更名。後僑治良鄉之廣陽城。縣一：來遠。」

438 程志、韓濱娜，《唐代的州和道》，頁68。

439 《新唐書》卷四十三下〈地理志七下 羈縻州 關內道 突厥〉，頁1120，「關內道：突厥州十九，府五。」

440 《新唐書》卷四十三下〈地理志七下 羈縻州 關內道 突厥〉，頁1129，「隴右道：突厥州三，府二十七。」

441 《新唐書》卷二百一十九〈北狄 渤海傳〉，頁6183-6184，「贊曰：唐之德大矣！際天所覆，悉臣而屬之，薄海內外，無不州縣，遂尊天子曰『天可汗』。三王以來，未有以過之。至荒區君長，待唐璽纛乃能國，一爲不賓，隨輒夷縛，故蠻琛夷寶，踵相逮於廷。極熾而衰，厥禍內移，天寶之後，區夏痍破，王官之戍，北不踰河，西止秦、邠，淩夷百年，逮於亡，顧不痛哉！故曰：治己治人，惟聖人能之。」

442 《新唐書》卷二百一十七〈回鶻傳上〉，頁6112-6113，「皆以酋領為都督、刺史、長史、司馬，即故單于臺置燕然都護府統之，六都督、七州皆隸屬，以李素立為燕然都護。其都督、刺史給玄金魚符，黃金為文，天子方招寵遠夷，作絳黃瑞錦文袍、寶刀、珍器賜之。帝坐秘殿，陳十部樂，殿前設高坫，置朱提瓶其上，潛泉浮酒，自左閣通坫趾注之瓶，轉受百斛鐐盎，回紇數千人飲畢，尚不能半。」

443 《新唐書》卷四十三下〈地理志七下 羈縻州安西都護府〉，頁1135，「西域府十六，州七十二（龍朔元年〈661〉，以隴州南由令王名遠為吐火羅道置州縣使，自于闐以西，波斯以東，凡十六國，以其王都為都督府，以其屬部為州縣。凡州八十八，縣百一十，軍、府百二十六）。」

444 《舊唐書》卷三十八〈地理志一〉，頁1393，「開元二十八年，戶部計帳，凡郡府三百二十有八，縣千五百七十有三。羈縻州郡，不在此數。」

445 《資治通鑑》卷二百一十五〈唐紀三十一 玄宗天寶元年（742）春正月條〉，頁6848，「是時，天下聲教所被之州三百三十一，羈縻之州八百。」

446 《舊唐書》卷八十九〈狄仁傑傳〉，頁2889-2890，「神功元年，…仁傑以百姓西戍疏勒等四鎮，極為凋弊，乃上疏曰：『臣聞天生四夷，皆在先王封疆之外，故東拒滄海，西隔流沙，北橫大漠，南阻五嶺，此天所以限夷狄而隔中外也。自典籍所紀，聲教所及，三代不能至者，國家盡兼之矣。此則今日之四境，已逾於夏、殷者也。…至前漢時，匈奴無歲不陷邊，殺掠吏人。…由此言之，則陛下今

1，頁9-18。

432 《唐律疏議》卷二十八，捕亡律14 在官無故亡，頁537。「邊要之官」疏議曰：「……邊要之官；靈、勝等五十九州為邊州。」

433 羈縻州成為正州，又再次變為羈縻州。（《新唐書》卷四十二，地理志六，劍南道劍南採訪使維州維川郡，頁1085。「維州維川郡，下。武德七年以白狗羌戶於姜維故城置，并置金川、定廉二縣。貞觀元年以羌叛州廢，縣亦省，二年復置。麟德二年自羈縻州為正州，儀鳳二年以羌叛，復降為羈縻州，垂拱三年復為正州。」）

434 《唐會要》卷二十四，諸侯入朝，頁537。「（開元）十八年十一月勅：『靈、勝、涼、相、代、黔…北庭、單于、會、河…安西…臨、薊等五十九州，為邊州。揚、益、幽、潞、荊、秦、夏、汴、澧、廣、桂、安十二州，為要州。都督、刺史，並不在朝集之例。』」

435 《新唐書》卷四十九下〈職官志四下 外官 都督府〉，頁1315-1316，「都督掌督諸州兵馬、甲械、城隍、鎮戍、糧稟，總判府事。武德初，邊要之地置總管以統軍，加號使持節，蓋漢刺史之任。有行臺，有大行臺。其員有尚書省令一人，正二品，掌管內兵民，總判省事。…七年，改總管曰都督，總十州者為大都督。貞觀二年，去大字，凡都督府有刺史以下如故，然大都督又兼刺史，而不檢校州事。其後都督加使持節，則為將，諸將亦通以都督稱，唯朔方猶稱大總管。邊州別置經略使，沃衍有屯田之州，則置營田使，武后聖曆元年，以夏州都督領鹽州防禦使。（…）」

436 《新唐書》卷四十三下〈地理志七下 羈縻州〉，頁1119-1120，「突厥、回紇、党項、吐谷渾隸關內道者，為府二十九，州九十。突厥之別部及奚、契丹、靺鞨、降胡、高麗隸河北者，為府十四，州四十六。突厥、回紇、党項、吐谷渾之別部及龜茲、于闐、焉耆、疏勒、河西內屬諸胡、西域十六國隸隴右者，為府五十一，州百九十八。羌、蠻隸劍南者，為州二百六十一。蠻隸江南者，為州五十一，隸嶺南者，為州九十二。又有党項州二十四，不知其隸屬。大凡府州八百五十六，號為羈縻云。」

437 《新唐書》卷四十三下〈地理志七下 羈縻州 河北道 突厥〉，頁1125，「河北道/突厥州二。順州順義郡，貞觀四年平突厥，以其部落置順、祐、化、長四州都督府于幽、靈之境；又置北開、北寧、北撫、北安等四州都督府。六年順州僑治營州南之五柳戍；又分思農部置燕然縣，僑治陽曲；分思結部置懷化縣，僑治秀容，隸順州；後皆省。祐、化、長及北開等四州亦廢，而順州僑治幽州城中。歲

421 《漢書》卷九十六下〈西域傳 車師後國〉，頁3928，「最凡國五十。自譯長、城長、君、監、吏、大祿、百工、千長、都尉、且渠、當戶、將、相至侯、王，皆佩漢印綬，凡三百七十六人。而康居、大月氏、安息、罽賓、烏弋之屬，皆以絕遠不在數中，其來貢獻則相與報，不督錄總領也。」

422 《後漢書》〈百官志五 四夷國〉，頁3632，「四夷國王，率眾王，歸義侯，邑君，邑長，皆有丞，比郡、縣。」

423 程志、韓濱娜，《唐代的州和道》，頁66。

424 金秉駿，〈秦漢帝國的邊境異族支配－對於部都尉及屬國都尉的再檢討〉，頁12-13。

425 （唐）李泰等著，《括地志》（北京：中華書局，1980）卷首，頁2-5，「貞觀十三年大簿，凡州三百五十八，雍、華、同，…豳、涇、寧、鄜州都督府…凡縣一千五百五十一，至十四年西克高昌，又置溪州都護府及庭州並六縣，通前凡三百六十州，依敘之為十道也。」

426 《新唐書》卷四十三下〈地理志下 羈縻州〉，頁1119-1120，「突厥、回紇、党項、吐谷渾隸關內道者，為府二十九，州九十。突厥之別部及奚、契丹、靺鞨、降胡、高麗隸河北者，為府十四，州四十六。突厥、回紇、党項、吐谷渾之別部及龜茲、于闐、焉耆、疏勒、河西內屬諸胡、西域十六國隸隴右者，為府五十一，州百九十八。羌、蠻隸劍南者，為州二百六十一。蠻隸江南者，為州五十一，隸嶺南者，為州九十二。又有党項州二十四，不知其隸屬。大凡府州八百五十六，號為羈縻云。」

427 《舊唐書》卷四十三〈職官志二 上書都省 戶部〉，頁1825，「凡天下之州府，三百一十有五，而羈縻之州，迨八百焉。」

428 《唐六典》卷三，〈戶部郎中 員外郎〉，頁72-73，「凡天下之州、府三百一十有五，而羈縻府州蓋八百焉。京兆、河南、太原為『三都』。潞、楊…為大都督府，單于、安西、安北為大都護府，安南、安東、北庭為上都護府，涼、秦…為中都督府。夏、原…為下都督府。同、華、岐、蒲為四輔州。陝、懷…為六雄州。虢、汝…為十望州。安東、平、營、檀…安北、單于、代…北庭、安西、河…驩、容為邊州。」

429 將《新唐書》〈地理志〉中收錄的部份做計算的話，共有八百四十九個府州。（程志、韓濱娜，《唐代的州和道》，頁69，註1）

430 程志、韓濱娜，《唐代的州和道》，頁68。

431 翁俊雄，〈唐代的州縣等級〉，《北京師範學院學報（社會科學版）》，1991-

碩士論文，2012。

412 此為嚴耕望的研究（《中國地方行政制度史》上編 卷上〈秦漢地方行政制度〉上冊，台北：中央研究院歷史語言研究所，1974，頁154-165。），在此研究之後成為普遍的定論。

413 金秉駿，〈秦漢帝國的異族支配〉，《歷史學報》217，2013：金秉駿，〈秦漢帝國的邊境異族支配－對於部都尉及屬國都尉的再檢討〉，《傳統時代東亞的外交與邊境組織》（東國大學東亞文化研究所主辦，東亞史學術會提出的論文），2014。

414 李成珪，〈中華帝國的膨脹和縮小：其理念與實際〉，《歷史學報》186，2005。

415 金秉駿，〈秦漢帝國的邊境異族支配－對於部都尉及屬國都尉的再檢討〉，頁12。

416 《漢書》卷二十八下〈地理志八下 長沙國〉，頁1640，「凡郡國一百三，縣邑千三百一十四，道三十二，侯國二百四十一。地東西九千三百二里，南北萬三千三百六十八里。提封田一萬萬四千五百一十三萬六千四百五頃，其一萬萬二百五十二萬八千八百八十九頃，邑居道路，山川林澤，群不可墾，其三千二百二十九萬九百四十七頃，可墾不可墾，定墾田八百二十七萬五百三十六頃。民戶千二百二十三萬三千六十二，口五千九百五十九萬四千九百七十八。漢極盛矣。」

417 《後漢書》〈郡國志五 交州〉，頁3533，「《漢書·地理志》承秦三十六郡，縣邑數百，後稍分析，至于孝平，凡郡、國百三，縣、邑、道、侯國千五百八十七。世祖中興，惟官多役煩，乃命并合，省郡、國十，縣、邑、道、侯國四百餘所。至明帝置郡一，章帝置郡、國二，和帝置三，安帝又命屬國別領比郡者六，又所省縣漸復分置。至于孝順，凡郡、國百五，縣、邑、道、侯國千一百八十，民戶九百六十九萬八千六百三十，口四千九百一十五萬二百二十。」

418 （韓）許慎撰，《說文解字》（（清）段玉裁注，《說文解字注》，臺北：藝文印書館，1976，7下43，頁360），「羈，馬絡（落）頭也」；13上31，頁665，「縻，牛轡也。」

419 金翰奎，《漢代的天下思想和〈羈縻之義〉》，《中國的天下思想》，首爾：民音社，1988，頁80-83。

420 程志、韓濱娜，《唐代的州和道》，西安：三秦出版社，1987，頁66。

406 〈中華人民共和國憲法〉序言：「中華人民共和國是全國各族人民共同締造的統一的多民族國家。平等、團結、互助的社會主義民族關系已經確立，並將繼續加強。在維護民族團結的鬭爭中，要反對大民族主義，主要是大漢族主義，也要反對地方民族主義。國家盡一切努力，促進全國各民族的共同繁榮。」

407 「大漢族主義」（Sinocentrism：大漢沙文主義）原本是從對於一九一三年列寧「大民族主義」的論述中開始的，中共中央針對大漢族主義提出明確的定義，作為一個名詞，最先登場的是一九三一年中華工農兵蘇維埃第一次全國代表大會中通過的〈中華蘇維埃共和國憲法大綱〉及〈關於中國境內少數民族問題的決議案〉，一九四九年通過的〈中國人民政治協商會談共同綱領〉中規定所有民族具有同等的權利義務，根據民族的平等權，反對大漢族主義與排他主義，允許地方自治並選出自治機構的代表，認可固有語言、傳統、宗教的自由等。一九五三年三月十六日，毛澤東在〈批判大漢族主義〉一文中，將此又重新強調一次，其文章中所提到之「在維護民族團結的鬥爭中，要反對大民族主義，主要是大漢族主義，也要反對地方民族主義」這樣的文句，後納進中華人民共和國憲法宣言中。

408 「大漢族主義」可說是蔣介石的民族政策也不為過。孫文死後，蔣介石與國民黨政府掌握中國主導權，將孫文的「五族共和」以歷代多數中原王朝採取的基本政策「大漢族主義」取代，並恢復「大漢族主義」，且針對少數民族採取壓迫與強制同化的政策。舉例來說，對於回族，稱其為生活習慣較特別的漢族，並不認可其作為少數民族的地位；又否認中國內部少數民族的存在，稱「國族」漢族以外的各少數民族為「宗族」。（鄭載南，《中國的少數民族》，首爾：生活，2008。）

409 國家數量上的差異從三十六國到五十五國都有。

410 活躍於一九三〇年代中國的歷史學者胡煥庸，認為歐洲是一千零四十外平方公里，而中國是一千一百一十萬平方公里，兩者幾乎一致。（胡煥庸，〈中國人口之分布—附統計表與密度圖—〉，頁14）。

411 唐代稱為「道」行政單位與北周的行臺有密切的關連，此行臺若是將東晉－南朝梁末，侯景擔任大行臺的情況去除的話，此地方單位就不存在，它是北周式的行政單位，其遺制以唐代的「道」延續下去。（《通典》卷二十二〈職官典四 行臺省〉，頁611，「江左無行臺，唯梁末以侯景為河南王大行臺，承制如鄧禹故事。隋謂之行臺省，…大唐初，亦置行臺，貞觀以後廢。其後諸道各置採訪等使，每使有判官二人，兼判尚書六行事，亦行臺之遺制。」）對於此部份的研究，請參照文美貞，〈北魏行臺的運用及其意義〉，首爾大學研究院東洋史學科

397 主要的主張為1秦統一後漢民族形成說、2唐宋時期漢民族形成說、3明末清初漢民族形成說以及4鴉片戰爭以後漢民族形成說。這部份最近又以夏說、商說、周說、春秋說、秦後說，將時間逐漸地往上修。（連振國，〈略談中華民族的主體－漢族〉，《漢民族研究》1，南寧：廣西人民出版社，1989，頁289。）

398 費孝通等，《中華民族多元一體格局》，北京：中央民族學院出版社，1989。

399 「『中華民族』形成『自覺的民族實體』，雖然與西方列強對抗的過程有關，但以作為『自在的民族實體』來追溯其起源的話，早在新石器時期時，藉由數千年的歷史過程而形成。站在這樣的觀點來看，現今中國領土內的所有民族，在過去基本上也都是中華民族。」（白壽彝，〈關于中國民族關係上的幾個問題—在中國民族關係史研究學術座談會上的報告—〉，翁獨健主編，《中國民族關係史研究》，北京：中國社會科學出版社，1984。）

400 孫文在其發表的〈中華民國臨時大總統宣言書〉中，第一項就是「五族共和論」，提出「國家之本，在于人民。合漢、滿、蒙、回、藏諸地方為一國，即合漢、滿、蒙、回、藏諸族為一人。是曰民族之統一。」

401 （宋）鄭樵撰，《通志》（《通志二十略》，北京：中華書局，1995）〈氏族略第一 氏族序〉，頁1-2，「三代以前，姓氏分而為二，男子稱氏，婦人稱姓。氏所以別貴賤，貴者有氏，賤者有名無氏。…姓所以別婚姻，故有同姓、異姓、庶姓之別。氏同姓不同者，婚姻可通，姓同氏不同者，婚姻不可通。三代之後，姓氏合而為一，皆所以別婚姻，而以地望明貴賤。」

402 《通志》，〈氏族略第一 氏族序〉，頁2，「於文，女生為姓，故姓之字多從女，如姬、姜、嬴、姒、嬀、姞、妘、婤、姶、㚬、嫪之類是也。所以為婦人之稱，如伯姬、季姬、孟姜、叔姜之類，並稱姓也。」

403 朴漢濟，〈西魏、北周時代胡漢體制的展開—胡姓再行的經過與其意義—〉，《魏晉隋唐史研究》1，1994。

404 《通志》，〈氏族略第一 氏族序〉，頁2，「姓氏之學，最盛於唐，而國姓無定論。林寶作元和姓纂。而自姓不知所由來。……唐太宗命諸儒撰氏族志一百卷，柳沖撰大唐姓系錄二百卷，路淯有衣冠譜。韋述有開元譜，柳芳有永泰譜，柳璨有韻略，張九齡有韻譜，林寶有姓纂，邵思有姓解，其書雖多，大概有三種，一種論地望，一種論聲，一種論字。」

405 《資治通鑑》卷一百九十四〈唐紀十 太宗貞觀七年（633）十二月條〉，頁6103-6104，「上皇命突厥頡利可汗起舞，又命南蠻酋長馮智戴詠詩，既而笑曰：『胡越一家，自古未有也。』」

〈趙充國傳〉，頁2998-2999，「贊曰：…山東出相，山西出將」；《後漢書》卷五十八〈虞詡傳〉，頁1866，「嗲曰：『關西出將，關東出相』。」）

392 中國大陸的地域劃分有三階段的變化。1中國古代以函谷關為基準向東西向區分，這個劃分的特徵以「關東出相，關西出將」這句話為象徵；2遊牧民族進入中原以後，以淮水-秦嶺山脈為基準，通用南北區分法，因此有「北馬南船」、「南橘北枳」（或是橘化為枳）等用語流行；3根據胡煥庸線，能看到以自然環境（平野-草原、山岳、沙漠、降水量）和種族的分佈來二分西部的少數民族自治區及東南的漢族本省地區的現象。

393 「中原」（China Central Plain）這個單字的意思是「天下至中的原野」，指的是以河南地區為核心及黃河中下游的廣大地區，這個地區就是所謂的「中華文明的發源地」，作為華夏民族「天下的中心」，「中國」、「中土」、「中州」被視為是中原的同義詞。文化比較先進的華夏族將他們的地區稱為「中國」，一邊與「四夷」做區別，一邊凝結此區域的自信與熱情。

394 漢族這個名稱與長江的支流漢水有關，具有傳統性的漢朝就是從長江的上游陝西省西南邊興起的，民族間矛盾變得更深的東魏—北齊時代，在北方遊牧民族出身的人叫南方農耕民族「漢兒」或是「漢人」時，漢族的概念在歷史上就變得具體化了。然而中國的歷代王朝中，把漢族的概念分類為一個集團的官方想法是在元代（蒙古-色目人-漢人-南人〈南宋人〉）；經過明和清朝，辛亥革命後誕生的民國時期到來，「漢族乃是中國主流民族」這樣的概念就登場了，血統、語言等全部各有不同的中國南北地區的許多人被綁在一起，甚至還有不是中國而是其他地區的人也進到這裡面來。

395 對於民族的定義開始通用是在一九一三年史達林規定的「歷史上形成的一個有著共同語言、共同地域、共同經濟生活及表現於共同文化上的共同心裡素質之穩定的人類共同體。」

396 中國古籍中和民族有相似概念的單字有數十種，有民、族、種、部、類等單音詞以及民人、種人、民群、民種、部族、部人、族類等雙音詞。第一次使用民族這個詞是在一八三七年西洋傳教士編撰的《東西洋考每月統計傳》〈喬舒亞降迦南國〉（方維規，2002-2）；之後王韜和康有為也在編輯的《強學報》中使用這個單字（彭英明，1985-8.9）。民族這個單字要廣泛的流傳最晚也是二十世紀初期的事情，日本明治維新以後，知識份子將民和族合起來，借用為「nation」這個西方單字的翻譯詞，然而西方和東方因為是不同的文化系統，很難將其視為適當，作為表現中國現實的單字是不恰當的。

千年人口普查資料》，北京：中國統計出版社，2002；金秋潤、張三煥，《中國的國土環境》，首爾：大陸出版社，1995，頁20），是南韓的二十四倍。另一方面，根據其他的統計，面積是九百五十九萬八千平方公里，人口數是十三億五百八十四萬人。（元正植譯，《中國少數民族入門》，首爾：賢學社，2006。）

383 白天與夜晚的長度也有其差異。夏至時廣州是十三小時又三十五分鐘，漠河是十六小時又五十五分鐘；冬至時廣州是十小時又四十三分鐘，漠河是七小時又三十分鐘。北回歸線通過台灣—廣東—廣西—雲南四個省，全部國土的百分之十是熱帶，大部分是位處亞熱帶與溫帶。

384 這可以說是中國的皇帝不只掌控了空間（Space），還掌握了所有百姓的時間（Time）的傳統性遺產。

385 作為中國的最低地帶，「艾丁」在維吾爾語是「月光湖」的意思，是吐魯番盆地東南邊三十公里處的一個鹽湖，湖面低於海平面一百五十五公尺。另一方面作為世界最低的死海，其湖面低於海平面四百二十二公尺。

386 （宋）洪邁著，《容齋隨筆》（上海：上海古籍出版社，1978）卷五〈周世中國地〉，頁64，「成周之世，中國之地最狹，以今地里考之，吳、越、楚、蜀、閩皆為蠻。淮南為群舒；秦為戎。…京東有萊、牟、介、莒，皆夷也。…其中國者，獨晉、衛、齊、魯、宋、鄭、陳、許而已，通不過數十州，蓋於天下特五分之一耳。」

387 對於這些地區的名稱，在中國又稱為西藏（省）、新疆、東三省（遼寧、吉林、黑龍江省），其中新疆在十八世紀末乾隆皇帝征服合併後，以「新的疆域」之名所賦予的漢語名，嚴格的意義則是以「東突厥斯坦」或是「中國令突厥斯坦」的名稱更為正確。

388 妹尾達彥，〈中華の分裂と再生〉，《岩波講座世界歷史》9，東京：岩波書店，1999，頁8-12。

389 胡煥庸，〈中國人口之分布－附統計表與密度圖－〉，《地理學報》2-2，1933，頁11。

390 此胡煥雍線的概念在之後更加發展，並依此線將中國一分為二成西北與東南部，西北部是1以遊牧或是狩獵為主的部族，是2血緣、3多元信仰、4非儒教的生活方式的中國；東南部則是以1農耕、2宗法、3科舉、4儒教的生活方式為主的中國，以這條二分的分界線來定居。

391 由於東西二分，故有「關東出相、關西出將」這樣的分別。（《漢書》卷六十九

371 Edwin O Resischauer, *"Note on T'ang Dynasilty Sea Routes", Harvard Journal of Assiatic Studies 5-2.*

372 閔訓基，《閔訓基的全美職棒大聯盟、職業棒球選手》，首爾：掌握未來的人們，2008，頁148-154。

373 〈美國黑白分離平等政策是如何開始又被廢止的呢？〉，《朝鮮日報》，2014年4月26日，頁A14。

374 閔訓基〈〔閔記者MLB報告〕2013MLB人種、性別報告書〉，《閔記者專欄》，2013年6月27日。

375 白鐘仁，〈〔棒球是謊言2〕挖角柳賢振－秋信守的猶太人（上）〉，《Sportalkorea》，2014年12月22日。

376 任敏赫，〈「小聯盟七千多名，他們全部都曾是明日之星…趕走夢想時，就會跟著相同的代價」〉，《朝鮮日報》，2014年4月12-13日，頁B2。

377 閔學秀，〈獨，睽違二十四年的世界盃優勝。培育青少年進入獨立聯盟的十年大計…開啟「New German Soccer」的黃金時代〉，《朝鮮日報》，2014年7月17日，頁A2。

378 「德國代表隊是最能夠體現所謂『One Team—One Spirit—One Goal』精神的隊伍，光是得分選手就有八名，雖然沒有像阿根廷的萊納爾．梅西或是葡萄牙的克里斯蒂亞諾．羅納度這樣的明星選手存在，但幾位重量級的選手們卻百分百消化好自身的角色，打造出最強的隊伍。」金成柱（MBC世界盃轉播主播），「〔金成柱的爸爸，我們去哪兒？〕三個男人用德國式的『One Team』精神來完成一個月的合宿生活」，《京鄉新聞》，2014年7月14日。

379 朴尚慶，〈「戰車軍團」德國的時代，回到頂峰的秘訣是？〉，《體育朝鮮》，2014年7月14日。

380 文甲植，〈「文甲植的英國通訊」韓國人夢想著大國嗎？〉，《朝鮮日報》，2014年7月21日。

381 金昌俊，〈「金昌俊的隱藏的政治故事」〈57〉制度與國民性II〉，《韓國日報》，2009年4月29日。

382 官方公布的中國面積及人口數如下所述。1面積以九百六十萬平方公里，在俄羅斯、加拿大、中國的排序中為第三名。此面積是韓半島整體面積的四十四倍（南韓的九十六倍），占世界陸地比例的十五分之一、亞洲大陸的四分之一，接續俄羅斯（一千七百零七萬五千平方公里）、加拿大（九百九十七萬六千一百三十九平方公里），為世界第三名；2人口則有十二億六千五百八十三萬人（《中國兩十六年，遣使者入朝。開元中，獻胡旋舞女，其王那羅延頗言為大食暴賦，天子但尉遣而已。」

362 （唐）白居易著，《白居易集》（顧學頡校點，北京：中華書局，1979）卷三〈諷喻三 胡旋女〉，頁60，「胡旋女，胡旋女，心應絃，手應鼓。絃鼓一聲雙袖舉，迴雪飄颻轉蓬舞。左旋右轉不知疲，千匝萬周無已時。人間物類無可比，奔車輪緩旋風遲。」

363 《舊唐書》卷一百八十三〈外戚傳 武承嗣附子延秀〉，頁4733，「延秀，承嗣第二子也。則天時，突厥默啜上言有女請和親，制延秀與閻知微俱往突厥，將親迎默啜女為妻。…延秀久在蕃中，解突厥語，常於主第，延秀唱突厥歌，作胡旋舞，有姿媚，主甚喜之。及崇訓死，延秀得幸，遂尚公主。」

364 《新唐書》卷二百二十五上〈逆臣傳上 安祿山〉，頁6413，「（安祿山）晚益肥，腹緩及膝，奮兩肩若挽牽者乃能行，作胡旋舞帝前，乃疾如風。帝視其腹曰：『胡腹中何有而大？』答曰：『唯赤心耳！』每乘驛入朝，半道必易馬，號『大夫換馬臺』，不爾，馬輒仆，故馬必能負五石馳者乃勝載。帝為祿山起第京師，以中人督役，戒曰：『善為部署，祿山眼孔大，毋令笑我。』為瑣戶交疏，臺觀沼池華僭，帟幕率緹繡，金銀為簝筐、爪籬，大抵服御雖乘輿不能過。帝登勤政樓，幄坐之左張金雞大障，前置特榻，詔祿山坐，褰其幄，以示尊寵。」

365 《全唐詩》卷二百八十四，李端〈胡騰兒〉，頁3238，「胡騰身是涼州兒，肌膚如玉鼻如錐。桐布輕衫前後卷，葡萄長帶一邊垂。帳前跪作本音語，拾襟攪袖為君舞。安西舊牧收淚看，洛下詞人抄曲與。揚眉動目踏花氈，紅汗交流珠帽偏。醉卻東傾又西倒，雙靴柔弱滿燈前。環行急蹴皆應節，反手叉腰如卻月。絲桐忽奏一曲終，嗚嗚畫角城頭發。胡騰兒，胡騰兒，胡鄉路斷知不知。」

366 《唐會要》卷四十九，〈僧尼所隸〉，頁1007，「主客掌朝貢之國…七十餘蕃。」

367 《新唐書》卷一百三十五〈高仙芝傳〉，頁4577，「八月，仙芝以小勃律王及妻自赤佛道還連雲堡，與令誠俱班師。於是拂菻、大食諸胡七十二國皆震懾降附。」；《新唐書》卷二百二十一下〈西域傳下大勃律〉，頁6251-6252，「仙芝至，斬為吐蕃者，斷娑夷橋。是暮，吐蕃至，不能救。仙芝約王降，遂平其國。於是拂菻、大食諸胡七十二國皆震恐，咸歸附。」

368 《唐大詔令集》，卷三 帝王〈改元貞觀詔〉，頁13。

369 《唐大詔令集》，卷十 帝王〈會昌二年冊尊號赦〉，頁56。

370 馬馳，《唐代蕃將》，西安：三秦出版社，1990，頁7。

350 戴爭，《中國古代服飾簡史》，北京：輕工業出版社，1988，頁88。

351 戴爭，《中國古代服飾簡史》，頁87。

352 《舊唐書》卷四十五〈輿服志〉，頁1954-1955，「梁制云，袴褶，近代服以從戎，今纘嚴則文武百官咸服之。車駕親戎，則縛袴不舒散也。中官紫褶，外官絳褶，舄用皮。服冠衣朱者，紫衣用赤舄，烏衣用烏舄。唯褶服以靴。靴，胡履也，取便於事，施於戎服。」

353 《宋書》卷三〈武帝紀下〉，〈永初三年（422）秋七月條〉，頁60，「（武帝）性尤簡易，常著連齒木屐，好出神虎門逍遙，左右從者不過十餘人」；《宋書》卷六十七〈謝靈運傳〉，頁1775，「登躡常著木履，上山則去前齒，下山去其後齒。」

354 戴爭，《中國古代服飾簡史》，頁88。

355 戴爭，《中國古代服飾簡史》，頁89、圖57中，展現了南朝百官的朝服是「著小冠，褻衣博帶，右衽長袍，足著高齒履。」

356 （元）馬端臨撰，《文獻通考》（北京：中華書局，1986）卷一百一十二〈王禮考七 君臣冠冕服章〉，頁考1017，「按袴褶魏晉以來，以為車馬親戎中外戒嚴之服，…至隋煬帝時巡游無度，詔百官從行，服褶袴，軍旅間不便，遂令改服戎衣為紫緋綠青之服，則所謂袴褶者，又似是褒衣長裾，非鞍馬征行所便者，與戒嚴之說不類。唐時，以袴褶為朝見之服，開元以來屢勅，百官朝參應服袴褶，而不服者，令御史糾彈治罪。」

357 《大唐西域記》卷一〈窣利地區總述〉，頁72，「服氈褐，衣皮氈，裳服褊急。」

358 原田淑人和森安孝夫等人認為，唐代的服飾受到西域綠洲都市民族的影響，比受到北方遊牧民族服飾的影響還要大。（原田淑人，《唐代の服飾》，東京：東洋文庫，1971，頁196；森安孝夫，《シルクロードと唐帝國》，頁190-191。）

359 原田淑人，《唐代の服飾》，頁191。

360 （新羅）慧超撰，《往五天竺國傳》（《往五天竺國傳箋釋》，北京：中華書局，1994）殘卷，頁178，「□□□□□此即安西鎮名數，一安西、二于闐、三疏勒、四焉耆，…依漢法裹頭著裙。」

361 《新唐書》卷二十一〈禮樂志十一〉，頁470，「胡旋舞，舞者立毬上，旋轉如風」；《新唐書》卷三十五〈五行志二 訛言〉，頁921，「又有胡旋舞，本出康居，以旋轉便捷為巧，時又尚之」；《新唐書》卷二百二十一下〈西域傳下〉，頁6255，「俱蜜者，治山中。在吐火羅東北，南臨黑河。其王突厥延陀種。貞觀三百教於梨園，聲有誤者，帝必覺而正之，號『皇帝梨園弟子』。宮女數百，亦為梨園弟子，居宜春北院。梨園法部，更置小部音聲三十餘人。」

342 （宋）郭茂倩編，《樂府詩集》（北京：中華書局，1979）卷九十六〈新樂府辭七 法曲〉，頁1352，「白居易傳曰：『法曲雖似失雅音，蓋諸夏之聲也，故歷朝行焉。』太常丞宋沇傳漢中王舊說曰：『玄宗雖好度曲，然未嘗使蕃漢雜奏。天寶十三載，使詔道調法曲，與胡部新聲合作。識者深異之。明年冬而安祿山反。』」

343 森安孝夫，《シルクロードと唐帝國》，頁188。

344 森安孝夫，《シルクロードと唐帝國》，頁189。

345 《史記》卷四十三〈趙世家〉，〈武靈王 十九年春正月條〉，頁1806-1807，「於是肥義侍，王曰：『簡、襄主之烈，計胡、翟之利。為人臣者，寵有孝弟長幼順明之節，通有補民益主之業，此兩者臣之分也。今吾欲繼襄主之跡，開於胡、翟之鄉，而卒世不見也。為敵弱，用力少而功多，可以毋盡百姓之勞，而序往古之勳。夫有高世之功者，負遺俗之累；有獨智之慮者，任驁民之怨。今吾將胡服騎射以教百姓，而世必議寡人，柰何？』肥義曰：『臣聞疑事無功，疑行無名。王既定負遺俗之慮，殆無顧天下之議矣。夫論至德者不和於俗，成大功者不謀於眾。昔者舜舞有苗，禹袒裸國，非以養欲而樂志也，務以論德而約功也。愚者闇成事，智者睹未形，則王何疑焉。』王曰：『吾不疑胡服也，吾恐天下笑我也。狂夫之樂，智者哀焉；愚者所笑，賢者察焉。世有順我者，胡服之功未可知也。雖驅世以笑我，胡地中山吾必有之。』於是遂胡服矣。」

346 王國維著，《觀堂集林》（北京：中華書局，1959）卷二十二〈胡服考〉，頁1098，「案中國古服如端衣，袴皆在內，馳草棘中不得裂弊。袴而裂弊，是匈奴之服，袴外無表，即同於袴褶服也。」

347 （宋）沈括撰，《夢溪筆談》（《新校正夢溪筆談》，北京：中華書局，1957）卷一〈故事一〉，頁23-24，「中國衣冠，自北齊以來，乃全用胡服。窄袖、緋綠短衣、長靿靴、有鞢韄帶，皆胡服也。窄袖利於馳射，短衣、長靿皆便於涉草。胡人樂茂草，常寢處其間，予使北時皆見之。雖王庭亦在深薦中。予至胡庭日，新雨過，涉草衣袴皆濡，唯胡人都無所霑。」

348 （漢）史游撰，《急就篇》（長沙：岳麓書社，1989）卷二，頁144，「袴為重衣之最在上者也，其形若袍，短身而廣袖，一曰，左衽之袍也。」

349 《南史》卷四〈齊高帝紀〉，〈建元三年（481）九月辛未條〉，頁112，「蠕蠕國王遣使欲俱攻魏，獻師子皮袴褶。」

330 （唐）陳鴻祖撰，《東城老父傳》（《唐代筆記小說》第二冊，石家莊：河北教育出版社，1994，所收），頁60-上，「今北胡與京師雜處，娶妻生子，長安中少年有胡心矣。」

331 向達，《唐代長安與西域文明》，頁28，注9。

332 《新唐書》卷八十〈太宗諸子傳 常山王承乾〉，頁3564-3565，「又使戶奴數十百人習音聲，學胡人椎髻，剪綵為舞衣，尋橦跳劍，鼓鞞聲通晝夜不絕。…又好突厥言及所服，選貌類胡者，被以羊裘，辮髮，五人建一落，張氈舍，造五狼頭纛，分戟為陣，繫幡旗，設穹廬自居，使諸部斂羊以烹，抽佩刀割肉相啗。承乾身作可汗死，使眾號哭剺面，奔馬環臨之。」

333 《大唐新語》卷九〈從善〉，「司法參軍尹伊異判之曰：『賊出萬端，詐偽非一。亦有胡著漢帽，漢著胡帽，亦須漢裏兼求，不得胡中直覓，請追禁西市胡，餘請不問。』」

334 葛承雍，《唐韻胡音與外來文明》，北京：中華書局，2006。

335 Edward H. Schafer, *The Golden Peaches of Samarkand – A Study of T'ang Exotics*, Berkeley: University of California Press, 1963.

336 石田幹之助，《長安の春》。

337 《舊唐書》卷四十五〈輿服志〉，頁1958，「太常樂尚胡曲，貴人御饌，盡供胡食，士女皆競衣胡服，故有范陽羯胡之亂，兆於好尚遠矣。」

338 （唐）姚汝能撰，《安祿山事跡》（上海：上海古籍出版社，1983）卷下，頁38，「衣冠士庶……家口亦多避地於江、淮〔天寶初，貴游士庶好衣胡服，為豹皮帽，婦人則簪步搖，衩衣之制度，衿袖窄小，識者竊怪之，知其兆（戎）矣」。〕」

339 《新唐書》卷二十四〈車服志〉，頁531，「初，婦人施羃以蔽身，永徽中，始用帷冒，施裙及頸，坐檐以代乘車。命婦朝謁，則以駝駕車。數下詔禁而不止。武后時，帷冒益盛，中宗後…宮人從駕，皆胡冒乘馬，海內傚之，…有衣男子衣而鞾，如奚、契丹之服。…開元中，…而士女衣胡服，其後安祿山反，當時以為服妖之應。」

340 （唐）元稹撰，（《元稹集》（北京：中華書局，1982）卷二十四 樂府）〈法曲〉，頁282，「女為胡婦學胡妝，伎進胡音務胡樂。…胡音胡騎與胡妝，五十年來競紛泊。」

341 《新唐書》卷二十二〈禮樂志〉，頁476，「初，隋有法曲，其音清而近雅。…隋煬帝厭其聲澹，曲終復加解音。玄宗既知音律，又酷愛法曲，選坐部伎子弟

322 仁井田陞，〈中華思想と屬人法主義および屬地法主義〉，頁400。

323 《舊唐書》卷一百七十七，〈盧鈞傳〉，頁4591-4592，「其年（開成元年）冬，代李從易為廣州刺史、御史大夫、嶺南節度使。南海有蠻舶之利，珍貨輻湊。舊帥作法興利以致富，凡為南海者，靡不梱載而還。鈞性仁恕，為政廉潔，請監軍領市舶使，己一不干預。…由是山越之俗，服其德義，令不嚴而人化。三年將代，華蠻數千人詣闕請立生祠，銘功頌德。先是土人與蠻獠雜居，婚娶相通，吏或撓之，相誘為亂。鈞至立法，俾華蠻異處，婚娶不通，蠻人不得立田宅，由是徼外肅清，而不相犯。」

324 雖然不是記載在《唐律疏議》中的事情，但卻有記載在《宋刑統》卷十二〈戶婚律 死商錢物（諸蕃人及波斯附）〉，頁199-200中。仁井田陞，〈中華思想と屬人法主義および屬地法主義〉，頁417。

325 《新唐書》卷一百六十三，〈孔戣傳〉，頁5009，「舊制，海商死者，官籍其貲，滿三月無妻子詣府，則沒入。戣以海道歲一往復，苟有驗者不為限，悉推與。」

326 《宋刑統》卷十二〈戶婚律 死商錢物（諸蕃人及波斯附）〉，頁200，「其蕃人，波斯身死財物，如灼然有同居親的骨肉在中國者，并可給付。其在本土者，雖然識認，不在給付。」

327 仁井田陞，〈中華思想と屬人法主義および屬地法主義〉，頁401。

328 馬寅主編，《中國少數民族常識》，北京：中國青年出版社，1984，頁13。

329 現在中國少數民族中在湖南省西部地區，特別是韓國觀光客常去的張家界一帶有許多居住在那邊的土家族，在中華人民共和國成立後，因為實施了少數民族優待政策，而發表了在漢族中以「土家族」之名的分離宣言。現在在美國每十年實施一次的種族人口普查中，在回答自己是哪個種族（Race）時，最重要的依據是「自我種族決定權」（Self Identification），美國歐巴馬總統在2013年發生茲莫曼事件（穿著帽T的黑人少年被誤會要搶劫而被殺事件）時曾說「購物時幾乎沒有不被誤會要偷東西的黑人」、「我也包含在內」，述說自己是黑人（Black）這件事。然而有一份報導做了統計，把歐巴馬認為是黑人的人不過才百分之二十七，相反地，認為其是混血（Mixed Race）的美國人卻有百分之五十二。（《朝鮮日報》2014年4月16日，頁A16）。歐巴馬自己自稱為黑人，當然過去根據「一滴血政策」（One Drop Rule），曾經如果混有黑人的一滴血，就會被看作是黑人；無論如何，從此報導可知，現在的中國與美國仍可窺見其相似性，這樣的事情也是在唐代會發生的現象。

311 桑原騭藏，《蒲壽庚の事蹟》，頁97-98。

312 仁井田陞，〈中華思想と屬人法主義および屬地法主義〉，頁418。

313 這樣的內容雖然沒有留在《唐律疏議》中，唐代以式來規定的部份在《宋刑統》中仍可以看到。（（宋）竇儀等撰，《宋刑統》（北京：中華書局，1984），頁287，「（唐）主客式，諸蕃客及使蕃人宿衛子弟，欲依鄉法燒葬者聽，緣葬所須亦官給。」）

314 《唐律疏議》卷十六，〈擅興律 征討告賊消息〉，頁307，「若化外人來為間諜，或傳信與化內人。」

315 《唐會要》卷一百，〈雜錄〉，頁2136，「聖曆三年三月六日勅：東至高麗，南至真臘國。西至波斯、吐蕃及堅昆都督府。北至契丹、靺鞨、突厥，并為八蕃。以外為絕域，其使應給料各依式。」

316 《新唐書》卷二百二十一下，〈西域傳下〉，頁6264-6265，「西方之戎，古未嘗通中國，至漢始載烏孫諸國，後以名字見者寖多。唐興，以次脩貢，蓋百餘，皆冒萬里而至，亦已勤矣！然中國有報贈、冊弔、程糧、傳驛之費，東至高麗，南至真臘，西至波斯、吐蕃、堅昆，北至突厥、契丹、靺鞨，謂之『八蕃』，其外謂之『絕域』，視地遠近而給費。」

317 《大明律》（《大明律集解附例》，光緒三十四年（1908）重刊本）卷一〈名例律〉，頁84下-85上，「凡化外人犯罪者，並依律擬斷 纂註：『化外人，及外夷來降之人，及取捕夷寇，散居各地方者皆是。』」

318 仁井田陞，〈中華思想と屬人法主義および屬地法主義〉，頁402-403。

319 所謂的「hostis」是同時具有「敵」與「外國人」意義的單字，hostis是誰都可以抓捕，屬於那裡的財產一部分，是沒有主人的物件。（仁井田陞，〈中華思想と屬人法主義および屬地法主義〉，頁398。）

320 《書經》〈武成篇〉的「華夷蠻貊」、《左傳》〈定公十條〉的「夷不傳華」、《荀子》〈正論〉的「諸夏之局」與「蠻夷戎狄之局」的區分都是著名的例子，此外，明的丘濬也說過：「天地間有大界限，華夷之別是也。」（明）丘濬著，《大學衍義補》（北京：京華出版社，1999）卷一百四十四〈治國國平天下之要 馭夷狄 內夏外夷之限下〉，頁1250，「臣按，天地間有大界限，華夷是也。華處乎中，夷處乎外，是乃天地以山川險阻，界別區域，隔絕內外，以為吾中國萬世之大防者也。」

321 《爾雅》〔（《十三經註疏本》）卷七〈釋地〉，頁221，「九夷、八狄、七戎、六蠻，謂之四海。」〕

300 《入唐求法巡禮行記》卷四〈會昌五年（845）七月九日條〉，頁484，「請停泊當縣新羅坊內，…便共使同到坊內。」

301 金文景以「人數證明書」（金文景譯注，《圓仁的入唐求法巡禮行記》，頁496）來稱呼，白化文則解釋為「今之保證書」（白化文等校註，《入唐求法巡禮行記校注》，頁485）。

302 《入唐求法巡禮行記》卷四〈會昌五年（845）七月九日條〉，頁484，「便共使同到坊內，惣官等擬領，別有專知官不肯，所以不作領狀。」

303 白化文認為新羅坊內的新羅惣官以下，有負責客人的招待及往來的小官，他們大概也都是新羅人。（白化文等校註，《入唐求法巡禮行記校註》，頁485。）

304 「識認」作為當時的法律用語，有「證明」、「識見」、「確切」等意思存在。（白化文等校註，《入唐求法巡禮行記校注》，頁485。）

305 鉤劉是「短期停留」的意思。（白化文等校註，《入唐求法巡禮行記校注》，頁481。）

306 《入唐求法巡禮行記》卷四〈會昌五年（845）七月三日條〉，頁480，「准勑『遞過之人，兩日停留，便是違勑之罪』云云。…薛大使、劉譯語意欲得鉤留在新羅坊裏，從此發送歸國，緣州縣不肯，遂苦鉤留不得也。」

307 《入唐求法巡禮行記》卷四〈會昌五年（845）七月十五至十六日條〉，頁486，「然縣司不自由，事須經使君通狀。…剌史不與道理，仍判云，『准勑遞過，州司不敢停留，告知者。』」

308 （宋）朱彧撰，《萍州可談》（叢書集成初編本）卷二，頁19，「廣州蕃坊，海外諸國人聚居，置蕃長一人，管勾蕃坊公事。專切昭邀蕃商入貢，用蕃官為之。…蕃人有罪，詣廣州鞫實，送蕃坊行遣。」

309 《唐律疏議》卷六，〈名例 律 化外人相犯〉，頁133，「諸化外人，同類自相犯者，各依本屬法；異類相犯者，以法律論。〔疏〕議曰：『化外人』，謂蕃夷之國，別立君長者，各有風俗，法制不同。其有同類自相犯者，須問本國之制，依其俗法斷之。異類相犯者，若高麗之與百濟相犯之類，皆以國家法律，論定刑名。」

310 中田薰，〈唐代法に於ける外國人の地位〉，《法制史論集》3-下，東京：岩波書店，1934；仁井田陞，〈外國人－屬人法主義と屬地法主義〉，《中國法制史研究－法と慣習法と道德－》，東京：東京大學出版會，1964，頁17-21；仁井田陞，〈中華思想と屬人法主義および屬地法主義〉，《中國法制史研究－刑法－》，東京：東京大學出版會，1959，頁398-452。

皐、新羅人的角色為中心—〉，《對外文物交流研究》（海上王張保皐紀念事業會）1，2002。

291 《魏書》卷二十七〈穆亮傳〉，頁670，「後高祖臨朝堂，…又謂亮曰：『徐州表給歸化人稟。王者民之父母，誠宜許之。但今荊揚不賓，書軌未一，方欲親御六師，問罪江介。計萬戶投化，歲食百萬，若聽其給也，則蓄儲虛竭。』」；《魏書》卷六十三〈王肅傳〉，頁1408，「詔（王）肅討蕭鸞義陽。…若投化之人，聽五品已下先即優授。於是假肅節，行平南將軍。」

292 《晉書》卷六十三〈段匹磾傳〉，頁1711-1712，「匹磾欲單騎歸朝，（邵）續弟樂安內史洎勒兵不許。洎復欲執臺使王英送於（石）季龍，匹磾正色責之曰：『卿不能遵兄之志，逼吾不得歸朝，亦以甚矣，復欲執天子使者，我雖胡夷，所未聞也。』」

293 《通典》卷六，〈食貨六 賦稅下〉，頁109，「諸沒落外蕃得還者，一年以上復三年，二年以上復四年，三年以上復五年。外蕃人投化者復十年。」

294 蕃坊這樣的用語第一次出現在史料上是在唐文宗時期曾活躍一時的房千里所傳述的《投荒錄》中。〔（清）顧炎武輯，《天下郡國利病書》（四部叢刊三編本）第二十九冊〈廣東下〉，頁104下-105上，「投荒錄：…頃年在廣州番（蕃）坊，獻食多用糖蜜、腦麝，有魚俎，雖甘香而腥臭自若也。」〕

295 《入唐求法巡禮行記》卷四〈會昌五年（845）七月三日條〉，頁480，「先入新羅坊，見惣官當州同十將薛、新羅譯語劉慎言。」

296 金文景譯注，《圓仁的入唐求法巡禮行記》，頁490-491。白化文等人認為薛某是駐楚州新羅人外交代表，相當於現在的「領事」，「惣官當州」和「同十將」是薛某的官銜，「惣官當州」是「惣官當州新羅人事務大使」的簡稱。（白化文等校註，《入唐求法巡禮行記校註》，頁481）。圓仁稱呼對在唐新羅人具有影響力的人為「大使」，就是張保皐、張詠、林大使等人。（金文景譯注，《圓仁的入唐求法巡禮行記》，頁491。）

297 金文景認為崔暈是張保皐麾下，擔當此職務的兵馬使。（金文景譯注，《圓仁的入唐求法巡禮行記》，頁495。）

298 《入唐求法巡禮行記》卷四〈會昌五年（845）七月三日條〉，頁480，「登州是唐國東北地極，去楚州一千百餘里。…薛大使、劉譯語意欲得鉤留在新羅坊裏置，從此發送歸國，緣州縣不肯，遂苦鉤留不得也。」

299 《入唐求法巡禮行記》卷四〈會昌五年（845）七月九日條〉，頁484，「仍到縣，先入新羅坊。」

龜》卷九百九十九〈外臣部 互市〉，頁11727-11728，「又准令式，中國人不令私與外國人交通、賣買、婚娶、來往。」）

279 薛菁，《魏晉南北朝刑法體制研究》，福州：福建人民出版社，2006，頁216-218。

280 辻正博，《唐宋時代刑罰制度研究》，京都：京都大學學術出版會，2010，頁30。

281 鄧奕琦，〈封建五刑體制的改造與定型〉，《北朝法制研究》，北京：中華書局，2005，頁149-152。

282 《三國志》卷三十，魏書三十〈烏桓鮮卑東夷傳〉，頁833，「其亡叛為大人所捕者，諸邑落不肯受，皆逐使至雍狂地。」

283 辻正博，《唐宋時代刑罰制度研究》，頁88。

284 中國古典中看到的是死、宮、刖、劓、黥（墨刑）。

285 仁井田陞，《中國法制史》，東京：岩波書店，1952/（1976增補版），頁85-86。

286 大庭修，〈漢代徙遷刑〉，《秦漢法制史研究》，東京：創文社，1982，頁165-166。

287 當然在這之外，也有保證遞送和供給的符券與遞牒存在，但根據衛禁律疏的內容，這個是被稱為可區別的過所的一種通行證，原本是保證官人公務以外的通行，但和過所擁有極為相似性質的通行證就是公驗，因此在功能面來看，其實沒有什麼差異（程喜霖，《唐代過所研究》，北京：中華書局，2000，頁182-185）。發行處是州或是縣有其差異，公驗（行牒）是針對通行鄰近的州縣，過所則可以視為是超越了此限制的通行情況。原本是針對官吏私刑的保證書，實際上對於非官人（興胡、行客、百姓）也可以發行（荒川正晴，《ユーラシアの交通、交易と唐帝國》，頁418-420）。

288 宋真，〈唐代「胡商」的中國內地活動與蕃坊〉，《東亞文化》48，2010，頁57。

289 《唐令拾遺補》（仁井田陞著，池田溫編，東京：東京大學出版會，1997）關市令 補二，頁1395，「諸蕃客往來，閱其裝重，入一關者，餘關不譏」；《新唐書》卷四十六〈百官志一 刑部〉，頁1200-1201，「司門郎中、員外郎，各一人，掌門關出入之籍及闌遺之物，…蕃客往來，閱其裝重，入一關者，餘關不譏。」

290 金鐸敏，〈載唐新羅人的活動與公驗（過所）—以圓仁的公驗取得過程中，張保

系統有著各式各樣的見解出現。（荒川正晴，《ユーラシアの交通、交易と唐帝國》：名古屋，名古屋大學出版會，2010，頁161。）

270 荒川正晴，〈唐朝の交通システム〉，《大阪大學大學院文學紀要》40，2000。

271 軍事、交通上的要地有設關，並有令、丞等官吏存在。（《唐六典》卷三十〈三府督護州縣官吏〉，頁756-757。）總共有二十六個關，並有上、中、下三個等級的區分。（《唐六典》卷六〈刑部司門郎中〉，頁195，「司門郎中、員外郎掌天下諸門及關出入往來之籍賦，而審其政。凡關二十六，而為上、中、下之差。」）

272 （唐）長孫無忌等撰，《唐律疏議》（北京：中華書局，1983）卷八〈衛禁律 私度及越度關〉，頁172，「諸私度關者，徙一年。越度關者，加一等（不由門為越）。」

273 《唐律疏議》，卷八〈衛禁律 私度及越度關〉，頁172，「〔疏〕議曰：水陸等關，兩處各有門禁，行人來往皆有公文，…自餘各請過所而度。若無公文，私從關門過。合徙一年。『越度』者，謂關不由門，律不由濟而度者，徙一年半。」

274 《唐六典》卷六〈刑部司門郎中〉，頁196，「凡度關者，先經本司請過所，在京，則省給之。在外，州給之。雖非所部，有來文者，所在給之。」

275 《唐律疏議》，卷八〈衛禁律 越度緣邊關塞〉，頁177，「諸越度緣邊關塞者，徒二年。共化外人私相交易，若取與者，一尺徒二年半，三疋加一等，十五疋加役流。〔疏〕議曰：緣邊關塞，以隔華夷，其有越度此關塞者，得徒二年，…但以緣邊關塞，越罪故重。」

276 《唐律疏議》，卷八〈衛禁律 越度緣邊關塞〉，頁177-178，「私與禁兵器者，絞，…即因使私有交易者，準盜論。〔疏〕議曰：越度緣邊關塞，將禁兵器私與化外人者，絞。其化外人越度入境，與化內交易，得罪並與化內人越度交易同，仍奏聽勑。出入國境，非公使者不合，故但云越度，不言私度。若私度交易，得罪皆同，…又準主客式，蕃客入朝，於在路不得與客交雜，並不得令客與人言語，…即是國內官人百姓，不得與客交關。」

277 《唐律疏議》，卷八〈衛禁律 越度緣邊關塞條〉，頁177-178，「共爲婚姻者，流二千里。…〔疏〕議曰：…又，準別格；『諸蕃人所取得漢婦女爲妻妾，並不得將還蕃內。』…私作婚姻，同上法，如是蕃人入朝聽住之者，得娶妻妾，若將還蕃內，以違勑科之。」；《唐會要》卷一百〈雜錄〉，頁2134，「貞觀二年二月十六日勅：『諸蕃人所娶得漢婦女爲妻妾者，並不得將還蕃。』」

278 中國人與外國人「私人的」交通、買賣、婚娶、來往等是被禁止的。（《冊府元與文化研究》，西安：三秦出版社，2002，頁264。

262 牛致功握有譯語、僧人、官吏等其他四十七人的名單（牛致功，〈圓仁目睹的新羅人—讀《入唐求法巡禮行記》札記—〉，頁260-261），然而金文景教授卻認為這本書登場的人物「有一半以上的人物都不是唐人或是日本人，而是新羅人」。（金文景譯注，《圓仁的入唐求法巡禮行記》，頁8。）

263 開成四年（839），圓仁抵達楚州（江蘇省淮安），並在日本朝貢使們歸國時，僱用了很熟悉海路的六十餘名新羅人（《入唐求法巡禮行記》卷一，〈開成四年（839）三月十七日條〉，頁128，「各令船頭押領，押領本國水手之以外，更雇新羅人諳海路者六十餘人。每船或七或六或五人。亦令新羅譯語〈金〉正南商可留之方便。」），暗示在此地區的許多新羅人從事著各式各樣的職業。

264 新羅人在楚州的活動大部分從事貿易業與造船業，許多人是船員或是船主，譯官金正南有九艘的新羅船和僱用了六十餘名的新羅船員就是這樣的情況。（金文景譯注，《圓仁的入唐求法巡禮行記》，頁115，註281。）

265 日本的其他入唐僧如惠蕚、順昌、仁濟等，許多僧人們都接受了他的幫助，和日本的聯絡、傳遞禁品、準備歸國船、保管物品等，全部都依靠他來完成。（金文景譯注，《圓仁的入唐求法巡禮行記》，頁125，註308。）劉慎言作為居住在楚州的新羅人，是一名能說韓、日、漢語的翻譯。（〈日本〉釋圓仁、白化文等校注，《入唐求法巡禮行記》卷一，頁129。）

266 參考權德英，《在唐新羅人社會研究》，首爾：一塊，2005，第五章〈張保皋與在唐新羅人〉。

267 《新唐書》卷四十六〈百官志一 禮部主客郎中〉，頁1195-1196，「主客郎中、員外郎，各一人，掌二王後、諸蕃朝見之事。…殊俗入朝者，始至之州給牒，覆其人數，謂之邊牒。」

268 《新唐書》卷四十八〈百官志三 鴻臚寺〉，頁1257-1258，「海外諸蕃朝賀進貢使有下從，留其半於境；繇海路朝者，廣州擇首領一人、左右二人入朝；所獻之物，先上其數於鴻臚。凡客還，鴻臚籍衣齎賜物多少以報主客，給過所。」

269 在秦漢代的驛傳中，驛馬與傳馬是有區別的，驛指稱為騎、傳指稱為車，跑的距離也會有差異，驛馬一天六驛左右，傳馬一天四驛左右。如同針對驛馬有「公式令」，針對傳馬則有「廄牧令」的規定一樣，兩者是有分別的。也就是說，可以把它看作是，不是只有驛馬（緊急時的交通手段），與其並行的傳馬（平常時的交通手段）也有運營的公共交通系統。（青山定雄，《唐宋時代の交通と地誌地圖の研究》，東京：吉川弘文館，1963，頁53。）然而最近特別針對唐代的交通

250 向達，《唐代長安與西域文明》，頁34。

251 《南史》卷二十三〈王琨傳〉，頁627，「（王琨）出為平越中郎將、廣州刺史，加都督。南土沃實，在任常致巨富。世云廣州刺史但經城門一過，便得三千萬。琨無所取納，表獻祿俸之半。鎮舊有鼓吹，又啟輸還。及罷任，孝武知其清，問還資多少？琨曰：『臣買宅百三十萬，餘物稱之。』帝悅其對。」

252 中村久四郎，〈廣東の商胡及び廣東長安を連絡する水陸舟運の交通〉，《東洋學報》10-2，1920；〈唐時代の廣東〉，《史學雜誌》28-3、6，1927。

253 在（宋）李昉等編，《太平廣記》（北京：中華書局，1961）卷四百〇二〈李灌條〉，卷四百〇三〈紫靺鞨條〉，卷四百〇四〈岑氏條〉，卷三百七十四〈胡氏子條〉中，全部都由提及「洪州商胡」。

254 向達，《唐代長安與西域文明》，頁34-35。

255 桑原騭藏，《蒲壽庚の事蹟》。

256 《隋書》卷八十一〈東夷傳倭國〉，頁1826，「開皇二十年，俀王姓阿每，字多利思比孤，號阿輩雞彌，遣使詣闕。上令所司訪其風俗。使者言倭王以天爲兄，以日爲弟，天未明時出聽政，跏趺坐，日出便停理務，云委我弟。高祖曰：『此太無義理。』於是訓令改之。」

257 自倭國開始四次，從隋這邊來看的話，則視為三次。（氣賀澤保規編，《遣隋使がみた風景－東アジアからの新視點－》，東京：八木書店，2012，頁354。）

258 《隋書》卷八十一〈東夷傳倭國〉，頁1825，「大業三年，其王多利思比孤遣使朝貢。使者曰：『聞海西菩薩天子重興佛法，故遣朝拜，兼沙門數十人來學佛法。』其國書曰：『日出處天子致書日沒處天子無恙』云云。帝覽之不悅，謂鴻臚卿曰：『蠻夷書有無禮者，勿復以聞。』」

259 遣唐使可以分為前、後期，其派遣目的、組織、航路也都有些微的差異。整體來說，可看作是十六年一次左右的派遣。前期（第一次至第七次）是以朝貢為目的，以船兩搜，平均一百二十人構成，航路為北九州、博多→壹岐、對馬→韓半島西海岸→黃海道→山東半島（北路無法沒有百濟、新羅的協助）；後期（第八次到第二十次）則是以為了學習新文化與技術的留學生、留學僧、技師為主要構成，以四艘船，五百至六百人左右為主，從博多→五島列島→東中國海→長江沿岸（南路：百濟滅亡後，可以相當程度縮減航海日數。）（古瀨奈津子，《遣唐使の見た中國》，東京：吉川弘文館，2003，頁3-9。）

260 方亞光，《唐代對外開放初探》，合肥：黃山書社，1998，頁29-30。

261 牛致功，〈圓仁目睹的新羅人—讀《入唐求法巡禮行記》札記—〉，《唐代碑石

241 《舊唐書》卷一百八十二〈秦彥傳〉，頁4716，「江淮之間，廣陵大鎮，富甲天下，自師鐸、秦彥之後，孫儒、（楊）行密繼踵相攻，四五年間，連兵不息，廬舍焚蕩，民戶喪亡，廣陵之雄富掃地矣！」；《資治通鑑》卷二百五十九〈唐紀七十五 昭宗景福元年（892）六月條〉，頁8430-8431，「先是，揚州富庶甲天下，時人稱揚一、益二（胡注曰：言揚州居一，益州為次也），及經秦、畢、孫、楊兵火之餘（胡注曰：秦彥、畢師鐸、孫儒、楊行密也），江、淮之間，東西千里掃地盡矣。」

242 《全唐詩》卷五百一十一，張祜，〈縱游淮南〉頁5846，「十里長街市井連，月明橋上看神仙。人生只合揚州，禪智山光（一作邊）好墓田。」

243 金相範，〈唐代後半期揚州的發展與外國人社會〉，《中國史研究》48，2007，頁135-142。

244 《舊唐書》卷一百一十〈鄧景山傳〉，頁3313，「鄧景山，曹州人也。文吏見稱。天寶中，自大理評事至監察御史。至德初，擢拜青齊節度使，遷揚州長史、淮南節度。為政簡肅，聞於朝廷。居職四年，會劉展作亂，引平盧副大使田神功兵馬討賊。神功至揚州，大掠居人資產，鞭笞發掘略盡，商胡大食、波斯等商旅死者數千人。」；《舊唐書》卷一百二十四〈田神功傳〉，頁3533，「尋為鄧景山所引，至揚州，大掠百姓商人資產，郡內比屋發掘略徧，商胡波斯被殺者數千人」；《新唐書》卷一百四十四〈田神功傳〉，頁4702，「劉展反，鄧景山引神功助討，自淄青濟淮，眾不整，入揚州，遂大掠居人貲產，發屋剔窌，殺商胡波斯數千人。」

245 （日本）真人元開著，《唐大和上東征傳》（北京：中華書局，1979）頁74，「江中有婆羅門、波斯、崑崙等舶，不知其數，並載香藥、珍寶，積載如山，其深六、七丈。獅子國、大石國、骨唐國、白蠻、赤蠻等往來居住，種類極多。州城三重，都督執六纛，一纛一軍，威嚴不異天子。紫緋滿城，邑居逼側。」

246 A. C. Moule, *Christians in China before the year 1550*, London: Society for Promoting Christian Knowledge, 1930, p.76; 向達，《唐代長安與西域文明》，北京：三聯書店，1987，頁34及頁39 注2；金浩東，《東方基督教與東西文明》，頁156。

247 金浩東，《東方基督教與東西文明》，頁156-157。

248 《全唐詩》卷二百〇八 包何「送泉州李使君之任」，頁2170，「傍海皆荒服，分符重漢臣。雪山百越路，市井十洲人。」

249 Jacob d'Ancona, *The City of Light,* London: Little, Brown and Company, 1997（吳成煥、李敏兒譯，《光的都市》，首爾：喜鵲文房，2000）。

230 《舊唐書》卷二百上〈安祿山傳〉，頁5367，「安祿山，營州柳城雜種胡人也。本無姓氏，…母阿史德氏，亦突厥巫師，以卜為業。…少孤，隨母在突厥中，…冒姓為安。及長，解六蕃語，為互市牙郎。」

231 《舊唐書》卷二百上〈史思明傳〉，頁5376，「史思明，…，營州寧夷州突厥雜種胡人也。…及長，相善，俱以驍勇聞。…又解六蕃語，與祿山同為互市郎。」

232 對於粟特人的聚落可參考榮新江，〈胡人遷徙與聚落〉，《中古中國與外來文明》，北京：三聯書店，2001，頁17-179；針對粟特人的墓誌等全面性的新發現與考古遺物，可參考榮新江、張志清主編，《從撒馬爾干到長安—粟特人在中國的文化遺迹—》，北京：北京圖書館出版社，2004。

233 《新唐書》卷二百一十七〈回紇傳上〉，頁6121，「始回紇至中國，常參以九姓胡，往往留京師，至千人，居貲殖產甚厚。」

234 石田幹之助，《長安の春》，東京：平凡社，1967，頁210-281。

235 《大唐新語》輯佚〈則天后〉，頁204，「又造天樞于定鼎門，並番客胡商聚錢百萬億造成。」

236 （宋）張禮撰，《游城南記》（《游城南記校注》，西安：三秦出版社，2006），頁127，「下（神禾）原，訪劉希古，遇瓜洲村（張注曰：…亦有長安縣有高麗曲，因高麗人居之而名之也？）」愛宕元推測在六六八年高句麗滅亡以後，於長安南郊有相當多的高句麗人被強制移住在那邊，這也是高麗曲誕生的背景。（愛宕元譯注，《游城南記》，京都：京都大學學術出版會，2004，頁77）。此外，馬馳則推測高麗曲是高句麗王族的居住地。（馬馳，〈《唐兩京城坊考》所見仕唐蕃人族屬考〉（《中國古都研究》，太原：山西人民出版社，1994），頁162）

237 池田溫，〈8世紀中葉における敦煌のソグド人聚落〉，《ユーラシア文化研究》1，1965；石田幹之助，〈天寶10載の差科簿に見ゆる敦煌地方の西域系住民に就いて〉，《東亞文化叢考》，東京：東洋文庫，1973。

238 關尾史郎，《西域文書からみた中國史》，東京：山川出版社，1998，頁75。

239 那波利貞，〈唐代の敦煌地方に於ける朝鮮人の流寓に就いて〉，《文化史學》8、9、10，1954-56；內藤雋輔，〈唐代中國に於ける朝鮮人の活動について〉，《朝鮮史研究》，東洋史研究會，1961。

240 朴漢濟，〈唐代六胡州的設定與其意義—「降民」的配置與驅使的－方法－〉，《中國學報》59，2009（《中國歷史地理論叢》2010-2，頁27-45中重新收錄。）

部 請求〉，頁11724，「憲宗元和二年春正月庚子，回紇使者請於河南府、太原府置摩尼寺三所，許之。」

223 對於摩尼教和回紇可汗之結合過程，請參考鄭在勳，《維吾爾遊牧帝國史（744-840）》，首爾；文學科知性社，頁302-319。

224 林吾殊，〈回紇奉摩尼教的社會歷史根源〉，《摩尼教及其東漸》，北京：中華書局，1987，頁91-92。

225 《入唐求法巡禮行記》卷三〈會昌三年（843）四月條〉，頁416，「中旬，勅下，令煞天下摩尼師，剃髮，令著袈裟，作沙門形而煞之。摩尼師即迴鶻所崇重也。」

226 C. J. Beckwith, "The Impact of the Horse and Silk Trade on the Economics of T'ang China and the Uighur Empire: On the Importance of International Commerce in the Early Middle Ages", *Journal of the Economic and Social History of the Orient 34-3*, 1991, pp.196-198.

227 《資治通鑑》卷二百四十八〈唐紀六十四 武宗元會昌五年（845）七月條〉，頁8016，「餘僧及尼并大秦穆護、祆僧皆勒歸俗（胡三省注云：大秦穆護又釋氏之外教，如迴鶻摩尼之類。是時勅曰：『大秦穆護等祠，釋氏既已釐革，邪法不可獨存。其人並勒還俗，遞歸本貫，充稅戶，如外國人送遠處收管。』）」

228 《新唐書》卷二百二十一下〈西域傳下 康〉，頁6243，「康者，一曰薩末鞬，亦曰颯秣建，元魏所謂悉斤者。…始居祁連北昭武城，為突厥所破，稍南依蔥嶺，即有其地。枝庶分王，曰安，曰曹，曰石，曰米，曰何，曰火尋，曰戊地，曰史，世謂『九姓』，皆氏昭武。土沃宜禾，出善馬，兵彊諸國。人嗜酒，好歌舞于道。王帽氈，飾金雜寶。女子盤髻，幪黑巾，綴金蘤。」此外，還可指稱為安、康、石、史、米、何、曹、畢、穆國。

229 《新唐書》卷二百二十一下〈西域傳下 康〉，頁6243-6244，「生兒以石蜜啖之，置膠於掌，欲長而甘言，持寶若黏云。習旁行書。善商賈，好利，丈夫年二十，去傍國，利所在無不至。」；《舊唐書》卷一百九十八〈西戎傳 康國〉，頁5310，「生子必以石蜜納口中，明膠置於掌內，欲其成長口常甘言，掌持錢如膠之黏物。俗習胡書。善商賈，爭分銖之利，男子年二十，既遠之旁國，來適中夏，利之所在，無所不到。」；（唐）玄奘、辯機著，《大唐西域記》（《大唐西域記校注》，北京：中華書局，1985）卷一〈窣利地區總述〉，頁72，「風俗澆訛，多行詭作，大抵貪求，父子計利，財多為貴，良賤無差。雖富巨萬，服食麁弊，力田逐利者雜半矣。」

32。

211 Muhammad Kansu，〈〈大秦景教流行中國碑〉碑文考〉，《金文經教授停年退任記念東亞史研究論叢》，首爾：慧安，1996，頁705-734。

212 池培善，〈唐代中國的基督教〉，《人文科學》（延世大）68，1992，頁248；金浩東，《東方基督教與東西文明》，頁118-128。

213 如同〈大秦景教流行中國碑〉第十五至十六行中記有「高宗大帝，克恭纘祖，潤色真宗，而於諸州各置景寺，仍崇阿羅本為鎮國大法主，法流十道，國富元休，寺滿百城，家殷景福」一般，高宗時期景教的勢力與佛教幾乎是伯仲之間。（林悟殊，《唐代景教再研究》，北京：中國社會科學出版社，2003，頁27-28。）

214 《資治通鑑》卷二百四十八〈唐紀六十四 武宗會昌五年（845）八月壬午條〉，頁2017，「詔陳釋教之弊，宣告中外。凡天下所毀寺四千六百餘區，歸俗僧尼二十六萬五百人，大秦穆護、祆僧二千餘人，毀招提、蘭若四萬餘區。收良田數千萬頃，奴婢十五萬人，所留僧皆隸主客，不隸祠部。」

215 佐白好郎，《景教の研究》，頁532-534。

216 根據陳垣的說法，唐武后延載元年（694）以前是無法傳至中國的。（陳垣，〈摩尼教入中國考〉，《陳垣史學論著選》，頁135。）

217 《通典》卷四十〈職官典二十二 秩品五 大唐 大唐官品〉，頁1102-1103，「視流內 視正五品；薩寶；視從七品：薩寶府祆正」（開元二十年七月勅：「末摩尼法，本是邪見，妄稱佛教，誑惑黎元。」宜嚴加禁斷。以其西胡等既是鄉法，當身自行，不須科罪者。）

218 陳垣，〈摩尼教入中國考〉，頁137。

219 《通典中》因為記有「以其西胡等既是鄉法，當身自行，不須科罪者」，因此「非西胡行之，即須科罰」，也就是說，西胡以外的中國人信奉魔尼教是被禁止的。

220 陳垣，〈摩尼教入中國考〉，頁141。

221 《資治通鑑》卷二百三十七〈唐紀五十三 憲宗元和元年（806）條〉，頁7638，「是歲，回紇入貢，始以摩尼偕來，於中國置寺處之（胡三省注曰：「…按《唐會要》十九卷」）。回紇可汗王令明教僧進法入唐。大曆三年六月二十九日，勅賜回紇摩尼，為之置寺，賜額為大雲光明。六年正月，勅賜荊、洪、越等州各置大雲光明寺一所。」

222 《舊唐書》卷十四〈憲宗紀上 元和二年春正月 庚子（807）條〉，頁420，「回紇請于河南府、太原府置摩尼寺，許之。」；《冊府元龜》卷九百九十九〈外臣定），頁1102-1106。「視流內視正五品；薩寶；視從七品 薩寶府祆正（武德四年，制祆祠及官，常有群胡奉事，取火呪詛。貞觀二年，置波斯寺，至天寶四年七月，敕：「波斯經教出自大秦，傳習而來，久行中國。……其兩京波斯寺宜改為大秦寺。……」）視流外 勳品：薩寶府祆祝；四品：薩寶府率；五品：薩寶府史。」

202 《隋書》卷二十七〈百官志中〉，頁751-756，「後齊制官，多循後魏，…鴻臚寺，掌蕃官朝會，吉凶弔祭，…典客署，又有京邑薩甫二人，諸州薩甫一人」；《隋書》卷二十八〈百官志下 隋〉，頁790-791，「雍州薩寶，為視從七品，…諸州胡二百戶已上薩保，為視正九品。」

203 藤田豐八，〈薩寶につきて〉《東西交涉の研究－西域編》，1933，頁299-306。

204 薩寶雖然可以看做是掌管祆教徒民、刑事事務的人（《隋書》卷八十三〈西域傳康國〉，頁1848-1849。「有胡律，置於祆祠，決罰則取而斷之。重罪者族，次重者死，賊盜截其足。」），但其實可以視為是他們延續在薩珊王朝時期大祭司握有司法大權的傳統－「以胡祝充其（薩寶）職」。（龔方震、晏可佳，《祆教史》，上海：上海社會科學院出版社，1998，頁277。）

205 《舊唐書》卷四十二〈職官志一〉，頁1803，「流內九品三十階之內，又有視流內…初以薩寶府、親王國官及三師、三公、開府、嗣郡王、上柱國已下護軍已上勳官帶職事者府官等品。開元初，一切罷之。今唯有薩寶、祆正二官而已。…視流外亦自勳品至九品，開元初唯留薩寶、祆祝及府史，餘亦罷之。」

206 桑原騭藏，《蒲壽庚の事蹟》，東京：平凡社，1989，頁90-91。

207 《通典》卷四十〈職官典二十二 大唐官品〉，頁1102-1103，「視流內 視正五品；薩寶；視從七品：薩寶府祆正。」

208 〈大秦景教流行中國碑〉中雖稱其為「大秦國」，但應視為是波斯薩珊王朝才對。（金浩東，《東方基督教與東西文明》，首爾：喜鵲，2002，頁128。）

209 （宋）志磐撰，《佛祖統記》（《大正新修大藏經》第四十九卷〈史傳部一〉所收）卷五十四〈歷代會要志19-4「事魔邪黨」，頁474-3，「末尼火祆者，初波斯國有蘇魯支，行火祆教。弟子來化中國，唐正觀五年，其徒穆護何祿詣闕進祆教。敕京師建大秦寺。武后延載元年，波斯國拂多誕持二宗經偽教來朝。…天寶四年，敕兩京諸郡有波斯寺者，並改名大秦。…（會昌）五年敕，大秦穆護火祆等二千人，並勒還俗。」〉

210 佐白好郎，《景教の研究》，東京：東方文化學院東京研究所，1935，頁21-

189 《隋書》卷二十五〈刑法志 隋〉，頁716，「開皇舊制，釁門子弟，不得居宿衛近侍之官。」

190 畢波，《中古中國的粟特胡人—以長安為中心—》，北京：中國人民大學出版社，2011，頁95。

191 《舊唐書》卷一百〇六〈王毛仲傳〉，頁3252，「王毛仲，本高麗人也。…初，太宗貞觀中，擇官戶蕃口中少年驍勇者百人，每出遊獵，令持弓矢於禦馬前射生，令騎豹文韉，著畫獸文衫，謂之「百騎」。至則天時，漸加其人，謂之「千騎」，分隸左右羽林營。孝和謂之「萬騎」，亦置使以領之。玄宗在籓邸時，常接其豪俊者，或賜飲食財帛，以此盡歸心焉。」

192 畢波，《中古中國的粟特胡人—以長安為中心—》，頁95-118。

193 雷家驥，《隋唐中央權力結構及其演進》，臺北：東大圖書公司，1995，頁447。

194 《隋書》卷二十八〈百官志下 隋〉，頁778，「左右衛，掌宮掖禁禦，督攝仗衛。又各有直閣將軍（六人）、直寢（十二人）、直齋、直後（各十五人）。並掌宿衛侍從。…左右衛又各統親衛。」

195 劉鍾秀，〈唐後半期質子外交的性格〉，《首爾大東洋史學科論集》35，2011。

196 在唐代 利言（龜茲人）的作品《梵語雜名》等中，將「胡」這個字用「蘇哩（Su-li, Sogd）」這個音來表示，「胡」因此就被指稱為是粟特人了。（羽田明，〈ソグド人の東方活動）〉《岩波講座世界歷史》6 古代6，東京：岩波書店，1971，頁424。）

197 陳垣認為，五百一十六年至五百一十九年間傳入中國的事物中，「祆」字就可在唐初時傳入出現的物品中看到了。陳垣，〈火祆教入中國考〉《陳垣史學論著選》。上海：上海人民出版社，1981，頁111-113。

198 （唐）韋述 撰，《兩京新記》（《兩京新記輯校》，西安：三秦出版社，2006。）卷三，布政坊。頁34，「西南隅，胡祆祠（武德四年所立，西域胡祆神，佛經所謂摩醯首羅也。）」；《長安志》卷三，布政坊。頁125下，「西南隅，胡祆祠（祠內有薩寶府官，主祠祆神，亦以胡祝充其神。）」；唐代的祆祠在西京（長安）中有四處，東京（洛陽）有二處，此外，在地方也有看到過。（陳垣，〈火祆教入中國考〉，頁121-122。）

199 崔宰榮，〈唐 長安城的薩寶府位置〉《中央亞洲研究》10，2005。

200 池田溫，《唐代處遇外族官制略考》中有對於外族特有官職的說明。

201 《通典》卷四十，職官典二十二，秩品五，大唐 大唐官品（開元二十五年制齒。」

180 就連和武人完全沒有關係的譯經婆羅門都被任命為衛部的衛官，大部分都進行了儀仗化。（池田溫，〈唐初處遇外族官制略考〉，頁266-267。）

181 玄宗開元十年（722）閏五月時，下詔讓諸蕃質子宿衛者放還歸國（《唐大詔令集》卷一百二十八 蕃夷〈放諸蕃質子各還本國勅〉，頁632-633，「勅：韓國家統一寰宙，歷年滋多，八方同文，四隩來暨。夫其襲冠帶，奉正朔，顒顒然向風而慕化，列于天朝，編于屬國者，蓋亦眾矣。…今外番侍子久在京師，雖威惠之及，自遠畢歸，而羈旅之意，重遷斯在。宜命所思勘會諸蕃充質宿衛子弟也，量放還國；契丹及奚延通質子，并即停追。」），然而盛唐以後，質子宿衛的制度並沒有廢止，仍舊存續下去。

182 箭內瓦，〈元朝怯薛考〉，《蒙古史研究》，東京：刀江書院，1930，頁211-262。

183 金浩東，《蒙古帝國與世界史的誕生》，首爾：石枕，2010，頁107-108。

184 始祖神元皇帝力微時期，沒鹿部大人竇賓將自己的女兒獻給皇帝一事（《魏書》卷一〈序紀〉，頁3，「元年，歲在庚子。…依於沒鹿回部大人竇賓。始祖有雄傑之度，時人莫測。…久之，賓乃知，大驚，將分國之半，以奉始祖，始祖不受，乃進其愛女。」），與力微五十八年，烏丸王庫賓趁皇帝不舒服時欲藉機唆使諸多部落，便說力微要將大人的長子們都殺害這件事（頁5，「其年，始祖不豫。烏丸王庫賢，親近任勢，…故欲沮動諸部，因在庭中礪鉞斧，諸大人問欲何為，答曰：『上恨汝曹讒殺太子，今欲盡收諸大人長子殺之。』大人皆信，各各散走。」），就可以看到質任的存在。

185 自北魏到唐初為止，庫真（直）是稱呼負責在皇帝或是諸王左右擔任親衛角色的職稱名。（嚴耀中，〈述論唐初期的庫真與察非椽〉，《晉唐文史論稿》，上海：上海人民出版社，2013，頁53。）

186 《魏書》卷三十〈安同傳〉，頁712-717，「安同，遼東胡人也。其先祖曰世高，漢時以安息王侍子入洛，歷魏至晉，避亂遼東，遂家焉。…同長子屈，太宗時典太倉事，…屈弟原，雅性矜嚴，沉勇多智略。太宗時為獵郎，出監雲中軍事，…原弟頡，頡弟聰，為內侍。…頡，辯慧多策略，最有父風。太宗初，為內侍長。」

187 《周書》卷二十八〈史寧傳〉，頁465，「（史）寧少以軍功，拜別將。遷直閤將軍、都督，宿衛禁中。尋加持節、征東將軍、金紫光祿大夫。」

188 張金龍，《魏晉南北朝禁衛武官研究》，北京：中華書局，2004，頁659-712。

166 《舊唐書》卷四十四〈職官志三〉，頁1898，「凡宿衛，內廊閤門外，分為五仗，皆坐于東西廊下。若御坐正殿，則為黃旗仗，分立於兩階之次，在正門之內，以挾門隊坐於東西廂。皆大將軍守之。」

167 卞麟錫，〈從唐宿衛制度中看羅、唐關係—唐代「外人宿衛」的—研究－〉，《史叢》11，1966。

168 《新唐書》卷九十七〈魏徵傳〉，頁3870，「至是，天下大治。蠻夷君長襲衣冠，帶刀宿衛。東薄海，南踰嶺，戶闔不閉，行旅不齎糧，取給於道。」

169 《資治通鑑》卷一百九十三〈唐紀九　太宗貞觀四年（630）夏四月條〉，頁6076-6077，「（溫）彥博曰：『王者之於萬物，天覆地載，…選其酋長，使入宿衛，畏威懷德，何後恨之有！』」

170 《三國史記》卷十二〈新羅本紀十二 敬順王〉，「論曰：『…以至誠事中國，梯航朝聘之使，相續不絕，常遣子弟，造朝而宿衛，入學而講習。于以襲聖賢之風化，革鴻荒之俗，爲禮義之邦。」

171 申瀅植，〈新羅的宿衛外交〉，《韓國古代史的新研究》，首爾：一潮閣，1984，頁390。

172 楊聯陞將人質的種類分為1Exchanged Hostage（交換人質）、2Unilateral Hostage（單方人質）〔aExternal Hostages（外部人質）、bInternal Hostages（內部人質）〕。（Lien-Sheng Yang, "Hostages in Chinese History", *Harvard Journal of Asiatic Studies* 15-314, 1952, pp.507-508）.

173 《後漢書》卷八十八〈西域傳〉，頁2924，「（建武）二十一年冬，車師前王、鄯善、焉耆等十八國俱遣子入侍，…願得都護。」

174 申瀅植，〈新羅的宿衛外交〉，頁353。

175 陸宣玲，《唐代質子研究》，陝西師範大學碩士學位論文，2008；成琳，〈唐代民族關係中的質子制度研究〉，陝西師範大學碩士學位論文，2008。

176 新羅在唐都設置「宿衛院」，在唐末混亂時期以此來和本國進行文書聯絡。〔（新羅）崔致遠撰，《崔文昌侯全集》，首爾：成均館大學大東文化研究院，1991，卷一 表〈謝不許北國居上表〉，頁47，「臣得當番宿衛院狀報，去乾寧四年七月。」〕

177 申瀅植，〈新羅的宿衛外交〉，頁353。

178 《唐六典》卷五〈兵部尚書〉，頁154，「蕃人任武官者，並免入宿。任三衛者，配玄武門上，一日上，兩日下，配南衙者，長番，每年一月上。」

179 《新唐書》卷四十六〈百官志 主客郎中〉，頁1196，「蕃客請宿衛者，奏狀貌年

158 《冊府元龜》卷九百九十九〈外臣部 請求〉，頁11724下，「敬宗寶歷元年…新羅國王金彥昇奏：『先在太學生崔利貞、金叔貞、朴季業四人，請放還蕃。其新赴朝貢金允夫、金立之、朴亮之等一十二人，請留宿衛，仍請配國子監習業。』鴻臚寺給資糧從之。」

159 《唐會要》卷三十六〈附學讀書〉，頁779，「又新羅差入朝宿衛王子，并准舊例，割留習業學生並及先住學生等，共二百十六人。」

160 《唐會要》卷九十五〈新羅〉，頁2031，「（開成）五年四月，鴻臚寺奏：『新羅國告哀，其質子及年滿合歸國學生等共一百五人。』並放還。」

161 嚴耕望，〈新羅留唐學生與僧徒〉，頁431-432。

162 《東史綱目》卷五上〈唐昭宗龍紀元年（889）條〉，頁499，「新羅自事唐以後，常遣王子宿衛，又遣學生入太學習業，十年限滿還國。又遣他學生入學者，多至百餘人。買書銀貨則本國支給，而書糧，唐鴻臚寺供給，學生去來者相從。」

163 新羅社會作為中央集權的貴族國家制，一邊發展的同時，一邊又設立了嚴格的身份制度－骨品制，骨品制是將骨制和頭品制編制一起，六頭品是頭品中最高的階級。編入骨品制的人限定是王京人，並任命中央官職，因此屬於統治集團的一份子。六頭品雖然不是最高的身分階層，但卻是中央貴族，新羅貴族依據骨品制來決定能夠上升的官職等級，乘坐的車子或是使用的器物、服裝顏色、住宅大小等都有限制，六頭品能夠上升到第六官等的阿飡為止，如果要從阿飡再上升到更高位的情況，就要運用重位制，從重阿飡到四重阿飡為止可以封授，但不能升到超越第五官等的大阿飡。八三四年（興德王九年）頒布的規定中，雖然明顯有企圖要把真骨與六頭品身分區別開來，但跟五頭品或四頭品比起來，針對六頭品的限制確實是比較少的。六頭品中重要的家族首推薛氏。薛氏作為包含元曉的家族，原本是押督國的王族，伽倻滅亡後，其王族有的被編入了真骨，但大部分的王族或是最高貴族則是編入六頭品，強首就是這樣的例子，高句麗與百濟的貴族也在其本國滅亡後，有一部分編入了骨品制，身分較高的貴族則是編為六頭品。

164 新羅的骨品制大體上來說分為聖骨、真骨、六頭品、五頭品、四頭品，四頭品以下幾乎與平民無異。聖骨是直系王族自己透過族內婚來維繫的集團，真德女王作為最後一位而斷絕；真骨雖然也是王族，但是混合了旁系王族或貴族的血。真德女王後由真骨來出任王。五頭品乃至四頭品則是稱在發展過程中，比起被合併的六頭品，相較之下只能得到較低地位的人的稱呼。

165 《唐六典》卷五〈兵部尚書〉，頁153，「凡應宿衛官各從番第。」

25-27中列舉了賓貢科登第者二十六人的姓名。

149 （朝鮮）韓制奫撰，《海東歷史》（韓國學基本叢書本，首爾：景仁文化社，1973）卷五十，〈藝文志九 中國詩一〉，顧非熊〈送朴（樸）處士歸新羅〉，頁94。

150 《海東歷史》卷五十，〈藝文志九 中國詩一〉，張喬〈送朴充侍御歸海東〉，頁94。

151 陳鐵民，《王維新論》，北京：北京師範學院出版社，1990，頁25。

152 《舊唐書》卷一百九十九上〈東夷傳 日本〉，頁5341，「其偏使朝臣仲滿，慕中國之風，因留不去，改姓名爲朝衡，仕曆左補闕、儀王友。衡留京師五十年，好書籍，放歸鄉，逗留不去」；《新唐書》卷二百二十〈東夷傳．日本〉，頁6209，「其副朝臣仲滿慕華不肯去，易姓名曰朝衡，曆左補闕，儀王友，多所該識，久乃還。聖武死，女孝明立，改元曰天平勝寶。天寶十二載，朝衡復入朝，上元中，擢左散騎常侍、安南都護。」

153 《新唐書》卷二百二十五〈逆臣傳上 安祿山〉，頁6425，「有商胡康謙者，天寶中為安南都護，附楊國忠，官將軍。上元中，出家貲佐山南驛稟，肅宗喜其濟，許之，累試鴻臚卿。婿在賊中，有告其畔，坐誅。」

154 《舊唐書》卷一百七十七〈盧鈞傳〉，頁4592，「大中初，檢校尚書右僕射、汴州刺史、御史大夫、宣武軍節度、宋亳汴潁觀察等使。」；《全唐詩》卷四百八十八 盧鈞，頁5541，「盧鈞，字子和，舉進士中第，嘗為李絳、裴度幕僚。歷嶺南、山南、昭義、宣武節度。大中時，召為左僕射，後以太保致仕。卒年八十七。詩一首。」

155 《全唐文》卷七百六十七 陳黯〈華心〉，頁7986，「大中初年，大梁連帥范陽公得大食國人李彥升鑒於闕下，天子詔春思考其才，二年以進士第，名顯然。常所賓貢者不得擬。」

156 《新唐書》卷一百九十八〈儒學傳上序言〉，頁5636，「於是新羅、高昌、百濟、吐蕃、高麗等群酋長並遣子弟入學，鼓笥踵堂者，凡八千餘人」；《唐會要》卷三十五〈學校〉，頁739，「貞觀五年以後，太宗數行國學太學。遂增築學舍一千二百間。…已而，高麗、百濟、新羅、高昌、吐蕃諸國酋長，亦遣子弟，請入國學。于是國學之內，八千餘人，國學之盛，近古未有。」

157 美國總統歐巴馬也曾指出韓國是一個教育熱極高的國家，若看2007年美國國內留學生人數，韓國人就有十萬三千三百九十四名（留學生的百分之十四），是世界第一。

常被海賊掠賣，於理實難。…起今以後，緣海諸道，應有上件賊詃賣新羅國良人等，一切禁斷，…』敕旨：『宜依』…大和二年十月勅：『…其新羅奴婢，伏准長慶元年三月十日勅，應有海賊詃掠新羅良口，將到緣海諸道，賣為奴婢，並禁斷者，雖有明勅，尚未止絕。…』」；《冊府元龜》卷一百七十，〈帝王部 來遠〉，頁2056下，「穆宗長慶元年三月十日，平盧節度使薛平奏：『新羅雖是外夷，朝貢不絕，其百姓多被海賊掠賣，令請緣海州郡，一切禁斷，冀賊徒永息，易俗懷恩。』從之。」

142 《冊府元龜》卷九百八十，〈外臣部 通好〉，頁11517上，「（開成）三年秋七月，新羅王金祐徵，遣淄青節度使奴婢，帝矜以遠人」；（唐）杜牧撰，《樊川文集》（四庫唐人文集叢刊本，上海：上海古籍出版社，1994）卷三〈張保皋鄭年傳〉，頁16-17，「新羅人張保皋、鄭年者，…後保皋歸新羅，謁其王曰：『遍中國以新羅人為奴婢，願得鎮清海（新羅海路之要），使賊不得掠人西去，…』自太和後，海上無鬻新羅人者。」

143 （高麗）金富軾撰，《三國史記》卷十，〈新羅本紀十 憲德王十一年（819）秋七日條〉，「唐鄆州節度使李師道叛。憲宗將欲討平，詔遣揚州節度使趙恭，徵發我兵馬，王奉勅旨，命順天軍將軍金雄元，率甲兵三萬以助之。」

144 （清）端方撰，《陶摘藏石記》（清宣統元年石印本。中國東方文化研究會歷史文化分會編，《歷代碑誌叢書》第十二冊，南京：江蘇古籍出版社，1998所收）卷二十一〈大唐故波斯國大酋長、右屯衛將軍、上柱國、金城郡開國公、波斯君丘之銘〉，頁213-214。

145 嚴耕望，〈新羅留學生與僧徒〉。

146 （朝鮮）安鼎福撰，《東史綱目》（朝鮮古書刊行會編，首爾：景仁文化社，1987）卷五上〈唐昭宗龍紀元年（889）條〉，頁499，「長慶初，金雲卿，始登賓貢科，所謂賓貢科，每自別試，附名榜尾，自雲卿後至唐末登科者五十八人，五代梁唐之際，亦至三十二人。」

147 自穆宗長慶（821-824）至五代中葉（九三〇年前後）為止，新羅人登第賓貢科者有九十人，留學生中登第者人數者是其數倍或者數十倍。太宗貞觀十四年（640），新羅派遣留學生至唐以後到五代中葉為止，三百年間派遣的留學生高達兩千人。（嚴耕望，〈新羅留學生與僧徒〉，頁441。）

148 《東史綱目》卷五上〈唐昭宗龍紀元年（889）條〉，頁499，「其表表知名者，有崔利貞、金叔貞、朴季業、金允夫，金立之…崔致遠、崔慎之…金文蔚等，皆達于成材。」方亞光，《唐代對外開放初探》，合肥：黃山書社，1998，頁宗天寶年間安史之亂為背景而活躍）最為有名。

132 《全唐詩》（北京：中華書局，1960）卷三百八十五，張籍四，頁4339，「《崑崙兒》：『崑崙家住海中州，蠻客將來漢地游。言語解教秦吉了，波濤初過鬱林洲。金環欲落曾穿耳，螺髻長卷不裹頭。自愛肌膚黑如漆，行時半脫木綿裘。』」

133 《隋書》卷八十二，〈林邑傳〉，頁1832，「其人深目高鼻，髮拳色黑。俗皆徒跣，以幅布纏身」；《舊唐書》卷一百九十七，〈南蠻、林邑傳〉，頁5270，「自林邑以南，皆卷髮黑身，通號為『崑崙』。」「崑崙」是源自於越南南海中的一個小島崑崙島（現在中文名崑山島）的可能性很高。

134 嚴耕望，〈新羅留唐學生與僧徒〉，《唐史研究叢稿》，香港：新亞研究所，1969，頁479。

135 毛漢光，《唐代墓誌銘彙編附考》，第一冊，臺北：中央研究院歷史語言研究所，1981，頁2。

136 嚴耕望，〈新羅留唐學生與僧徒〉，頁445。

137 （日本）僧圓仁撰，《入唐求法巡禮行記》（《入唐求法巡禮行記校註》，石家莊：花山文藝出版社，1992）卷三，〈會昌三年（843）正月條〉，頁413，「廿七日，軍容有帖，喚當街諸寺外國僧。廿八日，早朝入軍裏。…諸寺新羅僧等…都計廿一人，同集左神策軍軍容衙院。」外國僧二十一人中，新羅僧就有十人。（金文慶譯註，《圓仁的入唐求法巡禮行記》，首爾：中心，2001，頁428。）

138 《入唐求法巡禮行記》卷四，〈會昌五年（845）五月條〉，頁463，「有敕云：『外國〔僧〕等若無祠部牒者，亦勒還俗遞歸本國者。』…並無唐國祠部牒。新羅國僧亦無祠部牒者多。日本國僧圓仁、惟正亦無唐國祠部牒。功德使准敕 配入還俗例。」

139 「新羅奴」的存在是由於從新羅那邊因海盜船的掠奪買賣，而有大規模的奴婢流入的情況。（玉井是博，〈唐時代の外國奴－特に新羅奴に就いて〉，《支那社會經濟史研究》，東京：岩波書店，1942，頁223-230。）

140 《舊唐書》卷十六，〈穆宗本紀 長慶元年（821）三月丁未條〉，頁486-487，「平盧薛平奏：海賊掠賣新羅人口於緣海郡縣，請嚴加禁絕，俾易俗懷恩，從之。」

141 《唐會要》卷八十六，〈奴婢〉，頁1861-1862，「長慶元年，平盧軍節度使薛平奏：『應有海賊詃掠新羅良口，將到當管登、萊州界及緣海諸道，賣為奴婢者。伏以新羅國雖是外夷，常秉正朔，朝貢不絕，與內地無殊。其百姓良口等，先讓獻誠爲第一，獻誠復讓右玉鈐衛大將軍薛吐摩支，摩支又讓獻誠。既而獻誠奏曰：『陛下令簡能射者五人，所得者多非漢官。臣恐自此已後，無漢官工射之名，伏望停寢此射。』則天嘉而從之。」；《新唐書》卷一百一十，〈諸夷蕃將傳 泉獻誠〉，頁4124，「獻誠，天授中以右衛大將軍兼羽林衛。武后嘗出金幣，令宰相、南北牙群臣舉善射者五輩，中者以賜，內史張光輔舉獻誠，獻誠讓右玉鈐衛大將軍薛吐摩支，摩支固辭。獻誠曰：『陛下擇善射者，然皆非華人。臣恐唐官以射為恥，不如罷之。』后嘉納。」

127 《資治通鑑》卷二百〇四，唐紀二十〈則天后天授元年（690）是歲條〉，頁6470，「是歲，以右衛大將軍泉獻誠為左衛大將軍，太后出金寶，命選南北牙善射者五人賭之，獻誠第一，…獻誠乃奏言：『陛下令選善射者，今多非漢官，竊恐四夷輕漢，請停此射。』太后善而從之。」

128 （五代）孫光憲撰，《北夢瑣言》（北京：中華書局，2002）卷五〈中書蕃人事〉，頁97，「唐自大中至咸通，白中令入拜相，次畢相諴、曹相確、羅相劭，權使相也，繼升巖廊，崔相慎猷曰：『可以歸矣，近日中書盡是蕃人。』蓋以畢、白、曹、羅為蕃姓也。」

129 《唐六典》卷四〈尚書禮部 主客郎中〉，頁129-130，「凡四蕃之國經朝貢已後自相誅絕及有罪見滅者，蓋三百餘國。今所在者，有七十餘蕃（謂三姓葛邏祿…渤海靺鞨…日本、新羅、大食、吐蕃、波斯…東天竺、西天竺…突其施等七十國，各有土境，分為四蕃焉）」；《唐會要》卷四十九〈僧尼所隸〉，頁1006-1007，「會昌五年七月，中書門下奏：『…又據《六典》，主客掌朝貢之國七十餘蕃，五天竺國並在數內。』」

130 《新唐書》卷一百三十五，〈高仙芝傳〉，頁4577，「天寶六載八月，仙芝以小勃律王及妻自赤佛道還連雲堡，與令誠俱班師。於是拂菻、大食諸胡七十二國皆震懾降附。」；《新唐書》卷二百二十一下，〈西域傳下大勃律小勃律〉，頁6251-6252，「（高）仙芝至，斬為吐蕃者，斷娑夷橋。是暮，吐蕃至，不能救。仙芝約王降，遂平其國。於是拂菻、大食諸胡七十二國皆震恐，咸歸附。」

131 崑崙奴以「目深體黑」來形容的緣故（《宋史》卷四百九十，〈外國傳 大食國〉，頁14118，「其從者目深體黑，謂之『崑崙奴』」），故又可以稱為黑人。雖然崑崙奴的存在自南朝劉宋時就已經為人所知（《南史》卷十六，〈王玄謨傳〉頁466，「又寵一崑崙奴子名白主，常在左右，令以杖擊群臣。自柳元景以下皆罹其毒」），但其主要出現的時期是在唐代。唐代傳奇中以崑崙奴磨勒的故事（梁羽生名為《大唐遊俠傳》的電視連續劇中，其主角鐵磨勒的乳名，以玄當仕。』忠義以藝通權倖，為請者非一，貫之持之愈堅。既而疏陳忠義不宜汙朝籍，詞理懇切，竟罷去之。」

118 池田溫，〈唐初處遇外族官制略考〉，頁263。

119 （宋）贊寧撰，《宋高僧傳》（北京：中華書局，1987）卷一，〈唐京兆大興善寺不空傳〉，頁10。

120 瞿曇羅（司津監）—瞿曇悉達（太史監）—瞿曇譔（司天監）—瞿曇晏（司天臺冬官正）的四代。瞿曇羅擔任太史令一職時，編製了「經緯曆」與「光宅曆」，並擔任過正五品的司津監。（池田溫，〈唐初處遇外族官制略考〉，頁263-264）。針對一九七七年所發現的瞿曇譔的墓則請參考晁華山，〈唐代天文學家瞿曇譔墓的發現〉，《文物》，1978-10，頁49-53。

121 對於瞿曇悉達的「九執曆」，請參考藪內清，《隋唐曆法史研究》，東京：三省堂，1944，頁134-199。

122 王拾遺，《元稹論稿》，西安：陝西人民出版社，1994，頁1-39。

123 《新唐書》卷一百一十九，白居易傳，頁4304。「與元稹酬詠，故號『元白』；稹卒，又與劉禹錫齊名，號『劉白』。」

124 《舊唐書》卷一百〇六，李林甫傳，頁3239-3240，「國家武德、貞觀已來，蕃將如阿史那社爾、契苾何力，忠孝有才略，亦不專委大將之任，多以重臣領使以制之。開元中，張嘉貞、王晙、張說、蕭嵩、杜暹皆以節度使入知政事，林甫固位，志欲杜出將入相之源，嘗奏曰：『文士為將，怯當矢石，不如用寒族、蕃人，蕃人善戰有勇，寒族即無黨援。』帝以為然，乃用思順代林甫領使。自是高仙芝、哥舒翰皆專任大將，林甫利其不識文字，無入相由，然而祿山竟為亂階，由專得大將之任故也。」

125 《資治通鑑》卷二百一十六，唐紀三十二，玄宗天寶六載（747）十二月條，頁6888-6889，「自唐興以來，邊帥皆用忠厚名臣，不久任，不遙領，不兼統，功名著者往往入為宰相。其四夷之將，雖才略如阿史那社爾…猶不專大將之任，皆以大臣為使以制之。及開元中，天子有吞四夷之志，為邊將者十餘年不易，始久任矣；…李林甫欲杜邊帥入相之路，以胡人不知書，乃奏曰：『文臣為將，怯當矢石，不若用寒畯胡人；…』上悅其言，始用安祿山。至是，諸道節度使盡用胡人（胡注曰：『安祿山、安司順、哥舒翰、高仙芝，皆胡人也』），精兵咸戍北邊…皆出於林甫專寵固位之謀也。」

126 《舊唐書》卷一百九十九上，〈東夷傳高麗 泉獻誠〉，頁5328，「天授中，則天嘗內出金銀寶物，令宰相及南北衙文武官內擇善射者五人共賭之。內史張光輔授勳是慣例，如果作為高官累積功勳的話就會封爵是普遍性的例子。階—官—勳—封的形式不只是來唐的外族，就連來唐的海外外臣都能與國內官人一起得到。

107 《唐會要》卷一百，〈歸降官位〉，頁2136-2137，「顯慶三年八月十四日，置懷德〔化〕大將軍，正三品。歸化〔德〕將軍，從三品。以授初投首領，仍隸屬諸衛，不置員數及月俸料。…貞元十一年正月十九日，置懷化大將軍，正三品，每月料錢四十五千文，…歸德執戟長上，從九品，十千文。勑：『準《六典》，應投幕蕃官，前承未置，今蕃人向化，近日漸多，各位高卑，須有等級，其增置官品及料錢等，宜依前件。』」

108 池田溫，〈唐初處遇外族官制略考〉，《隋唐帝國と東アジア世界》，東京：汲古書院，1979，頁269-270。

109 《通典》卷十九，職官一〈官數〉，頁481，「大唐一萬八千八百五員（內官二千六百二十一，外郡縣官一萬六千一百八十五）。」

110 李錦綉，《唐代制度史略論稿》，北京：中國政法大學出版社，1998，頁46。

111 趙萬里編，《漢魏南北朝墓誌集釋》，北京：科學出版社，圖版207〈奚智墓誌〉。

112 山西省考古研究所、靈丘縣文物局，〈山西靈丘北魏文成帝《南巡碑》〉，《文物》1997-12，1997，頁77。此碑是文成帝自都城平城南巡至山東的許多州後，於和平二年（461）的歸路上，設立在北魏著名的幹線道路靈丘道邊，記有當時隨行官僚們的官職及名字。

113 池田溫，〈唐初處遇外族官制略考〉，頁271。

114 白鳥庫吉，〈東胡民族考〉，《白鳥庫吉全集》4 塞外民族史研究上，東京：岩波書店，1970，頁170-171；Peter A. Boodberg, "The Language of the To-Pa Wei" Alvin P. Cohen comp., *Selected Works of Peter A. Boodberg*, Berkeley: University of California Press, 1979, pp.224-230.

115 李錦綉，《唐代制度史略論稿》，頁46。

116 《舊唐書》卷六十二，李綱傳，頁2275-2376。「時高祖拜舞人安叱奴為散騎常侍，（李）綱上疏諫曰：『謹案周禮，均工、樂胥不得預於仕伍…雖齊高緯封曹妙達為王，授安馬駒為開府，既招物議，…方今新定天下，開太平之基。起義功臣，行賞未遍；高才碩學，猶滯草萊。而先令舞胡致位五品；…顧非創業垂統貽厥子孫之道也。』高祖不納。」；

117 《舊唐書》卷一百五十八，韋貫之傳，頁4173。「轉禮部員外郎，新羅人金忠義以機巧進，至少府監，蔭其子為兩館生。貫之持其籍不與，曰：『工商之子不其給。胡客皆詣政府訴之，（李）泌曰：『…豈有外國朝貢使者留京師數十年不聽歸乎！今當假道於回紇，或自海道各遣歸國…有不願歸，當於鴻臚自陳，授以職位，給俸祿為唐臣。…』於是胡客無一人願歸者，泌皆分隸神策兩軍，王子、使者為散兵馬使或押牙，餘皆為卒，禁旅益壯。」

99 （唐）劉餗撰，《隋唐嘉話》（北京：中華書局，1979），頁5，「於是入居長安者且萬家」；（宋）王欽若等編，《冊府元龜》（臺北：臺灣中華書局，1981），卷九百九十一〈外臣部 備禦四〉，頁11638－下，「其酋首至者，皆為將軍中郎將等官，布列朝廷，五品已上百餘人，因而入居長安者數千家」；（宋）王溥撰，《唐會要》（上海：上海古籍出版社，2006），卷七十三〈安北都護府〉，頁1557，「近萬家」；（宋）王讜撰，《唐語林》（北京：中華書局，1987，周勛初校證本），卷三〈識鑒〉條，頁265，「且萬家」。

100 《新唐書》卷二百一十五上，〈突厥傳上〉，頁6038，「帝主（溫）彥博語，卒度朔方地，自幽州屬靈州，建順、祐、化、長四州為都督府，剖頡利故地，…，入長安自籍者數千戶。」

101 馬馳，〈《唐兩京城坊考》中所見仕唐蕃人族屬考〉，《史念海先生八十壽辰學術文集》，西安：陝西師範大學出版社，1996，頁621。

102 （宋）宋敏求纂修，《長安志》《宋元方志叢刊》（北京：中華書局，1990，所收），卷十〈西市〉，頁128－上，「南北盡兩坊之地，…（長安縣所領四萬餘戶，比萬年為多，浮寄流寓不可勝計）。」

103 《資治通鑑》卷一百九十三 唐紀九，〈太宗貞觀四年（630）五月條〉，頁6078，「其餘酋長至者，皆拜將軍中郎將，布列朝廷，五品已上百餘人，殆與朝士相半，因而入居長安者近萬家。」

104 傅樂成，〈唐代夷夏觀念之演變〉，頁210。

105 （唐）李林甫等撰，《唐六典》（北京：中華書局，1992），卷五〈兵部〉，頁151，「正三品曰…懷化大將軍（皇朝所置，以授蕃官）…從三品曰…歸德將軍（皇朝所置，以授蕃官）」；《通典》卷十九，職官一〈歷代官制總序 設官沿革〉，頁486，「懷化、歸德將等將軍（並武散，以授歸義蕃官。）」；《令集解》（新訂增補國史大系本）卷十九，〈考課令〉，頁581，「京官文武九品已上壹千貳百貳人表請，內外官各出壹月俸料錢供軍。…今依來奏以遂群議，其蕃官不在此例也。」

106 唐的官制是由階（文散官、武散官）一官（職事官）一勳（勳官）一封（封爵）四種所組成，若任命為職事官，必須要先獲得階（散官），一定期間內在官的話牛進達為行軍總管，率突厥、契苾騎數萬討之。群臣諫以行萬里兵難得志，且天界絕域，雖得之，不可守。帝不聽。」

91 《全唐文》（北京：中華書局，1983），卷二百五十三，蘇頲 命呂休璟等北伐制，頁2562，「自默啜虔劉肆暴…金山道前軍大使、特進賀獵毗加欽化可汗突騎施守忠，領諸番部落兵健兒二十五萬騎，相知計會，逐便赴金山道。」

92 《資治通鑑》卷一百九十三 唐紀九，〈太宗貞觀四年（630）夏四月條〉，頁6075，「突厥既亡，其部落或北附薛延陀，或西奔西域，其降唐者尚十餘萬口。」

93 《舊唐書》卷二，〈太宗紀 貞觀三年（629）條〉，頁37，「是歲，戶部奏言：中國人自塞外來歸及突厥前後內附、開四夷為州縣者，男女一百二十餘萬口」；《資治通鑑》卷一百九十三 唐紀九，〈太宗貞觀三年（629）條〉，頁6069，「是歲，戶部奏：中國人自塞外歸及四夷前後降附者，男女一百二十餘萬口」；（唐）杜佑撰，《通典》（北京：中華書局，1988）卷二百，〈邊方十六 北狄七 跋言〉，頁5494，「大唐貞觀中，戶奏言：中國人自塞外來歸及突厥前後降附開四夷為州縣者，男女百二十餘萬口」。然而《太平寰宇記》卷二百，〈四夷二十七 北狄十二 突厥失〉，頁686上將「百二十」寫成了「二百」。

94 傅樂成推測自貞觀四年（630）至天寶四載（745）為止的一百一十五年間，突厥、鐵勒、高句麗、吐蕃、黨項、吐谷渾及西域諸國人等外國人被唐俘虜或是降附，因此進入中國居住的人約有一百七十萬人左右。（〈唐代夷夏觀念之演變〉，《漢唐史論集》，臺北：聯經出版事業公司，1977，頁213）。

95 邱添生，〈唐朝起用外族人士的研究〉，《大陸雜誌》38-4，1969，頁68-69。

96 張熙權，〈他人的統一與排擠—全球化和韓國的當地生活—〉，《德文文學》56，2012。

97 《新唐書》卷一百七十，〈王鍔傳〉，頁5169，「天寶末，西域朝貢酋長及安西、北庭校吏歲集京師者數千人，隴右既陷，不得歸，皆仰稟鴻臚禮賓，月四萬緡，凡四十年，名田養子孫如編民。至是，（王）鍔悉藉名王以下無慮四千人，畜馬二千，奏皆停給。」

98 《資治通鑑》卷二百三十二 唐紀四十八，〈德宗貞元三年（787）六月條〉，頁7492-7493，「初，河、隴既沒於吐蕃（胡注曰：代宗初年，河、隴既沒），自天寶以來，安西、北庭奏事及西域使人在長安者，歸路既絕，人馬皆仰給於鴻臚。禮賓委府，縣供之。…李泌知胡客留長安久者，或四十餘年，皆有妻子，買田宅，舉質取利，安居不欲歸，命檢括胡客有田宅者停其給。凡得四千人，將停沙陀之名。唐末朱邪部的首領朱邪赤心因平定叛亂有功，故賜姓李，人種特徵為大眼多鬚。五代時期沙陀集團中許多武將的姓氏是康、安、曹、石、米、何、史等，全部都是典型的，以前昭武九姓粟特胡人的姓氏。

81 姜維東，〈唐麗戰爭中的蕃將〉，《長春師範學院學報》2002-1；姜維東，《唐東征將士事迹考》，長春：吉林文史出版社，2003。

82 《新唐書》卷二，〈太宗本紀　貞觀十八年（644）七月甲午條〉，頁43，「營州都督張儉率幽、營兵及契丹、奚以伐高麗。」

83 《唐大詔令集》（上海：學林出版社，1992）卷一百三十〈蕃夷〉 討伐「親征高麗詔」（貞觀十八年十二月），頁645，「行軍總管執失思力，行軍總管契苾何力，率其種落，隨機進討。契丹藩長於句折，奚藩長蘇支，燕州刺史李元正等，各率其眾。」

84 《唐大詔令集》卷一百三十〈蕃夷〉 平亂「破高麗詔」（貞觀十九年四月），頁649，「先命行軍大總管英國公勣，行軍總管張儉等，率領驍銳，元戎啟行，北狄西戎之酋，咸為將帥；奚、霫、契丹之旅，皆充甲卒。」

85 《新唐書》卷二百二十，〈東夷傳 高麗〉，頁6189，「於是帝欲自將討之，…以李勣爲遼東道行軍大總管，江夏王道宗副之，張士貴、張儉、執失思力、契苾何力、阿史那彌射、姜德本、麴智盛、吳黑闥爲行軍總管隸之，帥騎士六萬趨遼東。」

86 《舊唐書》卷二百上，〈安祿山傳〉，頁5367，「安祿山，營州柳城雜種胡人也。本無姓氏，…母阿史德氏，亦突厥巫師，以卜為業。…少孤，隨母在突厥中，…冒姓為安。及長，解六蕃語，為互市牙郎。」

87 《舊唐書》卷二百上，〈史思明傳〉，頁5376，「史思明，…，營州寧夷州突厥雜種胡人也。…及長，相善，俱以驍勇聞。…又解六蕃語，與祿山同為互市郎。」

88 牛致功，《安祿山、史思明評傳》，西安：三秦出版社，2000。

89 《新唐書》卷二百二十五上，〈逆臣傳上 安祿山〉，頁6412，「天寶元年，以平盧為節度，祿山為之使，兼柳城太守，押兩蕃、渤海、黑水四府經略使。明年，入朝，奏對稱旨，進驃騎大將軍。又明年，代裴寬為范陽節度、河北採訪使，仍領平盧軍。」

90 《新唐書》卷二百二十一上，〈西域傳上 高昌〉，頁6221，「帝（太宗）復下璽書示（麴）文泰禍福，促使入朝，文泰遂稱疾不至。乃拜侯君集為交河道大總管，左屯衛大將軍薛萬均、薩孤吳仁副之，契何力為蔥山道副大總管，武衛將軍甫利其不識文字，無入相由，然而祿山竟為亂階，由專得大將之任故也。」

71 （唐）劉肅撰，《大唐新語》（北京：中華書局，1984）卷十一〈懲戒〉，頁173，「先是，郭元振、薛訥…等，咸以立功邊陲，入參鈞軸，（李）林甫懲前事，遂反其制，始請以蕃人為邊將，鞏固其權，言於玄宗曰：『...由文吏為將怯懦不勝武事也，陛下必欲滅四夷…莫若武臣，武臣莫若蕃將。…』玄宗深納之，始用安祿山，卒為戎首。雖理亂安危係之天命，李林甫奸宄，實生亂階，痛矣哉！」

72 陳寅恪，《唐代政治史述論稿》，上海：上海古籍出版社，1982，頁35-37。

73 池裴善，《歐洲文明之父高仙芝論定》，首爾：貞雅出版社，2002。

74 《舊唐書》卷一百九十九上，〈東夷傳高麗〉，頁5328，「男生以儀鳳初卒于長安，…子獻誠，…天授中，則天嘗內出金銀寶物，令宰相及南北衙文武官內擇善射者五人共賭之。內史張光輔先讓獻誠爲第一，獻誠復讓右玉鈐衛大將軍薛吐摩支，摩支又讓獻誠。既而獻誠奏曰：『陛下令簡能射者五人，所得者多非漢官。臣恐自此已後，無漢官工射之名，伏望停寢此射。』則天嘉而從之。時酷吏來俊臣嘗求貨於獻誠，獻誠拒而不答，遂爲俊臣所構，誣其謀反，縊殺之。則天後知其冤，贈右羽林衛大將軍，以禮改葬。」

75 特別針對高句麗一系的遺民在唐朝的活躍可參照朴漢濟譯注，〈高句麗移民相關金石文（泉男生、高慈、泉獻誠、泉男產、泉毖、高震墓誌銘）〉，韓國古代社會研究所編，《譯注 韓國古代金石文》，首爾：駕洛國史蹟開發研究院，1992；池裴善，《高句麗、百濟遺民故事》，首爾：慧安，2006。

76 李文基，〈百濟黑齒常之父子墓誌銘之檢討〉，《韓國學報》64，1991。

77 池裴善，《中國中的高句麗王國－齊》，首爾：青年精神，2007。

78 陳寅恪，〈論唐代之蕃將與府兵〉。

79 （宋）王應麟撰，《玉海》（臺北：大化書局，1977）卷一百三十八〈兵制〉三「唐府兵、符契、折衝府、十二軍」，頁2655，「《會要》：武德三年七月十一日，下詔曰：『周置六軍，…取象天官，作其名號。』于是置十二衛將軍，取威名素重者為之，分關內諸府隸焉。〔軍名傅奕所造〕關內置府二百六十一，精兵士二十六萬，舉關中之眾，以臨四方。又置折衝府二百八十，通計舊府六百三十三，河東道府額亞于關中。河北之地，人多壯勇，故不置府。」

80 沙陀稱為處月，朱邪則作為氏。原本是西突厥十姓部落以外的一部，其祖先為北匈奴，之後稱為悅般，生活在烏孫舊地的熱海附近，即在現今新疆準噶爾盆地西南邊（現在的巴裏坤）一帶遊牧，從屬於輪台，其土地因為在大沙丘，因此獲得戰。』」

65 《舊唐書》卷一百〇九，〈阿史那蘇尼失．忠傳〉，頁3290，「貞觀初，阿史那蘇尼失者，啟民可汗之母弟，社尒叔祖也。其父始畢可汗以為沙鉢羅設，督部落五萬家，…及頡利政亂，而蘇尼失所部獨不攜離。突利之來奔也，頡利乃立蘇尼失為小可汗。及頡利為李靖所破，獨騎而投之，蘇尼失遂舉其眾歸國，因令子忠擒頡利以獻。太宗賞賜優厚，拜北寧州都督、右衛大將軍，封懷德郡王。貞觀八年卒。忠以擒頡利功，拜左屯衛將軍，妻以宗女定襄縣主，賜名為忠，單稱史氏。貞觀九年，遷右衛大將軍。永徽初，封薛國公，累遷右驍衛大將軍。所歷皆以清謹見稱，時人比之金日磾。上元初卒，贈鎮軍大將軍，陪葬昭陵。」

66 《舊唐書》卷一百〇九，〈阿史那社爾傳〉，頁3288- 3290，「阿史那社尒，突厥處羅可汗子也。…（貞觀）九年，率眾內屬，拜左騎衛大將軍。歲餘，令尚衡陽長公主，授駙馬都尉，典屯兵於苑內。十四年，授行軍總管，以平高昌。…十九年，從太宗征遼，至駐蹕陣，頻遭流矢，拔而又進。其所部兵士，人百其勇，盡獲殊勳。…二十一年，為昆丘道行軍大總管，征龜茲。明年，軍次西突厥，擊處密，大破之，餘眾悉降。…屬太宗崩，請以身殉葬，高宗遣使喻以先旨，不許。遷右衛大將軍。永徽四年，加位鎮軍大將軍。六年卒，贈輔國大將軍、并州都督，陪葬昭陵…」

67 《舊唐書》卷一百〇九，〈契苾何力傳〉，頁3291- 3294，「契苾何力，其先鐵勒別部之酋長也。…至貞觀六年，隨其母率眾千餘家詣沙州，奉表內附，…何力至京，授左領軍將軍。太宗征遼東，以何力為前軍總管，…二十二年，為昆丘道總管，擊龜茲，獲其王訶梨布失畢及諸首領等。太宗崩，何力欲殺身以殉，高宗諭而止之。…儀鳳二年卒，贈輔國大將軍、并州都督，陪葬昭陵，…」

68 李基天，〈唐前期唐朝的蕃將管理及諸位將軍號的授予〉，首爾大學東洋史學科碩士學位論文，2011。

69 《舊唐書》卷二百上，〈安祿山傳〉，頁5270，「諸蕃馬步十五萬」；《舊唐書》卷九，〈玄宗本紀〉，頁230，「蕃、漢之兵十餘萬」；《資治通鑑》卷二百一十七，天寶十四載（755）十一月甲子條，頁6934，「所部兵及同羅、奚、契丹、室韋凡十五萬眾，號二十萬。」

70 《舊唐書》卷一百〇六，〈李林甫傳〉，頁3239-3240，「開元中，張嘉貞、王晙、張說、蕭嵩、杜暹皆以節度使入知政事，林甫固位，志欲杜出將入相之源，嘗奏曰：『文士為將，怯當矢石，不如用寒族、蕃人，蕃人善戰有勇，寒族即無黨援。』帝以為然，乃用思順代林甫領使。自是高仙芝、哥舒翰皆專任大將，林成，總計有三十三個郡與國。若把當時諸侯國內的郡也包含在內，推測共約有五十四個郡。（周振鶴，《西漢政區地理》，北京：人民出版社，1987，〔附〕西漢郡國沿革表，頁264-268）。然而尚新麗推算西漢末期匈奴的人口大約有一百一十萬名左右。（〈西漢時期匈奴人口數量變化蠡測〉，《人口與經濟》2006-2，2006，頁65）以西漢末年為基準時，西漢的人口大約有六千萬人，匈奴的人口大約有一百萬人，匈奴的人口不過只是漢的六十分之一而已。由於中行說活動時期的人口比率大約為五十四比一，因此其所主張的「匈奴的全體人口數不過只是漢的一個郡而已」我認為是相當可信的。

58 梁方仲，《中國歷代戶口、田地、田賦統計》，上海：上海人民出版社，1980，頁4-5。

59 《舊唐書》卷一百九十四上，〈突厥傳上始畢可汗〉，頁5153，「始畢可汗…。隋大業中嗣位，值天下大亂，中國人奔之者眾。其族強盛，東自契丹、室韋，西盡吐谷渾、高昌諸國，皆臣屬焉。控弦百餘萬，北狄之盛，未之有也。高視陰山，有輕中夏之志。可汗者，猶古之單于；妻號可賀敦，猶古之閼氏也。」；《新唐書》卷二百一十五上，〈突厥傳上始畢可汗〉，頁6028，「隋大業之亂，…華人多往依之，契丹、室韋、吐谷渾、高昌皆役屬，…梁師都、李軌、王世充等倔起虎視，悉臣尊之。控弦且百萬，戎狄熾彊，古未有也。」

60 根據貞觀十三年（639）的統計，戶數為三百零四萬一千八百七十一戶，人口數為一千兩百三十五萬一千六百八十一人。（梁方仲，《中國歷代戶口、田地、田賦統計》，頁78）。

61 （宋）司馬光編著，《資治通鑑》（北京：中華書局，1956）卷一百九十三 唐紀九 太宗貞觀四年（630）夏四月條，頁6065，「上皇聞擒頡利，歎曰：『漢高祖困白登，不能報，今我子能滅突厥，吾托付得人，復何憂哉！』上皇召上與貴臣十餘人及諸王、妃、主置酒凌煙閣，酒酣，上皇自彈琵琶，上起舞，公卿迭起為壽，逮夜而罷。」

62 陳寅恪。〈論唐代之蕃將與府兵〉，《金明館叢稿初編》，上海：上海古籍出版社，1980。

63 山下將司，〈隋唐初河西ソグド軍團－天理圖書館藏《文館詞林》〈安修仁墓碑銘〉殘卷をぐつて〉，《東方學》110，2005，頁65-78；森安孝夫，《シルクロードと唐帝國》，頁134。

64 （唐）吳棘編著，《貞觀政要》（上海：上海古籍出版社，1978）卷二〈納諫〉，頁66-67，「（魏）徵正色曰：『…且比年國家衛士（府兵），不堪攻

名為《疾馳的草原征服者》）

45 李海元，《唐帝國的開放與創造》，首爾：西江大出版部，2013，頁265-331。

46 氣賀澤保規編，《遣隋使がみた風景－東アジアからの新視點－》，東京：八木書店，2012。

47 王勇，《唐から見た遣唐使－混血兒たちの大唐帝國－》，東京：講談社，1998。

48 〈Dibo的韓國史旅行〉，《朝鮮日報》2013年3月18日，頁A26。

49 森安孝夫，《シルクロードと唐帝國》，頁183。

50 李鎮三（前國會議員）、辛京珉（國會議員，前MBC電視台主播）的發言。

51 金仁圭（翰林大學經濟學教授），〈「唐朝軍隊」真的是很強大的軍隊〉，《朝鮮日報》2011年1月5日。

52 他的名字沒有在正史中流傳，只在宋浚吉《同春堂先生別集》與朴趾源《熱河日記》等野史中出現。六四二年（榮留王25），在淵蓋蘇文發動政變的時候，直到最後都不屈服於淵蓋蘇文，並與其對抗及維持城主的地位。

53 （朝鮮）徐居正、梁誠之 撰集《東文選》[筆書體字木板影印本，首爾：慶熙出版社，1966]，卷八〈七言古詩〉貞觀吟榆林關作，頁88。「晉陽公子結豪客，風雲壯懷滿八極。赫然一起揮天戈，隋堤楊柳無顏色。已踵殷周成武功，宜追虞夏敷文德。持盈守成貴安靖，好大喜功多反側。三韓箕子不臣地，置之度外疑亦得。胡為至動金玉武，銜枚自將臨東土。貔貅夜擁鶴野月，旌旗曉濕雞林雨。謂是囊中一物耳，那知玄花落白羽。鄭公已死言路　，可笑豊碑蹶復立。回頭三叫貞觀年，天末悲風吹颯颯。」

54 （高麗）李穀 撰，《稼亭集》[國譯 《稼亭·牧隱集》，首爾：國譯 稼亭·牧隱文集編纂委員會，1980]，卷八〈代言官請罷取童女書〉，頁169。「高麗本在海外，別作一國，苟非中國有聖人，邈然不與相通。以唐太宗之威德，再舉伐之，無功而還。」

55 《史記》卷九十九，〈劉敬傳〉，頁2719，「高帝罷平城歸，韓王信亡入胡。當是時，冒頓為單于，兵彊，控弦三十萬，數苦北邊。」；《史記》卷一百一十，〈匈奴列傳〉，頁2890，「是時漢兵與項羽相距，中國罷於兵革，以故冒頓得自彊，控弦之士三十餘萬。」當然這樣的兵力並非漢武帝時期的兵力。

56 《史記》卷一百一十，〈匈奴列傳〉，頁2899，「初，…中行說曰：『匈奴人眾不能當漢之一郡，然所以彊者，以衣食異，無仰於漢也。』」

57 文帝前元六年，將中行說派遣至匈奴的西漢當時是由二十一個郡及十二個國所構

（尚・德・拉封丹，《拉封丹寓言集》，閔熙錫譯，首爾：知識產業社，2004，頁418-421。）

33 「Pax Romana」或是「羅馬的和平」，是稱呼羅馬帝國在一世紀至二世紀時，一邊減低通過戰爭的領土擴張，一邊達到長久和平的時期。歷史學家們援用「Pax Romana」的概念，將特定強大國家主導的和平（雖然有時也依靠暴力來達到目的）登場時，來創造出類似的新造語，例如「Pax Americana」、「Pax Assyriaca」、「Pax Britanica」、「Pax Japonica」、「Pax Europeana」、「Pax Germanica」、「Pax Hispanica」、「Pax Minoica」、「Pax Mongolica」、「Pax Ottomana」、「Pax Sinica」、「Pax Syriana」等。

34 Rolf Knütel, Spaziergänge im römischen Recht（申柳哲譯，《羅馬法散冊》，坡州：法文社，2008），頁13-14。

35 《新唐書》卷四十三下，〈地理志下〉「羈縻州」，頁1119，「自太宗平突厥，西北諸蕃及蠻夷稍稍內屬，即其部落列置州縣。其大者為都督府，以其首領為都督、刺史，皆得世襲。雖貢賦版籍，多不上戶部，然聲教所暨，皆邊州都督、都護所領，著于令式。」

36 杉山正明，《中國の歷史8：疾走する草原の征服者》，東京：講談社，2005，頁19。

37 金澤敏，〈特別的帝國 唐〉。

38 金澤敏，〈特別的帝國 唐〉，頁41、65。

39 金浩東，〈蒙古帝國的世界征服和支配：宏觀史論〉，頁84-85。

40 Michael Laris, "Patriotism floods Beijing, 'washing clean' Hongkong humilation", *Washington Post*, 28 June 1997, p.A18.

41 全海宗，〈中國人的傳統的歷史意識與歷史敘述〉，《韓國與中國－東亞史論集－》，首爾：知識產業社，1979，頁67-71。

42 余秋雨，《尋覓中華》，頁205。「如果現在要問我最想看什麼歷史圖像，…我最想看的是唐代。理由很簡單-戰火每代都有…但唐代，卻空前絕後，是古今之間唯一，在昏暗的歷史天幕上，它是一大閃電，不僅在當時照亮了千里萬里，而且在過後還讓人長久之懷念。」及頁352。「曾經讓中華民族取得最高尊嚴的唐代。」

43 Arthur F. Wright and Denis Twitchet ted., *Perspectives on the T'ang*, New Haven: Yale Univ. Press, 1973, p.1.

44 杉山正明，《中國の歷史8：疾走する草原の征服者》，頁27。（編註：中文書

故也。公孫述建號成家，亦以據成都起事也。賓人李雄建號大成，蓋亦襲述舊稱也。…世祖至元八年，因劉秉忠奏，始建國號曰大元，取『大哉乾元』之義，國號取文義自此始，其詔有曰：『…稱秦稱漢者，著從初起之地名，曰隋曰唐者，即因所封之爵邑，…今特建國號曰大元，取易經『乾元』之義云。』」

24 除了「堯都臨汾」，「舜都蒲坂」及「禹都安邑」也位在山西省內。

25 木畑洋一編，《二十一世紀歷史學の創造》，東京：有志舍，2012，總論〈帝國と帝國主義〉。

26 Hadi and Negri, *Empire*, Boston, Harvard University Press, 2000（尹秀鍾譯，《帝國》，首爾：理學社，2001）

27 金澤敏，〈特別的帝國 唐〉，《歷史學報》217，2013，頁37。

28 白英書，〈中國帝國論的東亞意義：批判性中國研究的摸索〉，《第33次中國學國際學術會議－主題：帝國傳統和大國化－》，首爾：韓國中國學會，2013，頁39。

29 十九世紀法國歷史家儒勒・米什萊（Jules Michelet，1798-1874）提出「法國是個人（person），德國是民族（people），英國則是帝國（empire）」。英國在第一次世界大戰後，作為帝國，最大曾擴張到包含全世界地表的四分之一與全世界人口四分之一的五億人左右在帝國之內。（朴志香，《英國史—保守和改革的電視劇—》，首爾：喜鵲，1997，頁69。）

30 德國的法學家魯道夫・馮・耶林（Rudolf von Jhering, 1818-1892）在其著作《羅馬法精神》[Geist des römischen Rechts auf den verschiedenen Stufen seiner Entwicklung, 1891（徐乙五譯，第一卷第五版，頁1）]中提到「羅馬曾經三次統一世界，曾經三次統一了眾多民族。第一次羅馬人享受著其勢力的全盛期時，實現了國家的統一；第二次是羅馬人在已經滅亡後，用教會實現統一；第三次透過羅馬法的傳承，在中世紀以法律取得統一。第一次若是憑借武力強壓外敵的話，之後的兩次就是憑借精神的力量。若將羅馬在世界史上的意義與使命簡明扼要形容的話，便是要透過普遍性的思考來克服民族性原則。」

31 羅馬的擴張過程中，羅馬人反而更受到希臘文化的影響，也出現被希臘文化「征服」這樣的自嘲表現，特別是希臘文化紮根的東地中海世界，直到現在仍以希臘語為共通語言使用，可看出其延續了文化整體性。〔金德秀，〈羅馬和平（Pax Romana）時期地中海世界的語言〉，《歷史學報》210，2011，頁313-322。〕

32 「條條大路通羅馬」這句話第一次出現是在十七世界法國詩人兼作家尚・德・拉封丹（Jean de La Fontaine，1621-1695）的作品《拉封丹寓言》中被提出。

游牧民與唐帝國》）

16 胡漢用英文稱為「Sino-Barbarian」，但反而不會講「漢胡」，稱「胡漢」一般將其視為音韻上的問題。

17 《後漢書》卷七十三，公孫瓚傳，頁2363。「劉虞從事漁陽鮮于輔等，合率州兵，欲共報瓚。輔以燕國閻柔素有恩信，推為烏桓司馬。柔招誘胡漢數萬人，與瓚所置漁陽太守鄒丹戰於潞北，斬丹等四千餘級。」

18 《三國志》卷三十，魏書 東夷傳濊，頁848。「濊…今朝鮮之東皆其地也。戶二萬。…陳勝等起，天下叛秦，燕、齊、趙民避地朝鮮數萬口，燕人衛滿，魋結夷服，復來王之。漢武帝伐滅朝鮮，分其地爲四郡。自是之後，胡漢稍別。無大君長，自漢已來，其官有侯邑君、三老，統主下戶。」；《水經注》（臺北：臺灣世界書局，1970）卷三，河水，〈又南過土軍縣西〉條，頁38，「吐京都治故城，即土軍縣之故城也，胡漢譯言，音為訛變矣。」

19 反而在《佛典》中常常使用。（宋）贊寧等撰，《宋高僧傳》（《大正新修大藏經》第五十卷，史傳部2，東京：大正一切經刊行會，1927所收），卷十七，護法篇 唐江陵府法明傳，頁813-3，「胡漢交雜年代亦乖」；（梁）僧祐撰，《出三藏記集》（《大正新修大藏經》第五十五卷，目錄部所收）卷十三，竺叔蘭傳，頁98-2，「善胡漢語及書」；頁98-3，「既學兼胡漢，胡譯義精允。」

20 最具代表性的學者是陳寅恪，他使用所謂的「胡漢分治」這個用語。（萬繩楠整理，《陳寅恪魏晉南北朝史講演錄》，合肥：黃山書社，1987，第七篇〈胡族的漢化與胡漢分治〉）。

21 太原地區（正確來說是山西省翼城縣南邊）帶有「唐」這樣的名稱是自西周武王將殷（商）滅亡後，封其次子，即成王的弟弟叔虞於唐後開始的。叔虞死，其子燮繼位後，〔《太平寰宇記》（臺北：文海出版社，1980）卷四十，河東道1并州，頁326，「按今州又為唐國，帝堯為唐侯所封，…《帝王世紀》曰：帝堯於唐，又徙晉陽，…又曰：…至周成王以封弟叔虞，是為晉侯」；頁331，「故唐城在縣北二里，堯所築，唐叔虞之子燮父徙都之所也」〕這塊地因為在晉水的緣故，就將唐國改為晉國。此後春秋時期就成為晉國的起源。

22 《周書》卷五，武帝紀上 保定四年（564）九月丁巳條，頁70，「以柱國、衛國公直為大司空，封開府李昞為唐國公（封開府李昞為唐國公…太祖父昞封唐國公，此唐有天下之號所自起也。）」

23 自元起開始採用文義。（《廿二史箚記》卷二十九，〈元建國號始用文義〉條，頁670）「三代以下建國號者，多以國邑舊名，王莽建號曰新，亦以初封新都侯座，儦有輕素之色，禮甚倨，言又不遜，素忿然拂衣而起，竟罷座。後數日，儦方來謝，素待之如初。」

7 《周書》卷十九，〈楊忠傳〉，頁317。「魏恭帝初，賜姓普六茹氏」；《北史》卷七十五，〈楊尚希傳〉，頁2579。「文帝貴之，賜姓普六茹氏」；《隋書》卷一，〈高祖紀上〉，頁2。「齊王憲言於帝曰：『普六茹堅相貌非常，臣每見之，不覺自失。…」；（清）趙翼《廿二史箚記》（王樹民校證，《廿二史箚記校證》，北京：中華書局，1984）卷二十八，〈金末賜姓之例〉，頁637。「如楊忠賜姓普六茹氏，趙貴賜姓乙弗氏，寇和賜姓若引氏，…。其有倚為腹心者，則賜以皇族之姓。」

8 王永興，〈楊隋氏族〉，《王永興說隋唐》（上海：上海科學技術出版社，2009），頁37。「『魏書』卷一一三『官氏志』在神元皇帝時餘部諸姓內入者中有普陋茹氏當即《周書・楊忠傳》之普六茹氏。」

9 可以理解為是後代元世祖忽必烈弱化遊牧的生活方式，並投入中國式的生活方式。（Timothy Brook, *The Troubled Empire in the Yuan and Ming Dynasties*, Cambridge: The Belknap of Harvard University Press, 2010, p.82）.

10 劉學銚，《五胡興華—形塑中國歷史的異族—》，台北：知書房，2004。

11 高洪雷，《另一半中國史（The Other Half of China History）》，北京：文化藝術出版社，2012。

12 普遍以「四夷亂華」（《晉書》卷五十六，江統傳，頁1529。）、「夷狄亂華」（《晉書》卷五十六，江統傳，頁1534。）或是「戎狄亂華」來記錄當時的情況。在中國正史中，最早出現所謂「五胡亂華」這樣的表示方式是在《舊唐書》卷二十九，音樂志二〈八音之屬〉條中的記錄。（頁1074-1075。「八音之屬，協於八節。…篪，吹孔有觜如酸棗。橫笛，小篪也。漢靈帝好胡笛，五胡亂華，石遵玩之不絕音。」）比這個之前的，是在（梁）釋僧祐撰，《弘明集》（臺北：臺灣中華書局，1965）卷十一（宋）何尚之，「答宋文帝讚揚佛教事」條，頁11-12中「前史稱西域之俗，皆奉佛敬法，故大國之眾數萬小國數百，而終不相兼并內屬之後習俗頗弊，尤甚淳弱罕行殺伐。又五胡亂華已來，生民塗炭冤橫死亡者，不可勝數」第一次出現。

13 朴漢濟，《中國中世胡漢體制研究》（首爾：一潮閣，1988）序文。

14 K. A. Wittfogel & Fêng, Chia-Sheng, *History of Chinese Society; Liao 907-1125*, Philadelphia: The American Philosophical Society, 1949的Introduction, pp.4-14.

15 森安孝夫，《シルクロードと唐帝國》，頁188。（編註：繁體中文為《絲路、

注釋

第一章　大唐帝國的本質和外國人

1　在谷川道雄教授的鉅作《隋唐帝國形成史論》（東京：筑摩書房，1971）中提到，魏晉南北朝時期是大唐帝國的形成史，根據他的「共同體」理論，魏晉南北朝時期可看作是為了製造出「新貴族制」社會而出現的時期。

2　金浩東，〈蒙古帝國的世界征服和支配：宏觀史論〉，《歷史學報》217，2013。頁85。

3　杉山正明：「以鮮卑拓跋部為主軸所形成之代國—北魏—東魏—西魏—北齊—北周—隋—唐雖是以中國風的王朝名來呈現，但實際上以『拓跋國家』來稱呼此國家・政權也很好。承襲匈奴以來之遊牧系武人的濃厚傳統及體質、被認為是中華帝國的典型之唐朝，其實是『異族們創造的新中華』。在六人的掌權者下配有四人領袖（關隴集團）者，即被稱為『烏古斯可汗的傳說』的先行者。」參見《モンゴル帝國と長いその後》（興亡の世界史09），東京：講談社，2008，頁90-91。（繁體中文版是《蒙古帝國的漫長遺緒》，八旗文化，2019）。以及森安孝夫：「自北魏到隋唐都稱為『拓跋國家』。」《シルクロードと唐帝國》（興亡の世界史05），東京：講談社，2007，頁53。（繁體中文版是《絲路、遊牧民與唐帝國》，八旗文化，2018）。

4　「我的理論概括，兩者構成了一個『雙向同體渦旋互生』的交融模式。」余秋雨，《尋覓中華》，北京：作家出版社，2008，頁179。

5　《隋書》（以下之中國正史內容皆使用自北京：中華書局所發行之標點校勘本《廿五史》）卷四十八，〈楊素傳〉，頁1281。「楊素字處道，弘農華陰人也，祖暄，魏輔國將軍，諫議大夫，父敷，周汾州刺史，沒於齊。素少落拓，有大志，不拘小節，世人多未之知，唯從叔祖魏尚書僕射寬深異之。…」

6　《隋書》卷七十六，〈文學 崔儦〉，頁1733-1734。「崔儦，…清河武城人也，…世為著姓，儦年十六，太守請為功曹，不就。少與范陽盧思道、隴西辛德源同志友善，…越國公楊素時方貴倖，重儦門地，為子玄縱娶其女為妻，聘禮甚厚，親迎之始，公卿滿座，素令騎迎儦，儦故敝其衣冠，騎驢而至，素推令上

大唐帝國的遺產

胡漢統合及多民族國家的形成

대당제국과 그 유산 - 호한통합과 다민족국가의 형성

作者 朴漢濟
譯者 郭利安
校訂 鄭天恩

總編輯 富察
責任編輯 賴英錡
企劃 蔡慧華
封面設計 許晉維
排版 宸遠彩藝

社長 郭重興
發行人兼出版總監 曾大福
出版發行 八旗文化／遠足文化事業股份有限公司
地址 新北市（二三一）新店區民權路一〇八—二號九樓
電話 （〇二）二二一八—一四一七
傳真 （〇二）八六六七—一〇六五
客服專線 〇八〇〇—二二一—〇二九
E-mail gusa0601@gmail.com
Facebook facebook.com/gusapublishing
Blog gusapublishing.blogspot.com

法律顧問 華洋法律事務所 蘇文生律師
印刷 成陽印刷股份有限公司

初版首刷 二〇二〇年九月
定價 五八〇元

國家圖書館出版品預行編目(CIP)資料

大唐帝國的遺產：胡漢統合及多民族國家的形成／朴漢濟著；郭利安譯. -- 一版. -- 新北市：八旗文化, 2020.09
面； 公分
ISBN 978-986-5524-23-4（平裝）

1. 唐史 2. 邊疆民族 3. 漢族

624.1 109010931